Peter Franz Mittag

Geschichte des Hellenismus

Grundriss der Geschichte

Herausgegeben von Hans Beck, Karl-Joachim Hölkeskamp, Achim Landwehr, Steffen Patzold und Benedikt Stuchtey

Band 51

Peter Franz Mittag

Geschichte des Hellenismus

ISBN 978-3-11-064859-1
e-ISBN (PDF) 978-3-11-064873-7
e-ISBN (EPUB) 978-3-11-064876-8

Library of Congress Control Number: 2023931374

Bibliografische Information der Deutschen Nationalbibliothek
Die Deutsche Nationalbibliothek verzeichnet diese Publikation in der Deutschen Nationalbibliografie; detaillierte bibliografische Daten sind im Internet über http://dnb.dnb.de abrufbar.

Satz: bsix information exchange GmbH, Braunschweig
Druck und Bindung: CPI books GmbH, Leck

www.degruyter.com

Vorwort der Herausgeber

Die Reihe *Oldenbourg Grundriss der Geschichte* dient seit 1978 als wichtiges Mittel der Orientierung, sowohl für Studierende wie für Lehrende. Sie löst seither ein, was ihr Titel verspricht: ein Grundriss zu sein, also einen Plan zur Verfügung zu stellen, der aus der Vogelschau Einsichten gewährt, die aus anderen Perspektiven schwerlich zu gewinnen wären.

Seit ihren Anfängen ist die Reihe bei ihren wesentlichen Anliegen geblieben. In einer bewährten Dreiteilung wollen ihre Bände in einem ersten Teil einen Überblick über den jeweiligen historischen Gegenstand geben. Ein zweiter Teil wird bestimmt durch einen ausgiebigen Forschungsüberblick, der nicht nur den Studierenden in einem historischen Forschungsgebiet eine Übersicht über gegenwärtige wie vergangene thematische Schwerpunkte und vor allem Debatten gibt. Denn angesichts der Komplexität, Internationalität sowie der zeitlichen Tiefe, die für solche Diskussionen kennzeichnend sind, stellt es auch für Wissenschaftler eine zunehmende Herausforderung dar, über die wesentlichen Bereiche einer Forschungsdebatte informiert zu bleiben. Hier leistet die Reihe eine wesentliche Hilfestellung – und hier lässt sich auch das Merkmal identifizieren, das sie von anderen Publikationsvorhaben dieser Art deutlich abhebt. Eine umfangreiche Bibliographie rundet als dritter Teil die jeweiligen Bände ab.

Im Laufe ihrer eigenen Historie hat der *Oldenbourg Grundriss der Geschichte* auf die Veränderungen in geschichtswissenschaftlichen Diskussionen und im Geschichtsstudium reagiert. Sie hat sich nach und nach neue Themenfelder erschlossen. Es geht der Reihe in ihrer Gesamtheit nicht mehr ausschließlich darum, in der griechisch-römischen Antike zu beginnen, um das europäische Mittelalter zu durchschreiten und schließlich in der Neuzeit als unserer erweiterten Gegenwart anzukommen. Dieser Gang durch die Chronologie der deutschen und europäischen Geschichte ist für die Orientierung im historischen Geschehen weiterhin grundlegend; er wird aber zunehmend erweitert durch Bände zu nicht europäischen Themen und zu thematischen Schwerpunkten. Die Reihe dokumentiert damit die inhaltlichen Veränderungen, die sich in den Geschichtswissenschaften international beständig vollziehen.

https://doi.org/10.1515/9783110648737-201

Mit diesen Inhalten wendet sich die Reihe einerseits an Studierende, die sich die Komplexität eines Themenfeldes nicht nur inhaltlich, sondern auch forschungsgeschichtlich erschließen wollen. Andererseits sollen Lehrende in ihrem Anliegen unterstützt werden, Themengebiete in Vorlesungen und Seminaren vermitteln zu können. Im Mittelpunkt steht aber immer der Versuch zu zeigen, wie Geschichte in ihren Ereignissen und Strukturen durch Wissenschaft gemacht wird und damit selbst historisch gewachsen ist.

Hans Beck
Karl-Joachim Hölkeskamp
Achim Landwehr
Steffen Patzold
Benedikt Stuchtey

Vorwort

Ehre und Bürde gehen häufig Hand in Hand. Das gilt auch für den vorliegenden Band, der bisher aus der überaus sachkundigen und geübten Feder von Hans-Joachim Gehrke stammte. Der Versuch, in diese großen Fußstapfen zu treten, stellt ein Wagnis dar, das nur unternommen wurde, weil sowohl Hans-Joachim Gehrke selbst als auch meine hochgeschätzten Kollegen Stefan Pfeiffer und Gregor Weber das Projekt von Beginn an unterstützten. Letztere übernahmen dankenswerter Weise die Mühe, den Text kritisch gegenzulesen, und halfen damit, eine Reihe von Mängeln auszumerzen. Für ihre vielen hilfreichen Hinweise danke ich auch Torben Godosar und Oliver Steinert sowie den Herausgebern, allen voran Karl-Joachim Hölkeskamp und Hans Beck. Ihnen allen ist es auch zu verdanken, dass die Bibliographie länger geworden ist, als zunächst geplant. Da sich der Band vor allem an Studierende und an weitere interessierte Nicht-Spezialisten richtet, stellt eine umfangreiche Bibliographie ein wichtiges Hilfsmittel dar, um sich schnell in Teilaspekte einarbeiten zu können. Um den Umfang dieses Bandes nicht zu sprengen, musste jedoch eine Auswahl getroffen werden. Zum einen wurden vor allem Arbeiten des 21. Jahrhunderts berücksichtigt, zum anderen konnten Beiträge in überblicksartigen Sammelwerken zumeist beiseitegelassen werden, da es sich hierbei häufig um Zusammenfassungen älterer Forschungspositionen handelt, die keine wesentlichen Impulse für die Forschung bieten. Für die ältere Forschung sei stattdessen auf die unübertreffliche Darstellung durch Hans-Joachim Gehrke in den älteren Auflagen dieses Bandes verwiesen. Die inhaltliche Arbeit war im März 2022 abgeschlossen, danach erschienene bzw. zugängliche Literatur konnte nicht mehr eingearbeitet werden.

Es war eine Herausforderung, die sich über einen Zeitraum von über 300 Jahren erstreckende Ereignisgeschichte in angemessener Kürze darzustellen. Herrscherlisten am Ende des Forschungsteils und die beiden Karten sollen den Überblick erleichtern.

Bei der technischen Umsetzung waren Lukas Grote sowie Claudia Heyer, Bettina Neuhoff und Monika Pfleghar vom De Gruyter Verlag eine große Hilfe. Die Karten fertigte freundlicherweise Peter Palm an. Auch Ihnen gebührt mein tiefer Dank.

Köln, 11.11.22

https://doi.org/10.1515/9783110648737-202

Inhaltsverzeichnis

I Darstellung

0 Einleitung

Epochen werden zuweilen mit Begriffen benannt, die kulturelle Phänomene bezeichnen. Das gilt beispielsweise für die Renaissance, die Epoche der ‚Wiedergeburt' der antiken Kunst und Kultur, und die griechische Klassik, deren kunsthistorische, literarische und philosophische Produkte nachträglich idealisiert wurden, womit sie zu ‚klassischen' Referenzpunkten geronnen. Das gilt aber ebenfalls für die Epoche des Hellenismus, denn dieser Begriff bezeichnete zunächst eine kulturelle Praktik, nämlich das Beherrschen der griechischen Sprache. Als sich die griechische Sprache und Kultur im Zuge der Eroberung des Perserreiches durch Alexander den Großen bis nach Ägypten und Indien ausbreitete, wurde mit dem Begriff ‚Hellenismos' auch die Übernahme griechischer kultureller Praktiken durch Nichtgriechen umschrieben und in dieser Bedeutung begegnet er erstmals im 2. Makkabäerbuch, dessen endgültige Version wohl im ersten Jahrhundert v. Chr. abgefasst wurde. Johann Gustav Droysen, der Begründer der modernen Hellenismusforschung verwendete den Begriff erstmals 1833 in seiner „Geschichte Alexanders des Großen" zunächst ganz im Sinne des 2. Makkabäerbuches und übertrug ihn in seiner „Geschichte des Hellenismus" aus dem Jahr 1836 schließlich auf die gesamte Epoche von Alexander dem Großen bis Kleopatra VII. (336–30 v. Chr.). Damit war aus dem Begriff für einen Akkulturationsprozess die Bezeichnung für eine ganze Epoche geworden. Um Verwechslungen zu vermeiden, wird die Übernahme griechischer kultureller Praktiken in der deutschsprachigen Forschung heute üblicherweise als ‚(Selbst-)Hellenisierung' bezeichnet.

Begriffe Hellenismus und Hellenisierung

Hellenisierung hat es zwar bereits vor Alexander dem Großen gegeben – so wurde beispielsweise die etruskische Kultur sehr stark durch die Kultur der unteritalischen und sizilischen griechischen *póleis* (durch ihre Bürger selbstverwaltete Städte mit dem Streben nach innerer und äußerer Unabhängigkeit) beeinflusst –, dennoch ist es naheliegend, mit Alexander dem Großen eine neue Epoche beginnen zu lassen, führten dessen Eroberungen doch dazu, dass Griechen und Makedonen in den folgenden Jahrhunderten zur politisch-militärischen Elite in vielen Gebieten aufstiegen, in denen zu-

Beginn der Epoche

https://doi.org/10.1515/9783110648737-001

vor andere kulturelle Prägungen dominierend gewesen waren. Es sind damit vor allem die militärisch-politischen Umwälzungen in weiten Teilen der Mittelmeerwelt sowie des mittleren Ostens und die Herausbildung neuer politischer Strukturen, die es nahelegen, die rund 300 Jahre des Hellenismus von der vorhergehenden Klassik, in der einzelne *póleis* bzw. Zusammenschlüsse von *póleis* die politisch-militärische Landschaft prägten, zu trennen. Strittig ist allenfalls, ob man Alexanders Herrschaftsantritt oder seinen Tod als epochal ansehen möchte. Da die Geschichte des Hellenismus ohne Alexander nicht denkbar wäre und viele seiner Nachfolger bewusst oder unbewusst an Alexander anknüpften, ist es unerlässlich, auch dessen Herrschaftszeit hier zu behandeln.

Ende der Epoche

Unter politisch-militärischen Gesichtspunkten lassen sich auch gute Argumente dafür ins Feld führen, das Ende des Hellenismus im Jahr 30 v. Chr. anzusetzen, als das letzte der drei großen Herrschaftsgebilde, die aus dem Alexanderreich hervorgegangen waren, mit dem Tod Kleopatras VII. im Römischen Reich aufging. Doch ist gerade mit Blick auf den kulturellen Ursprung des Epochenbegriffs dieses Datum von eher geringer Bedeutung. Die griechische Kultur besaß auch danach eine so hohe Attraktivität, dass sich der Prozess der Hellenisierung in vielen Regionen weiter fortsetzte (siehe Kap. I.4). Auch die Römer, die seit dem ausgehenden dritten Jahrhundert v. Chr. ihr Herrschaftsgebiet in den östlichen Mittelmeerraum hinein und darüber hinaus erweiterten, waren indirekt über die Etrusker und direkt über die unteritalischen griechischen *póleis* bereits zuvor mit der griechischen Kultur in Kontakt gekommen. Ihre Hellenisierung setzte sich auch nach Kleopatras Ende weiter fort und erst ab dem dritten Jahrhundert n. Chr. zeigen sich in verschiedenen Regionen des römischen Reiches Anzeichen für ein Wiederaufleben älterer lokaler Traditionen. Häufig wird betont, dass der Hellenisierungsprozess im östlichen Mittelmeer erst mit der arabischen Eroberung beendet worden sei, doch auch diese Eroberer waren beeindruckt von den kulturellen Leistungen der von ihnen in Besitz genommenen Gebiete, übernahmen Aspekte der Architektur sowie Kunst und lasen griechische Autoren wie Aristoteles. Parallel hierzu bestand das byzantinische Reich, das letztlich ein verkleinertes römisches Reich und kulturell stark von griechischen Traditionen geprägt war, bis zur Eroberung Konstantinopels im Jahr 1453 n. Chr., so dass man die Epoche auch mit diesem Datum enden lassen könnte. Aber auch wenn politisch-militärischen Ereignissen der Vorzug für die Einteilung in Epochen eingeräumt wird, könnte ein Epochenende im Jahr 30 v. Chr. in Zweifel gezogen werden, denn eine Reihe kleinerer Königtümer, die sich auf dem Gebiet des ehemaligen Alexanderreiches gebildet hatten, existierten auch danach noch weiter, weshalb in Kap. I.2.5 ihre Geschichte auch über das Jahr 30 v. Chr. hinaus skizziert wird.

1 Alexander der Große

Am Anfang war Alexander. Und Alexander war anders – anders als sein Vater, anders als seine Freunde, anders als erwartet. Dennoch ist Alexander ohne die Vorarbeit Philipps und ohne die Mitarbeit seiner Freunde nicht vorstellbar. Aber Alexander III., König von Makedonien, hat die politische Landkarte in einem Maß verändert, wie vor und nach ihm nur wenige. Zwischen den Jahren 334 und 324 eroberte er das Perserreich, das sich von der heutigen Türkei bis nach Pakistan im Osten und Ägypten im Süden erstreckte. Diese im wahrsten Sinn des Wortes „Großtat" brachte ihm den Beinamen „der Große" ein. Sein Gegner, der König des persischen Reiches, führte sich auf Achaimenes zurück, der aus der Landschaft Persis stammte, so dass die „persischen" Großkönige auch Achaimeniden genannt werden.

Bedeutung Philipps II.

Den Krieg gegen die Achaimeniden hatte Alexander ebenso wie den Königstitel von seinem Vater Philipp II. geerbt. Dieser war während der Hochzeitsfeierlichkeiten seiner Tochter im Herbst 336 ermordet worden. Feinde besaß er zu diesem Zeitpunkt genug. Als er 360 den makedonischen Thron von Perdikkas übernahm, befand sich das Land in einer schweren Krise, denn Perdikkas war gegen die benachbarten Illyrer gefallen. Im Lauf seiner 24-jährigen Herrschaft gelang es Philipp II. nicht nur, Makedonien gegen Nachbarn abzusichern, sondern seinen Herrschaftsbereich deutlich auszudehnen und nach innen zu stabilisieren. Die einzelnen Schritte sind hier nicht von Bedeutung, auf einiges wird in den folgenden Abschnitten hinzuweisen sein. Lediglich das Verhältnis zwischen Philipp II. und den griechischen Städten muss kurz skizziert werden.

Die griechische Welt

Makedonien und Griechenland waren zwei verschiedene Welten. Die Griechen definierten sich in der Regel über die Zugehörigkeit zu ihrer Heimatstadt, ihrer *pólis*. Griechische *póleis* befanden sich nicht nur im heutigen Griechenland, sondern auch an der westkleinasiatischen Küste, an den Küsten des Schwarzen Meeres, in Unteritalien, auf Sizilien, an der libyschen Küste und vereinzelt auch an den Küsten des westlichen Mittelmeers. Das war vor allem das Ergebnis der sogenannten „Großen Kolonisation", einer Migrationsbewegung in der Zeit vom späten 8. Jahrhundert bis um 500. Die meisten *póleis* waren demokratisch oder oligarchisch verfasst und im Idealfall eigenständig. Ganz anders gestaltete sich die Situation

Verhältnisse in Makedonien

in Makedonien. Dort herrschte seit Jahrhunderten das Geschlecht der Argeaden (benannt nach der wohl erfundenen Abstammung von den in der altehrwürdigen griechischen *pólis* Argos herrschenden Temeniden). Das makedonische Herrschaftsgebiet wies keine nennenswerten Städte auf und war eher ein Stammesgebiet mit verschiedenen Clans. Die Griechen blickten daher auf die Makedonen herab. An den gemeingriechischen Festen wie den Olympischen Spielen durften keine Makedonen teilnehmen, allerdings erhielten die makedonischen Könige ab dem 5. Jahrhundert dieses Recht und Philipp II. war stolz auf die von ihm dort errungenen Sie-

Reformen Philipps II.

ge. Überhaupt war Philipp II. – vielleicht bestärkt durch seinen dreijährigen Aufenthalt in Theben – bemüht, kulturelle Errungenschaften der Griechen in Makedonien nutzbringend heimisch zu machen. Er legte Städte und Straßen an und ließ seine Kinder von herausragenden griechischen Gelehrten ausbilden, zu denen zwischen 342 und 340 auch Aristoteles zählte. Im Mittelpunkt dieser Erziehungsbemühungen, zu denen Philipp II. auch die Söhne hochgestellter Makedonen hinzuzog, stand sein Sohn Alexander.

357 hatte Philipp Olympias, die Tochter des Molosserkönigs Neoptolemos I., zu seiner fünften Gemahlin genommen. Diese Ehe war vor allem eine politische Ehe und Olympias war nur eine von mehreren legitimen Gemahlinnen. Als sie 356 einen Sohn zur Welt brachte, wurde sie zur Mutter des potentiellen Nachfolgers und ragte damit aus dem Kreis der übrigen Frauen heraus. Alexander erhielt nicht nur eine exquisite Ausbildung (u. a. von Aristoteles), sondern wurde bereits früh mit militärischen und politischen Aufgaben betraut. 340, also im Alter von 16 Jahren, übte Alexander die Herrschaft in Makedonien aus, während sein Vater einen Feldzug nach Thrakien unternahm. 338 hatte er die Befehlsgewalt über die Reiterei des linken Flügels, als sein Vater Philipp in der Schlacht von Chaironeia das letzte sich ihm widersetzende Aufgebot griechischer Städte besiegte. Im folgenden Jahr, also 337, schmiedete Phil-

Korinthischer Bund

ipp den sogenannten Korinthischen Bund, in dem sich außer Sparta die meisten griechischen *póleis* zusammenschlossen und einen allgemeinen Frieden (*koinḗ eirḗnē*) beschlossen. Philipp war nicht selbst Mitglied des Bundes, fungierte aber als dessen Oberbefehlshaber (*hēgemṓn*). Diese Position nutzte Philipp sofort, indem er den Bund in einen Krieg gegen das Perserreich führte. Der Makedone stilisierte sich geschickt als Vorkämpfer der Griechen, der die Perser für ihre Verwüstungen in Griechenland während der Perserkriege bestrafen und die griechischen Städte in Kleinasien befreien wollte. Die Perser hatten das westliche Kleinasien in der Mitte des 6. Jahrhunderts erobert. Als die dortigen *póleis* 500 den sogenannten Ionischen Aufstand probten, wurden sie von Athen und Euboia unterstützt. Als Vergeltung für die Unterstützung im Ionischen Aufstand unternahmen die Perser 490 und 480 zwei groß angelegte Feldzüge gegen Griechenland. Während des zweiten Feldzuges hatten sie weite Landstriche, darunter auch Athen, verwüstet, mussten sich nach Niederlagen aber beide Male zurückziehen. Philipp nutzte diese längst vergangenen, aber nicht vergessenen Ereignisse dazu, sich an die Spitze eines panhellenischen Rachefeldzuges zu stellen und auf diese Weise seine ehemaligen Kriegsgegner unter seinem Oberkommando zu einen. Eine Vorausabteilung von 10.000 Mann unter Parmenion und Attalos – und nicht etwa Alexander – wurde nach Kleinasien gesandt. Inzwischen war dessen Position nämlich ins Wanken geraten. Philipp hatte sich eine weitere Frau aus dem makedonischen Adel genommen, Kleopatra, die Nichte des Attalos. Alexander ging daraufhin mit seiner Mutter Olympias ins Exil. Es kam zwar zu einer Versöhnung zwischen Vater und Sohn, das Verhältnis blieb jedoch angespannt.

Tod Philipps II.

Während der auch als Versöhnungsakt inszenierten Hochzeitsfeierlichkeiten zwischen Kleopatra, der Tochter Philipps II., und dem Molosserkönig Alexander I., dem Bruder der Olympias, wurde Philipp II. ermordet. Alexander handelte unverzüglich und tötete den Mörder seines Vaters. Es kursierten jedoch Gerüchte, er sei an dem Mord selbst beteiligt gewesen. Vielleicht beseitigte er den Attentäter, um einen Mitwisser aus dem Weg zu räumen. Darüber hinaus verlor eine ganze Reihe hochrangiger Makedonen ihr Leben, die Alexander der Mittäterschaft beschuldigte, darunter Attalos. Loyal zu Alexander standen damals unter anderen Parmenion und Antipatros, die nach dem Tod des Makedonenkönigs noch eine wichtige Rolle spielen sollten.

Genauso dramatisch gestaltete sich die politische Großwetterlage. Die kurz zuvor von Philipp bezwungenen Nachbarn fielen wieder ab. Aber Alexander reagierte umgehend. Sofort zog er nach Griechenland und ließ sich als Anführer des Korinthischen Bundes und als *hēgemṓn* des 340 von seinem Vater gegründeten Panhellenischen Bundes bestätigen. 335 unternahm er einen Feldzug nach Thrakien und nach Illyrien. Die Perser nutzten die Lage ebenfalls. Sie taten das, was sie seit den großen Perserfeldzügen immer wieder erfolgreich getan hatten: Sie sorgten mit enormen finanziellen Mitteln in Griechenland für Zwist und Streit. Während Alexander in Thrakien und Illyrien weilte, revoltierte die wichtige Stadt Theben. Auch hier reagierte Alexander umgehend und heftig. Fast die gesamte Stadt wurde dem Erdboden gleichgemacht.

Sicherung der Herrschaft

Beginn des Perserfeldzugs

Im Mai 334 brach Alexander zu dem bereits von Philipp II. eingeleiteten Perserfeldzug auf. Antipatros blieb als *stratēgós* (Befehlshaber) von Europa mit der Hälfte des Heeres zurück. Das Heer, das Alexander gegen die Perser führte, bestand aus deutlich mehr als den von Philipp nach Asien übergesetzten 10.000 Mann. Alexander führte wohl 32.000 Mann Infanterie und 5.500 Reiter an. Die Infanterie setzte sich zusammen aus 12.000 Makedonen, 7.000 griechischen Hopliten als Aufgebot des Korinthischen Bundes, 7.000 griechischen Söldnern und 6.000 Kriegern vom Balkan. Die Kavallerie bestand aus 1.800 Makedonen, 1.200 Thessalern, 1.000 Reitern der übrigen Griechen, 600 griechischen Söldnern und 900 Thrakern. Die Flotte umfasste 160 Schiffe, darunter zwanzig athenische Trieren.

Der Feldzug wurde mit rituellen und programmatischen Handlungen eröffnet. Parmenion, dem neben Alexander die oberste Befehlsgewalt zustand, setzte mit dem größeren Teil des Heeres dort nach Asien über, wo einst während des zweiten Perserfeldzuges der achaimenidische Großkönig Xerxes auf einer Schiffsbrücke nach Europa marschiert war. Das war sicher kein Zufall. Alexander selbst opferte zunächst in Elaious dem Heros Protesilaos, der beim Kampf um Troja als erster Grieche asiatischen Boden betreten haben soll. Anschließend steuerte er sein Flaggschiff selbst Richtung Asien und opferte in der Mitte der Überfahrt dem Meeresgott Poseidon sowie den Meeresnymphen, den Nereiden. Noch vom Schiff aus warf Alexander einen Speer auf asiatischen Boden und sprang wie einst Protesilaos im Kampf gegen Troja als erster an Land. Dort wurden drei Altäre für Zeus Apobateiros (den Beschützer der Landung), Athena und Herakles, den Stammvater der makedonischen Könige, errichtet. Als erstes zog Alexander nach Troja, opferte der Athena Ilias und weihte seine Rüstung der Göttin. Im Gegenzug erhielt er Waffen, die angeblich aus der Zeit des trojanischen Krieges stammten. Darüber hinaus opferte er, um den Mord seines angeblichen Vorfahren Neoptolemos an dem trojanischen König Priamos zu sühnen, und bekränzte das Grabmal Achills. Unverkennbar ist die enge Anlehnung Alexanders, der angeblich zusätzlich zu einem Dolch ein Exemplar von Homers Ilias unter seinen Kopfkissen aufbewahrte, an den trojanischen Krieg und den Sieg der Griechen über Troja.

Beim Erscheinen Alexanders auf asiatischem Boden unterwarf sich ihm eine Reihe von Städten freiwillig, andere verhielten sich ablehnend. Auch am persischen Hof herrschten Differenzen bezüglich des Vorgehens gegen Alexander: Während der Rhodier Memnon, der mit dem persischen Hochadel verschwägert war, zu einem Konzept der „verbrannten Erde“ und der Störung der Nachschubwege riet, wollten die persischen Satrapen, also die Herrscher einzelner Teilgebiete des persischen Reichs, ihrem König durch Taten ihre Loyalität beweisen und drängten auf eine Schlacht mit Alexander. Am Granikos stießen die beiden Heere aufeinander: Alexander blieb Sieger, wobei sich die eigenen Verluste auf angeblich lediglich 30 Fußsoldaten und 85 Reiter beliefen, darunter 25 der 500–600 sogenannten *hetaíroi* (Gefährten) aus der königlichen Reitereinheit, für die Alexander Bronzestatuen in Auftrag gab, die im zentralen Heiligtum der Makedonen in Dion geweiht wurden. Zudem weihte er 300 erbeutete persische Rüstungen mit einer Widmungsinschrift nach Athen, die ihn selbst (ohne Königstitel) und die Hellenen mit Ausnahme der Spartaner, die nicht Mitglied des Korinthischen Bundes waren, nannte.

Schlacht am Granikos

Das westliche Kleinasien trat in der Folge nahezu kampflos auf seine Seite, lediglich Milet, das auf Unterstützung durch die starke persische Flotte baute, musste erobert werden. Angesichts der persischen Überlegenheit zur See entließ Alexander seine eigene Flotte und zog über Karien, wo er von der lokalen Dynastin Ada adoptiert wurde, und Lykien ins Landesinnere nach Gordion, der ehemaligen Hauptstadt des Phrygerreiches. Dort ‚löste‘ er den Gordischen Knoten, indem er ihn entweder mit dem Schwert zerschlug oder einfach den Deichselpflock herauszog. Einer lokalen Legende zufolge sollte derjenige, der den Knoten lösen würde, die Herrschaft über

Gordischer Knoten

Asien erlangen. Spätestens hier zeigte sich, dass Alexanders Feldzug nicht nur oder primär die Befreiung der griechischen *póleis* zum Ziel hatte, sondern dass der Makedone weitergehende Ziele verfolgte. Die befreiten *póleis* zahlten zudem die zuvor fälligen Abgaben weiterhin und die persischen Verwaltungstrukturen blieben bestehen, wobei die persischen Satrapen lediglich durch Makedonen ersetzt wurden.

Bisher war alles nahezu reibungslos zum Vorteil Alexanders abgelaufen, doch im Frühjahr 333 schien sich eine Wende zu vollziehen. Den Persern gelang es, mit Hilfe ihrer seebeherrschenden Flotte wichtige Militärbasen in der Ägäis zurückzugewinnen, zumal Alexander seine eigene Flotte zuvor aufgelöst hatte. Die Perser knüpften zudem Kontakte zu Sparta, das zum Krieg gegen Makedonien bereit war. Die persische Gegenoffensive kam jedoch zum Erliegen, als der Flottenbefehlshaber Memnon von Rhodos im Mai 333 unerwartet verstarb. Alexander zog derweil wieder an die Mittelmeerküste und stieß bei Issos auf das inzwischen vom persischen Großkönig Dareios III. zusammengezogene Heer. Trotz zahlenmäßiger Unterlegenheit gelang Alexander der Sieg, weil er direkt das Zentrum des Gegners attackierte, Dareios III. zum Rückzug zwang und damit die Schlacht für sich entscheiden konnte. Ähnlich wie am Granikos war es die persönliche Tatkraft des Makedonenkönigs, die einen eindeutigen Sieg mit angeblich lediglich 450 Toten auf Alexanders Seite brachte. Von besonderer Bedeutung war, dass es ihm auch gelang, den Tross des Dareios samt dessen Familie und der Kriegskasse von rund 3.000 Talenten (ca. 75 Tonnen) Silber in Besitz zu nehmen.

Schlacht bei Issos

Nach dem Sieg bei Issos verfolgte Alexander nicht den fliehenden Achaimeniden, sondern wandte sich nach Süden, drängte die Perser vom Mittelmeer zurück und entzog der persischen Flotte ihre Basen. Viele zypriotische und phoinikische Städte traten freiwillig auf seine Seite über, einige weigerten sich jedoch. Unter ihnen befand sich auch Tyros, das auf einer vorgelagerten Insel lag und sieben Monate lang belagert wurde (Februar bis November 332). Nach dem Fall der Stadt statuierte Alexander ein Exempel, indem er alle Einwohner entweder töten oder versklaven ließ.

Belagerung von Tyros

Die Zeit der Belagerung nutzte Alexander für Verhandlungen mit Dareios. Diese Verhandlungen machen deutlich, dass es Alexander spätestens jetzt um das gesamte Persische Reich ging, denn Teilungsangebote des Achaimeniden lehnte er ab. Eine weitere militärische Auseinandersetzung war damit unvermeidlich. Bevor es dazu kam, zog Alexander jedoch zunächst nach Ägypten. Dieses Land hatte bereits in der Mitte des 4. Jahrhunderts versucht, die persische Herrschaft abzuschütteln und könnte Alexander als Befreier begrüßt haben. Der Makedonenkönig stellte sich zudem konsequent in die pharaonischen Traditionen, opferte in der alten Hauptstadt Memphis dem heiligen Apis-Stier und ließ Tempel renovieren. Alexander respektierte die lokalen Gebräuche und suchte den Ausgleich mit den lokalen Eliten. Ägypten wurde stark dominiert von den verschiedenen Priesterschaften und es war für jeden Herrscher ratsam, sich mit ihnen zu arrangieren. Im Gegenzug krönten sie ihn aller Wahrscheinlichkeit nach zum Pharao. Alexander unternahm jedoch zwei Maßnahmen, die über dieses Arrangement hinauswiesen. Zum einen gründete er im Frühjahr 331 an der westlichen Nilmündung eine neue Stadt, die er nach sich Alexandreia nannte, zum anderen zog er zur Oase Siwa und besuchte den dortigen Amun-Tempel. Die Gründung Alexandreias Anfang 331 zeigt deutlich, dass Alexander beabsichtigte, die von ihm eroberten Gebiete dauerhaft zu beherrschen. Das östliche Mittelmeer war geradezu zu einem makedonischen Binnenmeer geworden und es war nur konsequent Ägypten mit Hilfe der neuen Stadt zu diesem Binnenmeer hin weiter zu öffnen. Über diese neue Scharnierstelle war Makedonien mit den enormen Reichtümern des Nillandes verbunden. Der Besuch in der Oase Siwa hatte andere Gründe. Dort befand sich eine der bekanntesten Orakelstätten der antiken Welt, die Alexander zu konsultieren beabsichtigte und dazu einen unbequemen Marsch durch die Wüste auf sich nahm. Bereits in der Antike war umstritten, welche Fragen Alexander an das Orakel richtete und was ihm die Priester antworteten. Offenbar schwieg sich Alexander darüber aus. Die Antwort muss jedoch überzeugend gewesen sein, denn Alexander konsultierte das Orakel noch mindestens ein weiteres Mal, als nach dem Tod seines engen Freundes Hephaistion die Frage geklärt werden sollte, ob man den Toten göttlich ehren solle.

Alexander in Ägypten

Orakel von Siwa

Nach diesem Abstecher in die Wüste zog Alexander endlich Dareios III. entgegen. Dieser hatte die Zwischenzeit genutzt und ein neues Heer von rund 150.000 Mann zusammengestellt sowie das vorgesehene Schlachtfeld für die ihm zur Verfügung stehenden Einheiten bestens vorbereitet, indem Annäherungshindernisse errichtet wurden, die die Bewegungsfreiheit Alexanders während der

Schlacht von Gaugamela

Schlacht einschränken sollten. Die Schlacht von Gaugamela am 1. Oktober 331 verlief für Dareios aber anders als geplant. Alexander stieß wie bei Issos wiederum ins Zentrum des persischen Heeres und zielte direkt auf Dareios. Dieser hielt auch dieses Mal nicht stand und floh in die sogenannten Oberen Satrapien, also die Gebiete östlich des Zweistromlandes. Alexander fiel durch den Sieg der Kernbereich des persischen Reiches in den Schoß. Mazaios, der Satrap Babylons, lief zu Alexander über und wurde im Gegenzug in seinem Amt bestätigt. Überhaupt gerierte sich Alexander nun deutlich als Nachfolger des Dareios. Ähnlich wie bereits in Ägypten stellte er sich bewusst auch in lokale Traditionen und ließ beispielsweise den Haupttempel Babylons, das Esagila, renovieren. In der persischen Winterresidenz Susa nahm er erstmals auf dem persischen Thron Platz und demonstrierte damit seinen Anspruch auf die Nachfolge des Dareios. Von Susa aus stieß er in das persische Kernland, die Persis, vor, die systematisch geplündert wurde. Nach einem viermonatigen Aufenthalt in Persepolis gingen vor allem diejenigen Teile des dortigen Palastes in Flammen auf, die während der Herrschaft des Xerxes erbaut worden waren. Bereits in der Antike war umstritten, ob es sich um eine bewusste Zerstörung oder ein Versehen handelte. Die Plünderung der Persis und die Zerstörung des wichtigsten persischen Palastes konnte in jedem Fall im Sinne des Rachegedankens an den Persern für die Zerstörungen in Griechenland während der Perserkriege gedeutet werden. Dass diese ursprüngliche Begründung für den Perserfeldzug auch damals noch genutzt wurde, zeigt sich an zwei programmatischen Maßnahmen. So hatte Alexander zum einen die in Susa gefundenen Statuen der Tyrannenmörder Harmodios und Aristogeiton nach Athen zurückbringen lassen, zum anderen beendete er kurze Zeit später den Rachefeldzug des Korinthischen Bundes nach der Einnahme von Ekbatana. Hier befand sich die Sommerresidenz der persischen Könige, so dass nun alle drei großen Residenzen erobert waren. Die griechischen Kontingente wurden vor die Wahl gestellt, nach Hause zurückzukehren oder mit Alexander weiter zu ziehen.

Zerstörung von Persepolis

Tod Dareios' III.

Dareios befand sich zu diesem Zeitpunkt in den verbliebenen östlichen Reichsteilen, wurde dort aber von Bessos, dem Satrapen von Baktrien, gefangen gesetzt und beim Herannahen Alexanders im Juli 330 getötet. Bessos nahm den Namen Artaxerxes (V.) an und erklärte sich zum Nachfolger des Dareios, so dass er in direkte Konkurrenz zu Alexander trat, der seinerseits den Leichnam des Dareios nach Persepolis bringen und dort in der vorgesehenen Grabstätte in Persepolis beisetzen ließ, wodurch er seinen Anspruch auf die Nachfolge des Dareios unterstrich. Der folgende Rachefeldzug gegen Bessos führte Alexander durch das heutige Afghanistan bis nach Turkmenistan, wo sich auch die letzten Getreuen des Bessos von diesem lossagten und ihn an Alexander auslieferten. Der Makedone ließ Bessos Nase und Ohren abschneiden und übergab ihn an Oxyartes, den Bruder des Dareios, der Bessos am Ort von Dareios' Tod kreuzigen ließ. Damit war Alexander zwar alleiniger König des ehemaligen Perserreiches, doch zwang ihn eine Revolte in Sogdien, zwei weitere Jahre in der Region zu bleiben. Am Ende konnte die Revolte militärisch niedergeschlagen werden und Alexander ehelichte die sogdische Prinzessin Roxane, was sicher ebenfalls zu einer Stabilisierung der Lage beitrug.

Alexander in Indien

Von hier aus wandte sich der König nach Indien. Das war zwar insofern konsequent, weil auch Teile des indischen Subkontinents zum Perserreich gehört hatten, doch zog Alexander von hier aus weiter nach Osten. Die geographischen Kenntnisse der Griechen und Makedonen über diese Region waren sehr begrenzt. Bereits in der Antike wurden verschiedene Motive für den Indienfeldzug diskutiert. Der Versuch, das Ende der Welt zu erreichen, Ruhm durch weitere Siege zu erlangen oder einfach eine Alexander zugeschriebene irrationale Sehnsucht (*póthos*) mögen eine Rolle gespielt haben. Erfolgreich verlief eine Schlacht gegen Poros, den König von Pauravas, der von Alexander anschließend begnadigt und als lokaler Satrap eingesetzt wurde. Als sich der Makedone weder von der unbekannten Topographie, noch den dichten Wäldern und dem einsetzenden Monsunregen vom Weitermarsch abhalten ließ, verweigerten ihm seine Soldaten und Offiziere die Gefolgschaft. Alexander war daher zum Rückmarsch gezwungen. Ein Teil des Trosses wurde unter der Leitung des Krateros nach Westen gesandt, während Alexander mit dem Großteil des Heeres auf dem Hydaspes, Akesines und Indus nach Süden fuhr. Unterwegs kam es immer wieder zu Gefechten mit der einheimischen Bevölkerung, bei der Alexander durch einen Pfeilschuss schwer verletzt wurde. An der Mündung des Indus teilte er das Heer. Etwa ein Viertel fuhr auf einer neu gefertigten Flotte unter der Leitung des Nearchos entlang der Küste nach Westen, Alexander selbst marschierte mit dem Großteil des Heeres durch die unwirtliche gedrosische Wüste. Arrian (*anabasis* 6.24.2) zufolge versuchte der König damit Kyros und Semira-

Marsch durch die gedrosische Wüste

mis zu übertreffen, die auf diesem Weg fast ihre gesamten Heere verloren hatten. Aber auch für etwa Dreiviertel von Alexanders Heer wurde der Versuch zum Todesmarsch, da der erhoffte saisonale Regen ausfiel. In Karmanien stießen Krateros und Alexander wieder aufeinander und nahmen Kontakt mit Nearchos auf. Von hier aus marschierte Alexander problemlos weiter nach Susa. Damit fand 324 die militärische Inbesitznahme des Perserreiches ihren Abschluss. Was bis zum Tod Alexanders im folgenden Jahr zu tun blieb, war die Festigung der errungenen Stellung. Aufgrund der Ausdehnung des Reiches sowie des vor diesem Hintergrund relativ kleinen Heeres aus Griechen und Makedonen musste Alexander Rücksicht auf lokale Traditionen nehmen und versuchen, die lokalen Eliten in seine Herrschaft einzubinden, und einheimische Soldaten ausheben.

Massenhochzeit von Susa

Die Einbindung der lokalen Eliten erfolgte dadurch, dass er einerseits eine Reihe von Satrapen in ihrer Stellung beließ und andererseits bei der sogenannten „Massenhochzeit von Susa“ sich selbst sowie die 90 bedeutendsten Gefolgsleute, die zu den *hetaíroi*, den Gefährten zählten, nach nicht-griechischem, wohl achaimenidischem Ritus, mit Damen des persischen Hochadels vermählte. Alexander, der ja schon mit Roxane verheiratet war, ehelichte eine Tochter des ehemaligen Großkönigs Artaxerxes' III. sowie eine Tochter Dareios' III.

Problem der Proskynese

Auch durch weitere Maßnahmen versuchte Alexander, seiner Herrschaft ein breiteres Fundament zu geben. Teile des persischen Hofzeremoniells und des königlichen Ornats hatte er ebenso übernommen wie hochrangige Indigene in den engeren Beraterkreis aufgenommen. Insbesondere die *proskýnēsis*, die Verbeugung vor dem König, war für viele seiner Gefährten ein Stein des Anstoßes. Sie waren zusammen mit Alexander aufgewachsen und hatten von Kindheit an einen freien Umgang auf Augenhöhe mit ihm praktiziert. Die *proskýnēsis* gebührte in Griechenland nur Göttern und die der griechischen *proskýnēsis* sehr eng verwandten persischen Verbeugung vor dem König konnte in den Augen von Griechen und Makedonen daher als Anerkennung der königlichen Göttlichkeit gedeutet werden. Für die von Alexander in den engeren Hofzirkel integrierten persischen Adligen war es andererseits unvorstellbar, dem Großkönig diese Reverenz nicht zu erweisen. Da Alexander von den einzelnen Mitgliedern seines Hofes keine unterschiedliche Behandlung verlangen wollte oder konnte, mussten entweder die

Makedonen die *proskýnēsis* vollziehen oder die Perser darauf verzichten. Offensichtlich entschied sich der König für die erste Option.

Probleme mit engen Freunden und dem Heer

Es kam in der Folge zu einer Reihe von Konflikten zwischen Alexander und engen Freunden. Das erste Opfer war 330 Philotas, der Sohn Parmenions und Anführer der Reiterei, der wegen Hochverrats angeklagt wurde. Es war nur folgerichtig, dass kurz darauf auch Parmenion selbst ermordet wurde. 328 folgte Kleitos, der Alexander in der Schlacht am Granikos das Leben gerettet hatte. Während eines Gelages übte er weinberauscht Kritik am Herrschaftsstil Alexanders, der daraufhin ebenso weinberauscht Kleitos mit einer Lanze durchbohrte. Kurze Zeit später kam es zur sogenannten Pagenverschwörung, in die auch Kallisthenes, der Neffe des Philosophen Aristoteles, verwickelt war. Dieser hatte deutliche Kritik an der *proskýnēsis* geäußert und büßte dies nun mit dem Leben. Aber nicht nur hochrangige ‚Freunde' Alexanders kritisierten den Makedonen, sondern es kam auch zu Spannungen mit dem Heer. Auf die Weigerung der Soldaten, immer tiefer in den indischen Subkontinent vorzustoßen, war bereits hingewiesen worden. Die Integration immer größerer nicht-griechischer Kontingente erhöhte die Spannungen. Schon vor seinem Aufbruch nach Indien hatte Alexander die Aushebung und Ausbildung von 30.000 einheimischen Soldaten angeordnet, die nach der Rückkehr nach Susa das Heer verstärkten. Bereits zuvor hatten sich verschiedene indigene Kontingente Alexander angeschlossen und einige Iraner waren in das Leibregiment (*ágema*) aufgenommen worden. Der König stellte die besondere Beziehung zu seinen griechisch-makedonischen Soldaten damit zunehmend in Frage und es war letztlich nur konsequent, dass sich die angestauten Gefühle 324 in Opis Luft verschafften und die alten Kerntruppen offen meuterten. Alexander reagierte in zweifacher Weise: Zum einen ließ er die Rädelsführer sofort hinrichten und zog sich zum anderen für drei Tage zurück. Als er wieder in der Öffentlichkeit erschien, machte er unmissverständlich klar, dass er in Zukunft auf die Unterstützung durch die Makedonen verzichten könne und setzte diese damit unter Druck. Angesichts dieser Eskalation baten die Makedonen um Verzeihung. Offizielle Akte der Aussöhnung folgten und schließlich kehrten 10.000 Makedonen unter der Führung von Krateros und Polyperchon nach Hause zurück. Im folgenden Jahr wurde das Heer durch 20.000 persische Fußsoldaten aufgefüllt. Mit dem nun von Rekrutierungen aus Griechenland und

Makedonien unabhängigen Heer beabsichtigte Alexander, die arabische Halbinsel zu erobern. Dazu kam es jedoch nicht mehr.

2 Die hellenistische Welt nach dem Tod Alexanders des Großen

2.1 Die Zeit der Diadochen (323 bis 281 v. Chr.)

Tod Alexanders

Alexander der Große veränderte die Welt zweimal: zum einen durch seine Taten und zum anderen durch seinen Tod. Als er am 10. oder 11. Juni 323 v. Chr. in Babylon einer Krankheit erlag, hinterließ er zwar ein halbwegs gefestigtes Reich, aber die Nachfolge war nicht geklärt. Die einzige Regelung, die Alexander getroffen hatte, war es, seinen Siegelring Perdikkas zu übergeben. Es oblag daher diesem und den übrigen Freunden Alexanders, die Nachfolge zu organisieren. Perdikkas gehörte zu denjenigen Personen im Umfeld Alexanders, die bereits unter dessen Vater Karriere gemacht hatten. Zu diesem Kreis gehörte auch Antipatros, der während des Alexanderfeldzuges *stratēgós* in Europa war, und Polyperchon. Die übrigen Personen, die nach Alexanders Tod eine herausragende Rolle spielten, gehörten der Generation Alexanders an.

Nachfolgeregelung

Beim Tod Alexanders ergaben sich zwei Probleme, ein physisches und ein strukturelles. Das physische Problem bestand darin, dass Alexander keinen geeigneten Erben besaß. Üblicherweise folgte auf einen makedonischen König ein naher Blutsverwandter, doch Alexander hatte nur einen anscheinend kognitiv eingeschränkten Bruder Arrhidaios, einen unehelichen Sohn namens Herakles und ein noch nicht geborenes Kind mit Roxane. Unter dem Gesichtspunkt der Blutsverwandtschaft war die naheliegende Wahl zunächst der Bruder, der von der Mehrheit des Heeres zum König ernannt wurde und den Namen Philippos annahm. Perdikkas und andere setzten sich dafür ein, auch dem Kind Roxanes die Königswürde zu geben, sofern es sich um einen Jungen handeln sollte (der spätere Alexander IV.). Damit existierten zwar zwei Könige, doch keiner von beiden war in der Lage, die Amtsgeschäfte zu führen. Insbesondere konnten sie kein Heer kommandieren und damit die Kernkompetenz Alexanders ausüben.

Das strukturelle Problem ergab sich daraus, dass Alexander sowohl makedonischer König war als auch versuchte, die achaimenidischen (und andere lokale) Traditionen zu berücksichtigen, um in den eroberten Territorien ein Mindestmaß an Akzeptanz zu sichern. Unter anderem hatte aber bereits die Affäre um die *proskýnēsis* zu Lebzeiten Alexanders die sich daraus ergebenden Widersprüche und Probleme zu Tage treten lassen. Es ist sicher kein Zufall, dass keiner der Diadochen so dezidiert an das achaimenidische Großkönigtum anknüpfte wie Alexander. Selbst die Seleukiden, die später den Kernbereich des ehemaligen Achaimenidenreiches beherrschten, durch die Ehe zwischen Seleukos und Apame halbiranisch waren und häufig auch iranische Namen trugen (zumindest bis zur Thronbesteigung), nutzten keine Elemente des achaimenidischen Hoflebens mehr.

Den Diadochen blieben damit nur zwei Wege, um ihre eigene Herrschaft zu sichern. Sie konnten einerseits versuchen, auf den makedonischen Thron zu gelangen, wobei eine Eheverbindung mit einem Mitglied der Argeadenfamilie vorteilhaft war, oder andererseits den Weg Alexanders einschlagen und versuchen, mit militärischen Mitteln ein möglichst großes Territorium zu erobern. Zunächst wurde diese logische Konsequenz jedoch nicht als alternativlos betrachtet, sondern durch die Ernennung von regierungsunfähigen Königen ein Schwebezustand herbeigeführt. Um handlungsfähig zu sein, wurden Perdikkas die Befehlsgewalt über das Heer und die Verfügungsgewalt über die Finanzen anvertraut. Viele der engen Freunde Alexanders erhielten neue Aufgaben. Antipatros blieb *stratēgós* in Europa, Lysimachos erhielt Thrakien, Leonnatos das hellespontische Phrygien, Eumenes von Kardia das noch zu erobernde Kappadokien, Antigonos Monophthalmos (der ‚Einäugige') Großphrygien, Pamphylien und Lykien, Ptolemaios Ägypten. Die übrigen Satrapen sind hier von untergeordneter Bedeutung; erwähnenswert ist allerdings, dass Seleukos zum *chilíarchos* (Kommandeur der Kavallerie) ernannt wurde.

Satrapieaufteilung

Trotz dieser Versuche, die Nachfolge möglichst pragmatisch zu regeln, traten im äußersten Westen und Osten Probleme zu Tage. Im Osten musste ein Aufstand der von Alexander angesiedelten Soldaten niedergeschlagen werden, im Westen erhoben sich viele griechische *póleis* unter Führung Athens gegen Antipatros (Lamischer Krieg). Die Vorbereitungen hatten bereits im Herbst 324 v. Chr. begonnen und erhielten mit der Nachricht von Alexanders Tod neue

Lamischer Krieg

Nahrung. Nach anfänglichen Siegen der Aufständischen wurde Antipatros in Lamia belagert. Erst als Leonnatos im Frühjahr 322 mit weiteren Truppenkontingenten aus dem hellespontischen Phrygien vor Lamia eintraf, begann sich das Blatt zu wenden. Zwar fiel Leonnatos, doch gelang es Antipatros, sich mit dessen Truppen zu vereinen und mit dem inzwischen ebenfalls eingetroffenen Krateros die Griechen bei Krannon zu Land und bei der Insel Amorgos zur See zu besiegen. Eine Folge war die Auflösung des Hellenischen Bundes und eine erzwungene Verfassungsänderung in Athen, bei der das volle Bürgerrecht an ein Mindestvermögen von 2.000 Drachmen (ca. 8,6 kg Silber) geknüpft wurde. Den Versuch, die Aitoler militärisch zu bezwingen, musste Antipatros jedoch abbrechen, weil sich inzwischen in Kleinasien neue Konflikte abzeichneten, die sich aus Eheversprechen und Eheverbindungen ergaben. Die Zusammenarbeit von Antipatros und Krateros wurde durch die Ehe des Krateros mit Phila, einer Tochter des Antipatros, besiegelt. Erstmals wurde damit eine politisch-militärische Unterstützung durch Heiratsbeziehungen zwischen den Diadochen gefestigt. Zudem ehelichte Perdikkas Nikaia, eine weitere Tochter des Antipatros. Attraktiver als eine Eheverbindung zwischen einzelnen Diadochen war jedoch eine Ehe mit einem weiblichen Mitglied des makedonischen Königshauses. Kleopatra, die Schwester Alexanders, hatte Leonnatos das Angebot unterbreitet, ihn zu heiraten. Durch den Tod des Leonnatos war Kleopatra wieder frei und erhielt nun einen Heiratsantrag von Perdikkas, was bei den übrigen Diadochen allerdings den Verdacht nährte, Perdikkas strebe nach der Alleinherrschaft. Perdikkas musste sich zudem wieder von Nikaia trennen, was zum Zerwürfnis mit Antipatros führte, der gemeinsam mit Krateros und Antigonos dem Reichsverweser den Krieg erklärte (1. Diadochenkrieg, 321–320). Perdikkas wurde lediglich von Eumenes unterstützt, der in Kleinasien der Koalition eine Niederlage beibrachte, die Krateros das Leben kostete. Perdikkas versuchte derweil Ptolemaios in Ägypten zu besiegen, der sich den Leichnam Alexanders angeeignet und sich die Kyrenaika gesichert hatte, wodurch sich seine Position deutlich verbesserte. Als Perdikkas bei der ägyptischen Grenzstadt Pelusion auf erhebliche Gegenwehr stieß und sein Versuch scheiterte, den Nil zu überqueren, wurde er von einigen seiner eigenen Offiziere ermordet.

Eheverbindungen zwischen Diadochen

Tod des Perdikkas

Einer von ihnen war Seleukos, der bei der anschließenden Neuaufteilung der Zuständigkeitsbereiche und Satrapien in Triparadeisos (320) Babylonien erhielt. Antipatros sollte neben seinen bisheri-

Konferenz von Triparadeisos

gen Aufgaben die Obhut über die Könige übernehmen, Antigonos das Reichsheer befehligen, wobei Antipatros als *stratēgós* in Europa die Hälfte des Heeres und alle Elefanten übernahm. Faktisch wurde das Gesamtreich damit in einen europäischen und einen asiatischen Bereich geteilt. Als Antipatros im folgenden Jahr starb, übernahm Polyperchon seine Aufgaben, was allerdings Antipatros' Sohn Kassandros gegen ihn aufbrachte, der sich mit Antigonos und Lysimachos gegen Polyperchon verbündete. Dieser wurde nur von Eumenes unterstützt, den Polyperchon als Gegengewicht zu Antigonos zum Oberbefehlshaber in Asien ernannt hatte (2. Diadochenkrieg, 318–315). Nachdem Kassandros trotz der Proklamation der Freiheit aller Griechen durch Polyperchon Athen in seine Gewalt bringen konnte, ernannte Philipp Arrhidaios Kassandros zum Reichsverweser. Polyperchon verbündete sich daraufhin mit Olympias, der Mutter Alexanders des Großen, die Philipp Arrhidaios und seine Gattin ermorden ließ. Kassandros veranlasste daraufhin die makedonische Heeresversammlung, Olympias zum Tode zu verurteilen, stellte Alexander IV. sowie Roxane unter Arrest und ehelichte Thessalonike, eine Tochter Philipps II. Nachdem Eumenes 316 einer Revolte seiner Truppen zum Opfer gefallen war, gab sich Polyperchon geschlagen und zog sich auf die Peloponnes zurück.

Antigonos ging unterdessen konsequent daran, seinen Herrschaftsbereich mit Hilfe des Reichsheeres auszuweiten. Seleukos, der 316 in Konflikt mit Antigonos geraten war, floh zu Ptolemaios und schmiedete mit diesem sowie Kassandros und Lysimachos eine Allianz gegen Antigonos, die in den 3. Diadochenkrieg mündete (314–311), da Antigonos ein Ultimatum der Verbündeten verstreichen ließ. Beide Seiten versuchten, die griechischen *póleis* auf ihre Seite zu ziehen, indem sie Freiheitsproklamationen erließen. Antigonos gründete zudem den Nesiotenbund, in dem wichtige griechische Inseln zusammengeschlossen waren. Zunächst konnte Antigonos vor allem in Griechenland Erfolge verbuchen, doch läutete der Sieg von Ptolemaios und Seleukos über Demetrios Poliorketes, den Sohn des Antigonos, bei Gaza im Jahr 312 die entscheidende Wende ein. Seleukos konnte nach Babylonien zurückkehren und Antigonos sah sich gezwungen, einen Frieden zu schließen, der letztlich den *status quo ante* festschrieb – bis zur Volljährigkeit Alexanders IV. Dieser Friedensschluss war das Todesurteil für den König, dessen Volljährigkeit die Besitzstände der Diadochen gefährdet hätte und der folgerichtig gemeinsam mit seiner Mutter Roxane wohl 311/0

Auslöschung der Argeaden

von Kassandros beseitigt wurde. Der Versuch des Polyperchon, mit Hilfe von Herakles, dem letzten verbliebenen Sohn Alexanders des Großen, Kassandros zu verdrängen, mündete letztlich in eine Übereinkunft von Polyperchon und Kassandros, der Herakles und seine Mutter Barsine zum Opfer fielen. Damit war die Argeadenfamilie in männlicher Linie ausgelöscht und der makedonische Thron verwaist.

Währenddessen setzte sich der Krieg in Asien nahtlos fort. Antigonos bedrängte Seleukos und der mit Seleukos verbündete Ptolemaios versuchte, griechische und südkleinasiatische Küstenorte des Antigonos unter seine Kontrolle zu bringen. Doch anders als 316 gelang es Antigonos dieses Mal nicht, Seleukos entscheidend zu schwächen, so dass er sich schließlich gezwungen sah, Frieden zu schließen, um im Westen seines Herrschaftsgebietes aktiv werden zu können. Derweil konnte sein Sohn Demetrios 308 die wichtigen *póleis* Sikyon und Korinth sowie 307 Athen einnehmen. Als epochal erwies sich jedoch sein Sieg über Ptolemaios bei Salamis auf Zypern im Folgejahr, denn Antigonos (I.) Monophthalmos nahm diesen Sieg seines Sohnes zum Anlass, um sich selbst und seinen Sohn vom Heer zu Königen ausrufen zu lassen. Ptolemaios (I.), Seleukos (I.), Kassandros und Lysimachos gerieten dadurch in Zugzwang und ernannten sich ebenfalls zu Königen („Jahr der Könige", 306/305). Ptolemaios I. nahm wohl die erfolgreiche Abwehr des Antigonos I. Monophthalmos zum Anlass, der versucht hatte, Ägypten zu attackieren. Auch die Erfolgsgeschichte des Demetrios I., der bereits mehrfach Städte belagert hatte (daher sein Beiname Poliorketes, „Städtebelagerer"), wurde unterbrochen, als es ihm trotz intensiver Bemühungen mit eindrucksvollen Belagerungsmaschinen nicht gelang, Rhodos zu erobern. Die Rhodier errichteten anschließend aus Dank ihrem Hauptgott Helios den berühmten Koloss. Allerdings gelang es Demetrios I. Poliorketes im Folgenden, den Boiotischen Bund unter seine Kontrolle zu bringen, mit dem Aitolischen Bund (zu den Zusammenschlüssen griechischer *póleis* siehe unten Kap. I.2.3) einen Freundschaftsvertrag abzuschließen, eine Reihe von *póleis* auf der Peloponnes zu sichern und 302 einem neuen Hellenenbund („Liga von Korinth") zu vereinen, der ihm und seinem Vater die Kontrolle über das militärische Potential der ‚befreiten' Mitglieder sichern sollte. In der Zwischenzeit sicherte sich Seleukos I. den gesamten Osten des ehemaligen Alexanderreiches, musste allerdings die Gebiete auf dem indischen Subkontinent an den Begrün-

„Jahr der Könige"

der des indischen Maurya-Reiches Chandragupta (gr. Sandrakottos) abtreten, der ihm im Gegenzug 500 Elefanten überließ.

Die Erfolge von Antigonos I. Monophthalmos und Demetrios I. Poliorketes in Griechenland führten zu einer Koalition der übrigen Diadochen, die in den 4. Diadochenkrieg (308–301) mündete. Bei der entscheidenden Schlacht bei Ipsos (301) gaben die 500 Elefanten des Seleukos I. den Ausschlag. Bis zum Anmarsch des Seleukos I. hatte Lysimachos Antigonos I. Monophthalmos hinhalten können, der schließlich als 81-Jähriger auf dem Schlachtfeld fiel. Demetrios I. Poliorketes konnte mit wenigen Getreuen fliehen und verlor bis auf wenige *póleis* und seine schlagkräftige Flotte alles. Das ehemalige Herrschaftsgebiet von Antigonos I. Monophthalmos und Demetrios I. Poliorketes teilten sich die Sieger. Kassandros erhielt alle europäischen Besitzungen, Lysimachos alle kleinasiatischen Gebiete bis zum Tauros, Kilikien erhielt Pleistarchos, ein Bruder des Kassandros, Seleukos I. das übrige Kleinasien sowie die Levante. Obwohl Ptolemaios I. nur einen geringen Anteil an dem Sieg hatte, sicherte er sich dennoch Koilesyrien, das eigentlich Seleukos I. zugestanden worden war und daher zum zentralen Streitobjekt zwischen den Seleukiden und Ptolemäern werden sollte.

Schlacht bei Ipsos

Die verbliebenen Könige fanden sich in der Folgezeit zu neuen Koalitionen zusammen, die wiederum durch Eheverbindungen besiegelt wurden. Lysimachos heiratete Arsinoë II., eine Tochter des Ptolemaios I., Seleukos I. ehelichte Stratonike, eine Tochter des Demetrios I. Poliorketes. Nach dem Tod des Kassandros im Jahr 297 wechselte der makedonische Thron mehrfach den Besitzer, bis es Demetrios I. Poliorketes 294 gelang, nicht nur erneut Athen und weite Teile der Peloponnes sowie Mittelgriechenlands einzunehmen, sondern auch König von Makedonien zu werden, indem er wenig zimperlich in die dortigen Thronstreitigkeiten eingriff und die beiden rivalisierenden Söhne des Kassandros, Alexander V. und Antipatros, ermorden ließ.

Von hier aus wollte er das ehemalige Alexanderreich mit einer Armee von angeblich 98.000 Fußsoldaten und 12.000 Reitern erobern, was jedoch zu einer Koalition von Lysimachos, Ptolemaios I. und dem Molosserkönig Pyrrhos, der bereits zuvor ebenfalls in die makedonischen Thronstreitigkeiten eingegriffen hatte, führte und in den 5. Diadochenkrieg (288–285) mündete. Nach wechselndem Kriegsglück geriet Demetrios I. Poliorketes in die Gewalt seines Schwiegersohnes Seleukos I., wurde von diesem ehrenhaft interniert und verstarb innerhalb von drei Jahren angeblich an Untätigkeit und übermäßigem Genuss von Speisen und Wein. Den makedonischen Thron bestiegen derweil Lysimachos und Pyrrhos, der jedoch 284 vertrieben wurde. Lysimachos befand sich nun auf dem Höhepunkt seiner Macht, beging jedoch 283 einen entscheidenden Fehler, als er dem Wunsch seiner dritten Gattin Arsinoë II. folgte und seinen Sohn Agathokles aus erster Ehe beseitigen ließ, um den Söhnen aus der dritten Ehe die Nachfolge zu sichern. Daraufhin floh die Gattin des Agathokles, Lysandra, zu Seleukos I., der Lysimachos den Krieg erklärte. 281 fand dieser in der Schlacht bei Kurupedion den Tod, so dass von den Diadochen einzig Seleukos I. übrigblieb. Auf dem Weg nach Makedonien wurde er jedoch von Ptolemaios Keraunos, einem Sohn Ptolemaios' I., ermordet.

Schlacht bei Kurupedion

2.2 Die Geschichte der großen hellenistischen Monarchien (281 bis ca. 30 v. Chr.)

Mit Seleukos I. starb der letzte Mitstreiter Alexanders, der Anspruch auf dessen Nachfolge erhoben hatte. Von nun an beherrschten die Nachgeborenen (Epigonen, von griech. *epígonoi*) die politisch-militärische Bühne. Damit endete aber keineswegs die schier unendliche Kette von militärischen Auseinandersetzungen zwischen den Nachfolgern Alexanders. Zwar schien mit den riesigen Herrschaftsbereichen, die Seleukos I. und Ptolemaios I. geschaffen hatten (Seleukidenreich, Ptolemäerreich), die Verteilung des ehemaligen Alexanderreiches halbwegs abgeschlossen zu sein, denn außer Makedonien und den griechischen Besitzungen der Argeaden waren nun alle Gebiete in den Händen nur zweier Könige, doch zeigte der Tod der beiden in unterschiedlicher Weise die Fragilität der geschaffenen neuen Ordnung. Ptolemaios I. besaß mehrere Söhne aus unterschiedlichen Ehen. Ptolemaios Keraunos, der Mörder Seleukos' I., war einer von ihnen. Ptolemaios II. (285/282–246) stand nach dem Tod seines Vaters im Jahr 282 unter erheblichem Legitimationsdruck. Da es kein Primogeniturrecht gab, war die Ermordung aller in Alexandreia beim Tod seines Vaters anwesenden männlichen nahen Verwandten eine konsequente Folge. Möglicherweise fingierte er zudem eine frühere Einsetzung zum Mitregenten (285). Für eine solche Maßnahme gibt es allerdings eine zeitnahe Parallele, denn auch Seleukos I. hatte seinen ältesten Sohn Antiochos I. bereits

Epigonen

kein Primogeniturrecht

frühzeitig zum Mitregenten ernannt und ihm die östlichen Teile seines Reiches sowie die Hand seiner zweiten Frau Stratonike gegeben. Doch trotz dieser vorausschauenden Maßnahme sah sich auch Antiochos I. (281–261) mit Problemen konfrontiert, als er sich auf die Nachricht von der Ermordung seines Vaters hin nach Westen in Bewegung setzte. Besonders problematisch war, dass in der Tetrapolis, einem Gebiet im nordwestlichen Syrien, in dem Seleukos I. vier große Städte gegründet hatte und das somit ein wichtiges Herrschaftszentrum bildete, ein Aufstand ausbrach, den der neue König niederschlagen musste.

Verhältnisse in Makedonien

Sowohl Ptolemaios II. als auch Antiochos I. konnten ihre Herrschaftsansprüche letztlich erfolgreich durchsetzen. Anders verhielt es sich in Makedonien und Thrakien. Hier hatte Ptolemaios Keraunos die Herrschaft übernommen, nachdem er seine Halbschwester und Witwe des Lysimachos Arsinoë II. zur Frau genommen hatte, verlor aber schon 279 Schlacht und Leben gegen nach Süden vordringende Kelten. Sein Bruder Meleagros wurde nach zwei Monaten wegen militärischer Erfolglosigkeit abgesetzt. Dessen Nachfolger Antipatros II., ein Neffe des Kassandros, wurde aus dem gleichen Grund nach nur 40-tägiger Herrschaft von dem makedonischen Offizier Sosthenes vertrieben, der die ihm von den Soldaten angetragene Königswürde ablehnte und mit wechselndem Erfolg als *stratēgós* der Makedonen gegen die Kelten kämpfte, die sogar bis nach Delphi vordrangen. Die instabilen Verhältnisse in Makedonien boten Antigonos II. Gonatas (277–239), einem Sohn des Demetrios I. Poliorketes, der zu diesem Zeitpunkt das von ihm gegründete Demetrias, Megara und Korinth sowie einige kleinasiatische *póleis* kontrollierte, endlich eine realistische Chance, sich des makedonischen Throns zu bemächtigen. Gemeinsam mit Nikomedes I. von Bithynien (280–255/3) hatte er gegen Antiochos I. operiert, mit dem aber ein Ausgleich gefunden werden konnte, als sich Antiochos I. Problemen in Syrien zuwenden musste. Antigonos II. Gonatas ehelichte eine Tochter des Antiochos und überließ ihm seine kleinasiatischen Besitzungen. Im Gegenzug erkannte Antiochos I. die Ansprüche des Antigonos II. Gonatas auf den makedonischen Thron an, den sich dieser nach einem entscheidenden Sieg über die Kelten im Jahr 277 sichern konnte. Es gelang ihm allerdings nicht, auch Thrakien zu erobern, wo sich ein keltisches Königreich etablierte. Auch seine Herrschaft in Makedonien wurde durch den Molosserkönig Pyrrhos (s. u.) nochmals unterbrochen. Seit 272 saßen Antigonos II. Gonatas und seine Nachfolger aber fest auf dem makedonischen Thron. In der Folge entwickelten sich vergleichsweise stabile und enge Beziehungen zwischen den Antigoniden (benannt nach Antigonos I. Monophthalmos) und Seleukiden.

Mit den Ptolemäern verband die Seleukiden bis zum Ende des hier behandelten Zeitraums dagegen eher eine tiefsitzende Rivalität, die nicht zuletzt darauf zurückzuführen war, dass Ptolemaios I. 301 weite Teile Syriens in Besitz genommen hatte, obwohl er an der Schlacht bei Ipsos nicht teilgenommen hatte. Die Folge waren sechs nach dem zentralen Kriegsschauplatz benannte Syrische Kriege. Im ersten Syrischen Krieg (274–271) verbündete sich Antiochos I. mit Magas, der die Kyrenaika beherrschte, gegen dessen Halbbruder Ptolemaios II. Der Zangenangriff war aber nicht erfolgreich, so dass es am Ende beim *status quo ante* blieb. Kurz darauf geriet Ptolemaios II. auch in Konflikt mit Antigonos II. Gonatas, denn beide konkurrierten um die Vorherrschaft in der Ägäis. Der Ptolemäer konnte verschiedene griechische *póleis* auf seine Seite ziehen, u. a. auch Athen und Sparta, die sich auf Betreiben des Atheners Chremonides verbündeten (daher die Bezeichnung des daraufhin ausbrechenden Chremonideischen Krieges (267–261), da sie sich jeweils von Antigonos II. Gonatas bedrängt sahen. Dieser versuchte mit Hilfe strategisch günstig gelegener Stützpunkte, der sogenannten „Fesseln Griechenlands", eine indirekte Kontrolle über Festlandgriechenland auszuüben. Demetrias diente der Kontrolle von Thessalien, Chalkis, an der engsten Stelle zwischen Festlandgriechenland und der Insel Euboia gelegen, sicherte eine günstige Seeroute, die Festung im Peiraieus (Piräus) machte Athen weitgehend handlungsunfähig und die oberhalb von Korinth gelegene Festung Akrokorinth beherrschte den Übergang zwischen der Peloponnes und dem Rest Griechenlands. Es lag also nahe, dass sich verschiedene *póleis* Ptolemaios anschlossen, der als Befreier vom antigonidischen Joch aufzutreten vermochte. Obwohl sich auch Alexander II., der Sohn von Pyrrhos, der Koalition anschloss und einige Anfangserfolge erzielt werden konnten, gelang es schließlich Antigonos II. Gonatas, die Oberhand zu gewinnen und seine Position in Griechenland sogar noch weiter auszubauen, indem beispielsweise das attische Rhamnus und der athenische Musenhügel mit einer makedonischen Garnison gesichert wurden, wodurch die Kontrolle über Athen gefestigt werden konnte. Zudem gelang es Antigonos II. Gonatas, die Gefährdung aus Epeiros sowie einen Kelteneinfall abzuwehren, und mit der Grün-

1. Syrischer Krieg

Chremonideischer Krieg

dung von neuen *póleis* sowie der Wiederherstellung der von den Kelten geplünderten Königsgräber der Argeaden in Aigai konnte er Makedonien nach innen stabilisieren.

Nach dem verlorenen Chremonideischen Krieg schloss sich für Ptolemaios II. nahtlos – und das unterscheidet den hier behandelten Zeitraum letztlich nicht von der Phase der Diadochen – der zweite Syrische Krieg (260–253) an. Inzwischen war auf Antiochos I. dessen Sohn Antiochos II. (261–246) gefolgt, der – im Bündnis mit Antigonos II. Gonatas – den vor allem in der Ägäis und im westlichen Kleinasien ausgetragenen Krieg letztlich für sich entscheiden konnte. Der Friedensschluss sah unter anderem eine Ehe zwischen Antiochos II. und Berenike der Jüngeren, einer Tochter Ptolemaios' II., vor. Die bisherige Gattin des Seleukiden, Laodike, wurde auf ein Landgut in das westliche Kleinasien abgeschoben, woraus der Keim des nächsten Krieges erwuchs; die neue Eheverbindung besaß aber den nicht unwesentlichen Vorteil, dass Berenike mit einer als Mitgift kaschierten Kriegskostenentschädigung ausgestattet war (daher ihr Beiname *phernēhóros* = Mitgiftträgerin). Der Frieden zwischen den Ptolemäern und Seleukiden ging zu Lasten von Antigonos II. Gonatas, dessen Kommmandeur von Chalkis und Akrokorinth sich von Antigonos lossagte. Ptolemaios II. konnte zudem die Kykladen und Teile Thrakiens auf seine Seite ziehen und der erstarkende Aitolische Bund dehnte seine Macht nach Norden aus. Es war eine naheliegende Entwicklung, dass auch die antigonidenfreundlichen Tyrannen wichtiger peloponnesischer *póleis* beseitigt wurden, was zu einer Stärkung des Achaiischen Bundes (gr. *koinón*, pl. *koiná*, siehe unten Kap. I.2.3) führte.

2. Syrischer Krieg

Auch der Osten des Mittelmeerraums kam nicht zur Ruhe. 246 scheint sich Antiochos II. wieder seiner ersten Frau Laodike zugewandt zu haben, verstarb aber kurz darauf. Sowohl sein Sohn Seleukos II. (246–226/25) als auch seine zweite Gattin bzw. deren Sohn Antiochos erhoben daraufhin Ansprüche auf den Thron. Kurz zuvor war Ptolemaios III. (246–222) seinem Vater auf den ptolemäischen Thron gefolgt und kam seiner Schwester Berenike umgehend zu Hilfe. Als er in Antiocheia ankam, waren sie und ihr Sohn jedoch bereits tot. Das hinderte ihn jedoch nicht daran, im dritten Syrischen Krieg (246–242/21), der in der Antike auch als Laodikekrieg bezeichnet wurde, weite Teile des Seleukidenreiches zu besetzen. Allem Anschein nach gelangte er bis nach Babylon, das er jedoch nicht vollständig erobern konnte. Zudem brach in Ägypten wegen

3. Syrischer Krieg

einer schlechten Ernte ein Aufstand aus, so dass sich Ptolemaios III. wieder zurückziehen musste. In der Ägäis und in Thrakien operierte derweil Ptolemaios, ein Bruder Ptolemaios' III., erfolgreich, so dass sich Antigonos II. Gonatas mit Seleukos II. verbündete und Ptolemaios in einer Seeschlacht besiegte. Während sich das Blatt somit zugunsten der Seleukiden wandte, griff Antiochos Hierax, der jüngere Bruder Seleukos' II. nach dem Königstitel – angeblich unterstützt von seiner Mutter. Der Profiteur des bald darauf ausbrechenden Bruderkrieges (239–236) war letztlich Ptolemaios III., der u. a. Sardeis und Ephesos besetzen konnte.

Nach dem Friedensschluss der beiden Brüder konnte sich Seleukos II. Problemen im Osten des Seleukidenreiches zuwenden, die sich in der Zwischenzeit ergeben hatten. Etwa zeitgleich mit dem Ausbruch des dritten Syrischen Krieges waren die Daher/Parner in die Satrapie Parthien eingefallen (später wurden sie daher als Parther bezeichnet) und der Satrap von Baktrien, Diodotos, hatte sich unabhängig gemacht. Damit waren alle Gebiete östlich der Kaspischen Pforte abgefallen oder verloren, wodurch das Seleukidenreich etwa ein Viertel seiner Größe einbüßte. Auch in Kleinasien bahnte sich Unheil an, denn Attalos I. (Statthalter von Pergamon und Namensgeber der nach ihm benannten Attaliden), der nach Erfolgen gegen die Galater um 237 den Königstitel angenommen hatte, konnte Antiochos Hierax in mindestens drei Schlachten besiegen und aus Kleinasien vertreiben. Die Galater waren Kelten, die Nikomedes I. von Bithynien als Söldner nach Kleinasien geholt hatte, die sich aber schnell eigenständig machten und plündernd durch das westliche Kleinasien zogen. Die Attaliden konnten erst deutlich nach den großen Dynastien eine eigene Herrschaft etablieren. Dieser Umstand und die Tatsache, dass ihre Macht letztlich auf der Untreue eines Eunuchen basierte, heftete wie ein Makel an den Attaliden, den sie durch den Verweis, die griechischen *póleis* in Kleinasien vor den Galatern gerettet zu haben, wettzumachen suchten. Bei dem Eunuchen handelte es sich um Philetairos, der zunächst für Lysimachos einen Schatz von 9.000 Talenten Silber (etwa 230 Tonnen) in Pergamon bewachte, 282 aber auf die Seite Seleukos' I. wechselte. In der Folge betrieb er eine Politik, die über die üblichen Maßnahmen eines abhängigen Akteurs hinausging, indem er beispielsweise benachbarte griechische *póleis* beschenkte. Dennoch verzichtete er auf eine dezidierte Loslösung von den Seleukiden. Sein Nachfolger und Neffe Eumenes I. (263–241) schloss ein Bündnis

Verlust von Parthien und Baktrien

Beginn des attalidischen Königtums

mit Ptolemaios II. und konnte Antiochos I. bei Sardeis schlagen, verzichtete jedoch auf die Annahme des Königstitels. Attalos I. (241–197) machte sich vor allem als Bezwinger der Galater einen Namen, mit denen sich Antiochos Hierax verbündet hatte. Nach der Vertreibung des Hierax okkupierte Attalos I. dessen Herrschaftsbereich und nahm folgerichtig den Königstitel an.

Nach verschiedenen erfolglosen Versuchen, nochmals Fuß zu fassen wurde Antiochos Hierax 227/26 von keltischen Räubern erschlagen. Im folgenden Jahr verunglückte Seleukos II. beim Versuch, die verlorenen Gebiete in Kleinasien zurückzugewinnen, tödlich bei einem Sturz vom Pferd. Die Feldherren seines Nachfolgers, Seleukos III. (226/25–223), verloren mindestens zwei Schlachten gegen Attalos I. und der König wurde daher nach nur drei Jahren Herrschaft von seinen eigenen Offizieren ermordet. Die Seleukiden befanden zu diesem Zeitpunkt somit in einer massiven Abwärtsspirale und auch die Antigoniden waren nicht gerade in einer komfortablen Lage. Kurz nachdem Demetrios II. (239–229) den Thron von seinem verstorbenen Vater Antigonos II. Gonatas übernommen hatte, sagten sich die Aitoler endgültig los und schlossen sich mit ihren alten Rivalen, dem Achaiischen Bund, zusammen. Im Gegenzug kam es zu einer Annäherung zwischen Demetrios II. und den Molossern, die in der Ehe mit Phthia, einer Tochter von Alexander II. (272-ca. 240) und seiner Halbschwestergemahlin Olympias, ihren Ausdruck fand. Auch wenn es Demetrios II. gelang, die Aitoler zu besiegen und die Stadt Pleuron zu zerstören (234), so entwickelten sich die Rahmenbedingungen eher zu seinen Ungunsten. 232 hatte sich der Antigonide mit dem illyrischen König Agron verbündet, der ebenso wie seine Frau Teuta, die nach seinem Tod die Herrschaft übernahm, die griechischen *póleis* in Nordwest-Griechenland bedrängte. Diese wandten sich hilfesuchend an die Römer, deren Handel von Teuta ebenfalls geschädigt wurde. Die Folge war der erste Römisch-Illyrische Krieg (229–228), in dem es den Römern gelang, Teuta vernichtend zu besiegen. Demetrios von Pharos, der rechtzeitig auf die römische Seite übergetreten war, wurde als neue Regionalmacht etabliert und die westgriechischen *póleis* Apollonia und Dyrrhachion standen fortan unter dem Schutz Roms. Auch wenn damit die antigonidische Herrschaft zunächst nicht direkt betroffen war, lag hier doch der Sprengstoff, der zum Untergang des makedonischen Königtums führen sollte. Eine viel konkretere Gefahr ergab sich 231, als sich der Epeirotische Bund neu formierte

1. Römisch-Illyrischer Krieg

und mit dem Aitolischen, Achaiischen und Thessalischen Bund zusammenschloss. Hinzu kam, dass die Dardaner in den Norden Makedoniens einfielen und Demetrios II. im Kampf gegen sie fiel. Zu allem Übel hinterließ Demetrios II. bei seinem Tod nur einen unmündigen Sohn, Philipp V., für den sein Vetter Antigonos III. (229/27–221) zunächst die Regentschaft, ab 227 auch die Königswürde übernahm (daher der Beiname Doson, der ‚Übergebende', weil er die Herrschaft nach seinem Tod an Philipp V. und damit die Blutslinie des Demetrios II. zurückgab). Antigonos III. Doson verlor zwar Boiotien, Athen und die verbliebenen peloponnesischen Stützpunkte, konnte aber Thessalien zurückerobern und in Karien sowie Teilen Ioniens Fuß fassen. Als es dem König von Sparta, Kleomenes III. (235–222), gelang, mit ptolemäischer Hilfe die Vorherrschaft im Achaiischen Bund zu erlangen und in Sparta Sozialreformen zu initiieren, fürchteten die bisher herrschenden Kreise des Achaiischen Bundes um ihre Stellung und baten Antigonos III. um Unterstützung. Dieser erhielt Korinth und trat ebenso wie weitere *póleis* in den bereits laufenden Krieg gegen Sparta ein (Kleomenischer Krieg), der im Jahr 222 bei Sellasia mit einer spartanischen Niederlage endete. Diese Erfolge wurden jäh durch einen Einfall der Illyrer unterbrochen, bei dessen Abwehr Antigonos III. starb. Er hinterließ Philipp V. (221–179) aber ein weitgehend gefestigtes Königreich.

Kleomenischer Krieg

Bei den Seleukiden setzten sich derweil die negativen Entwicklungen weiter fort. Nach der Ermordung Seleukos' III. hatte zunächst der nächste anwesende männliche Verwandte, Achaios, die Leitung des Heeres übernommen, lehnte aber das Angebot, das Königsdiadem zu übernehmen, ab, da Antiochos III. (223–187), der Bruder von Seleukos III., aufgrund seiner größeren verwandtschaftlichen Nähe sowie der Tatsache, dass er von seinem Bruder zum Generalgouverneur der östlichen Reichsteile bestellt worden war, wohlbegründetere Ansprüche auf den Thron besaß. Der Abwärtstrend der Seleukiden schien sich zunächst fortzusetzen, denn 222 revoltierte Molon, der Statthalter der wichtigen Satrapie Medien. Obwohl es naheliegend zu sein schien, gegen Molon vorzugehen, riet der seleukidische Kanzler Hermeias zu einem Feldzug gegen die Ptolemäer, der jedoch fehlschlug. Erst 220 wandte sich Antiochos III. direkt gegen den inzwischen sehr erfolgreichen Molon. Im Angesicht des rechtmäßigen Königs ging Molons linker Flügel jedoch zu Antiochos III. über, woraufhin Molon Selbstmord beging. Zur Abschreckung ließ Antiochos III. den Leichnam an einem Pass

Antiochos III.

im Zagros-Gebirge pfählen. Inzwischen hatte sich der mit einigem Erfolg in Kleinasien gegen Attalos I. operierende Achaios dazu hinreißen lassen, das Königsdiadem anzunehmen. Da sich dessen Soldaten jedoch weigerten gegen Antiochos III. zu ziehen, da sie ihn für den rechtmäßig in Syrien herrschenden König ansahen, drohte von dieser Seite keine akute Gefahr. Daher wandte sich Antiochos III. erneut gegen die Ptolemäer (vierter Syrischer Krieg 219–217), die sich mit Achaios verbunden hatten. Die Lage schien erfolgversprechend zu sein, denn 222/21 war Ptolemaios III. verstorben und bevor Ptolemaios IV. (222/1–205) endgültig inthronisiert werden konnte, fielen mehrere Familienmitglieder Streitigkeiten um die Nachfolge zum Opfer. Zudem gelang es Antiochos III., das seit dem dritten Syrischen Krieg besetzte Seleukeia in Pieria, wo sich unter anderem die Grablege der Seleukiden befand, zurückzuerobern. Darüber hinaus wechselte Theodotos, der ptolemäische Befehlshaber Koilesyriens, auf die seleukidische Seite. Als sich Antiochos III. jedoch auf dem Vormarsch nach Ägypten damit konfrontiert sah, verschiedene befestigte Orte nicht so leicht erobern zu können wie geplant, schloss er einen viermonatigen Waffenstillstand, den Ptolemaios IV. zu massiven Rüstungsmaßnahmen nutzte. Unter anderem wurden 20.000 Ägypter nach griechisch-makedonischer Manier bewaffnet und trainiert. Die folgende Schlacht bei Raphia (217) war mit über 140.000 teilnehmenden Soldaten die größte seit Ipsos und endete mit einem deutlichen ptolemäischen Sieg. Antiochos III. räumte daraufhin Koilesyrien wieder, behielt aber wohl Seleukeia in Pieria.

4. Syrischer Krieg

Nach dem verlustreichen Abenteuer im Süden wandte sich Antiochos III. in den Jahren 216 bis 213 gegen Achaios, der schließlich in Sardeis eingeschlossen und anschließend bestraft wurde: Der Thronrat beschloss, ihm Hände und Füße abhacken und den Rumpf in eine Eselshaut eingenäht kreuzigen zu lassen. Nun hatte Antiochos III. endlich die Hände frei, um gegen die Parther und die Könige von Baktrien vorzugehen, die inzwischen seit rund vierzig Jahren mehr oder weniger unbehelligt ihre Macht ausgebaut hatten. Der ‚Hinaufzug' (*anábasis*) des Königs in die „Oberen Satrapien" dauerte von 212 bis 205 und brachte Antiochos III. enormen Ruhm ein, denn er war nach Alexander dem Großen und Seleukos I. der erste, der einen solchen Feldzug unternahm. Armenien konnte wieder zurückerobert werden und auch die Parther scheinen die seleukidische Oberhoheit anerkannt zu haben, zumal in den nächsten Jahrzehnten keine parthischen Münzen mehr geprägt wurden. Der

Anabasis Antiochos' III.

baktrische König Euthydemos I., der zwei Jahre in seiner Hauptstadt Baktra belagert wurde, konnte jedoch nicht endgültig besiegt werden. Er behielt sein Königtum und im Austausch gegen Elefanten überließ Antiochos III. dem Sohn des baktrischen Königs sogar eine seiner Töchter als Ehefrau. Auch mit dem indischen Herrscher Sophagasenos wurden Verträge geschlossen und auf dem Rückweg nach Westen konnte der Seleukide die im Handel aktiven Gerrhäer, die an der Nordküste der arabischen Halbinsel siedelten, zur Abgabe von Tributen zwingen. Auch wenn nicht alle militärischen Ziele erreicht wurden, so festigte die *anábasis* die seleukidische Herrschaft im Osten doch erheblich und Antiochos III. erhielt den ehrenden Beinamen *mégas*, der Große.

Während sich der seleukidische König im äußersten Osten der hellenistischen Welt aufhielt, ereignete sich im Westen Wegweisendes. Philipp V. setzte zunächst die Politik seines Vorgängers fort und baute in enger Zusammenarbeit mit dem Achaiischen Bund seine Position in Mittelgriechenland weiter aus. Dies ging zu Lasten des Aitolischen Bundes, der im Frühjahr 220 Messenien überfallen hatte und im Folgejahr deutlich geschwächt werden konnte, als u. a. das aitolische Bundesheiligtum in Thermos erobert wurde. Auch die makedonische Nordgrenze konnte Philipp V. durch einen Sieg gegen die Dardaner sichern, bevor sich seine Aufmerksamkeit nach Westen wandte. Dort hatte der Profiteur des ersten Römisch-illyrischen Krieges, Demetrios von Pharos, seine Plünderungszüge wieder aufgenommen, was folgerichtig zum zweiten Römisch-illyrischen Krieg (219) führte, der wiederum mit einem römischen Sieg endete. Demetrios von Pharos floh daraufhin an den Hof Philipps V., der in dessen Unterstützung eine Chance sah, an der illyrischen Küste mehr Einfluss zu gewinnen. Die Römer befanden sich ab 218 im zweiten Punischen Krieg (218–201) und erlitten gegen Hannibal mehrere verheerende Niederlagen, so dass sich Philipp V. ermutigt fühlte, 216 eine Flotte in die Adria zu entsenden, die vor den dort operierenden zehn römischen Kriegsschiffen jedoch zurückweichen musste. Im Folgejahr schloss er daher einen Vertrag mit Hannibal; allerdings fingen die Römer die makedonische Gesandtschaft ab und konnten rechtzeitig auf diese neue Gefahr reagieren. So verhinderten sie 214 nicht nur einen erneuten Versuch des Makedonenkönigs, Apollonia einzunehmen, sondern schlossen 212/1 auch ein Bündnis mit den Aitolern, das unter anderem auch Sparta und später Attalos I. miteinschloss. Die Aitoler sollten die immobile Beute

2. Römisch-Illyrischer Krieg

1. Makedonischer Krieg

erhalten, die Römer die bewegliche Habe. Da die von den Aitolern erhoffte römische Unterstützung jedoch nur gering ausfiel, sahen sich diese gezwungen, 206 einen Separatfrieden mit Philipp V. zu schließen, dem 205 der Friedenschluss von Phoinike folgte, der auch die Römer miteinschloss und in dem abgesehen von kleinen Gebietsverschiebungen der *status quo ante* festgeschrieben wurde. Der erste Makedonische Krieg (215–205) barg nicht zuletzt wegen dieses aus römischer Sicht erzwungenen Friedens bereits den Keim für den zweiten. Kaum hatten die Römer Hannibal besiegt, suchten sie erneut den Kampf mit Philipp V. (zweiter Makedonischer Krieg; 200–197), der in der Zwischenzeit sein Augenmerk nach Osten gerichtet hatte und – vielleicht in Absprache mit Antiochos III. – daran gegangen war, die ptolemäischen Besitzungen im Ägäisraum in Besitz zu nehmen. Attalos I. und Rhodos sahen sich nun von zwei Seiten bedrängt und boten den Römern den erwünschten Anlass, in einen erneuten Krieg einzutreten, dessen Ende ein deutlicher römischer Sieg bei Kynoskephalai (‚Hundsköpfe') markierte. Rom reduzierte zwar das Herrschaftsgebiet Philipps V. und versprach den griechischen *póleis* im Rahmen einer Proklamation bei den Isthmischen Spielen des Jahres 196 die ersehnte Freiheit, zog sich aber anschließend wieder weitgehend aus Griechenland zurück, nachdem 195 noch ein Feldzug gegen Nabis von Sparta, der mit Philipp V. verbündet war, die spartanische außenpolitische Souveränität beendet hatte – die Stadt wurde anschließend in den Achaiischen Bund eingegliedert.

2. Makedonischer Krieg

Die Aitoler, die sich von dem römischen Sieg größere Gebietsgewinne versprochen hatten und enttäuscht waren, überzeugten Antiochos III., sich mit ihnen zu verbünden. Der Seleukide war bereits mit den Römern in Konflikt geraten, weil er viele der gerade von Philipp V. befreiten griechischen *póleis* in Kleinasien und Thrakien in Besitz genommen hatte, da sie einst zum Herrschaftsbereich seines Urgroßvater Seleukos I. gehört hatten. Mit vergleichsweise geringer Truppenstärke (10.000 Fußsoldaten, 500 Reiter und 6 Elefanten) setzte Antiochos III. in das gerade von den Römern geräumte Griechenland über, anscheinend ohne mit einem militärischen Konflikt mit Rom, aber mit breiter Unterstützung durch die Griechen zu rechnen – allerdings schlossen sich ihm nur die Boioter, Euboier und Eleer an. Die ererbten Ansprüche des Seleukiden, das faktische Übersetzen nach Griechenland sowie die gerade erfolgte Freiheitsproklamation der Römer standen sich diametral gegenüber und konnten auch nicht in einer Reihe von Verhandlungen einer für beide Seiten akzeptablen Lösung zugeführt werden. Die Römer entsandten daraufhin ein neues Heer nach Griechenland – allerdings ohne den Krieg erklärt zu haben. Eher zufällig entwickelten sich aus dieser Situation, die zuweilen mit dem Kalten Krieg verglichen wurde, erste Kriegshandlungen, die zu zwei vernichtenden Niederlagen Antiochos' III. bei den Thermopylen und bei Magnesia

Antiochoskrieg

am Mäander führten (Antiochoskrieg, 192–188). Nachdem die Römer gemeinsam mit Pergamon auch die mit Antiochos III. verbündeten Galater geschlagen hatten, kam es zu Friedensverhandlungen in Apameia. Antiochos III. musste unter anderem alle Besitzung in Kleinasien nördlich des Tauros abtreten, abrüsten, eine Kriegskostenentschädigung zahlen und u. a. seinen Sohn Antiochos IV. für zehn Jahre als Geisel nach Rom überstellen. Erneut zogen sich die Römer trotz ihres Sieges aus dem Osten zurück und übergaben den größten Teil des ehemaligen seleukidischen Besitzes in Kleinasien an ihre Verbündeten Rhodos und Pergamon, wo inzwischen Eumenes II. regierte (197–159). Die Aitoler, die den Krieg in Griechenland fortgesetzt hatten, büßten nach dem Friedensschluss mit Rom jegliche außenpolitische Handlungsfähigkeit ein.

Für Antiochos III. war diese herbe Niederlage der erste Rückschlag seit langem, hatte er nach seiner *anábasis* doch nicht nur die ehemals von Seleukos I. beherrschten Gebiete in Thrakien und

5. Syrischer Krieg

Kleinasien wieder in Besitz nehmen, sondern im fünften Syrischen Krieg (202–195) den alten seleukidischen Traum erfüllen und Koilesyrien erobern können. Angeblich zwangen ihn die von den Römern auferlegten Kriegskostenentschädigungen 187 zur Plünderung

Tod Antiochos' III.

eines Bêltempels in der Elymaïs, die ihn das Leben kostete. Sein Sohn Seleukos IV. (187–175) scheint sich darauf konzentriert zu haben, die Kriegskostenentschädigung an Rom zu zahlen und sich einer kostenintensiven Außenpolitik zu enthalten. Der jüdischen Tradition zufolge beauftragte er seinen Kanzler Heliodor erfolglos, den Jerusalemer Tempel zu plündern, und wurde drei Jahre später von diesem ermordet. Heliodor übernahm die Herrschaft und damit schien das Ende der Seleukiden gekommen zu sein.

Auch die Ptolemäer befanden sich in keiner exzellenten Lage: 205 war der nur fünfjährige Ptolemaios V. (205–180) auf den ermordeten Vater gefolgt. Die eigentliche Regierungsarbeit übernahm der Reichsverweser Tlepolemos. Die damit einhergehende deutliche Schwächung nutzten – wie bereits erwähnt – Philipp V. und Antiochos III. gnadenlos aus. Als Ptolemaios V. 197/6 für volljährig erklärt wurde, stand er vor einem außenpolitischen Scherbenhaufen. Die Umkehrung der Verhältnisse nach dem fünften Syrischen Krieg gegenüber der Situation nach dem dritten Syrischen Krieg manifestierte sich in der im Frieden beschlossenen Ehe zwischen Ptolemaios V. und Kleopatra I., einer Tochter Antiochos' III., die ausgerechnet in Raphia zelebriert wurde. Ähnlich wie Berenike bei der Nachfolge Antiochos' II. eine wichtige Rolle spielte, indem sie ihren Bruder zum Eingreifen bewegte, kam auch Kleopatra I. nach dem Tod Ptolemaios' V. im Jahr 180 eine wichtige Rolle zu, denn sie übernahm die Regentschaft für den erst sechsjährigen Ptolemaios VI. (180–145). Zumindest bis zu ihrem Tod im Jahr 176 waren keine Anzeichen zu erkennen, dass die Ptolemäer die Schmach des fünften Syrischen Krieges wieder wett zu machen gewillt waren. Als ihr Bruder Antiochos IV. 175 mit tatkräftiger Unterstützung durch Eumenes II. den seleukidischen Thron bestieg und Heliodor beseitigen ließ, begannen sich die Verhältnisse aber zu wandeln. Die neuen Vormünder Ptolemaios' VI., der Eunuch Eulaios und der ehemalige Sklave Lenaios, sahen sich nicht zuletzt aufgrund ihres geringen sozialen Status einer Opposition am Hof ausgesetzt, die sich um den jüngeren Bruder Ptolemaios' VI., Ptolemaios VIII., gruppierte. Ähnlich wie Hermaios dem jungen Antiochos III. geraten hatte, mittels eines erfolgreichen Krieges gegen den Erzfeind Prestige zu erlangen, scheinen Eulaios und Lenaios auf einen Krieg gegen die Seleukiden hingearbeitet zu haben (sechster Syrischer Krieg, 169/68). Antiochos IV. war jedoch bestens gerüstet, stoppte den ptolemäischen Vormarsch und konnte ganz Ägypten bis auf Alexandreia besetzen. Eulaios und Lenaios überlebten diese Katastrophe nicht und Ptolemaios VI. unterstellte sich anscheinend der Obhut seines siegreichen Onkels. Die Alexandriner drängten daraufhin Ptolemaios VIII. (169–116), das Diadem zu ergreifen. Eine erste Belagerung Alexandreias brach Antiochos IV. ab, erschien aber 168 erneut vor der ptolemäischen Hauptstadt, in der sich die beiden Ptolemäer inzwischen ausgesöhnt hatten. In dieser Situation bewirkte eine römische Gesandtschaft unter Gaius Popilius Laenas eine erstaunliche Wendung. Bereits in der Antike wurden dieses Ereignis und seine Vorgeschichte als epochal eingestuft. Den größeren historischen Hintergrund bildet der dritte Makedonische Krieg (171–168). 179 war in Makedonien Perseus (179–168) seinem Vater auf den Thron gefolgt, nachdem er durch eine Intrige dafür gesorgt hatte, dass

6. Syrischer Krieg

sein beliebter jüngerer Bruder Demetrios hingerichtet worden war. Anders als Philipp V., der sich nach seiner Niederlage gegen Rom einer allzu aggressiven Außenpolitik enthalten hatte, wollte Perseus die alte Größe Makedoniens restituieren. Er heiratete Laodike, die Tochter des Seleukos IV., und gab dem bithynischen König Prusias II. seine Tochter zur Frau. Zudem schloss er mit den Boiotern ein Bündnis und war um positive Beziehungen zu den Aitolern, Achaiern und Rhodos bemüht. Diese Politik führte unweigerlich dazu, dass sich Eumenes II. bedroht fühlte und persönlich in Rom für einen Krieg gegen Perseus warb. Auf dem Rückweg fiel der pergamenische König in Delphi beinahe einem angeblich von Perseus angestifteten Attentat zum Opfer. Die Römer hatten kein Interesse an einer Lösung und bereiteten den Krieg diplomatisch in Griechenland vor. Ein Sieg über den Makedonenkönig schien leicht möglich und würde dem römischen Feldherren Ruhm und Beute einbringen. Trotz unerwarteter anfänglicher Erfolge des Perseus war es nur eine Frage der Zeit bis zum endgültigen römischen Sieg, der am 22. Juni 168 durch Lucius Aemilius Paullus bei Pydna erfochten wurde. Perseus floh, wurde aber von den Römern gefangen und nach Rom gebracht, wo er im Triumphzug vorgezeigt und anschließend inhaftiert wurde. Der römische Sieg war der Todesstoß für die makedonische Monarchie. Das auch bereits zuvor in vier Regionen gegliederte Land wurde in vier weitgehend demilitarisierte Republiken mit eingeschränkten wirtschaftlichen Möglichkeiten geteilt. Viele Makedonen verließen das Land und fanden beispielsweise im pergamenischen Reich eine neue Heimat. Den endgültigen Todesstoß versetzten die Römer der makedonischen Eigenständigkeit erst zwanzig Jahre später, nachdem ein gewisser Andriskos, der Perseus ähnlich sah, die antirömische Stimmung aufgreifend und von thrakischen Söldnern unterstützt einen letzten Versuch unternahm, die römische Kontrolle abzuschütteln. Nach anfänglichen Erfolgen wurde er – ebenfalls bei Pydna – 148 besiegt und Makedonien zu einer römischen Provinz umgestaltet.

3. Makedonischer Krieg

Aufstand des Andriskos

Direkt im Anschluss an den römischen Sieg des Jahres 168 setzte sich die bereits erwähnte römische Gesandtschaft unter Gaius Popilius Laenas, die in der Ägäis abgewartet hatte, in den Osten in Bewegung. Bevor sie vor Alexandreia erschien, trat sie in Rhodos auf, das als alter Verbündeter Roms gewagt hatte, während des dritten Makedonischen Krieges vermitteln zu wollen. Das schroffe Auftreten des Laenas genügte, um die Rhodier dazu zu bewegen, alle Mitbürger, die angeblich gegen römische Interessen verstoßen hatten, zum Tode zu verurteilen. Damit konnten sie jedoch nicht das Strafgericht des Senats abwenden, der 166 beschloss, die zu Athen gehörende Insel Delos zum Freihafen zu erklären und damit Rhodos in den wirtschaftlichen Ruin zu treiben. Auch Eumenes II., der noch kurz zuvor den Kriegsgrund geliefert hatte, bekam die Ungnade Roms zu spüren, weil er es ähnlich wie Rhodos gewagt hatte, auf eine friedliche Lösung hinzuarbeiten. Rom verweigerte ihm bei nächster Gelegenheit eine Audienz, verwies ihn aus Italien, förderte fortan seinen Bruder Attalos II. und erklärte 165 die Galater für unabhängig. Gegenüber Antiochos IV., der zu diesem Zeitpunkt zum zweiten Mal vor den Toren Alexandreias stand und hoffte, die ptolemäische Hauptstadt endlich einnehmen zu können, verhielt sich Laenas ebenfalls wenig diplomatisch. Er forderte den König ultimativ auf, das ptolemäische Gebiet zu räumen. Als sich dieser ausbat, die Sache mit seinen Freunden (*phíloi*) beraten zu dürfen, zog Laenas einen Kreis um den König und gebot ihm, den Kreis erst nach einer Antwort zu verlassen. Der Seleukide, der durch seine zehnjährige Geiselhaft in Rom Laenas und seine Standesgenossen bestens kannte, folgte daraufhin der Aufforderung und zog sich zurück. Dieses zumeist als „Tag von Eleusis" bezeichnete Ereignis brachte mit aller wünschenswerten Deutlichkeit zum Ausdruck, wie groß der Einfluss Roms im östlichen Mittelmeer inzwischen gewachsen war. Von nun an konnte dort nichts mehr ohne oder gar gegen den Willen Roms geschehen, ohne dass mit einer römischen Vergeltung gerechnet werden musste.

Tag von Eleusis

Die Zeit nach 168 war nicht nur geprägt von dem steten direkten oder indirekten Einfluss Roms, sondern auch von massiven innerdynastischen Differenzen sowohl bei den Seleukiden als auch bei den Ptolemäern. Einzig die Attaliden bildeten eine Ausnahme, was bereits den Zeitgenossen positiv auffiel. Das war umso erstaunlicher, als Rom bewusst einen Keil zwischen Eumenes II. und seinen Bruder Attalos II. zu treiben bemüht war. Die Probleme lagen bei den Ptolemäern auf der Hand, denn nach dem von Laenas erzwungenen Abzug Antiochos' IV. fehlte der äußere Druck zur inneren Einheit, so dass Ptolemaios VI. und Ptolemaios VIII. den von Rom angemahnten Weg der Eintracht schnell wieder verließen. Zwar schlugen sie zunächst noch gemeinsam eine Revolte des Dionysios Petosarapis in Oberägypten nieder, doch schnell zeigten sich Differenzen zwischen den Brüdern. Der Ältere reiste daher 164 nach

Konflikt zwischen Ptolemaios VI. und Ptolemaios VIII.

Rom, erhielt aber keine Unterstützung und begab sich nach Zypern. Nachdem auch seine Schwestergemahlin Kleopatra II. auf diese ptolemäische Insel gesegelt war, wandten sich die Alexandriner von Ptolemaios VIII. ab, was zu einer Einigung führte. Ptolemaios VI. sollte fortan Ägypten und Zypern beherrschen, Ptolemaios VIII. die Kyrenaika. Bereits 163/62 versuchte jedoch der jüngere Bruder mit römischer Hilfe Zypern zu erlangen. Der Senat billigte zwar das Vorhaben, bot aber ansonsten keinerlei Unterstützung, weswegen Ptolemaios VIII. letztlich scheiterte. Nach einem Aufstand gegen ihn in der Kyrenaika wandte sich Ptolemaios VIII. erneut an die Römer. Auch dieses Mal standen diese ihm bei, indem sie den Kontakt zu Ptolemaios VI. abbrachen, griffen aber wiederum nicht weiter ein. Ptolemaios VIII. reiste 154 nochmals nach Rom und zeigte dort Narben als Folge eines angeblichen Attentats vor. Endlich war der Senat bereit, nicht nur die Gesandten Ptolemaios' VI. auszuweisen, sondern dem jüngeren Bruder auch fünf Kriegsschiffe zur Verfügung zu stellen und die römischen Bundesgenossen zu ermächtigen, Ptolemaios VIII. zu unterstützen. Bei dem anschließenden Versuch, Zypern zu erobern, fiel er jedoch Ptolemaios VI. in die Hände, der ihn allerdings ehrenvoll behandelte. Angeblich unterbreitete Ptolemaios VIII. daraufhin Cornelia, der Mutter der Gracchen ein Heiratsangebot, das diese jedoch ablehnte. Abgesehen von den steten Auseinandersetzungen mit seinem jüngeren Bruder widmete sich Ptolemaios VI. der Sicherung der Südgrenze und der verbliebenen ägäischen Außenbesitzungen. Seinen größten diplomatischen und militärischen Erfolg feierte er jedoch gegen den Erzfeind im Norden. Die Ausgangslage war für ihn günstig, denn auch bei den Seleukiden war es nach dem Tod Antiochos' IV. im Jahr 164 zu Thronstreitigkeiten gekommen. Zwar hatte dieser seinen Sohn Antiochos V. (164–162) zum Nachfolger bestimmt, doch beanspruchte auch Demetrios I. (162–150), der als Sohn Seleukos' IV. gegen Antiochos IV. als Geisel in Rom ausgetauscht worden war, den Thron, floh daher aus Rom und landete im Spätsommer 162 in Tripolis. Nach schnellen Erfolgen gegen Antiochos V. ließ er diesen ermorden. Der Satrap von Medien, Timarchos, erkannte Demetrios I. jedoch nicht an, beanspruchte selbst den Thron und wurde darin von Rom bestärkt. Auch die Könige von Armenien und Kommagene, die die seleukidische Oberhoheit inzwischen abgeschüttelt hatten, verbündeten sich mit Timarchos. Trotz dieser breiten Front gelang es Demetrios I. bereits 161 Timarchos zu besiegen. In den folgenden Jahren agierte De-

Thronstreitigkeiten bei den Seleukiden

metrios I. jedoch äußerst ungeschickt, indem er letztlich erfolglos in die Thronstreitigkeiten in Kappadokien eingriff und ebenso erfolglos versuchte, den ptolemäischen Statthalter von Zypern zu bestechen. Die Folge war eine Koalition von Ariarathes V. von Kappadokien (163–130), Ptolemaios VI. und Attalos II. (159–138), der seinem Bruder Eumenes II. inzwischen auf den pergamenischen Thron gefolgt war. Diese gaben einen gewissen Alexander Balas (152–145) als Sohn von Antiochos IV. aus und sandten ihn mit Roms Rückendeckung 152 gegen Demetrios I. ins Seleukidenreich. Alexander Balas war abhängig von der ptolemäischen Unterstützung und ehelichte Kleopatra Thea, eine Tochter von Ptolemaios VI. Demetrios I. konnte dem auf Dauer nichts entgegensetzen und verlor nach zwei Jahren Schlacht und Leben. Als sein Sohn Demetrios II. (147–139/37 und 129–123) 147 im Seleukidenreich landete, um Alexander Balas zu vertreiben, wurde dieser wiederum von seinem Schwiegervater militärisch unterstützt. Dennoch schien sich das Blatt zugunsten von Demetrios II. zu wenden und Ptolemaios VI. entzog folgerichtig seinem Schwiegersohn die Unterstützung und gab seine Tochter Demetrios II. zur Frau. In der 145 ausgefochtenen Entscheidungsschlacht unterlag Alexander Balas und wurde von einem arabischen Fürsten, zu dem er sich geflüchtet hatte, ermordet. Ptolemaios VI., dem die Bewohner von Antiocheia am Orontes den seleukidischen Thron anboten, konnte sich des Todes seines ehemaligen Schwiegersohnes und dieses größten ptolemäischen Triumphes gegen die Seleukiden nur kurz erfreuen, denn er erlag kurz darauf den Verletzungen, die er sich bei einem Sturz vom Pferd zugezogen hatte. Demetrios II. konnte dieses unerwartete Ereignis nur kurz genießen; schnell geriet er in Bedrängnis, denn zum einen probten die Einwohner von Antiocheia einen Aufstand gegen den verhassten Sohn seines unbeliebten Vaters und Tryphon, ein hoher Offizier, bemächtigte sich des wohl vierjährigen Sohnes von Alexander Balas und erklärte diesen als Antiochos VI. (144–142/41) zum König. Nachdem dieser Kindkönig gestorben war, nahm Tryphon (142/41–137) selbst das Diadem, wobei er allem Anschein nach nicht an das seleukidische Königtum anknüpfte, da er sich anders als die Seleukiden nicht einfach als *basiléus*, sondern als *basileús autokrátōr* (König mit unbeschränkter Macht) bezeichnete und als Reversmotiv seiner Silbermünzen keine der bei den Seleukiden üblichen Darstellungen wählte. Obwohl damit eine Auseinandersetzung zwischen Demetrios II. und Tryphon in der Luft lag, brach Demetrios II. 139

Partherfeldzug Demetrios' II.

zu einem Feldzug gegen die Parther auf, die inzwischen Medien und Mesopotamien und damit das wirtschaftliche Herzstück des Seleukidenreiches erobert hatten. Seine militärischen Erfolge gegen die Parther konnte Demetrios II. jedoch nicht auskosten, da er 139/38 im Winterlager überfallen und gefangen wurde. Die nächsten zehn Jahre verbrachte er in der Gefangenschaft von Mithradates I. (ca. 171–138), der ihn zudem zwang, seine Tochter Rhodogune zu heiraten. Unverhofft war Tryphon damit zum alleinigen Herrscher geworden. Selbst als Antiochos VII. (138–129) kurz darauf Ansprüche auf den Thron seines gefangenen Bruders erhob, schien das Schicksal Tryphon hold zu sein, denn alle seleukidischen Häfen verweigerten Antiochos VII. die Landung. Erst als die in Seleukeia in Pieria weilende Kleopatra Thea dem Schwager die Ehe und den Thron anbot, eröffnete sich ihm eine Möglichkeit, seleukidischen Boden zu betreten. Tryphon verlor in der Folge eine Schlacht nach der anderen und beging schließlich 137 Selbstmord. 131 brach auch Antiochos VII. zu einem Partherfeldzug auf, der zunächst sehr erfolgversprechend verlief. Zu Beginn des Jahres 129 unterlag er aber einem gemeinsamen Angriff der Parther und der lokalen Bevölkerung der Parthyene und verlor sein Leben. Parallel dazu war Demetrios II. aus parthischer Gefangenschaft freigekommen und bestieg erneut den seleukidischen Thron. In dieser Position wurde er in einen Konflikt innerhalb des ptolemäischen Königshauses hineingezogen.

Partherfeldzug Antiochos' VII.

Weitere innerdynastische Konflikte bei Ptolemäern und Seleukiden

Nach dem Tod von Ptolemaios VI. hatte sein jüngerer Bruder nicht nur dessen Reichsteil übernommen, sondern auch die Witwe, seine Schwester Kleopatra II., geheiratet. Diese Ehe war alles andere als eine Liebesbeziehung. Angeblich ließ Ptolemaios VIII. noch während der Hochzeitsfeierlichkeiten einen Sohn von Ptolemaios VI. und Kleopatra II. ermorden. Viele ehemalige Anhänger Ptolemaios' VI. verließen daraufhin Alexandreia. Als Ptolemaios VIII. 141/40 seine Nichte Kleopatra III. heiratete, war auch der Bruch mit deren Mutter Kleopatra II. nur eine Frage der Zeit; sie verließ Ende 132 Alexandreia. Da die Bewohner der Stadt 130 Ptolemaios VIII. und Kleopatra III. vertrieben, konnte Kleopatra II. allerdings bald zurückkehren. Gegen ihren im Sommer 130 wieder nach Ägypten zurückgekehrten Bruder suchte Kleopatra II. im Folgejahr Unterstützung bei Demetrios II. Diesen konnte Ptolemaios VIII. jedoch bei Pelusion besiegen, weshalb Kleopatra II. mit dem Staatsschatz zu ihrer Tochter Kleopatra Thea floh. Nun holte Ptolemaios VIII. zum Gegenschlag aus und sandte den angeblichen Adoptivsohn Antiochos' VII., Alexander II. Zabinas (129/28–123), als Thronanwärter nach Syrien. Bereits 128 konnte Alexander II. Antiocheia einnehmen und gewann 125 die Entscheidungsschlacht bei Damaskus. Demetrios II. floh daraufhin zu Kleopatra Thea, die ihn jedoch nicht aufnehmen wollte. Sein Versuch, in Tyros Tempelasyl zu erhalten, endete schließlich mit seiner Ermordung. Damit war Alexander II. zwar König des Seleukidenreiches, doch erkannte ihn Kleopatra Thea nicht an und begann eine eigene Münzprägung. Ihren gegen Alexander II. inthronisierten Sohn Seleukos V. (126/25) beseitigte sie bereits nach kurzer Zeit und ernannte stattdessen dessen Bruder Antiochos VIII. (125–96) zum König. Ptolemaios VIII. und die mit ihm wieder ausgesöhnte Kleopatra II. erkannten Antiochos VIII. an und gaben ihm Kleopatra Tryphaina, eine Tochter Ptolemaios' VIII. zur Gattin. Auch die militärische Auseinandersetzung mit Alexander II. konnte Antiochos VIII. 123 für sich entscheiden. Seine Mutter Kleopatra Thea scheint danach um ihre Stellung gebangt zu haben und soll ihrem Sohn einen Giftbecher gemischt haben. Vor dem Anschlag gewarnt zwang Antiochos VIII. jedoch seine Mutter das Gift selbst zu trinken. Für die folgenden sieben Jahre erlebte das Seleukidenreich eine erstaunlich ruhige Phase.

Das mag auch daran gelegen haben, dass in dieser Zeit das ptolemäische Königshaus wieder einmal mit sich selbst beschäftigt war. Als Ptolemaios VIII. 116 – als erster Ptolemäer nach Ptolemaios I. eines natürlichen Todes – verstarb, hinterließ er seinem außerehelichen Sohn Apion die Kyrenaika, die beiden anderen Söhne erhielten Ägypten und Zypern, wobei Ptolemaios IX. (116–110, 109–107 und 88–81) zunächst in Ägypten, Ptolemaios X. (110/09 und 107–88) in Zypern herrschte. In dieser Funktion scheint Ptolemaios X. den Halbbruder von Antiochos VIII., Antiochos IX. (116–96), bei seinem Versuch unterstützt zu haben, den seleukidischen Thron zu besteigen. Dies zwang Antiochos VIII. 113 zur Flucht nach Aspendos. Im Folgejahr überschlugen sich die Ereignisse als Antiochos IX. Kleopatra IV., die ehemalige Gattin von Ptolemaios IX. ehelichte und Antiochos VIII. zurückkehrte. Antiochos VIII. besiegte Antiochos IX. und seine eigene Gattin, Kleopatra Tryphaina, ließ ihre Schwester Kleopatra IV. ermorden. Als es Antiochos IX. nach einem militärischen Gegenschlag gelang, Kleopatra Tryphaina in seine Gewalt zu bekommen, ließ er sie im Gegenzug ebenfalls ermorden. Bis etwa 96 herrschten Antiochos VIII. und Antiochos IX. anschließend in unterschiedlichen Teilen des Seleukidenreiches, bis ersterer von einem seiner Offiziere ermordet wurde. Die Datierung der folgenden Ereignisse ist umstritten, so dass die angegebenen Jahreszahlen nur Richtwerte darstellen sollen. Zwei Söhne von Antiochos VIII., Seleukos VI. (96/95) und Demetrios III. (96–88), nahmen nach dem Tod des Vaters den Königstitel an, so dass nun drei seleukidische Könige parallel herrschten. Als Antiochos IX. Schlacht und Leben gegen Seleukos VI. verlor, bestieg sein Sohn als Antiochos X. (95–83) den Thron. Nach kurzer Zeit hatte er seinerseits Seleukos VI. soweit in die Enge getrieben, dass sich dieser genötigt sah, sich in die Stadt Mopsuhestia zurückzuziehen, wo er von den Einwohnern getötet wurde. Als sich daraufhin zwei weitere Brüder von Seleukos VI. zu Königen erklärten (Antiochos XI. (95–92) und Philipp I. (95–83)), herrschten insgesamt vier Seleukiden gleichzeitig. Antiochos XI. endete sein Leben nach einer verlorenen Schlacht im Orontes ertrinkend. 88 gelang es Philipp I. mit Hilfe der Parther und arabischer Verbündeter, Demetrios III. gefangen zu nehmen, so dass er für ein paar Monate zum alleinigen Herrscher wurde. Wenige Jahre später wurde er allerdings vom armenischen König Tigranes II. ins Exil gedrängt, dem es gelang, nahezu das gesamte Seleukidenreich zu erobern. In dieser Phase beschränkte sich der seleukidische Machtbereich auf Damaskus, wo Antiochos XII. (87–84), ein weiterer Bruder von Demetrios III., für ein paar Jahre regierte und schließlich im Kampf gegen die Nabatäer fiel. Damit schien die seleukidische Dynastie am Ende zu sein.

Tigranes II. erobert Seleukidenreich

Auch bei den Ptolemäern waren diese Jahre extrem turbulent und durch innerfamiliäre Konflikte geprägt. So kam es zu einem Zerwürfnis zwischen Kleopatra III. und ihrem Sohn Ptolemaios IX., das dazu führte, dass dieser Ägypten verließ und kurzfristig sein Bruder Ptolemaios X. nun auch dort herrschte. Allerdings gelang es Ptolemaios IX. nochmals, nach Alexandreia zurückzukehren. Der Graben zwischen Mutter und Sohn vertiefte sich jedoch zusehends, so dass Ptolemaios IX. 107 nach Zypern floh und Ptolemaios X. nach Ägypten zurückkehrte. In der Folgezeit führten die Spannungen zwischen Ptolemaios X. und Kleopatra III. dazu, dass diese ein Bündnis mit Antiochos VIII. einging. Einige antike Quellen behaupten, Ptolemaios X. sei für den Tod Kleopatras III. im Oktober 101 verantwortlich. Seine Jahre in Ägypten waren jedoch gezählt, als ihn die Einwohner Alexandreias 88 zur Flucht zwangen und Ptolemaios IX. zurückriefen. Der Versuch von Ptolemaios X., zumindest Zypern zurückzuerobern, endete im Folgejahr tödlich für ihn. Als Ptolemaios IX. 81 starb, war kein männliches Familienmitglied in Alexandreia anwesend, so dass zunächst Berenike III., die älteste Tochter von Ptolemaios IX. und Kleopatra IV., die Regentschaft übernahm. Nach einem halben Jahr erbaten sich die Einwohner von Alexandreia einen illegitimen Sohn von Ptolemaios X., Ptolemaios XI. (80), als König. Bereits nach 18 oder 19 Tagen brachte Berenike III. diesen jedoch um und wurde kurz darauf selbst im Gymnasion Alexandreias ermordet. Wiederum wurden die Einwohner der Hauptstadt aktiv und boten Ptolemaios XII. (80–51), einem illegitimen Sohn von Ptolemaios IX., die Herrschaft an. Gegen diesen versuchte Kleopatra V., das letzte legitime Mitglied der Königsfamilie und die ehemalige Gattin von drei Königen (Ptolemaios IX., Antiochos VIII. und Antiochos IX.) im Jahr 75 den Senat in Rom davon zu überzeugen, den ptolemäischen Thron ihren Söhnen zu übergeben. Der Senat lehnte dieses Ansinnen zwar ab, zog aber 74 die Kyrenaika ein, die Apion bei seinem Tod im Jahr 96 den Römern vermacht hatte. Bisher hatte Rom diese Erbschaft nicht angetreten. Auch das Kernland Ägypten spielte in dieser Zeit eine große Rolle in der römischen Innenpolitik, da einige Senatoren auf einen Einzug Ägyptens hinarbeiteten. Ptolemaios XII. sah sich daher genötigt, enorme Bestechungsgelder in die Taschen einflussreicher Römer fließen zu lassen, um seinen Thron zu sichern. Angesichts der Ereignisse im Seleukidenreich, war die Gefahr durchaus groß, seine Herrschaft an die Römer zu verlieren. Dort hatten während des Krieges der Römer gegen Tigranes II. kurzzeitig nochmals Mitglieder der seleukidischen Königsfamilie den Thron bestiegen. Antiochos XIII. (69/8–64) reiste nach Antiocheia und wurde von der Bevölkerung als König akzeptiert. Nach einer Niederlage gegen arabische Stämme im Jahr 67 riefen die Antiochener aber Philipp II. (67–64) zum Gegenkönig aus. Als Pompeius nach dem römischen Sieg über Tigranes II. nach Antiocheia reiste, verweigerte er beiden Königen die Anerkennung und wandelte Syrien in eine römische Provinz um, woraufhin Antiochos XIII. ermordet wurde und Philipp II. nach Olba floh, wo er bereits zuvor als Priesterkönig fungiert hatte.

Ende des Seleukidenreiches

Auch die Herrschaft von Ptolemaios XII. befand sich damals in einem Schwebezustand. Der König musste noch bis 59 warten und wurde dann als Freund und Bundesgenosse der Römer anerkannt. Das schützte ihn aber nicht davor, dass die Römer ein Jahr später Zypern annektierten und mit der römischen Provinz Cilicia vereinigten. Vor den darüber verärgerten Alexandrinern floh der König nach Rom. Dort beschloss der Senat zwar, ihn zu unterstützen, da die römischen Bankiers um ihre an Ptolemaios XII. vergebenen Kredite bangten, in Alexandreia hatten derweil aber Kleopatra VI. und deren Tochter Berenike IV. die Herrschaft übernommen und erst 55 konnte Ptolemaios XII. mit Hilfe des römischen Proconsuls von Syrien, Aulus Gabinius, zurückkehren. Zuvor war in Alexandreia Kleopatra VI. verstorben und die Einwohner hatten Seleukos (mit dem Spottnamen Kybiosaktes ‚Pökelfischhändler'), einen Sohn von Kleopatra V., herbeigerufen. Da dieser nach wenigen Tagen verstarb, versuchte man den abgesetzten Seleukidenkönig Philipp II. zu gewinnen, was jedoch am Veto des Gabinius scheiterte. Mit Kandidat Nummer drei, dem Priesterfürsten von Komana Archelaos, hatten die Alexandriner mehr Glück. Dieser rüstete gegen den bevorstehenden Angriff des Gabinius, wurde aber in zwei Schlachten besiegt und verstarb. Zum Schutz des mit römischer Hilfe wieder auf dem Thron sitzenden Ptolemaios XII. ließ Gabinius eine nach ihm benannte römische Schutztruppe (Gabiniani) zurück. In seinem Testament bestimmte der Könige als Nachfolger seine bereits vor dem Tod in die Herrschaft mit aufgenommene Tochter Kleopatra VII. (51–30) und deren Bruder Ptolemaios XIII. (51–47). 49 gelang es Ptolemaios XIII. aber seine Schwester aus der gemeinsamen Herrschaft zu verdrängen und von Pompeius als alleiniger König anerkannt zu werden. Damit hatte er aber aufs falsche Pferd gesetzt, denn als Gaius Iulius Caesar im Bürgerkrieg Pompeius bei Pharsalos am 7. Juni 48 entscheidend besiegte, brach dessen Unterstützung in sich zusammen. Um sich Caesar anzubiedern, beschloss man, den nach

Ermordung des Pompeius

Ägypten geflohenen Pompeius zu ermorden. Bei seiner Ankunft in Alexandreia, erhielt der wenig erfreute Caesar am 27. Juli 48 dessen Kopf und Siegelring. Eine nächtliche Begegnung zwischen Caesar und Kleopatra VII. dürfte sicher nicht dazu beigetragen haben, das Verhältnis zwischen Caesar und Ptolemaios XIII. zu verbessern. Die Folge war ein Krieg zwischen den beiden, den der Ptolemäer nicht überlebte. Sein Nachfolger an der Seite von Kleopatra VII. wurde ein weiterer Bruder, Ptolemaios XIV. (47–44), der jedoch nach der Ermordung Caesars beseitigt und durch Ptolemaios XV. Kaisarion, den gemeinsamen Sohn von Caesar und Kleopatra VII., ersetzt wurde. Ähnlich wie Ptolemaios XIII. setzte Kleopatra VII. in dem heraufziehenden Bürgerkrieg zwischen Caesars Erben Octavian und Marcus Antonius auf die falsche Seite, indem sie sich mit letzterem verbündete. Zwar verfügte Marcus Antonius zu diesem Zeitpunkt über die größeren militärischen Mittel und beherrschte den ressourcenreichen Osten des römischen Reiches, doch verlor er letztlich gegen den geschickter agierenden Octavian bzw. gegen dessen Feldherrn Agrippa. Bevor es dazu kam, übertrug er einen beträchtlichen Teil der römischen Provinzen auf Kleopatras Kinder, deren Vater er teilweise selbst war. Seine Niederlage gegen Octavian bei Actium (31) und vor den Toren Alexandreias (30) markierte auch das Ende Kleopatras VII., die nicht im Triumphzug in Rom präsentiert werden wollte und ihrem Leben daher selbst ein Ende setzte. Dieses Ereignis wird – wie oben bereits betont – in der Regel als das Ende des Hellenismus betrachtet, da an diesem Tag das letzte große Nachfolgereich Alexanders zu bestehen aufhörte. Das ist aber ebenso willkürlich wie jede andere Epochenabgrenzung, denn im Jahr 30 endete weder die Herrschaft der Ptolemäer noch aller hellenistischen Königreiche. Kleopatra Selene, eine Tochter von Kleopatra VII. und Marcus Antonius, heiratete später Juba II. von Mauretanien, und ihr Sohn Ptolemaios wurde erst 40 n. Chr. abgesetzt, zum anderen bestanden auch in Zentralanatolien noch bis 72 n. Chr. kleinere Königtümer, die aus den Resten des Alexanderreiches hervorgegangen waren. Überhaupt hatten sich in Kleinasien nach 168 wichtige Ereignisse abgespielt, auf die hier abschließend kurz eingegangen werden soll.

Ende der Ptolemäer

Nach der Zerstörung des makedonischen Königreiches verlor Eumenes II. seine besondere Bedeutung für Rom und das Verhältnis kühlte sich schnell ab. Dem König wurde die Einreise nach Italien verweigert und die alten Feinde der Attaliden, die Könige von Bithynien und die Galater, konnten ungehindert und ungeniert gegen Eumenes II. agieren. Sein Bruder und Nachfolger, Attalos II. (159–138), zog die Konsequenz und stimmte jede außenpolitische Tätigkeit mit Rom ab. Das hatte den Erfolg, dass die Römer ihm beistanden, als der bithynische König Prusias II. (182–149) in sein Reich einfiel. Attalos II. rächte sich an ihm, indem er dessen Sohn Nikomedes II. (149–128/7) in seinem Kampf gegen den eigenen Vater unterstützte. Der Nachfolger von Attalos II., Attalos III. (138–133), war hinsichtlich der Abhängigkeit von Rom noch konsequenter als sein Vorgänger und vermachte das Königreich den Römern per Testament. Die zu seinem Reich gehörenden *póleis* wurden in die Freiheit entlassen, das königliche Land aber den Römern vermacht. Die dort wohnenden Militärsiedler fürchten daher um ihre Daseinsbe-

Testament Attalos' III.

rechtigung und unterstützen Aristonikos, einen unehelichen Sohn Eumenes' II. der sich zum Nachfolger Attalos' III. kürte und den Namen Eumenes III. zulegte. Die Folge war ein vierjähriger Krieg gegen Rom und seine Verbündeten, in dessen Rahmen nicht nur ein römischer Konsul gefangen wurde, sondern auch Ariarathes V. von Kappadokien (ca. 163–130) den Tod fand. Die Umwandlung des attalidischen Königreiches in die römische Provinz Asia im Jahr 129 hatte Auswirkungen auf Bithynien, das nun direkter Nachbar Roms wurde. Nikomedes III. (128/7–94) unterstützte die Römer nach Kräften und sein Sohn Nikomedes IV. (94–74) vermachte schließlich sein Königreich Rom. Etwas langlebiger war das zentralanatolische Königreich von Kappadokien. Der letzte König wurde 17 n. Chr. von Kaiser Tiberius nach Rom gelockt und verstarb dort als Angeklagter. Ebenfalls sehr wechselvoll verlief die Geschichte des Königreichs Kommagene, das aber bis 72 n. Chr. bestand. Der letzte König, Antiochos IV. (38–72), wurde abgesetzt, weil ihm Konspiration mit den Parthern, die damals den Hauptgegner Roms im Osten darstellten, vorgeworfen wurde.

Die Folgen der Provinzialisierung durch Rom waren für die Bevölkerung nicht unbedingt positiv. Als erstes erhielten die Bewohner der Provinz Asia davon einen Vorgeschmack. Die reiche Provinz wurde von den römischen Statthaltern und Steuerpächtern fast schon systematisch ausgeplündert. Die sich daraus ergebende weit verbreitete Abneigung gegen Rom nutzte Mithradates VI. (ca. 120–63) von Pontos, der zum großen Feind Roms im östlichen Mittelmeer wurde und nicht zuletzt deshalb zu der hellenistischen Persönlichkeit nach Alexander avancierte, die den größten Eindruck auf die nachantike Kunst- und Kulturgeschichte ausgeübt hat (siehe auch unten Kap. I.4.2.3). Nach schwierigen Anfängen war es Mithradates VI. gelungen, das pontische Herrschaftsgebiet deutlich auszubauen, indem er unter anderem die nördliche Schwarzmeerküste eroberte. Nach weiteren Arrondierungen wurde dieses Meer quasi zu einem pontischen Binnensee. In Kleinasien stießen seine aggressiven Ausdehnungsbestrebungen immer wieder auf römischen Widerstand, der schließlich in den ersten von drei sogenannten Mithradatischen Kriegen mündete. Dem pontischen König gelang es, die römische Provinz Asia zu besetzen, wo im Frühjahr 88 bei der ‚Vesper von Ephesos' wohl mindestens 80.000 Italiker und Römer ermordet wurden, und auch die östlichen Regionen Griechenlands waren phasenweise unter seiner Kontrolle. Am Ende ging

Mithradates VI.

aber dieser Krieg wie die beiden folgenden verloren. Die Römer mussten aber enorme Kraftanstrengungen unternehmen und ihre damals fähigsten Feldherren (Sulla, Lucullus, Pompeius) entsenden, um Mithradates VI. jeweils militärisch in die Knie zu zwingen. Sein Ende fand der König 63 auf der Krim während einer Revolte seines Sohnes Pharnakes II. Bereits im Jahr zuvor hatte Pompeius die neue Provinz Bithynia et Pontus eingerichtet und dem pontischen Königtum damit den Todesstoß versetzt. Kurz darauf sollte er – wie bereits erwähnt – auch das Seleukidenreich in eine Provinz umwandeln. Damit gingen die Römer am Ende als Sieger aus den Konflikten hervor, die sich nach dem Tod Alexanders des Großen zunächst unter dessen Nachfolgern entwickelt hatten und in die Rom seit dem ausgehenden dritten Jahrhundert zunehmend verstrickt wurde.

2.3 Die Entwicklung der Poliswelt in Griechenland

Die hellenistische Geschichte Griechenlands ist in etwa so komplex wie die Diadochengeschichte. Der Status vieler *póleis* wechselte mehrfach zwischen Eigenständigkeit, Zugehörigkeit zu einem Bundessystem und Besetzung durch einen König. Ein Überblick soll hier allein schon aus Platzgründen gar nicht erst versucht werden, vielmehr werden im Folgenden einige Schneisen geschlagen. Bereits in vorhellenistischer Zeit existierten neben den einzelnen *póleis* verschiedene Zusammenschlüsse von *póleis* und ethnischen Gruppierungen. Während des Hellenismus dominierten phasenweise zwei Bundessysteme weite Teile Mittelgriechenlands und der Peloponnes: das Aitolische Koinon und das Achaiische Koinon. Das Akarnanische Koinon, das zeitweise zwischen Epeiros und dem Aitolischen Koinon aufgeteilt wurde, war dagegen nur von regionaler Bedeutung. Informationen über das Boiotische Koinon und das Euboische Koinon sind sehr lückenhaft; das gleiche gilt für den um 370 gegründeten Arkadischen Bund. Neben diesen im Kern zumeist ethnisch begründeten Bundessystemen existierte der von Philipp II. gegründete Korinthische Bund, der von Demetrios I. Poliorketes kurzzeitig wieder zum Leben erweckt wurde. Sein Vater Antigonos I. Monophthalmos war wohl der Gründer des Nesiotenbundes, der viele Ägäisinseln umfasste und sein Zentrum in Delos hatte. Der Bund war stark auf den König ausgerichtet, was unter anderem in

Bundessysteme (*koiná*)

Nesiotenbund

der Feier von Antigoneia und Demetrieia zu Ehren des Demetrios und seines Vaters zum Ausdruck kommt. Nach der Gefangennahme des Demetrios setzte sich Ptolemaios I. an die Spitze des Bundes und ernannte in der Folge auch den leitenden Magistraten, den *nēsíarchos*. Die letzten Nachrichten über den Bund stammen aus der Zeit des zweiten Syrischen Krieges. Der Bund scheint sich danach aufgelöst zu haben, wurde aber zwischen 188 und 167 von Rhodos nochmals zum Leben erweckt. Zu diesen eher fremdbestimmten Bundessystemen zählte auch der altehrwürdige Peloponnesische Bund, mit dessen Hilfe Sparta in den 280er bis 260er Jahren versuchte, nochmals die beherrschende Macht auf der Peloponnes zu werden.

Letztlich war die Bedeutung dieser *koiná* im Vergleich mit dem Aitolischen und Achaiischen Koinon aber geographisch und/oder zeitlich sehr begrenzt. Das Aitolische Koinon lässt sich erstmals 367/66 namentlich belegen. Bis zum Jahr 280 hatte sich das Bundesgebiet über die Landschaft Aitolien bereits deutlich ausgedehnt. Der prestigeträchtige Sieg über die nach Delphi vordringenden Galater sowie die Bundesverfassung, die eine politische Beteiligung auch der annektierten Bundesgenossen garantierte, führten zur weiteren Vergrößerung des Bundesgebietes. Während des Chremonideischen Krieges (ca. 268/7–262/61; s. Kap. I.2.2) gelang vor allem eine Ausdehnung nach Westen. Gegen Ende des dritten Jahrhunderts erreichte der Bund seine größte Ausdehnung. Auf den jährlich im Herbst in Thermos stattfindenden Bundesversammlungen wurden verschiedene Amtsträger bestimmt, wobei die sogenannten *apóklētoi* unter dem Vorsitz eines *stratēgós* die Amtsgeschäfte führten, während das *synhédrion*, in dem alle Mitglieder vertreten waren, die Außenpolitik bestimmte. Die Spannungen mit verschiedenen Nachbarn gipfelten in der Plünderung des Bundesheiligtums in Thermos durch Philipp V. von Makedonien im Jahr 218. Im kurz darauf ausgebrochenen ersten Makedonischen Krieg übernahmen die Aitoler die Hauptlast, während die Leistungen der verbündeten Römer eher überschaubar waren. Auch im zweiten Makedonischen Krieg (s. Kap. I.2.2) standen die Aitoler an der Seite Roms, riefen aber kurz nach dem Krieg Antiochos III. nach Griechenland, weil sie über die Friedenbedingungen enttäuscht waren. Der römische Sieg im folgenden Antiochoskrieg führte zum Ruin des Bundes. Hohe Reparationszahlungen verursachten politische und wirtschaftliche Probleme. Zwar blieb der Bund auch nach dem dritten Makedonischen

Aitolisches Koinon

Krieg bestehen, doch wurde das Bundesgebiet reduziert und die makedonenfreundlichen Mitglieder der Oberschicht deportiert.

Achaiisches Koinon

Das Achaiische Koinon formierte sich 281/80 aus den Städten Dyme, Patrai, Tritaia und Pharai. Innerhalb weniger Jahre schlossen sich weitere Städte an, wobei der Beitritt des mächtigen Sikyon im Jahr 251 von besonderer Bedeutung war. Anders als beim Aitolischen Koinon wählte das *synhédrion* des Achaiischen Koinon zunächst zwei *stratēgoí*, ab 255 nur noch einen *stratēgós*; ihm zur Seite standen 10 *damiurgoí*. Alle Mitglieder besaßen neben dem Bürgerrecht ihrer jeweiligen *pólis* ein gemeinsames achaiisches Bürgerrecht. Zudem wurden die Maße und die Münzprägung vereinheitlicht. 243/2 wurde ein Bündnis mit Ptolemaios III. geschlossen, 242 das bedeutende Korinth eingenommen. Die weitere Ausdehnung auf der Peloponnes führte zum Krieg mit Sparta, das dieses Mal von Ptolemaios III. unterstützt wurde (Kleomenischer Krieg, 228–222, benannt nach Kleomenes III., 235–222 König von Sparta). Die zunächst arg bedrängten Achaier konnten nur mit Hilfe Antigonos' III. Doson, der dafür Korinth forderte, siegen. Nach dem teuer erkauften Sieg war der Bund geschwächt, erholte sich aber seit etwa 200 wieder, schloss 198 ein Bündnis mit Rom und konnte bis 191 die gesamte Peloponnes integrieren. Nach dem dritten Makedonischen Krieg wurden 1.000 makedonienfreundliche Achaier nach Italien deportiert, unter ihnen auch der Historiker Polybios. Bereits zuvor war es zu verschiedenen Konflikten mit einzelnen Bundesmitgliedern gekommen. Als Sparta 148 römische Unterstützung gewinnen konnte und die Römer im Folgejahr die Unabhängigkeit von Sparta, Korinth und anderen *póleis* forderten, kam es zum Krieg mit Rom, dessen Ende die Eroberung und Plünderung Korinths im Jahr 146 markierte. Das ehemalige Bundesgebiet wurde dem Statthalter der neuen Provinz Macedonia unterstellt.

Neben diesen Bundesstaaten besaßen auch einige *póleis* erheblichen politischen Gestaltungsspielraum. Theben, das im 4. Jh. zeitweise zur mächtigsten *pólis* Griechenlands aufgestiegen war, spielte nach der Zerstörung durch Alexander und trotz der Neugründung durch Kassandros allerdings keine wichtige Rolle mehr, so dass Athen während des Hellenismus wieder die bedeutendste festlandgriechische *pólis* war. Die Stadt, die von Alexander dem Großen u. a. durch eine Waffenweihung nach dem Sieg am Granikos besonders geehrt worden war, stellte sich nach seinem Tod an die Spitze griechischer *póleis*, die einen Aufstand wagten und im Lamischen

Athen

Krieg (323–322) besiegt wurden. In Athen wurde daraufhin eine makedonische Garnison eingerichtet und die Demokratie abgeschafft. Demetrios I. Poliorketes ‚befreite' Athen 307 von Demetrios von Phaleron und stellte die Demokratie wieder her, doch blieb die makedonische Besatzung im Peiraieus. Verschiedene innenpolitische Verwerfungen und eine gescheiterte antimakedonische Außenpolitik scheinen negative wirtschaftliche Folgen nach sich gezogen zu haben. 229 wurden die makedonischen Soldaten abgezogen und die neuen Handlungsspielräume nutzten die Athener eine Generation später dazu, um sich an der Seite Roms am zweiten Makedonischen Krieg zu beteiligen. Nach dem dritten Makedonischen Krieg wurde im athenischen Delos ein Freihafen eingerichtet, der einen wirtschaftlichen Aufschwung brachte. Dennoch schloss sich Athen 88 Mithradates VI. an, was zu massiven Zerstörungen und Plünderungen durch Lucius Cornelius Sulla führte.

Rhodos

Unter den übrigen griechischen *póleis* sei hier lediglich noch das nach dem Tod Alexanders des Großen selbständige Rhodos erwähnt, das dank seiner geostrategisch günstigen Lage schnell zur wirtschaftlich bedeutendsten *pólis* des östlichen Mittelmeers aufstieg. Demetrios I. Poliorketes belagerte es 305/04 vergeblich. Der durch den Verkauf der Belagerungsmaterialien finanzierte „Koloss von Rhodos", der die Einfahrt des gut geschützten Hafens zierte, wurde bereits im Jahr 227 bei einem Erdbeben ebenso wie die Stadt zerstört. Nahezu alle hellenistischen Könige unterstützen Rhodos daraufhin mit Geld, Baumaterial und Fachkräften, um die Erdbebenschäden zu beseitigen, was die ‚internationale' Bedeutung des Hafens unterstreicht. Früh stellte sich Rhodos auf die Seite Roms und erhielt als Dank nach dem Frieden von Apameia Teile Kariens und Lykiens. Während des dritten Makedonischen Krieges versuchte die Stadt jedoch, zwischen Perseus und Rom zu vermitteln, was die Römer als Verrat auslegten und zur Strafe u. a. den Festlandbesitz wieder einkassierten und die alte Rivalin Delos zum Freihafen erklärten, wodurch der Handel in Rhodos geschwächt wurde. In dieser Phase stieg die Insel jedoch auch zum wichtigsten kulturellen Zentrum der Region auf. Das während des Bürgerkriegs im Jahr 43 geplünderte Rhodos verlor erst 74 n. Chr. seine Selbständigkeit, als es dem römischen Imperium einverleibt wurde. Diese beiden *póleis* sollen als Beispiele für den außenpolitischen Handlungsspielraum griechischer *póleis* im Hellenismus genügen.

Innenpolitisch waren die *póleis* zumeist auch unter fremder Herrschaft weitgehend autonom. Die meisten *póleis* scheinen demokratisch verfasst gewesen zu sein und Alexander der Große hatte im Zweifelsfall demokratische Strukturen gefördert. Obwohl sich gegenüber der klassischen Zeit rechtlich nichts am Verhältnis der städtischen Eliten und der übrigen Bevölkerung änderte, zeigt sich im Lauf des Hellenismus eine Tendenz zu immer größeren Ehrungen für Leistungen der Elitenmitglieder. Aus den erhaltenen Ehrendekreten wird ersichtlich, dass sie sich in Anlehnung an die wohltätigen Könige als lokale Wohltäter (*euergétai*; daher die moderne Begriffsneuschöpfung Euergetismus) betätigten und vergleichbare Gegenleistungen durch ihre *póleis* erhielten. Sie übernahmen wichtige politische, militärische und religiöse Ämter, die zuweilen mit Kosten verbunden waren, finanzierten die kostspieligen Gesandtschaftsreisen zu anderen *póleis* und Königen aus eigener Tasche, kauften Getreide bei Ernteausfällen, finanzierten Neubauten, Renovierungsarbeiten und Feste. Während zu weit herausragende Mitbürger in klassischer Zeit häufig diszipliniert wurden, erhielten sie im Hellenismus nicht nur Ehrensitze im Theater (*prohedría*), kostenlose Speisungen und Ehrenstatuen, sondern zuweilen auch kultische Ehrungen. Zudem traten nun auch zunehmend weibliche Mitglieder dieser Honoratiorenschicht als Wohltäter in Erscheinung und wurden im Gegenzug mit Ehren überhäuft. Obwohl nach wie vor Beschlüsse von der Volksversammlung (*dḗmos*) und dem Rat (*boulḗ*) gefasst wurden, sind die Tendenzen zu einer Aristokratisierung vor allem im 2. Jh. unverkennbar. Die Konflikte zwischen Mitgliedern dieser herausgehobenen Gruppe waren häufig die Auslöser von Bürgerkriegen.

städtische Eliten

2.4 Von Sizilien bis Epeiros

Die hellenistische Geschichte der sogenannten Westgriechen auf Sizilien und in Unteritalien sowie des Epeirotischen Bundes in Illyrien ist eng miteinander verbunden. Das zeigte sich bereits zu Beginn des Hellenismus, denn Alexander I. (343/3–331), der von Philipp II. als König in Epeiros eingesetzt worden war, verfolgte eine aggressive Außenpolitik und führte als Verbündeter von Tarent Krieg in Unteritalien. Nach seinem Tod erlebte der Epeirotische Bund, dem die drei Stämme der Chaonier, Thesproter und Molosser angehörten,

Epeirotischer Bund

allerdings eine Phase innerer Instabilität, die weitere Aktivitäten im Westen verhinderten. Dort konnte in der Folgezeit die größte griechische *pólis*, Syrakus, an Einfluss gewinnen.

Syrakus

Die vorhellenistische Geschichte von Syrakus mit ihrem mehrfachen Wechsel der Verfassungsformen endete mit einem Paukenschlag. Der Condottiere und politische Hasardeur Agathokles, der zwei Mal aus seiner Heimatstadt Syrakus verbannt worden war, riss 316/15 durch Ermordung bzw. Verbannung der regierenden 600 Oligarchen die Macht an sich und ließ sich zum „bevollmächtigten *stratēgós* und Aufseher über die *pólis*" wählen. Gestützt auf seine Söldner versuchte er, die anderen *póleis* Siziliens zu unterwerfen und geriet auch in Konflikt mit den Karthagern, die das westliche Sizilien beherrschten. Als die Karthager auf Syrakus vorrückten, verließ er die Stadt und setzte nach Afrika über, um die Gegner zum Rückzug nach Afrika zu zwingen. Zwar scheiterte die Afrikaexpedition letztlich und der Friede mit den Karthagern bestätigte die bereits zuvor geltenden Grenzen, doch gelang es Agathokles in der Folge, eine syrakusanische Suprematie im östlichen Sizilien zu etablieren, bevor er sich 305 – wohl auch in Anlehnung an die Diadochen, die sich im „Jahr der Könige" zu Königen ernannten, – den Titel *basileús* zulegte. In den folgenden Jahren konnte er auch Teile Unteritaliens gewinnen und die Inseln Leukas und Korkyra erobern. Wahrscheinlich war es sein Ziel, alle sizilischen und unteritalischen Griechen unter seiner Herrschaft zu vereinigen. Darüber hinaus knüpfte er enge Kontakte zu einigen Diadochen. Zu diesen

Pyrrhos

zählte der Molosserkönig Pyrrhos, ein Großneffe von Olympias, der von 306 bis 302 die Macht in Epeiros an sich riss. Er ehelichte Lanassa, die Tochter des Agathokles, und erhielt Korkyra als Mitgift. Agathokles selbst heiratete als dritte Frau Theoxene, eine Tochter oder Stieftochter Ptolemaios' I. Kurz vor seinem Tod schickte er sie jedoch samt der Mitgift und den beiden Söhnen nach Ägypten zurück – vielleicht ahnend, dass es ihm nicht gelingen würde, eine Dynastie zu etablieren. Nach seinem Tod 289/88 löste sich die syrakusanische Suprematie schnell in politisch-militärischem Chaos auf.

Auch das Schicksal des Pyrrhos verlief keineswegs geradlinig. Nach der Schlacht von Ipsos (s. o. Kap. 2.2) wurde er von Demetrios I. Poliorketes als Geisel nach Alexandreia verbracht, wo er eine Tochter Ptolemaios' I. ehelichte, mit dessen Hilfe er 297 – zunächst gemeinsam mit dem bald beseitigten Neoptolemos – auf den molossischen Thron zurückkehrte. Ähnlich wie sein Vorgänger Alexander

I. betrieb er eine aggressive Außenpolitik, die ihn zwischen 288 und 284 sogar auf den makedonischen Thron brachte, auf dem er sich jedoch nicht halten konnte – nicht zuletzt, weil er kein Makedone war. 280 riefen ihn die Tarentiner gegen die Römer zu Hilfe. Zwar gelang es dem König, die Römer bei Herakleia und Asculum zu schlagen, doch ließen sich die Verlierer auf keine Verhandlungen ein, zumal Pyrrhos erhebliche Verluste erlitten hatte. Pyrrhos dürfte daher froh darüber gewesen sein, als ihn 278 ein Hilferuf der Syrakusaner ereilte. Auch hier stellten sich militärische Erfolge ein, doch scheiterte der Molosser politisch, da es ihm nicht gelang, eine stabile Herrschaft zu etablieren. Einer der Gründe dürfte das selbstherrliche Auftreten des Königs gewesen sein, zudem erhob sich Kritik an seiner Diplomatie. Er zog sich daher nach Unteritalien und nach einer verlorenen Schlacht bei Beneventum gegen die Römer kurz darauf nach Illyrien zurück. Damit war das Schicksal der unteritalischen *póleis* besiegelt, die sich in schneller Folge Rom ergaben. In Syrakus riss Hieron II. 275/74 mit Hilfe von Söldnern die Macht an sich, wurde zum *stratēgós autokrátor* (Feldherr mit unumschränkten Vollmachten) ernannt und heiratete Philistis, die Tochter eines wohlhabenden Syrakusaners. Seine Stellung festigte er durch den Sieg über ehemalige kampanische Söldner des Agathokles (Mamertiner), die Messina besetzt hielten, und nahm in der Folge 269 den Königstitel an. Als sich der Konflikt mit den Mamertinern erneut zuspitzte, baten diese zunächst Karthago und dann Rom um Hilfe, woraus sich der erste Punische Krieg (264–241) entwickelte. Hieron II. stand zunächst auf karthagischer Seite, schloss aber mit den Römern ein Bündnis, als diese Syrakus belagerten. Als treuer Bundesgenosse unterstützte er Rom in der Folge bis zu seinem Tod 215 und nutzte seine Ressourcen zum Ausbau von Syrakus und als Wohltäter in Delphi, Olympia und auf Rhodos. Sein Nachfolger Hieronymos wechselte während des zweiten Punischen Krieges (218–201) jedoch 214 auf die karthagische Seite und besiegelte damit das Schicksal von Syrakus, das 212 von Marcus Claudius Marcellus erobert wurde. Bei dieser Gelegenheit fand der Mathematiker und Ingenieur Archimedes den Tod, dessen Maschinen bei der Verteidigung von Syrakus eingesetzt worden waren.

Hieron II.

Auch das Ende des Pyrrhos war wenig ruhmreich. Nach seiner Rückkehr nach Epeiros versuchte er, Antigonos II. Gonatas den makedonischen Thron streitig zu machen, und konnte sich nach zwei Siegen tatsächlich den makedonischen Thron sowie Thessalien si-

Ende des Pyrrhos

chern. Von dieser Machtbasis aus versuchte er den Spartanerkönig Areus zu stürzen, um den Thron an dessen Neffen Kleonymos zu übergeben, der sich in seiner Entourage befand. Areus schloss sich daraufhin mit Messene, Argos und Antigonos II. Gonatas zusammen. Sparta konnte nicht erobert werden und so fiel die Entscheidungsschlacht vor und in Argos, wo sich inzwischen ein Bürgerkrieg entsponnen hatte. Zwar konnte Pyrrhos die Stadt durch Verrat besetzen, doch im folgenden Straßenkampf kam er ums Leben – angeblich warf ihm eine alte Argiverin einen Dachziegel auf den Kopf. Sein Sohn und Nachfolger Alexander II. (272–242) trat außenpolitisch in die Fußstapfen seines Vorgängers, eroberte weite Teile Makedoniens wurde schließlich aber von Antigonos II. Gonatas sogar kurzzeitig aus Epeiros vertrieben. Nach Alexanders Tod verfiel Epeiros wieder in innenpolitisches Chaos. Die Tatsache, dass sich das *koinón* im dritten Makedonischen Krieg (171–168) den Römern anschloss, bewahrte es nicht davor, am Ende des Krieges von römischen Truppen geplündert zu werden.

2.5 An den Rändern der hellenistischen Welt

Könnte man den griechischen Westen und Epeiros aus guten Gründen am Rand der hellenistischen Welt verorten, weil diese Regionen niemals von Alexander dem Großen erobert wurden, so gilt dies letztlich auch für eine Reihe von Gebieten, die zum Alexanderreich gehörten, bzw. auf die der Makedone Ansprüche erhob. Es handelt sich hierbei um Regionen, die nach dem Tod Alexanders nicht zu den Herrschaftsgebieten der Diadochen gehörten oder im Lauf des Hellenismus ihre Selbständigkeit erlangten und zumeist von Königen beherrscht wurden, die weder Griechen noch Makedonen waren.

2.5.1 Bithynien

So konnten indigene Dynasten, die bereits unter den Achaimeniden in Bithynien geherrscht hatten, sowohl während der Zeit Alexanders des Großen als auch in den Wirren der Diadochenzeit ihre eigenständige Stellung bewahren. Zwar sah sich Zipoites (328–280) gezwungen mit Antigonos I. Monophthalmos ein Bündnis einzugehen und dessen Oberherrschaft anzuerkennen, doch gelang es ihm nach dem Tod des Antigonos, alle Versuche des Lysimachos abzuwehren, Bithynien zu erobern. Einen der Siege nutzte er im Jahr 297, um sich den Königstitel zuzulegen. Sein Nachfolger Nikomedes I. (280–255/53) sicherte die Unabhängigkeit gegen seleukidische Angriffe, lag allerdings im Konflikt mit seinen Brüdern, die er nur mit Hilfe von angeworbenen Kelten (von den Griechen als Galater bezeichnet) besiegen konnte. Diese Kelten vereinigten sich mit einer weiteren über den Hellespont nach Kleinasien gelangten Gruppe von Kelten und bedrängten in den folgenden Jahrzehnten die westkleinasiatischen Städte. Nikomedes I. orientierte sich bei der Organisation seines Königreiches an hellenistischen Vorbildern, gründete eine neue, nach ihm benannten Hauptstadt (Nikomedeia), prägte Münzen nach attischem Gewichtsstandard und ebenso wie sein Vorgänger betätigte er sich als Wohltäter im Stil griechischer Euergeten. Sein Sohn Ziaëlas (ca. 250-ca. 230) erweiterte erfolgreich das Herrschaftsgebiet und konnte durch die Ehe seiner Tochter mit Antiochos Hierax erstmals dynastische Kontakte zu den Seleukiden knüpfen, wurde aber schließlich von seinen keltischen Söldnern ermordet. Prusias I. (ca. 230–182), der dem Vater auf den Thron folgte, setzte dessen aggressive Außenpolitik fort. Eine enge Anbindung an die Antigoniden fand ihren Ausdruck in der Ehe mit Apama, der Schwester Philipps V., den er im ersten Makedonischen Krieg unterstützte. Nach dem römischen Sieg über Antiochos III. kam es zu Gebietsstreitigkeiten mit den Attaliden, die letztere dank der Unterstützung der Römer für sich entscheiden konnten. Diese waren Prusias I. gegenüber auch deshalb eher ablehnend eingestellt, weil der bithynische König Hannibal Zuflucht gewährt hatte. Nach dem Tod Prusias' I. bestieg sein gleichnamiger Sohn den Thron (182–149), der wenig erfolgreich operierte und schließlich seinem eigenen Sohn Nikomedes II. (149–128/27) unterlag. Nikomedes II. betätigte sich ebenso wie sein Sohn Nikomedes III. (128/27-ca. 94) u.a. als Wohltäter gegenüber griechischen *póleis*. Ansonsten waren die Handlungsspielräume der bithynischen Könige stark von römischen Interessen bestimmt. So sorgten die Römer auch dafür, dass Nikomedes IV. (ca. 94–74), der 92 nach Rom geflohen war, nachdem sein Bruder Sokrates Chrestos ihn vertreiben hatte, wieder auf den Thron zurückkehren konnte. Folgerichtig vermachte er sein Königreich testamentarisch Rom.

2.5.2 Galater

Nachdem Nikomedes I. die im Jahr 278 für den Kampf gegen seinen Bruder Zipoites angeworbenen galatischen Söldner nicht mehr benötigte, zogen diese plündernd durch das westliche Kleinasien, wobei unter anderem das Apollonheiligtum von Didyma in Mitleidenschaft gezogen wurde. Einen entscheidenden Sieg gegen sie erzielte der Seleukide Antiochos I. in der sogenannten Elefantenschlacht, der ihnen anschließend Wohnsitze in Zentralanatolien zuwies. Die Versuche der Seleukiden, mit Hilfe von Garnisonen und einer neuen Steuer (*galatiká*), deren Einnahmen an die Galater gezahlt wurden, die Galater innerhalb der zugewiesenen Siedlungsgebiete zu halten, waren wenig erfolgreich. Sie eroberten angrenzende Regionen und gerieten nicht zuletzt deshalb in Konflikt mit den Attaliden. Attalos I. gelang ein wichtiger Sieg bei den Kaikos-Quellen. Auch in den Kämpfen gegen Antiochos Hierax, auf dessen Seite galatische Söldner standen, war Attalos I. erfolgreich. Doch auch in den folgenden Jahrzehnten überfielen galatische Gruppen immer wieder griechische *póleis*, die 216 von Prusias I. Hilfe erhielten. Ruhe kehrte aber auch mit dem Eingreifen Roms als Folge des Antiochoskrieges nicht ein. Zwar besiegte Gnaeus Manlius Vulso die Galater 189, doch in den kommenden Jahren kam es immer wieder zu Auseinandersetzungen mit Eumenes II. Als die Römer diesen alten Verbündeten nach dem dritten Makedonischen Krieg nicht mehr benötigten, verbanden sie sich sogar mit den Galatern. Unter der Bedingung, ihre Grenzen nicht mehr zu überschreiten, wurde ihre Autonomie anerkannt. Mithradates VI. gliederte Galatien seinem Herrschaftsgebiet ein und ließ nach einem Aufstand der Galater nahezu die gesamte Führungselite umbringen. Die Galater standen in den Mithradatischen Kriegen auf Seiten Roms, das sich durch die Verleihung des Königstitels an Deiotaros, den Tetrarchen der Tolistobogier, erkenntlich zeigte. Deiotaros versuchte die Herrschaft auf die beiden anderen galatischen Herrschaftsverbände (Trokmer und Tektosagen) auszudehnen, was ihm schließlich 44 gelang. Die nach seinem Tod im Jahr 40 ausbrechenden Rivalitäten um die Vorherrschaft in Galatien beendeten die Römer, indem sie die Region 25 v. Chr. als Provinz einzogen.

2.5.3 Pontos

Auch das Königreich Pontos entstand in den Wirren der Diadochenzeit. Mithradates I. Ktistes (der ‚Gründer', ca. 302–266), der von den Herrschern von Mariandynia und Mysien abstammte, stand zunächst auf der Seite des Eumenes von Kardia, danach des Antigonos I. Monophthalmos und konnte wohl 302 das pontische Kappadokien besetzen. Nach der Schlacht von Ipsos oder der Schlacht von Kurupedion (s. Kap. I.2.2) nahm er den Königstitel an. Er konnte sich ebenso wie sein Nachfolger Ariobarzanes (266-ca. 258) mit Hilfe galatischer Söldner erfolgreich den Herrschaftsansprüchen der Seleukiden und Ptolemäer widersetzen. Gegen Ende der Herrschaft des Ariobarzanes scheint es jedoch zum Bruch mit den Galatern gekommen zu sein, denn sein Sohn Mithradates II. (ca. 258-ca. 220) musste diese zunächst abwehren. 245 ehelichte er eine Schwester des Seleukos II., der den pontischen König als Verbündeten im Kampf gegen Ptolemaios III. und Antiochos Hierax gewinnen wollte. Bei der entscheidenden Schlacht von Ankyra (239) unterstützte Mithradates II. jedoch Antiochos Hierax und stand damit auf der Seite des Siegers. Über seinen Sohn Mithradates III. (ca. 220-ca. 185) schweigen die antiken Quellen, dagegen berichten sie ausführlicher von dessen Sohn Pharnakes I. (ca. 185-ca. 155), der 183 Sinope erobern konnte und in der Folge in einen letztlich verlustreichen Krieg gegen Bithynien, Pergamon und weitere lokale Protagonisten eintrat. Nach seinem Tod söhnte sich sein Bruder Mithradates IV. (ca. 155-ca. 152/1) mit Pergamon aus und schloss ein Bündnis mit Rom, das von seinem Neffen Mithradates V. (ca. 152/51–123 oder 120) in Form tatkräftiger Unterstützung für die Tiberstadt fortgeführt wurde. Als der König einem Attentat enger Vertrauter zum Opfer fiel, übernahm seine Gattin für zwei unmündige Söhne die Herrschaft. Der ältere von ihnen, Mithradates VI. (123 oder 120–63), ermordete Mutter und Bruder und begann, das Herrschaftsgebiet deutlich auszuweiten. Zunächst eroberte er die Krimregion, wodurch er Zugriff auf Metall- und Holzvorkommen und die dortige Getreideproduktion erlangte. Damit war die Basis für eine enorme Aufrüstung des Heeres gelegt, das später angeblich 250.000 Fußsoldaten und 40.000 Reiter umfasst haben soll. Als nächstes wandte er sich den westlichen und südlichen Nachbarn zu, besetzte gemeinsam mit Nikomedes III. von Bithynien Paphlagonien und Galatien, wogegen allerdings Rom einschritt. Auch die Annexion Kappadokiens im Jahr 101 nahm Rom nicht hin. Dessen ungeachtet baute Mithradates VI. seine Position

Mithradates VI.

weiter aus, indem er sich mit Tigranes II. von Armenien verbündete, dem er seine Tochter Kleopatra zur Frau gab. Als nach dem Tod Nikomedes' III. ein Machtkampf zwischen dessen Sohn Nikomedes IV. und seinem Halbbruder Sokrates Chrestos ausbrach, unterstützte Mithradates VI. letzteren, allerdings konnte sich Nikomedes IV. mit römischer Hilfe durchsetzen (s. o.). Erneut waren außenpolitische Pläne des pontischen Königs an den Römern gescheitert. Als im Folgejahr der römische Gesandte Manius Aquillius Nikomedes IV. ermunterte, in Pontos einzufallen, war ein Krieg unvermeidlich (erster Mithradatischer Krieg, 89–85). Mithradates VI. ließ seinen Sohn Ariarathes IX. erneut Kappadokien besetzen und besiegte sowohl Nikomedes IV. als auch die kleinasiatischen römischen Kontingente, so dass er nicht nur Bithynien und Phrygien, sondern schließlich auch die römische Provinz Asia besetzen konnte. Hier trat er als zweiter Alexander und Befreier der Griechen von den Barbaren auf. Viele *póleis* folgten ihm bereitwillig und beteiligten sich an der sogenannten ‚Vesper von Ephesos', einer konzertierten Aktion, der 80.000 Italiker und Römer zum Opfer fielen. Deren Vermögen wurde zwischen Mithradates VI. und den Mördern geteilt. Auch Teile Griechenlands, wo einer seiner Generäle operierte, traten auf seine Seite über (u. a. Athen). Die römische Gegenoffensive kam aufgrund innenpolitischer Probleme zunächst ins Stocken, doch nachdem Sulla durch seinen ersten Marsch auf Rom die Lage in seinem Sinn für bereinigt hielt, setzte er sich mit seinen Truppen nach Griechenland in Bewegung, wo er nicht nur seine Gegner besiegen, sondern auch Athen erobern konnte. Am Ende musste sich Mithradates VI. geschlagen geben, alle eroberten Gebiete räumen, eine Kriegskostenentschädigung zahlen und 70 Kriegsschiffe ausliefern. Da Mithradates VI. Kappadokien nur teilweise räumte, fühlte sich der Legat Sullas, Lucius Licinius Murena, berechtigt, in pontisches Gebiet einzufallen (zweiter Mithradatisches Krieg, 83–82), worauf der pontische König mit einer Beschwerde in Rom reagierte. Da sich im Folgejahr das Spiel wiederholte, wurde Murena nach Rom zurückbeordert.

1. Mithradatischer Krieg

2. Mithradatischer Krieg

Als 74 Nikomedes IV. Bithynien testamentarisch Rom vermachte und die Tiberstadt die Provinzialisierung in Angriff nahm, besetzte Mithradates VI. den östlichen Teil Bithyniens. Der römische Feldherr Lucius Licinius Lucullus bereitete daher eine Invasion von Pontos vor, der Mithradates durch die Besetzung Bithyniens jedoch zuvorkam (dritter Mithradatischer Krieg, 74–63). Lucullus konnte

3. Mithradatischer Krieg

Mithradates in mehreren Schlachten besiegen und zur Flucht nach Armenien zwingen. Der römische Feldherr folgte ihm, besiegte Tigranes II. und eroberte dessen Hauptstadt Tigranokerta. Als sich in der Folge die römische Position verschlechterte, wurde Lucullus durch Gnaeus Pompeius ersetzt, dem es gelang, den inzwischen wieder nach Westen geflohenen Mithradates zu besiegen und zum erneuten Rückzug zu zwingen – zunächst nach Kolchis, dann ins Bosporanische Reich seines Sohnes in der Krimregion, wo Mithradates VI. schließlich den Tod fand. In der Folge wurde das pontische Königreich aufgelöst und zusammen mit Bithynien in eine römische Provinz umgewandelt.

2.5.4 Das Bosporanische Reich

Das Bosporanische Reich war aus inneren Unruhen in der *pólis* Pantikapaion um 438/7 v. Chr. entstanden. Spartakos I. scheint iranischer Abstammung gewesen zu sein und die nach ihm benannten Spartokiden herrschten bis zum Ende des 2. Jhs. v. Chr. Bereits zuvor hatte Pantikapaion die führende Rolle in einem Bund der griechischen *póleis* an der Nordküste des Schwarzen Meeres übernommen. Die Entwicklung des Königreiches wurde auch weiterhin stark durch die Beziehungen zu den Skythen beeinflusst. Darüber hinaus kam dem Getreidehandel mit dem östlichen Mittelmeer, insbesondere mit Athen, eine entscheidende Rolle für die Entwicklung des Königreiches zu. Die politische und wirtschaftliche Schwächung Athens seit dem 4. Jh. und die Kelteneinfälle zu Beginn des 3. Jhs. führten daher zu einem Niedergang des Bosporanischen Reiches, der zwar in der zweiten Hälfte des 3. Jhs. vor allem durch neue Handelskontakte zu Delos, Rhodos und Sinope umgekehrt werden konnte, doch die fortwährenden Kämpfe gegen äußere Feinde und innere Unruhen bewirkten eine zunehmende Schwächung des Königreiches. Es war daher letztlich nur folgerichtig, dass der letzte König, Pairisades V., seine Herrschaft Mithradates VI. von Pontos übertrug, nachdem dessen General Diophantes im Westen des Bosporanischen Reichs einen entscheidenden Sieg über die Skythen erlangt hatte. Aufgrund hoher Abgabenforderungen kam es immer wieder zu Unruhen. Mithradates VI. unterstellte das Gebiet zunächst seinem Sohn Machares, später seinem Sohn Pharnakes II., der am Ende des dritten Mithradatischen Krieges seinen Vater an Pompeius verriet und von diesem in seiner Position bestätigt wurde. Während des Bürgerkrieges zwischen Caesar und Pompeius versuchte er das pontische Königreich zurückzuerobern, unterlag aber Caesar in der Schlacht bei Zela (*veni, vidi, vici*) und fiel kurz darauf im Kampf gegen seinen eigenen Stellvertreter Asandros.

2.5.5 Kappadokien

Das sich südlich an Pontos anschließende Kappadokien gehörte zunächst zum Herrschaftsbereich des Antigonos I. Monophthalmos, danach des Lysimachos und schließlich des Seleukos I. In der Schwächephase, in die das seleukidische Reich nach der Ermordung des Gründers geriet, machte sich Orontes III., der Satrap Armeniens, selbstständig und unterstützte Ariarathes II. (nach 281-ca. 255), den Adoptivsohn des letzten achaimenidischen Satrapen Kappadokiens, Ariarathes' I., bei dessen Versuch, die Macht in Kappadokien zu übernehmen. Allerdings scheinen er und sein Sohn Ariaramna (ca. 255-ca. 225) die seleukidische Oberherrschaft nominell anerkannt zu haben, erst dessen Sohn Ariarathes III. (ca. 225-ca. 220) nahm – wohl noch als Mitherrscher seines Vaters – den Königstitel an und demonstrierte damit seine Unabhängigkeit. Aus der Ehe mit Stratonike, einer Tochter Antiochos' II., ging sein Nachfolger Ariarathes IV. (ca. 220–163) hervor, der ebenfalls eine seleukidische Prinzessin, Antiochis, eine Tochter Antiochos' III., heiratete und seinen Schwiegervater zunächst unterstützte. Nach der Niederlage des Antiochos III. gegen Rom (s. Kap. I.2.2) verband er sich mit den Galatern gegen Rom, konnte schließlich aber die *amicitia* mit der Tiberstadt erkaufen und unterstützte in der Folge deren wichtigsten Verbündeten, Eumenes II. Anders als seinem Großvater und Vater gelang es Ariarathes V. (163–130) nicht, eine seleukidische Prinzessin zu heiraten, da Rom eine solche Verbindung verhinderte. Die Folge war, dass der Seleukidenkönig Demetrios I. einem Bruder Ariarathes' V., Orophernes, auf den Thron verhalf. Ariarathes V. konnte mit Roms Hilfe die Herrschaft – zunächst gemeinsam mit seinem Bruder – wiedererlangen und half in der Folge Rom und seinen Verbündeten. Im Aristonikoskrieg (s. Kap. I. 2.2) fiel er auf Seiten der Tiberstadt. Sein einziger verbliebener Sohn (seine Brüder waren von seiner Mutter ermordet worden) Ariarathes VI. (130-ca. 116) konnte mit römischer Hilfe Annektionsbestrebungen Mithradates' V. von Pontos abwehren, dessen Tochter Laodike er in der Folge ehelichte. Mithradates VI. gelang es jedoch, Ariarathes VI. ermorden zu lassen. Die Witwe des Königs herrschte zunächst allein, musste dann jedoch Nikomedes III. ehelichen, den Mithradates VI. jedoch aus Kappadokien vertrieb und Ariarathes VII. (ca. 116-ca. 101), einen Sohn Ariarathes' VI., zum König einsetzte. Mithradates VI. tötete später Ariarathes VII. und erhob seinen minderjährigen Sohn als Ariarathes IX. (ca. 101–95) zum König. Allerdings gelang es Mitgliedern der kappadokischen Elite, phasenweise Ariarathes VIII. (ca. 101-ca. 96 und 95), einen Sohn Ariarathes' VI, als Gegenkönig zu installieren, der jedoch von Mithradates VI. wieder vertrieben wurde. Als die Römer Ariarathes IX. 95 stürzten, gelangte Ariarathes VIII. nochmals auf den Thron, doch wandelten die Römer Kappadokien kurz darauf in eine Republik um. Da die Bevölkerung jedoch einen König verlangte, die Ariathidenlinie aber inzwischen ausgestorben war, wurde Ariobarzanes I. (95–63/2) zum neuen König ernannt, dessen Herrschaft ständig von Mithradates VI. und Tigranes II. von Armenien bedroht wurde. Nach seiner Abdankung übernahm sein Sohn Ariobarzanes II. (63/2–51), der einer Verschwörung zum Opfer fiel. Auch dessen Sohn Ariobarzanes III. (51–42) sah sich sofort mit einer Verschwörung konfrontiert, an der u. a. Archelaos, der Oberpriester von Komana, beteiligt war. Ariobarzanes III. unterstützte in den römischen Bürgerkriegen zunächst Pompeius, dann Caesar und wurde von den Caesarmördern beseitigt, möglicherweise weil er eine Verschwörung plante. Nach einem kurzen Intermezzo von Ariarathes X. (42–36), einem Bruder von Ariobarzanes III., übernahm Archelaos (36 v. Chr.-17 n. Chr.) den Thron, nach dessen Tod das Königreich von Rom eingezogen wurde.

2.5.6 Armenien

Das Königreich Armenien bildete sich erst vergleichsweise spät. Die Region war von Seleukos I. erobert worden und wurde seitdem von lokalen Dynasten beherrscht, die offiziell seleukidische *stratēgoí* waren und Abgaben leisteten. Nach der verheerenden Schlacht von Magnesia (s. Kap. I.2.2) sagten sich Artaxias I. (ca. 190-nach 162) und Zariadris von Antiochos III. los, wobei Zariadris den westlichen Teil und Artaxias den größeren, östlichen Teil Armeniens beherrschte. Artaxias konnte wenig später wahrscheinlich den nördlichen Teil Mediens erobern, der vom südlichen Medien durch das Elburzgebirge getrennt ist, und nach der Schlacht von Magnesia ebenfalls von Antiochos III. abgefallen war. Zwar gelang es Antiochos IV. um

164, Artaxias gefangen zu nehmen, er ließ ihm aber die Herrschaft über Armenien und verlangte neben der Anerkennung der seleukidischen Oberhoheit wahrscheinlich nur einen Tribut als Ausdruck dieses Hoheitsanspruches. Nach dem Tod Antiochos' IV. schüttelte Artaxias die seleukidische Oberhoheit erneut ab, besetzte 163 gemeinsam mit Ariarathes V. von Kappadokien die Sophene und schloss wohl 162 mit Timarchos ein Bündnis. Wahrscheinlich noch im selben Jahr folgte sein Sohn Artavasdes I. auf den armenischen Thron, der um 120 die parthische Oberhoheit anerkennen und Geiseln stellen musste. Sein Sohn Tigranes I. herrschte bis 95. Nach seinem Tod ließen die Parther Tigranes II. (95-ca. 55) aus der Geiselhaft frei, damit er den Thron unter der Bedingung besteigen konnte, ein treuer Verbündeter der Parther zu sein. Von Beginn an war Tigranes II. darauf bedacht, sein Herrschaftsgebiet auszuweiten. Zunächst eroberte er die Sophene, nach dem Tod des parthischen Königs Mithradates II. auch die nordwestlichen Teile des Partherreiches und wandte sich dann nach Süden, um den größten Teil des Seleukidenreiches zu besetzen. Die Wende trat ein, als sein Schwiegervater Mithradates VI. während des dritten Mithradatischen Krieges nach Armenien floh und Tigranes II. sich weigerte den pontischen König an Rom auszuliefern. Im folgenden Konflikt mit der Tiberstadt unterlag der armenische König und verlor alle eroberten Gebiete. Sein Sohn und Nachfolger Artavasdes II. (ca. 55–30) stand während der damaligen römisch-parthischen Konflikte auf parthischer Seite, wurde von den Römern 34 inhaftiert und von Kleopatra VII. nach der Schlacht von Actium hingerichtet. Nach seiner Inhaftierung folgte ihm sein Sohn Artaxias II. (34–20), der schließlich von seinen eigenen Verwandten umgebracht wurde. In der Folgezeit fungierte Armenien als Pufferstaat zwischen Rom und den Parthern.

2.5.7 Kommagene

Nach dem Tod Antiochos' IV. erklärte sich auch Ptolemaios, der seleukidische *epistátēs* von Kommagene, zum König. Ptolemaios war sowohl verwandt mit den Königen Armeniens als auch mit dem parthischen Königshaus. Nach seinem Tod im Jahr 130 übernahm sein Sohn Samos II. die Königswürde, dem 109 Mithradates I. folgte. Diesem gelang es als erstem, in das seleukidische Königshaus einzuheiraten. Seine Gattin Laodike Thea Philadelphos gebar unter anderem Antiochos I. (Theos Dikaios Epiphanes Philorhomaios Philhellen = der gerechte und erschienene Gott, Römer- und Griechenfreund), der von 70/69 bis ca. 36/31 herrschte und über den dank der literarischen Tradition und der zahlreichen von ihm in Auftrag gegebenen Monumente und Inschriften deutlich mehr bekannt ist als über seine Vorgänger. Antiochos gelang es, sein Königreich trotz mancher Fehlentscheidungen durch die militärisch-politisch unruhigen Jahre seiner Herrschaft zu steuern. Nach dem 3. Mithradatischen Krieg (s. Kap. I.2.5.3) vergrößerte Pompeius das kommagenische Herrschaftsgebiet, was dazu führte, dass Antiochos diesen gegen Caesar im Bürgerkrieg unterstützte. Nach der Niederlage des Pompeius wandte sich Antiochos den Parthern zu, wurde daraufhin von den Römern in seiner Hauptstadt belagert, konnte aber einen günstigen Friedensvertrag aushandeln. Sein Nachfolger Mithradates II. (ca. 36–20) positionierte sich im Bürgerkrieg zwischen Marcus Antonius und Octavian ähnlich wie sein Vater auf der falschen Seite, musste danach aber lediglich den wichtigen Euphratübergang Zeugma abtreten. Über seine Nachfolger Mithradates III. (20–12) und Antiochos III. (12 v. Chr. – 17 n. Chr.) ist wenig bekannt. Nach dem Tod des letzteren gliederte Kaiser Tiberius Kommagene der römischen Provinz Syria an. 38 n. Chr. wurde das kommagenische Königreich nochmals restituiert und Antiochos IV., ein Sohn Antiochos' III., bestieg den Thron, doch musste er nach Konspiration mit den Parthern 72 n. Chr. abdanken.

2.5.8 Parther

Um 247 v. Chr. drangen die Daher/Parner unter ihrem Anführer Arsakes I. (ca. 247-ca. 211) in die seleukidische Satrapie Parthia ein und besiegten den dortigen *stratēgós* Andragoras (nach dem Dynastiegründer werden die parthischen Könige auch als Arsakiden bezeichnet). Arsakes I. konnte nicht nur die Versuche Seleukos' II. abwehren, Parthia zurückzuerobern, sondern auch Hyrkania, Herat und die Astauene besetzen. Sein Sohn und Nachfolger Arsakes II. (ca. 211-ca. 191) unterlag zwar dem Seleukiden Antiochos III., doch konnte er als Folge des römischen Sieges über Antiochos III. nicht nur die verlorenen Gebiete zurückerlangen, sondern auch weitere Gebiete hinzugewinnen. Die nächsten beiden Herrscher Phriapatios (ca. 191-ca. 176) und Phraates I. (ca. 176-ca. 171), die beide keine Münzen geprägt zu haben scheinen und daher vielleicht die seleukidische Oberhoheit anerkannten, führten erfolgreiche Kriege gegen das graeko-baktrische Reich und die Marder. Eine gegen die Seleukiden gerichtete aggressive Außenpolitik verfolgte erst wieder Mithradates I. (ca. 171-ca. 138). Zunächst wandte aber auch er seine Aufmerksamkeit dem Osten zu, eroberte um 167 Herat, brachte um 155 Medien sowie die Margiane unter seine Kontrolle und 148 die alte medische Hauptstadt Ekbatana. Damit war das Ende der seleukidischen Herrschaft im Zweistromland eingeläutet. Bereits 141 besetzte Mithradates I. Babylon und Seleukeia am Tigris, kurz darauf auch Susa. Diese Operationen im Westen wurden unterbrochen durch einen erfolgreichen Feldzug gegen den graeko-baktrischen König Heliokles. Anschließend wandte sich der Parther einer Gegenoffensive des Seleukiden Demetrios II. zu, die mit dessen Gefangennahme endete. Mithradates I. gründete unweit von Seleukeia eine neue Hauptstadt namens Ktesiphon und nahm den Titel König der Könige an. Damit schienen die Eroberungen in Mesopotamien zunächst gesichert zu sein und Mithradates I. wandte sich gegen die Saken, die von Nordosten sein Reich bedrohten. Dieser Gefahr musste sich auch sein Sohn und Nachfolger Phraates II. (ca. 138-ca. 127) widmen, der damit die Westgrenze wieder für Angriffe der Seleukiden entblößte. Antiochos VII., der Bruder Demetrios' II., nutzte die parthische Schwäche und konnte alle seit 148 verloren gegangenen Gebiete zurückerobern. Im Winterlager in Medien wurden seine auf verschiedene Städte verteilten Truppen jedoch überfallen, der Seleukide fiel, sein Sohn wurde gefangen genommen. Phraates II. konnte diesen Triumph aber nur kurz auskosten, da er sich wiederum dem Sakenproblem zuwenden musste. Die in sein Heer integrierten Griechen liefen jedoch zum Feind über, Phraates II. verlor daraufhin Schlacht und Leben. Auch sein Onkel Artabanos I. (ca. 127-ca. 124) sah sich mit einem Zweifrontenkrieg konfrontiert, konnte zwar Babylon, das zuvor vom König der Charakene besetzt worden war, zurückerobern, verlor aber wie sein Vorgänger Schlacht und Leben gegen die Saken. In dieser für die Parther keineswegs erfreulichen Lage übernahm Mithradates II., entweder ein Sohn oder ein weiterer Bruder des Artabanos die Herrschaft, dem es in seiner langen Herrschaft (ca. 123–88) gelang, das parthische Reich deutlich auszuweiten und zu stärken. Er eroberte die bisher noch nicht in parthischer Hand befindlichen Teile Mesopotamiens, die Adiabene, Gordyene, Osrhoene sowie Armenien und vereinbarte mit Rom, dass der Euphrat die Grenze zwischen beiden Reichen sein solle. Auch die Ostgrenze konnte er festigen, so dass sie nun direkt an das chinesische Reich der Han-Dynastie stieß. Dies führte nicht nur zum Austausch von diplomatischen Missionen, sondern stärkte auch den Handel über die Seidenstraße. Das einzige größere Problem, dem sich Mithradates II. gegenübersah, war die Usurpation von Gotarzes I. (ca. 95-ca. 90), die jedoch niedergeschlagen werden konnte.

Nach dem Tod Mithradates' II. versank das Reich eine Weile in Chaos, Tigranes II. von Armenien konnte in dieser Schwächephase die Atropatene und Gordyene erobern und bis nach Ekbatana vordringen. Erst mit Phraates III. (ca. 70–57) kehrten wieder stabilere Verhältnisse ein, doch musste die Gordyene offiziell an Armenien abgetreten werden. 57 wurde der Partherkönig von seinen beiden Söhnen Mithradates III. (57–54) und Orodes II. (57–38) ermordet, die sich aber schnell entzweiten. Den aufflammenden Bruderkrieg konnte Orodes II. für sich entscheiden, dem im Jahr 53 zudem ein wichtiger Sieg über die Römer gelang, indem er bei Karrhai Marcus Licinius Crassus besiegte. Die weitere Geschichte des Partherreiches ist hier nicht weiter von Belang.

2.5.9 Baktrien

Baktrien und Sogdien besaßen bereits für Alexander eine herausragende strategische Bedeutung, da hier die Sesshaftigkeit in Nomadismus überging und daher in dieser Region die Verteidigungslinie gegen innerasiatische Reiternomaden etabliert werden musste. Die vergleichsweise vielen griechisch-makedonischen Militärsiedler revoltierten zwar nach dem Tod Alexanders und gefährdeten damit das Verteidigungskonzept, doch behielt die Region auch innerhalb des Seleukidenreiches ihre militärisch-strategische Rolle. Es war ein wohlüberlegter Schritt Seleukos' I., seinen Sohn Antiochos I. bereits zu Lebzeiten zum Mitregenten zu ernennen und ihm die Sorge um die sogenannten „Oberen Satrapien" zu übertragen, zu denen auch Baktrien und Sogdien gehörten. Durch den Einfall der Parner/Parther in Parthien wurde die direkte Verbindung zwischen dem seleukidischen Kerngebiet und Baktrien unterbrochen und es war eine logische Konsequenz, dass sich der dortige *stratēgós* Diodotos in den 240er Jahren für selbständig erklärte und den Königstitel annahm. Solange die Seleukiden noch berechtige Chancen besaßen, Baktrien ihrem Herrschaftsgebiet wieder einverleiben zu können, finden sich gelegentlich Erwähnungen baktrischer Könige in den griechisch-römischen literarischen Quellen. Nach dem erfolglosen Versuch Antiochos' III., die Region wieder zurückzugewinnen, fehlen aber solche Zeugnisse fast gänzlich. Die Rekonstruktion der folgenden Geschichte des baktrischen Königreiches ist daher hochgradig umstritten. Übereinstimmung herrscht zumindest darin, dass es zu einer Reihe von Usurpationen gekommen sein muss und dass es Demetrios I. in den 180er Jahren gelang, Teile Nordwestindiens zu erobern, wodurch die Herrschaft über den Hindukush nach Süden deutlich ausgeweitet werden konnte. Während die nördlichen Gebiete, also das eigentliche Baktrien, um 130 von den aus Zentralasien eindringenden Yuezhi besetzt wurde, konnten sich die in der Folge als indo-griechische Könige bezeichneten Herrscher in Nordwestindien noch etwa 100 Jahre lang halten. Die meisten Könige sind allein durch ihre Münzen bekannt. Lediglich für elf der insgesamt wohl 45 Könige liegen auch literarische, archäologische oder epigraphische Zeugnisse vor.

2.5.10 Die Hasmonäer

Der Erfolg des unter Antiochos IV. in Judaia ausgebrochenen Makkabäeraufstandes wurde nach 164 maßgeblich durch die innerdynastischen Konflikte im Seleukidenreich begünstigt (s. auch Kap. I.3.5). Als Aristobulos I. (104–103) den Königstitel annahm, war nicht nur der Loslösungsprozess abgeschlossen, sondern die Aufständischen hatten in der Zwischenzeit auch das von ihnen beherrschte Gebiet deutlich über die Grenzen von Judaia hinaus ausweiten können. Während die den Aufstand leitenden Vorfahren der Könige nach dem zweiten Anführer (Judas Makkabaios) als Makkabäer bezeichnet werden, hat sich für die Könige der Name Hasmonäer eingebürgert, der sich von einem Vorfahren des ersten Aufstandsanführers ableitet. Die Herrschaft der Hasmonäer war geprägt von Konflikten mit innerjüdischen und innerfamiliären Gegnern. So konnte Alexander Jannaios (103–76) zwar weitere Gebiete erobern, agierte aber zunehmend wie ein hellenistischer König, was zu Auseinandersetzungen mit den Pharisäern führte. Pompeius griff 63 in den Thronstreit zwischen den Söhnen des Jannaios, Johannes Hyrkanos II. (76–40) und Aristobulos II. (67–63), ein, bestätigte Hyrkanos, reduzierte aber dessen Herrschaftsgebiet und beendete die hasmonäische Unabhängigkeit. Als die Parther 40 Jerusalem eroberten, installierten sie mit Antigonos Mattatias (40–37) einen Sohn von Aristobulos II. als neuen König, der jedoch von den Römern nicht anerkannt wurde, die stattdessen Herodes (40–4) zum König proklamierten, der 37 den letzten Hasmonäer besiegte und absetzte.

3 Herrschaft und Gesellschaft

3.1 Der Charakter der hellenistischen Monarchien

Auch wenn neben den diversen hellenistischen Königreichen weitere politische Gebilde – allen voran selbständige griechische *póleis* und *koiná* – existierten, kann doch kein Zweifel daran bestehen, dass das Geschehen maßgeblich zunächst von Königen und später zunehmend von Rom bestimmt wurde. Es liegt daher nahe, die vielfältigen Aspekte der sehr heterogenen hellenistischen Welt sozusagen vom Kopf, also von den Königen her, in den Blick zu nehmen. Bereits hierbei wird schnell deutlich, dass sich die Grundlagen und der Charakter der jeweiligen Königtümer nicht nur von Region zu Region unterschieden, sondern sich auch im Lauf der Zeit wandelten. Diese Vielschichtigkeit und Wandlungsfähigkeit betreffen auch alle weiteren Charakteristika der hellenistischen Welt, wobei sich Entwicklungen regional wiederum unterschiedlich schnell oder konsequent vollzogen haben. Die Quellenlage erlaubt dabei häufig nur punktuelle Einblicke – und Aspekte, die mithilfe der vergleichsweise guten Quellenlage in Ägypten fassbar sind, lassen sich in anderen Regionen kaum in Ansätzen erahnen. Aus diesem Grund müssen die folgenden Ausführungen trotz aller Fortschritte der vergangenen Jahrzehnte lückenhaft bleiben und häufig wird das ptolemäische Ägypten die Blaupause für andere Regionen bieten.

Wie bereits oben ausführlicher dargelegt, bestieg nach der Ermordung von Philipp II. dessen Sohn Alexander den Königsthron und setzte damit die lange Reihe der argeadischen Könige fort. Nachdem er Aufstände im Norden und Westen des von seinem Vater erweiterten makedonischen Königreiches niedergeschlagen und auch das aufständische Theben erobert hatte, wurde er *hēgemṓn* des 337 von Philipp II. geschaffenen Korinthischen Bundes. Damit hatte er in kurzer Zeit alle Gegner militärisch bezwungen und sich nicht nur den makedonischen Thron sowie die Position als Oberbefehlshaber des Korinthischen Bundes gesichert, sondern auch sein militärisches und strategisches Können unter Beweis gestellt. Auf dieser Basis setzte er den Kampf seines Vaters gegen die Achaimeniden fort. Den antiken Quellen zufolge eröffnete der Makedone seinen Feldzug gegen die Perser damit, dass er seinen Speer noch vom Schiff aus auf Feindesland warf und damit das Land symbolisch in Besitz nahm. Seine folgenden militärischen Erfolge ließen diese Symbolik Realität werden: Alexander hatte sein Reich im wahrsten Sinn des Wortes mit dem Speer erworben, es war speererworbenes

Speererworbenes Land

Land, *doríktētos gḗ* . Aus der Eroberung wurde später ein Rechtstitel geformt, auf den sich Alexanders Nachfolger zuweilen beriefen. Alexanders militärischen Erfolg am Granikos, bei Issos, vor Tyros, bei Gaugamela und in Baktrien (um nur die wichtigsten zu nennen) trugen zudem maßgeblich dazu bei, Alexanders Charisma zu vergrößern.

Traditionale Elemente der Herrschaft

Die Ernennung zum Pharao und die Annahme des babylonischen Titels „König der Länder“ sowie das zunehmende Hineinwachsen in die achaimenidische Herrschaftspraxis, die sich unter anderem darin manifestierte, dass Alexander die bestehenden administrativen Strukturen, einen Teil des Personals, Elemente der Hofetikette und achaimenidische Herrschaftssymbole übernahm sowie die Familie seines Gegners ehrte, den toten Dareios angemessen bestattete und in dessen Familie einheiratete, demonstrieren Alexanders Bereitschaft, traditionale indigene Herrschaftselemente zur Sicherung bzw. Generierung von Legitimität und Stabilität gegenüber der indigenen Bevölkerung zu nutzen. Als Alexander 323 in Babylon starb, war sein Königtum so buntscheckig und facettenreich, dass es sich nicht auf einen einzigen kategorialen Begriff verdichten lässt.

Sein Bruder und sein Sohn, die ihm nachfolgten, erbten diese legitimatorische Patchwork. Als nach der Ermordung Alexanders IV. der makedonische Thron verwaiste, entstand zwar kein faktisches Machtvakuum, aber die verbliebenen Protagonisten agierten letztlich nur noch als unabhängige Satrapen eines zerfallenden Reiches. Den letzten Versuch, dieses Reich wieder zum Leben zu erwecken, stellte die Selbsterhebung des Antigonos I. Monophthalmos zum König, *basileús*, dar. Die Tatsache, dass er diesen Titel auch seinem Sohn zukommen ließ, deutete bereits an, dass sich dieses neue Königtum vom traditionellen makedonischen Königtum bzw. vom Königtum Alexanders unterschied. Und als in kurzer Folge Ptole-

„Jahr der Könige“

maios I., Seleukos I. und Kassandros im „Jahr der Könige“ ebenfalls den Titel *basileús* annahmen, war die Idee von der Fortsetzung des

Alexanderreiches endgültig Geschichte. Die Könige verzichteten auf eine geographische Spezifizierung ihres jeweiligen Königtums, aber jedem musste klar sein, dass es sich dabei um regionale Königtümer handelte, die nur noch sehr bedingt etwas mit dem Königtum Alexanders zu tun hatten. Zwar konnten einige der neuen Könige an ältere Traditionen anknüpfen – etwa indem Kassandros den makedonischen Thron bestieg, Ptolemaios I. 304 zum Pharao gekrönt wurde und Seleukos I. wohl bereits vor seiner Selbsternennung zum *basileús* als König von Babylon anerkannt worden war, doch dabei handelte es sich jeweils nur um lokale und situationsabhängige Legitimationsbemühungen, die eher den Zerfall als die Kontinuität des Alexanderreiches zum Ausdruck brachten. Beide Protagonisten versuchten durch den Rückgriff auf lokale Traditionen, ihre Herrschaft zu stabilisieren. Antigonos I. Monophthalmos konnte vor allem auf seine eigene Sieghaftigkeit und die seines Sohnes verweisen – ein Sieg des Demetrios I. Poliorketes über Ptolemaios I. war ja auch der Anlass zur Annahme des Königstitels. Daneben konnte die Erinnerung an Alexander instrumentalisiert werden. Ptolemaios I. hatte nicht zuletzt aus diesem Grund die Leiche des Makedonen in seinen Besitz gebracht, Eumenes von Kardia führte ein Zelt und einen Thron für den toten Alexander mit sich, um gegenüber seinen Soldaten seine besondere Nähe zu Alexander zu demonstrieren, der ihm zudem im Traum erschienen sein soll. Darüber hinaus setzten die meisten Diadochen die Münzprägung Alexanders fort und betonten so die Traditionslinie, auf der sie sich bewegten.

Rolle Alexanders für die Nachfolger

Die Nachfolger der Diadochen konnten zum einen auf diesen Grundlagen aufbauen, nutzten aber auch neue Möglichkeiten. Alexander blieb vor allem für die Ptolemäer bis zu deren Ende von zentraler Bedeutung, aber auch in anderen Dynastien wurde zuweilen versucht, durch Verweise auf Alexander die eigene Stellung zu verbessern. Hier seien nur die seleukidischen Usurpatoren Alexander Balas und Alexander Zabinas, die bewusst den Namen Alexanders annahmen, sowie der pontische König Mithradates VI. hervorgehoben, dessen Münzporträt dem Alexanders nachempfunden wurde. Auch die traditionalen Elemente wurden weiter genutzt. Die Ptolemäer ließen sich zum Pharao krönen (allerdings liegen nicht für alle Ptolemäer sichere Belege vor), alle Seleukiden, die über Mesopotamien herrschten, scheinen Könige von Babylon gewesen zu sein und die Antigoniden waren seit Antigonos II. Gonatas Könige von Makedonien. Diese traditionalen Grundlagen waren zumeist regional beschränkt und daher kaum geeignet, um als alleinige Legitimationsgrundlage in den zum Teil sehr viel größeren Herrschaftsbereichen zu fungieren. Letztlich basierte die faktische Herrschaft auf erfolgreicher Kriegführung und geschickter Administration – wie man bereits in der Antike erkannte (vgl. Suda, s. v. *basileía*). Ein Versagen in einem der beiden Bereiche konnte im schlimmsten Fall zur Ermordung des Königs führen (etwa Seleukos III. und Ptolemaios IV.).

Sicherung der Nachfolge

Herrscherwechsel sind in einem hochgradig auf die Person des Königs und seine individuellen Fähigkeiten ausgerichteten System besonders problematisch. Interessanterweise scheinen lediglich die Seleukiden im dritten Jahrhundert in Ansätzen den Versuch unternommen zu haben, die Nachfolge rechtzeitig zu regeln. Einige Nachfolger wurden mit dem Königstitel ausgestattet und mit militärischen sowie administrativen Aufgaben betraut. Auf diese Weise konnten sie Erfahrungen sammeln und eigenes Ansehen aufbauen. Allerdings machte bereits Antiochos I. damit schlechte Erfahrungen und ließ seinen als Nachfolger aufgebauten ältesten Sohn ermorden. Ein Primogeniturrecht im engeren Sinn existierte ebenfalls nicht, so dass aus unterschiedlichen Gründen nicht immer die ältesten Söhne ihren Vätern auf den Thron folgten. Zuweilen kam es sogar zur parallelen Erhebung mehrerer Söhne (z. B. Seleukos II. und Antiochos Hierax oder Ptolemaios VI. und Ptolemaios VIII.) oder weiter entfernter Verwandter. Spannungen und Bürgerkriege waren gerade seit dem zweiten Jahrhundert eine übliche Folge. Die Tatsache, dass Könige häufig Kinder von mehreren Frauen besaßen und dass Ehen oft aus politischen Gründen geschlossen wurden, verschärften die Lage zusätzlich.

Abstammung von den Göttern

Es war hilfreich, trotz aller möglichen Spannungen innerhalb der Familien, das durch erfolgreiches Agieren gewonnene Charisma in der eigenen Familie zu perpetuieren. Neben den nur regional relevanten traditionalen Elementen versuchten daher sowohl die Ptolemäer als auch die Seleukiden – aber auch kleinere Königreiche – durch die Propagierung einer Abstammung von Göttern (bei den Ptolemäern: Dionysos, bei den Seleukiden: Apollon), die Vergöttlichung zunächst der eigenen Vorgänger, dann aber auch der eigenen Person und weiterer Familienmitglieder die eigene Dynastie und letztlich natürlich auch sich selbst in eine überirdische Sphäre zu heben und das auf Sieghaftigkeit beruhende persönliche Charisma durch Gentilcharisma zu verstärken und zu verstetigen. Die

Versuche einzelner Könige, Gebietsansprüche durch den Hinweis auf die Eroberung eines Gebietes durch einen Vorgänger (*doríktētos gḗ*; s. o.) zu legitimieren, zielten letztlich in die gleiche Richtung. Einzig die Antigoniden scheinen die Möglichkeiten, die Herrscher- und Dynastiekulte boten, nicht in vergleichbarer Weise genutzt zu haben. Sie begnügten sich mit der kultischen Verehrung, die einzelne griechische *póleis* ihnen erwiesen, etablierten aber keine Kulte im eigenen Kernland. Vielleicht war diese Maßnahme angesichts des traditionalen makedonischen Königtums nicht notwendig oder hätte nicht die gewünschte Akzeptanz erfahren. Auch bei den Ptolemäern und Seleukiden wurden die zwar reichsweit etablierten Kulte den lokalen Verhältnissen u. U. angepasst, so dass in Babylon den Seleukiden und in Ägypten den Ptolemäern nicht als Göttern, sondern den Göttern für das Leben des Königs geopfert wurde; als Loyalitätsbekundung genügte aber auch dies.

Die jeweils sehr unterschiedlichen regionalen Besonderheiten machten sich auch auf anderen Ebenen bemerkbar. Während für die Antigoniden die Möglichkeit bestand, die vorhandenen Strukturen einfach fortzuführen, konnten die Ptolemäer und Seleukiden in ihren jeweiligen Herrschaftsbereichen nur sehr bedingt auf Strukturen zurückgreifen, die griechisch-makedonischen Verhältnissen entsprachen. Zwar war es naheliegend, die vorhandenen, bewährten Verwaltungsstrukturen weitgehend unangetastet zu lassen, doch mussten angemessene Machtzentren geschaffen und nach Möglichkeit Griechen und Makedonen angesiedelt werden. Während die Ptolemäer – sicher auch aus ideologischen Gründen – das von Alexander im westlichen Nildelta gegründete Alexandreia entsprechend ausbauten, gründeten die anderen Diadochen an strategisch günstigen Stellen neue Städte und benannten diese nach sich selbst (z. B. Antigoneia, Demetrias, Lysimacheia, Seleukeia am Tigris). Nach der Eroberung Syriens schuf Seleukos I. dort ein zweites Zentrum aus vier Städten, die dynastische Namen trugen und unterschiedliche Funktionen übernahmen (Tetrapolis: Antiocheia am Orontes als Verwaltungszentrum, Seleukeia in Pieria als Hafen von Antiocheia und Grablege, Laodikeia am Meer als Militärhafen und Apameia am Orontes als militärisches Hauptquartier). Wie die Namensgebung bereits andeutet, dienten die neuen Zentren in hohem Maß der Selbstinszenierung der Könige. Hier präsentierten sie sich als wohlhabende und siegreiche Herrscher eines stabilen Herrschaftsgebildes, das sie als ihr persönliches Eigentum betrachteten,

Städtegründungen

wie einen persönlichen Hausstand verwalteten und folgerichtig als ihre Sachen (*prágmata*) bezeichneten.

Zurschaustellung von Reichtum

In Alexandreia wurde der Palast mindestens einmal im Jahr für Besucher geöffnet, so dass die eigenen Untertanen einen Eindruck vom Reichtum des Königs erhielten. Der Wohlstand drückte sich zudem in einer nicht notgedrungen zweckgebundenen Förderung der Wissenschaften aus, wobei das Museion in Alexandreia mit seiner großen Bibliothek, seinem botanischen Garten und Tierpark das wohl bekannteste Beispiel ist. Die zum Teil beeindruckenden wissenschaftlichen Leistungen trugen zum Ruhm des Königs bei und die Gelehrten unterrichteten den königlichen Nachwuchs. Schließlich demonstrierten die überaus aufwendig gestalteten und an die großen griechischen Spiele angelehnten Feste, die regelmäßig in Alexandreia und Antiocheia veranstaltet wurden, Reichtum und Macht des Königs gegenüber den aus der gesamten griechischen Welt angereisten Festgesandtschaften. Ein wichtiger Bestandteil der in diesem Kontext durchgeführten Umzüge waren die mitgeführten Abbilder der jeweiligen Stammgötter und der vergöttlichten Familienmitglieder und die Präsentation eines großen Teils des Heeres. Die verschiedenen Facetten des hellenistischen Königtums kulminierten somit geradezu in diesen Festivitäten. Während sich die Könige bei diesen Anlässen primär als (besonderer) Teil der griechisch-makedonischen Welt präsentierten, erforderten die Beziehungen zu anderen Untertanengruppen andere Maßnahmen (hierzu zählten neben griechischen *póleis* vor allem ethnisch definierte Gruppen (*ethnē*) und Fürstentümer (*dynasteíai*).

Rolle des Militärs

Die militärische Potenz hellenistischer Könige war trotz aller Versuche, die eigene Herrschaft zu legitimieren, der entscheidende stabilisierende Faktor. Und dieser Faktor kostete Geld und Ressourcen. Die Könige waren aber nicht nur siegreiche Haudegen, sondern gerierten sich auch als Wohltäter gegenüber ihren Untertanen und vielen griechischen *póleis*. Das zwang alle Könige, ein besonderes Augenmerk darauf zu richten, das eigene Herrschaftsgebiet möglichst so auszubeuten, dass die Höhe der königlichen Einnahmen die Leidensfähigkeit der Bewohner nicht überstrapazierte. Natürlich konnten sie die vielfältigen Aufgaben nicht allein erledigen und umgaben sich dazu mit einem Kreis von sogenannten Freunden (*phíloi*). Bei Alexander waren dies alte Freunde seines Vaters, die Personen, mit denen er aufgewachsen und erzogen worden war, sowie später auch hochrangige Mitglieder des Hofes Dareios' III. Auch die Nachfolger Alexanders besaßen solche Freundeskreise, die als Berater, Administratoren, Gesandte, Offiziere und Gesellschafter wichtige Funktionen übernahmen. Im Folgenden soll daher zunächst ein Blick auf den Hof geworfen werden.

3.2 Hof

Der Hof (*aulḗ*) eines hellenistischen Königs war das politische, administrative, kulturelle, repräsentative und soziale Zentrum seines Reiches. Er setzte sich aus Mitgliedern sehr unterschiedlicher Herkunft zusammen. Während er unter Alexander dem Großen zunächst vor allem aus den ehemaligen Freunden (*phíloi*) seines Vaters, also letztlich Mitgliedern von dessen Hof, und den Personen bestand, mit denen Alexander aufgewachsen war (*sýntrophoi*) und die er als seine Gefährten (*hetaíroi*) betrachtete, wurde er vor dem Aufbruch zum Feldzug gegen die Achaimeniden durch zahlreiche Griechen erweitert und schließlich in ihn hochrangige Mitglieder des ehemaligen Achaimenidenhofes integriert. Neben einzelnen Personen wurden auch einige Aspekte des achaimenidischen Hofes übernommen, von denen insbesondere der Kniefall (*proskýnēsis*) auf Ablehnung durch die alten *phíloi* stieß (s. o. Kap. I.1). Der Hof Alexanders war im besten Sinn des Wortes historisch gewachsen. Unter Alexanders Nachfolgern verschoben sich die Schwerpunkte nochmals. Nun waren es vor allem Griechen, die einen maßgeblichen Anteil bildeten – selbst bei den Antigoniden. Indigene waren an den hellenistischen Königshöfen kaum vertreten, am ehesten wohl im fortgeschrittenen Ptolemäerreich. Die Königshöfe waren attraktive Anziehungspunkte für ehrgeizige Mitglieder der griechischen Bildungselite und die Könige profitierten von den Fachkenntnissen der an ihre Höfe kommenden Personen sowie deren Vertrautheit mit unterschiedlichen Regionen und sozialen Umfeldern. Nicht zuletzt daher waren die Höfe keine nach außen abgeschlossenen Zirkel, sondern vergleichsweise offen, so dass neue Mitglieder integriert werden konnten, aber auch ein Wechsel an einen konkurrierenden Königshof möglich war.

Mitglieder

Im Lauf des Hellenismus kam es auf zwei Ebenen zu Verfestigungstendenzen. Zum einen wurden Söhne von *phíloi* häufig ebenfalls zu *phíloi*, waren häufig auch *sýntrophoi* des Nachfolgers, wodurch sich eine Art Hofadel entwickelte. Zum anderen wurde der grundsätzlich egalitäre Zirkel von *phíloi* des frühen Hellenismus gegen Ende des 3. Jhs. sowohl bei den Ptolemäern als auch bei den Seleukiden in ein hierarchisch abgestuftes System überführt, in dem jede Gruppe spezielle Hofrangtitel trug, wobei die unteren Titel zunehmend auch an Personen vergeben wurden, die nicht zum Hof gehörten. Die Konkurrenz der *phíloi* um die Gunst des Königs wurde damit in neue Bahnen gelenkt, die sowohl für die *phíloi* als auch für die Könige eine gewisse Einschränkung des Handlungsspielraumes bedeutete. Zudem konnten die hochrangigsten Mitglieder des Hofes gegenüber schwachen Königen nun ggf. viel leichter ihre Macht ausspielen. Das vielleicht eindrücklichste Beispiel war Hermeias, der die Politik Antiochos' III. während der Frühphase seiner Herrschaft so entscheidend beeinflusste, dass es scheinen konnte, als sei Antiochos III. nicht Herr im eigenen Haus. Am Ende konnte sich der König von Hermeias nur durch Mord befreien.

Hofrangtitel

Neben den *phíloi* des Königs befanden sich am Hof auch 14- bis 18-jährige ‚Pagen' (*basilikoí paídes*, zu denen die Kinder des Königs sowie der *phíloi*, aber sicher auch weiterer Personen zählten), Mitglieder der königlichen Familie, Wach- und Dienstpersonal (*therapeía*). Diese Personengruppe wird gelegentlich als „innerer Hof" bezeichnet, der durch Gäste, auswärtige Gesandte und zeitweilig am Hof anwesende Mitglieder der Administration um einen „äußeren Hof" erweitert werden konnte.

„Innerer" und „äußerer" Hof

Die politische Funktion des Hofes zeigte sich insbesondere im Thronrat (*synhédrion*). Wichtige Angelegenheiten diskutierte der König mit den Personen in seinem Umfeld und traf seine Entscheidungen auf der Grundlage dieser Gespräche. Dies hatte einerseits den Vorteil, verschiedene Meinungen einholen zu können, und zum anderen sorgte diese Praxis dafür, dass das persönliche Umfeld, dem ggf. die mit der Ausführung betrauten Personen entstammten, in die Entscheidungsprozesse frühzeitig eingebunden wurde. Die wenigen überlieferten Hinweise auf die konkrete Gesprächssituation im *synhédrion* deuten darauf hin, dass es sich grundsätzlich um offene Diskussionen handelte, wobei jeder frei sprechen durfte (*parrhēsia*, Redefreiheit). Die in dieser egalitären Gesprächssituation verwischten Abhängigkeitsverhältnisse zeigten sich auch während der abendlichen Trinkgelage (*sympósion*).

Thronrat

Außenpolitik wurde maßgeblich vom Hof betrieben. Da keine Botschaften im modernen Sinn existierten, kam Gesandtschaften eine zentrale Funktion für die Beziehungen mit allen außenpoliti-

Gesandtschaften

schen Freunden und Feinden zu. Die Könige bedienten sich hierzu ihrer *phíloi*, die häufig immer wieder mit Reisen in dieselben Regionen betraut wurden und dadurch einerseits mit den jeweiligen lokalen Verhältnissen bestens vertraut waren und andererseits über längere Perioden hinweg stabile persönliche Kontakte aufbauen konnten. Die Beziehungen zu den *póleis*, aus denen *phíloi* stammten, waren häufig besonders eng. Auf der anderen Seite wurden auswärtige Gesandtschaften am Hof empfangen und gelegentlich auch für die eigenen politischen Interessen instrumentalisiert – etwa durch Ptolemaios VI. bei seinen Verhandlungen mit Antiochos IV.

Einzelne Funktionsträger

Einige der *phíloi* übernahmen wichtige administrative Funktionen für ihre Könige. Bei den Seleukiden existierte ein Amt (*epí tṓn pragmátōn*), dessen Inhaber zunächst der oberste zivile Verwalter war und den König auch bei Abwesenheit vertrat. Zunehmend scheint er auch militärische Funktionen übernommen zu haben. Der *epí tṓn prosódōn* war für die Finanzen, der *epistolográphos* für die Ausfertigung königlicher Erlasse verantwortlich. Letzterer gewährleistete darüber hinaus die Kommunikation des Königs mit seinem Reich. Bei den Ptolemäern scheint der *dioikētḗs*, der für die Finanzen zuständig zeichnete, das wichtigste zivile Amt gebildet zu haben. Trotz dieser Unterschiede, die sich weiter vertiefen ließen, war der Hof in allen hellenistischen Königreichen zweifellos das administrative Zentrum, in dem alle Fäden zusammenliefen. Die lokalen Amtsträger fungierten als verlängerte Arme des Hofes und die Untertanen wandten sich im Zweifel an den König, der die Anfragen durch seine Mitarbeiter – bei wichtigen Angelegenheiten nach Konsultation seiner *phíloi* – bearbeiten ließ.

Hof als Zentrum von Wissenschaft und Kultur

Die Königshöfe waren nicht nur Magneten für politisch und militärisch ambitionierte Personen, sondern auch für Wissenschaftler und Kulturschaffende. Genauso wie die übrigen *phíloi* befanden sich auch diese Personen in einem reziproken Verhältnis zu den Königen, von dem beide Seiten abhängig waren und profitierten. Die Könige gewährten Forschern und Künstlern ein finanziell sorgenfreies Leben und diese unterhielten und verherrlichten den Herrscher. Sie steigerten zudem maßgeblich das Ansehen des Königs und seines Hofes. Ihre Produkte konnten bei Veranstaltungen präsentiert werden (so wurden beispielsweise im Rahmen der Ptolemaieia technische Erfindungen gezeigt), Bauprojekte der Könige aufwerten (das Kultbild Arsinoës II., der vergöttlichten Schwestergemahlin Ptolemaios' II., schwebte aufgrund eines geschickt eingesetzten Magnetismus angeblich in ihrem Tempel) oder das Lob des Herrschers in der Weltliteratur verankern. Die Anwesenheit von Wissenschaftlern und Künstlern wurde aber nicht nur als kulturelles Aushängeschild genutzt. Viele Könige besaßen ein großes persönliches Interesse an Kunst und Kultur, sammelten geradezu krankhaft Bücher, betätigten sich als Kommentatoren literarischer Werke, verfassten zudem Werke mit Bezug auf die eigene Person und Familie oder interessierten sich für Kunsthandwerk. Viele Höfe wurden so zu kulturellen und wissenschaftlichen Zentren der griechischen Welt.

Bauliche Ausgestaltung

Die repräsentativen Paläste (*basíleion* oder *basíleia*) spiegeln diese unterschiedlichen Funktionen wider. Das Erdgeschoss der makedonischen Paläste bestand zumeist aus einer Vielzahl von um einen Peristylhof gruppierten *sympósion*-Räumen, in denen gleichzeitig Hunderte Gäste untergebracht werden konnten, sowie den nötigen Wirtschaftsräumen. Die eigentlichen Wohnräume scheinen sich in den oberen Stockwerken befunden zu haben. Räumlichkeiten für die Wachen, kultisch nutzbare Räume, Bibliotheken und Gärten ergänzten diese zentralen Elemente. Aufwendige Fassaden und eine reiche Innendekoration spiegelten den Reichtum des Hausherrn wider. Die späteren hellenistischen Paläste orientierten sich einerseits an diesen Vorbildern, steigerten aber die Ausmaße und den Luxus in bisher ungeahntem Umfang. Während sich die Attaliden bewusst bescheiden gaben und über ein Ensemble von Gebäuden auf dem Stadtberg Pergamons verfügten, von denen jedes einzelne kaum größer als das eines Mitglieds der pergamenischen Oberschicht war, beanspruchten die Ptolemäer rund ein Viertel des Stadtgebietes von Alexandreia für ihre ausgedehnten Palastanlagen, zu denen unter anderem auch die berühmte Bibliothek, eine Sternwarte, ein Tierpark und ein botanischer Garten zählten. In Seleukeia am Tigris umfasste das Palastareal etwa ein Fünftel der Stadtfläche. Auf zwei Sonderentwicklungen sei noch hingewiesen: Die Ptolemäer besaßen auch schwimmende Paläste (eine Beschreibung des Palastschiffes Ptolemaios' IV., *thalamēgós*, ist überliefert) und die Seleukiden passten sich im Osten ihres riesigen Reiches lokalen Traditionen an, denn die Palastanlage in Aï Khanoum folgt weniger den makedonischen als vielmehr achaimenidischen Vorbildern mit verwinkelten Gängen und einer Vielzahl von Lagerräumen.

Die *phíloi* des Königs zählten zweifellos zur sozialen Elite. Über ihre Nähe zum König besaßen sie den größten politischen Einfluss, durch die von ihnen wahrgenommenen Aufgaben besaßen sie große Erfahrungen in zivilen und militärischen Angelegenheiten oder bildeten als Künstler und Wissenschaftler die Bildungselite. Da die Könige ihre *phíloi* mit Geschenken – etwa in Form von (zeitlich befristeten) Landschenkungen – bedachten, zählten die *phíloi* häufig auch zu den wohlhabendsten Mitgliedern der Gesellschaft. Last but not least konnte all dies dazu führen, dass übliche soziale Hürden überwunden wurden. So besaßen auch Personen wie Eunuchen und ehemalige Sklaven gelegentlich großen Einfluss. Beide Personengruppen waren aufgrund ihrer sozialen Stigmatisierung in weitaus höherem Maße vom Wohlwollen der Könige abhängig als etwa in Militärfragen spezialisierte Griechen, die jederzeit an einen anderen Königshof abwandern konnten. Eunuchen, die nicht in der Lage waren, Macht und Einfluss an eigene Söhne weiterzugeben, wurden bereits von den Achaimeniden geschätzt und sollten auch in den kommenden Jahrhunderten an verschiedenen Höfen große Bedeutung erlangen. Freigelassene Sklaven übten in der frühen römischen Kaiserzeit den wohl größten Einfluss aus, spielten aber auch schon im Hellenismus eine Rolle. So stiegen nach dem Tod Kleopatras V. der Eunuch Eulaios und der ehemalige Sklave Lenaios zu Vormündern des noch minderjährigen Ptolemaios VI. auf.

Eunuchen und Freigelassene

Die Wohltaten und den Einfluss, den die *phíloi* empfingen bzw. ausübten, verdankten sie ihren Königen, die sie im Gegenzug häufig ehrten. Aus Milet stammende *phíloi* Antiochos' IV. stifteten beispielsweise in ihrer Heimatstadt ein neues Rathaus und weihten es im Namen des Königs. Im Lauf der Zeit scheint der Anteil der Indigenen am ptolemäischen Hof zugenommen zu haben, während er bei den Seleukiden stets sehr gering blieb. Allerdings erschwert die Tatsache, dass viele Indigene griechisch-makedonische Namen annahmen, häufig eine eindeutige ethnische Zuordnung.

Dagegen trugen einige Kinder der Seleukiden iranische Namen, wahrscheinlich weil durch die baktrische Prinzessin Apame, die Gattin Seleukos' I., alle späteren Familienmitglieder starke nichtgriechische Wurzeln besaßen. Diejenigen Namensträger, die später als Könige auf den Thron gelangten, legten sich allerdings bei dieser Gelegenheit dynastische Namen, etwa Antiochos oder Seleukos, zu und nur in wenigen Fällen sind die ursprünglichen Namen überliefert, so dass deren Anteil nur erahnt werden kann. Die weiblichen

Weibliche Familienmitglieder

Familienmitglieder besaßen bereits am Argeadenhof eine deutlich höhere soziale und politische Bedeutung als Frauen in der klassischen griechischen *pólis*. Das zum Teil sehr eigenständige Agieren von Alexanders Mutter Olympias und Eurydikes nach dem Tod Alexanders zeigt dies ebenso wie die Versuche der Diadochen, weibliche Verwandte Alexanders des Großen als Ehefrauen zu gewinnen. Auch in der Folgezeit waren viele Frauen wichtige politische Akteure, die ihre Ehemänner tatkräftig unterstützen, sie ermorden ließen, allein herrschten und/oder Bürgerkriege führten – um nur einige Betätigungsfelder zu nennen. Trotz ihrer herausragenden Bedeutung wurden aber zumeist die Söhne mit wichtigen Aufgaben betraut. So ernannte Seleukos I. seinen Sohn Antiochos I. zum Mitregenten in den Oberen Satrapien und überließ ihm auch seine zweite Ehefrau Stratonike, die Tochter des Demetrios I. Poliorketes, als Gattin. Der Hintergrund für diese ungewöhnliche Maßnahme war wohl weniger die in der antiken Literatur ausgebreitete Liebesgeschichte zwischen Antiochos I. und seiner Stiefmutter als vielmehr der Versuch, die Soldaten, die Antiochos I. befehligte und die zum großen Teil wohl ehemalige Soldaten des Demetrios bzw. dessen Vaters gewesen waren, über die Gattin an den neuen Mitregenten zu binden. Auch diese Episode unterstreicht die Bedeutung der weiblichen Familienmitglieder für die Stabilität der hellenistischen Monarchien. Dennoch scheinen die weiblichen Familienmitglieder nicht zum *synhédrion* gehört zu haben.

Da über die Ehefrauen nicht nur Allianzen zwischen einzelnen Dynastien gefestigt werden konnte, sondern auch fremde Einflüsse an den Hof gelangten, war die Wahl der Ehefrauen eine wichtige Entscheidung. Die häufigen Geschwisterehen bei den Ptolemäern verhinderten zumindest, dass die Familie der Ehefrau Einfluss auf die Politik des Ehemannes nehmen konnte. Ob die Seleukidin Kleopatra I., die Ptolemaios V. nach dem verlorenen fünften Syrischen Krieg heiraten musste, Einfluss ausübte lässt sich zwar allenfalls erahnen, zumindest verfolgte sie nach dem frühen Tod ihres Ehemanns keine Politik, die sich gegen das Seleukidenreich richtete.

Geschwisterehen

3.3 Zivile Administration

Die Sicherung größerer Herrschaftsgebilde konnte auch in der Antike nur gelingen, wenn es ein gewisses Maß an administrativer

Durchdringung gab und die verschiedenen lokalen Ebenen mit der Reichsspitze verknüpft waren. In der Regel finden sich Zwischenebenen, wie etwa in Makedonien, das unter den Antigoniden in vier Regionen (*merídes*) gegliedert war, die nach dem Ende der Antigoniden die Grundlage für die Neuordnung durch die Römer bildeten. Als Alexander der Große das Achaimenidenreich eroberte, übernahm er die regionale Untergliederung in Satrapien, die grundsätzlich auch von seinen Nachfolgern beibehalten wurde. Lediglich in einigen Fällen wurden Satrapien geteilt oder zusammengelegt. Zudem wurden bis zur Einnahme Babylons die achaimenidischen Satrapen durch makedonische ersetzt, danach blieben die bisherigen Satrapen meist im Amt. Neuerungen gab es vor allem im Bereich der Finanzverwaltung, an deren Spitze Harpalos stand, der sich allerdings als unfähig erwies und vor Alexander bei dessen Rückkehr aus Indien floh. Diesem zentralen Finanzverwalter waren verschiedene Finanzinspektoren untergeordnet, die einzelne Einnahmeposten verwalteten, wobei an deren bisheriger Höhe in der Regel zunächst nichts geändert wurde. Die Neuausrichtung der Finanzverwaltung hing mit dem Herrschaftsverständnis zusammen. Während die Achaimeniden mit ihren Einnahmen die laufenden Ausgaben deckten und den Rest horteten, mangelte es Alexander dem Großen an genügend liquiden Mitteln, um seinen kostenintensiven Militärapparat zu finanzieren.

Regionale Untergliederung des Alexanderreiches

Finanzverwaltung

Regionale Untergliederung Ptolemäer

Die relativ großen Satrapien waren in unterschiedlicher Weise weiter unterteilt und auf allen Ebenen dieser geographischen Gliederung lassen sich administrative Strukturen greifen. So war die Satrapie Ägypten traditionell in ca. 40 *nomoí* bzw. *nomarchíai* (‚Gaue') unterteilt, die wiederum in *tópoi* bzw. *toparchíai* untergliedert waren, die jeweils mehrere Ortschaften umfassten, an deren Spitze *komárchai* standen; der durch die Trockenlegung des Fayumsees neu geschaffene arsinoitische Gau unterteilte sich in drei *merídes*. Der Vorsteher der Nomoi war der *nomárches*, dem *oikonómoi* (Finanzverwalter), *basilikoí grammateís* (königliche Sekretäre) und *antigrapheís* (‚Gegenschreiber') zur Seite standen. Dem Leiter der Toparchien, dem *topárches*, waren Bezirksschreiber (*topogrammateís*) beigeordnet, den *komárchai* sogenannte *komogrammateís*. Auf diesen verschiedenen administrativen Ebenen finden sich von Beginn an sehr viele Ägypter, die nur bei Problemen einer direkten Kontrolle unterlagen. Solange die Steuern und Abgaben in erwünschter Höhe flossen und die Bevölkerung ruhig blieb, hatten sie anscheinend sehr freie Hand. Daneben existierten die drei *póleis* Alexandreia, Naukratis und Ptolemais, die nicht in diese Verwaltungsstruktur eingebunden waren, sondern griechische Administrationsstrukturen und die Hoheit über das eigene Abgabensystem besaßen. An der Spitze dieser Verwaltungsstruktur standen der bereits im Kontext mit dem Hof erwähnte *dioikētēs* und der *epistolográphos*. Die außerägyptischen Gebiete des Ptolemäerreiches wurden unterschiedlich administriert. Syrien und Phoinikien stand ein *stratēgós* vor, für die Einnahmen war ein eigener Funktionär zuständig, gegliedert war die Region in *hyparchíai* und *toparchíai* sowie eine Reihe von Städten, die den Rang einer *pólis* erhielten. Auf Zypern lassen sich ebenfalls ein *stratēgós* und ein für die Einkünfte zuständiger *oikonómos* nachweisen, neben denen lokale Amtsträger mit weitgehenden Freiheiten agierten. In Lykien gab es sogar zwei *oikonómoi*, in Karien einen.

Seleukiden

Das Seleukidenreich war wie das Achaimenidenreich grundsätzlich in Satrapien unterteilt, und obwohl an deren Spitze nun kein Satrap mehr, sondern ein *stratēgós* stand, verschwand die alte Bezeichnung nie vollends. Zudem scheinen die einzelnen Satrapien sehr unterschiedlich organisiert gewesen zu sein. Die Quellenlage ist zwar aufgrund des Fehlens von aussagekräftigen Papyri weitaus schlechter als im Ptolemäerreich, doch geben verschiedene Inschriftendossiers Auskunft über administrative Strukturen. Häufig scheinen die Satrapien in *hyparchíai* gegliedert gewesen zu sein, an deren Spitze ein Verwaltungschef und ein *oikonómos* tätig waren. Wahrscheinlich waren sie wiederum in *toparchíai* untergliedert. In anderen Satrapien scheinen die auch aus Makedonien bekannten *merídes* als Unterkategorie fungiert zu haben, die wiederum in *toparchíai* gegliedert waren. In militärisch wichtigen Regionen lassen sich dagegen sogenannte *phylakaí* (Festungen) nachweisen.

Königliche Administration und lokale Ebene

Das entscheidende Bindeglied zwischen der königlichen Administration und der lokalen Ebene – sowohl in Bezug auf griechische *póleis* als auch indigene politische Einheiten – bildeten häufig *epistátai* (Sg. *epistátēs*), die sozusagen der verlängerte königliche Arm auf lokaler Ebene waren. Dieses bereits in Makedonien bewährte Amt wurde von den Nachfolgern Alexanders zur Kontrolle der lokalen Administration genutzt und zuweilen wurden auch die Statthalter ganzer Regionen mit diesem Titel bezeichnet (etwa Ptolemaios, der seleukidische Statthalter der Kommagene).

3.4 Militär

Alexander der Große war zwar ein genialer Stratege, aber ohne sein Heer hätte er kaum das Achaimenidenreich erobern können, und auch seine Nachfolger konnten ihre mehr oder weniger stabilen Herrschaftsräume nur mit Hilfe des Militärs etablieren. Alle hellenistischen Könige waren daher zuallererst Oberbefehlshaber ihrer Heere und Flotten. Diese verschlangen jedoch enorme Ressourcen, was ihre Größe begrenzte. Die Kosten lagen selbst in den wenigen Friedenszeiten bei über einem Drittel der jährlichen Einnahmen und konnten im Kriegsfall knapp 80 % erreichen. Alexander war mit etwa 40–50.000 Soldaten aufgebrochen, doch umfasste sein Heer beim Indienfeldzug wohl etwa 120.000 Mann. Antigonos Monophthalmos soll im Jahr 319 60.000 Fußsoldaten, 10.000 Reiter und 30 Elefanten befehligt haben und seine Gegner verfügten ebenfalls über ansehnliche Streitkräfte. Bei der Schlacht von Ipsos (301) standen sich 155.000 Soldaten gegenüber, an der Schlacht von Raphia (217) nahmen über 140.000 Kämpfer teil. Bis zur Mitte des 2. Jahrhunderts gab es nur sehr wenige und jeweils sehr kurze Phasen, in denen keine Kriege stattfanden. Die militärische Stärke war aber nicht nur in den ersten Jahrzehnten des Hellenismus eine wesentliche Grundlage der hellenistischen Monarchien. Daher konnte auch in späteren Zeiten Sieghaftigkeit zur Basis monarchischer Herrschaft werden, wie etwa die Annahme des Königstitels durch Attalos I. als Folge seines Sieges über die Galater oder die Versuche Antiochos' III. mittels militärischer Erfolge seine schwache Position zu Beginn seiner Herrschaft zu stabilisieren zeigen. Andererseits konnte militärische Führungsschwäche zum jähen Ende der eigenen Herrschaft führen, wie beispielsweise Seleukos III. bewies, der angeblich von seinen eigenen Offizieren ermordet wurde, weil er es nicht verstand, das Heer zu bezahlen und zu führen.

Kosten

Heeresgrößen

Grundsätzlich wurde von einem König erwartet, dass er seine Truppen erfolgreich im wahrsten Sinn des Wortes anführte. Genauso wie Alexander der Große stets in den vordersten Schlachtreihen kämpfend die Entscheidung suchte, fochten auch spätere Könige mit vollem körperlichem Einsatz und unter größten Gefahren an der Spitze ihrer Soldaten. Während Alexander der Große und Pyrrhos exzellente Taktiker waren, verfolgten die übrigen Könige zumeist eine wenig ausgefeilte Taktik, bei der die beiden Schlachtrei-

König an der Spitze des Heeres

hen, die jeweils einen besonders starken rechten Flügel aufwiesen, einfach direkt aufeinanderstießen.

Bereits vor dem Feldzug Alexanders des Großen war es zu massiven Veränderungen des militärischen Apparats gekommen. Vor allem zwei Neuerungen Philipps II. waren für die gesamte Kriegsführung im Hellenismus entscheidend. Zum einen wurde die Infanterie mit längeren Speeren ausgerüstet, die an beiden Seiten metallene Spitzen besaßen (*sárissa*, ca. 5,5 m, in der Diadochenzeit verlängert), zum anderen kam der Kavallerie eine größere Bedeutung zu als in den bisherigen griechischen Armeen. Die ersten Reihen der tief gestaffelten Phalanx senkten beim Angriff ihre Speere und konnten diese aufgrund der beidseitigen Spitzen auch in den Boden rammen, wodurch ein Frontalangriff erheblich erschwert wurde. Die Kavallerie übernahm vor allem den Schutz der Flanken – Alexander nutzt die Kavallerie auch zum direkten Angriff auf den Gegner. In beiden Waffengattungen existierten Elitetruppen, die sich aus den Gefährten des Königs rekrutierten (*hetaíroi*-Reiterei und *pezhétairoi* = *hetaíroi* zu Fuß). Das Heer Alexanders des Großen bestand nur zu einem Teil aus diesen makedonischen Truppengattungen, den vielleicht größten Anteil bildeten Soldaten der im Korinthischen Bund zusammengeschlossenen griechischen *póleis* sowie griechische Söldner. Hinzu kamen thrakische Söldner und die aus 160 Schiffen bestehende und von den griechischen *póleis* gestellte Flotte. Während des Feldzuges erhielt Alexander immer wieder Verstärkung aus Makedonien und Griechenland. Alexander ließ zudem 30.000 Perser nach griechischem Vorbild ausrüsten und trainieren, um sie in sein Heer zu integrieren. Der Makedone hatte damit den Weg vorgezeichnet, den auch seine Nachfolger beschreiten sollten.

Bewaffnung des Heeres

Den Kern aller hellenistischen Armeen bildete die aus Griechen und Makedonen rekrutierte Phalanx. Ein möglichst großer Teil bestand aus Griechen und Makedonen bzw. deren Nachfahren, die auf dem eigenen Herrschaftsgebiet siedelten. Weitere Griechen konnten bei Bedarf angeworben werden. Auch die Kavallerie setzte sich aus Kontingenten zusammen, die entweder aus dem eigenen Herrschaftsgebiet rekrutiert oder als Söldner angeworben wurden, wobei es sich nicht nur um Griechen oder Makedonen handelte. In Griechenland bot allein Thessalien genügend Weidefläche für eine groß angelegte Pferdezucht, wie sie in Obermakedonien möglich war. Ausgedehnte Weideflächen fanden sich aber auch in Medien,

Phalanx

Kavallerie

so dass den Seleukiden eine ausreichende Zahl von Reitersoldaten zu Verfügung stand, die zum Teil so stark gepanzert war wie mittelalterliche Ritter (*kataphráktoi*). Zudem wurden von verbündeten Araberstämmen zuweilen bis zu 10.000 Kamelreiter gestellt, so dass die seleukidische Kavallerie an Stärke und Diversität ihres Gleichen suchte. Hinzu kamen Elefanten, die mit Wehrtürmen ausgestattet waren, in denen sich Fern- und Nahkämpfer befanden. Während die Seleukiden auf indische Elefanten zurückgreifen konnten, standen den Ptolemäern nur kleinere ostafrikanische Elefanten zur Verfügung, die durch den Ausbau des Handelsnetzes über das Rote Meer herbeigeschafft wurden. Im Lauf des Hellenismus nahm die Zahl der eingesetzten Elefanten deutlich ab (301: 480 seleukidische Elefanten, 217: 102 seleukidische und 73 ptolemäische Elefanten) und ab der Mitte des 2. Jahrhunderts spielen sie keine nennenswerte Rolle mehr, zumal den Seleukiden der Besitz im Vertrag von Apameia (188 v. Chr.) verboten wurde. Die Seleukiden setzten in der Schlacht bei Magnesia zudem Sichelstreitwagen ein, die jedoch von den auf römischer Seite kämpfenden Bogenschützen, Schleuderern und leichten Reitern in die Flucht geschlagen wurden. Kretische Bogenschützen und rhodische Schleuderer waren auch in hellenistischen Armeen beliebte Söldnereinheiten für den Fernkampf, Thraker und Galater wurden wegen ihrer Schlagkraft im Nahkampf und in schwierigem Gelände geschätzt, mit kürzeren Lanzen und leichteren Schilden als die Phalangiten ausgerüstete *peltástes* füllten die Lücke zwischen diesen flexiblen Truppen und der schweren Infanterie. Ergänzt wurde dieses Arsenal unterschiedlicher Fuß- und Reitereinheiten durch Geschütze und Belagerungsmaschinen von gelegentlich gigantischem Ausmaß. So ließ Demetrios I. Poliorketes bei der Belagerung von Rhodos nicht nur vierstöckige Türme auf Schiffen montieren, sondern auch einen neun Stockwerke hohen Belagerungsturm anfertigen, dessen oberste Plattform ca. 900 qm groß war und der von 3.400 Soldaten bewegt wurde.

Elefanten

Leichte Fußsoldaten

Belagerungstechnik

Während Seeschlachten in der Diadochenzeit eine große Rolle spielten (Demetrios I. Poliorketes befehligte eine Flotte von 500 Schiffen), fanden in der Folgezeit nur selten größere Seegefechte zwischen hellenistischen Flotten statt. Mit Hilfe ihrer Flotte gelang es aber den Ptolemäer im dritten Jahrhundert eine Vorherrschaft zur See (Thalassokratie) im östlichen Mittelmeer zu etablieren. Ihre Flotte übertraf in quantitativer und qualitativer Hinsicht alle bisherigen Schiffsverbände. Auch wenn die in der antiken Literatur

Flotte

überlieferten Zahlen widersprüchlich und zum Teil sicher falsch sind, kann davon ausgegangen werden, dass die ptolemäische Flotte eine vierstellige Zahl an Schiffen umfasste, unter denen sich auch riesige Schiffe befanden, deren militärischer Nutzen allerdings nicht in einem sinnvollen Verhältnis zum materiellen und personellen Aufwand gestanden zu haben scheinen. Während die klassischen griechischen und phoinikischen Flotten aus Schiffen mit drei Ruderbänken bestanden (Trieren), soll Ptolemaios II. auch mehrere Elf-, Zwölf-, Dreizehn-, Zwanzig- und Dreißigruderer unterhalten haben. Der Zugriff auf die Wälder im Libanongebirge, auf Zypern und an der anatolischen Südküste waren für den Bau und die Unterhaltung dieser Flotte von essentieller Bedeutung. Zypern lieferte zudem das zur Ausrüstung notwendige Kupfer sowie das zum Abdichten wichtige Teer und Material für die Takelage. Das Machtvakuum, das beim Zusammenbruch der ptolemäischen Thalassokratie in der Ägäis entstanden war, füllte kurzzeitig der Antigonide Philipp V., der auch für seine militärischen Ambitionen in der Adria Flotten ausrüstete. Anders als die frühen Ptolemäer setzte Philipp V. vor allem in der Adria auf eine große Zahl kleiner, leichter und wendiger Schiffe. Unter den griechischen *póleis*, die Flotten unterhielten, ragte bis in die 160er Jahre Rhodos hervor, das mit seinen Schiffen die Handelsseerouten sicherte. Die aus dem Handel erzielten Erlöse, aus denen die rhodische Flotte finanziert wurde, versiegten nach der Etablierung des Freihafens auf Delos durch die Römer, was zu einer deutlichen Reduzierung der Flotte führte. Da auch die Seleukiden wegen der im Vertrag von Apameia auferlegten Flottenreduzierung und der Beschränkung ihres Aktionsradius' nicht mehr in der Lage waren, die Seeweg und Küsten zu sichern, breitete sich in der Folge die Piraterie im östlichen Mittelmeer aus.

Maßnahmen zur Kostensenkung

Die Kosten für den Militärapparat der hellenistischen Monarchien konnte anfangs zumindest teilweise aus den enormen Reichtümern bestritten werden, die Alexander der Große eroberte. Seine Nachfolger waren zunehmend gezwungen, die Kosten aus den laufenden Einnahmen zu decken. Eine wichtige Möglichkeit, diese Kosten zu reduzieren bestand darin, Soldaten nicht mit Geld zu entlohnen, sondern mit Land, aus deren Einnahmen sie ihren Lebensunterhalt bestreiten konnten. Dieses System ist für Ägypten und das Seleukidenreich gut dokumentiert. Während in Ägypten einzelne Landlose vergeben wurden, die die Soldaten von Dritten bewirtschaften ließen, scheinen die Seleukiden und später die Attaliden ähnlich wie bereits Alexander der Große Soldaten in Gruppen an einem Ort angesiedelt zu haben. Allem Anschein nach wurden auch nicht griechisch-makedonische Soldaten auf diese Weise entlohnt und in die Herrschaftsstrukturen eingebunden. Während die Landlose (*klē̃roi*, die Besitzer dieser Landlose wurden als *klērúchoi* bezeichnet) zunächst nur an den einzelnen Soldaten vergeben worden waren, konnten bald die Söhne diese Landlose erben, wenn sie sich ebenfalls als Rekruten zur Verfügung stellten. Schließlich konnten die Landlose aber auch auf weibliche Familienmitglieder übertragen werden. Söldnern, die Zahlungen in Geld (*opsṓnion* oder *místos*) sowie Verpflegung (*sítos* oder *métrēma*) erhielten, kam aber weiterhin eine große Bedeutung zu. Ein über längere Zeiträume gepflegtes gutes Verhältnis zu diesen potentiellen Rekrutierungsgebieten konnte vorteilhaft sein. Während des vierten Syrischen Krieges scheint es Ptolemaios IV. jedoch nicht möglich gewesen zu sein – vielleicht wegen fehlender Finanzkraft – genügend Söldner anzuwerben, so dass er 20.000 Ägypter nach griechischer Manier ausrüsten und trainieren ließ. Diese ägyptischen Einheiten (als *máchimoi* bezeichnet) erhielten wohl kleinere Landlose als ihre makedonischen bzw. griechischen Mitstreiter. Daraus konnten sich Spannungen ergeben. Aber auch externe Söldner waren nicht so zuverlässig wie *klerúchoi*. Vielleicht war das einer der Gründe, weshalb die Antigoniden und Seleukiden zu Beginn des 2. Jahrhunderts die Anzahl der Militärsiedler erhöhten.

Militär der *póleis*

Neben den hellenistischen Königen unterhielten auch griechische *póleis* weiterhin Heere und Flotten. Die Bürger waren in der Regel verpflichtet, die Verteidigungsfähigkeit der Stadt zu gewährleisten, indem sie eigene Waffen anschaffen und die Stadtmauern instand halten mussten. Im Kriegsfall fielen zusätzliche Kosten für die *póleis* in Form von Soldatenentlohnung und -versorgungsleistungen an. Besaß eine *pólis* eine Flotte, verschlang diese häufig weitaus höhere Summen als ein Landheer. Zuweilen wurden daher außergewöhnliche Steuern (*eisphoraí*) oder freiwillige Beiträge (*epidóseis*) erhoben. Gerade die Stadtmauern boten den besten Schutz gegen die Machtansprüche hellenistischer Könige, denn eine offene Feldschlacht war angesichts der deutlichen militärischen Überlegenheit der Könige selten angeraten und trotz der enormen Fortschritte, die die Belagerungstechnik während des frühen Hellenismus erlebte, gelang die Eroberung einer gut befestigten Stadt selten. Selbst Alexander der Große musste enorme Kraftanstrengungen unternehmen und viel Zeit aufwenden, um Belagerungen zu einem Erfolg zu führen, und auch seine kriegserfahrensten Nachfolger scheiterten an Stadtmauern. Demetrios I. Poliorketes konnte trotz großer Logistik und ausgeklügelter Belagerungstürme die Mauern von Rhodos nicht überwinden und Antiochos III. gelang es nicht, den baktrischen König Euthydemos I., der sich in Baktra verschanzt hatte, zu besiegen.

3.5 Das Verhältnis zur indigenen Bevölkerung

Während die Antigoniden innerhalb ihres Herrschaftsbereiches fast ausschließlich mit Makedonen und Griechen zu tun hatten, war der Großteil der Bevölkerung des ptolemäischen und seleukidischen Herrschaftsbereiches weder makedonisch noch griechisch. Das war einerseits vorteilhaft, denn diese indigene (von lat. *indiges* = einheimisch) Bevölkerung war im Gegensatz zu den Griechen seit Jahrhunderten an monarchische Herrschaftsstrukturen gewöhnt, ja bedurfte für die Aufrechterhaltung der Ordnung sogar eines Königs; andererseits waren die hellenistischen Könige genötigt, sich in diese Traditionen zu stellen und – um Spannungen zu vermeiden – die Erwartungen an Könige zumindest im Ansatz zu erfüllen. Diese konnten je nach Region sehr unterschiedlich sein. Der ägyptische Pharao war titular der Gott Horus und der Sohn des Gottes Re, wurde aber von den ägyptischen Untertanen nicht als Gott betrachtet; lediglich das Amt, das er ausübte, war göttlich, nicht er selbst. Er hatte durch seine Rechtsprechung die irdische Ordnung zu schützen, den Menschen das Recht zu gewähren, die Götter durch Gaben zu ehren und damit deren Wohlwollen zu sichern sowie die Weltordnung (Ma'at) zu bewahren. Im beständigen Kampf zwischen der Ordnung und dem durch den Gott Seth verkörperten Chaos hatte sich der König zu bewähren, was insbesondere in der richtigen Höhe der für Ägypten lebensnotwendigen Nilschwemme zum Ausdruck kam. Faktisch konnte der Pharao natürlich nicht alle Opferhandlungen durchführen, sondern war auf die lokalen Priesterschaften angewiesen, die nicht zuletzt aus diesem Grund die entscheidende Scharnierfunktion zwischen dem fremden Pharao und der indigenen Bevölkerung übernahmen. Sie waren darüber hinaus neben dem König die größten Landbesitzer und hatten daher nicht nur eine religiöse Funktion, sondern besaßen auch eine enorme ge-

Ägyptische Priesterschaften

sellschaftliche und wirtschaftliche Macht. Im Idealfall wurde der König von ihnen akzeptiert und von den Ptah-Priestern in Memphis zum Pharao gekrönt (die Krönungen von Ptolemaios V., X. und XII. sind belegt). Ein gutes Verhältnis zu den Priestern war daher die Grundvoraussetzung für eine stabile Herrschaft in Ägypten. Da die meisten Achaimeniden allem Anschein nach keinen großen Wert darauf gelegt hatten, sich bei den ägyptischen Priestern beliebt zu machen, waren die Voraussetzungen für eine enge Zusammenarbeit zwischen den Priestern und Alexander dem Großen sowie seinen Nachfolgern geradezu ideal. Durch die gezielte Förderung von Tempeln und die Vergabe von Privilegien gelang es von Beginn an, ein Verhältnis zu etablieren, von dem beide Seiten profitierten. Die Könige verteilten materielle Ressourcen und die Priester sorgten dafür, dass die Fremdherrscher als legitime Pharaonen angesehen wurden. Die zunächst lockeren und situativen Beziehungen wurden zunehmend institutionalisiert. Spätestens seit der zweiten Hälfte des dritten Jahrhunderts mussten sich die Priester einmal im Jahr beim König versammeln. Auf diesen Synoden wurden alle Fragen behandelt, die die Tempel betrafen, also etwa Finanzen, Kultordnung, Privilegien der Priester etc. Eine enge persönliche Zusammenarbeit existierte aber auch auf anderen Ebenen, denn von Beginn an finden sich ägyptische Priester am Hof, wo sie zum Teil höchste Ämter übernahmen. Eine Identifizierung wird jedoch dadurch erschwert, dass sie sich griechische Namen zulegten und daher häufig nur durch den Überlieferungszufall als Ägypter ‚entlarvt' werden können. Ebenso wie Ägypter wichtige administrative Positionen erhielten, wurden in der späteren Ptolemäerzeit auch Griechen Priester ägyptischer Kulte, so dass von einer gegenseitigen Überwindung der ethnischen Grenzen gesprochen werden könnte.

Unterstützung für ägyptische Kulte

Im Vergleich mit Ägypten waren die Verhältnisse innerhalb des seleukidischen Herrschaftsbereiches vielschichtiger. Die Rekonstruktion wird dadurch verkompliziert, dass die Quellenlage sehr viel schlechter ist als in Ägypten. Eigentlich lassen sich nur über Babylon hinreichend fundierte Aussagen treffen. Die Stadt stieg im 2. Jahrtausend v. Chr. zur Metropole Mesopotamiens auf. In der Zeit des neubabylonischen Reiches (ca. 625–539) war sie Hauptstadt eines über Mesopotamien hinaus agierenden Königreiches. Aus dieser Zeit liegen ausreichende Hinweise über die Legitimierung des Königtums vor. Der König galt als vom babylonischen Hauptgott Marduk legitimiert und wurde von diesem in sein Amt eingesetzt.

Babylon

Im Gegenzug hatte er Babylon und vor allem den Haupttempel des Marduk, das Esagila, zu schützen. Zum Beginn des babylonischen Jahres am 1. Nissan hatte der König im Rahmen des Akitu-Festes seine Herrschaft symbolisch zu erneuern. Er legte seine Insignien ab, beteuerte gut regiert zu haben, wurde symbolisch ins Gesicht geschlagen und erwies sich als würdig, wenn ihn dieser Schlag zu Tränen rührte. Damit stand das Ritual in fundamentalem Gegensatz zum Selbstverständnis eines makedonischen Königs. Dennoch scheinen sich einige seleukidische Könige diesem Ritual unterworfen zu haben (für Antiochos III. belegt). Ähnlich wie die Ptolemäer betätigten sich auch die Seleukiden als Förderer lokaler Tempel, gefährdeten das Verhältnis zur indigenen Bevölkerung aber dadurch, dass sie eine Reihe von griechischen *póleis* gründeten. Grundsätzlich scheinen große Teile der lokalen Eliten durchaus gegenüber der fremden Kultur aufgeschlossen gewesen zu sein und sich durch die Teilhabe an dieser Kultur Vorteile versprochen zu haben, aber die Ptolemäer und Seleukiden blieben trotz aller Bemühungen, die lokalen Eliten in das Herrschaftssystem zu integrieren, Fremdherrscher.

Förderung von Kulten durch Seleukiden

In allen Teilen des ehemaligen Alexanderreiches lassen sich unterschiedliche Phänomene von Akkulturation feststellen. Trotz vereinzelter Hinweise in den Quellen im Kontext des Makkabäeraufstandes (s. u. in diesem Kapitel und Kap. I.2.5.10) waren es in der Regel freiwillige Übernahmen geistiger oder materieller Kulturgüter. Hierbei handelte es sich keineswegs nur um eine Ausweitung griechischer Kultur nach Osten. Ebenso wie sich hellenistische Könige lokaler monarchischer Traditionen zur Legitimierung ihrer Herrschaft bedienten, übernahmen auch Makedonen und Griechen verschiedene Elemente der indigenen Kulturen. So schlossen beispielsweise in Uruk Personen mit griechischen Namen, bei denen es sich wohl nicht primär um Urukener handelt, die griechische Namen angenommen hatten, Verträge nach lokalem Recht; und in Ägypten verehrten viele eingewanderte Makedonen und Griechen lokale Gottheiten – um nur zwei Beispiele zu nennen. Viel besser belegt sind allerdings die Fälle, in denen Indigene griechische Kulturgüter übernahmen. Das konnte sogar so weit gehen, dass ein Bürgermeister der phoinikischen Stadt Sidon an einem hippischen Agon (Pferderennen) in Griechenland teilnehmen durfte, was grundsätzlich nur Griechen erlaubt war. Die Gründe für die Übernahme von Elementen der griechischen Kultur waren vielfältig und lassen sich

Akkulturation

häufig nur erahnen. Der Reiz des Exotischen mag dabei ebenso eine Rolle gespielt haben wie der Wunsch, sich den politischen Entscheidungsträgern anzugleichen und im besten Fall sogar die Rechtsstellung eines Griechen zu erlangen, denn sowohl in der Administration als auch in fiskalischer Hinsicht waren Griechen gegenüber Indigenen privilegiert (s. Kap. I.3.6). Dennoch gelang nur wenigen Einzelpersonen der Sprung von der indigenen Elite in die jeweilige Reichsadministration. Am ehesten stand das Militär für nicht griechisch-makedonische Aufsteiger offen, da indigene Einheiten wohl von indigenen Offizieren befehligt wurden.

Konfliktpotential

Das Verhältnis zwischen Indigenen und Griechen bzw. Makedonen war aber keineswegs konfliktfrei. Bereits die Herrschaft Alexanders zeigte sich als zweigesichtig. Auf der einen Seite beließ der Makedone viele Mitglieder der achaimenidischen Administration auf ihren Posten, integrierte Perser am Hof, übernahm Teile des lokalen Monarchenornats, wurde als Pharao anerkannt, unterstützte lokale Tempel und ließ Perser nach griechischer Manier trainieren, um sie in sein Heer zu integrieren. Auf der anderen Seite gab er die Persis sowie verschiedene Orte zur Plünderung frei und legte damit den Keim für eine tiefverwurzelte Abneigung gegen die neuen Herren. Zwar wurde er an vielen Orten als Erlöser vom achaimenidischen Joch gepriesen, die Ptolemäer in bezeichnender Regelmäßigkeit dafür gelobt, zuvor geraubte ägyptische Götterbilder zurückgebracht zu haben, und scheint Seleukos I. der einzige Diadoche gewesen zu sein, der seine während der Massenhochzeit von Susa geehelichte indigene Frau nach dem Tod Alexanders nicht verstoßen hatte, doch konnten diese offiziellen Fassaden nicht darüber hinwegtäuschen, dass nicht alle hellenistischen Könige von allen Indigenen anerkannt wurden. In Ägypten kursierten vorgeblich uralte Prophezeiungen, die das Ende der ptolemäischen Fremdherrschaft voraussagten (z. B. das Töpferorakel und das sogenannte „Lamm des Bokchoris“) und ähnliche Schriften sowie Geschichten dürften auch in anderen Teilen des ehemaligen Alexanderreiches kursiert haben. Zuweilen entglitten Regionen sukzessive der Kontrolle der Könige, in anderen Fällen lässt sich der Loslösungsprozess an bestimmten Ereignissen festmachen und gelegentlich entlud sich angestauter Unmut auch in gewaltsamen Protesten. Aufgrund der Quellendichte lassen sich die Ereignisse in Ägypten besonders gut rekonstruieren. Eine erste, allerdings nur sehr schlecht dokumentierte, innerägyptische Revolte veranlasste Ptolemaios III., den

Unruhen in Ägypten

dritten Syrischen Krieg abzubrechen. Auslöser für die nächsten Unruhen war der enorme Aufwand, den die Ptolemäer während des vierten Syrischen Krieges aufbringen mussten, um den Angriff Antiochos' III. abzuwehren. Die Schlacht von Raphia im Jahr 217 brachte zwar den ptolemäischen Sieg, dieser war jedoch teuer erkauft. Einerseits war im Vorfeld wahrscheinlich der Steuerdruck erhöht worden, zudem hatte man 20.000 Ägypter bewaffnet, um das Heer auf eine ausreichende Größe zu bringen. Diese 20.000 Ägypter, die einen wesentlichen Anteil am Sieg hatten, mussten anschließend wieder in ihre ärmlichen Dörfer zurückkehren. Polybios (5.107.1–3) bringt den kurz darauf ausbrechenden Aufstand direkt mit den zurückkehrenden Soldaten in Verbindung. Demnach versuchten diese eine dauerhafte Verbesserung ihrer Situation zu erreichen. Ptolemaios IV., der darauf nicht eingehen wollte, wurde in einen Guerillakrieg im Norden Ägyptens hineingezogen, in dem sogar Antiochos III. und Philipp V. ihre Hilfe anboten, eine ungewöhnliche Geste, die das Ausmaß des Aufstandes deutlich macht. Den aufständischen Soldaten hatten sich wahrscheinlich schnell Personen angeschlossen, die ihre Lebensbedingungen als unerträglich empfanden. Erst 185 gelang es Ptolemaios V. die Unruhen unter Kontrolle zu bringen. 206 brach südlich von Theben ein weiterer Aufstand aus, der bis 187/86 andauerte und in dessen Zug zwei Gegenpharaonen usurpierten. Bis zum Ende der ptolemäischen Herrschaft kam es immer wieder zu Aufständen, vor allem in der Thebaïs. Zudem verstärkte sich im Lauf der Zeit die Landflucht. Viele Bewohner zog es in die Städte, andere verließen die von ihnen zu bestellenden Felder und zogen sich in unwirkliche Gegenden wie die Wüste oder das Marschland des Nildeltas zurück (*anachṓrēsis*). Die Könige reagierten auf die Aufstände in der Regel nicht nur mit militärischer Stärke, sondern auch durch Amnestie- und Abgabenerlasse, um die Ursachen und Auswirkungen der Aufstände sowie der Landflucht abzumildern.

Makkabäeraufstand

Neben diesen ägyptischen Erhebungen ist der sogenannte Makkabäeraufstand (benannt nach dem Anführer Judas Makkabaios) der mit Abstand bestdokumentierte Fall einer indigenen Revolte; allerdings sind die Quellen zum Teil sehr subjektiv gefärbt und neben dem Verhältnis zwischen indigener Bevölkerung und Fremdherrschern kommt innerjudäischen Konflikten eine große Bedeutung zu, so dass verschiedene Ebenen miteinander verwoben sind. Dennoch erlaubt er eine Reihe von Erkenntnissen für das Funktionieren oder eben auch Nichtfunktionieren im Zusammenspiel von lokalen Eliten und Reichsadministration. Judaia war im Rahmen des fünften Syrischen Krieges seleukidisch geworden und Antiochos III. bemühte sich durch die Vergabe von Privilegien und Ressourcen um ein positives Verhältnis zu seinen neuen Untertanen. Die judäische Elite war jedoch in mindestens zwei Gruppen gespalten (sogenannte Oniaden und Tobiaden), die u. a. um die Besetzung des politisch und religiös zentralen Amts des Hohepriesters rivalisierten. In diesen Konflikt wurde die Reichsadministration hineingezogen, als zunächst Jason und später Menelaos gegen das Versprechen die Einnahmen der königlichen Kasse zu erhöhen, diese Position erhielten. Ein Teil der höheren Abgaben bestand aus Zahlungen, die an das königliche Privileg geknüpft waren, eine griechische Gemeinschaft und griechische Bildungsinstitutionen in Jerusalem etablieren zu dürfen. An dieser Selbsthellenisierung beteiligten sich zunächst große Teile der lokalen Elite, doch als wegen Zahlungsschwierigkeiten des Hohepriesters die innerjudäischen Konflikte erneut ausbrachen, der König persönlich Teile des Jerusalemer Tempelschatzes an sich nahm und im Folgejahr das Gerücht aufkam, der König sei verstorben, besetzten die Gegner des Menelaos mit Waffengewalt Jerusalem. Die seleukidische Reaktion gipfelte in der Rückeroberung der Stadt und der Einrichtung einer Garnison oberhalb des Tempelbezirkes. Das in diesem Kontext erlassene Religionsedikt ist wohl eine Erfindung der antiken Quellen. Die wiederhergestellte Ordnung war nur die Ruhe vor dem Sturm. Auch nach dem Ende des eigentlichen Makkabäeraufstandes und der Neueinweihung des Jerusalemer Tempels im Jahr 164 kam die Region nicht zur Ruhe. Den Seleukiden gelang es zwar zunächst die sich in der Ernennung des Hohepriesters manifestierende seleukidische Oberherrschaft wieder herzustellen, doch führten die innerdynastischen Konflikte zu einem Erstarken der jüdischen Aufstandsbewegung. Alexander Balas ernannte Jonathan, den Bruder des Judas Makkabaios, 153 zum Hohepriester und übertrug ihm auch die zivile Administration in Judaia. Sein Bruder und Nachfolger Simon (143–135) wurde zum Begründer der hasmonäischen Herrschaft, wobei er nicht nur durch die eigene Bevölkerung im Amt des Hohepriesters und *ethnárchēs* (Herrscher einer ethnischen Gruppe im Sinne eines Klientelkönigs) ernannt, sondern auch durch den Seleukiden Demetrios II. und Rom anerkannt wurde. Auch Johannes Hyrkanos I. (135–104) war zunächst noch seleukidischer Klientelkönig und begleitete

Antiochos VII. auf dessen fehlgeschlagenem Partherfeldzug. Anschließend konnte Johannes Hyrkanos I. die seleukidische Oberherrschaft aber endgültig abschütteln. Folgerichtig nahm sein Nachfolger Aristobulos I. (104–103) den Titel *basiléus* an. Alexander Jannaios (103–76) verfolgte die seit Judas Makkabaios betriebene Expansionspolitik in großem Stil und seine Nachfolgerin Salome Alexandra (76–67) brachte sie zum Abschluss, so dass nun alle Gebiete zwischen Ake-Ptolemais und dem ptolemäischen Ägypten sowie weite Gebiete in Transjordanien hasmonäisch waren. Pompeius beendete 63 nach der Auflösung des Seleukidenreiches die hasmonäische Selbständigkeit.

Desintegrationsprozesse

Gerade in der Spätphase des Seleukidenreiches erlangten auch andere bisher mehr oder weniger fest in das seleukidische Herrschaftssystem integrierte lokale Potentaten in der Region Koilesyrien ihre Unabhängigkeit. Zu nennen sind hier vor allem die Ituräer und verschiedene arabische Fürsten.

Problematisch war auch das Verhältnis zwischen den Seleukiden und der lokalen Priesterschaft in der Persis (*fratarakā*), die traditionell eng mit den Achaimeniden verbunden war. Die Persis lag zu weit entfernt von den zentralen Interessensphären der Seleukiden, so dass sie eine zunehmende Selbständigkeit der Region wohl stillschweigend hinnahmen. Ähnlich selbständig schienen viele Dynasten agiert zu haben, die zwar offiziell die Herrschaft der Seleukiden anerkannten, aber ihren Pflichten keineswegs immer nachkamen und häufig mit mehr oder weniger großem Nachdruck an ihre Verpflichtungen erinnert werden mussten.

3.6 Verhältnis zu den griechischen *póleis*

Strukturelle Spannungen zwischen *póleis* und Königen

Die Beziehungen vieler griechischer *póleis* zu Philipp II. von Makedonien waren wegen seiner auf Expansion ausgerichteten Politik durch massive Spannungen gekennzeichnet, die sich in einer Reihe von Konflikten äußerten und in der Schlacht bei Chaironeia ihren Höhepunkt fanden. Der in der Folge gegründete Korinthische Bund kaschierte die nach wie vor bestehenden grundsätzlichen Interessenkonflikte nur oberflächlich. Viele der zumeist demokratisch organisierten *póleis* pflegten eine tiefsitzende Abneigung gegen Monarchen generell und strebten darüber hinaus nicht nur nach politischer Selbständigkeit, sondern im Idealfall auch nach Herrschaft über andere *póleis*. Die von Philipp erzwungene neue Ordnung, die mit einem allgemeinen Frieden (*koinè eirḗnē*) einherging, widersprach damit zutiefst dem Selbstverständnis vor allem der mächtigen *póleis*. Als Alexander der Große nach Philipps Tod seinem Vater auf den makedonischen Thron folgte, brachen sich die grundlegenden Differenzen erneut Bahn und gipfelten im Aufstand und der anschließenden Zerstörung Thebens. Ähnlich wie Philipp in der Schlacht bei Chaironeia nutzte Alexander seine militärische Überlegenheit, überraschte aber auch durch seine strategischen Fähigkeiten, um den griechischen *póleis* unmissverständlich deutlich zu machen, wo die Grenzen ihrer Handlungsmöglichkeiten lagen. An seiner Seite kämpften aber auch Kontingente vieler kleinerer *póleis*, die die von Philipp geschaffene neue Ordnung als Schutz vor mächtigen Nachbarn durchaus zu schätzen wussten. Es bestand also kein grundsätzlicher Gegensatz zwischen allen *póleis* und allen Königen.

Alexander benötigte die Unterstützung der Griechen, stellten sie doch etwa die Hälfte seines Heeres und die gesamte Flotte, als er zu seinem Perserfeldzug aufbrach. Auch seine Nachfolger setzten vorzugsweise Griechen im Zentrum ihrer Armeen ein. Zudem versuchten sie in der Regel, einen möglichst großen Teil des ehemaligen Alexanderreiches zu beherrschen, zu dem unter anderem die kleinasiatischen *póleis* gehörten. Diese besaßen nach der ‚Befreiung' durch Alexander eine gegenüber dem übrigen Herrschaftsgebiet der Könige bessere Rechtsstellung. Neben diesen bestehenden alten *póleis* gründeten Alexander und seine Nachfolger eine Vielzahl neuer *póleis*, die ihre königlichen Gründer ganz in der Tradition der Stadtgründungen in vorhellenistischer Zeit kultisch verehrten. Da der Kern dieser neuen *póleis* zudem in der Regel aus aktiven oder ehemaligen Soldaten gebildet wurde, die häufig über Jahrzehnte hinweg für und mit ihren Königen Kriege geführt hatten, ergab sich ein doppeltes Nahverhältnis zwischen diesen neuen *póleis* und ‚ihren' Königen. Die Ursachen und Anlässe für die Neugründungen konnten sehr unterschiedlicher Natur sein. Neben der Versorgung von Soldaten und Veteranen mit Land waren häufig militärisch-strategische Überlegungen wichtig. Hinzu kamen zuweilen wirtschaftliche Aspekte, etwa die Sicherung und Anbindung an Handelsrouten, die Nutzung von Naturräumen und natürlichen Ressourcen sowie die Etablierung von Absatzmärkten für landwirtschaftliche Produkte königlicher Domänen. In der Regel handelte es sich um eine Mischung dieser verschiedenen Faktoren, denn eine Ansiedlung von Soldaten konnte nur in Gebieten erfolgen, in denen

Städtegründungen

Landwirtschaft möglich war, wobei geeignete Orte idealerweise an Handelsrouten und strategisch günstig lagen.

durch Seleukiden

Am systematischsten und konsequentesten in Bezug auf Städtegründungen war Seleukos I., der unter anderem in Nordwestsyrien vier *póleis* gründete und ihnen verschiedenen Aufgaben zuwies (s. Kap. 3.1). Bereits zuvor hatte er eine Reihe von Städten gegründet – etwa Seleukeia am Tigris, das strategisch äußerst günstig an einer Engstelle von Euphrat und Tigris lag und wohl von Beginn an als Hauptstadt konzipiert war, und Nikopolis, die ‚Siegesstadt', die an den wichtigsten Sieg über Antigonos I. Monophthalmos erinnern sollte. Im südlichen Syrien entstand eine Reihe von Neugründungen, die geradezu ein neues Makedonien bildeten und die Grenze zu den Ptolemäern sicherten. Nicht nur die Orte selbst trugen makedonische Namen, sondern auch Berge und Flüsse wurden umbenannt.

durch Ptolemäer

Als die Ptolemäer nach Kleinasien ausgriffen, gründeten sie an der Südküste eine Reihe von Städten, die ebenfalls vor allem strategische Bedeutung besaßen aber dynastische Namen erhielten (Ptolemais, Arsinoë, Berenike). Zuweilen verfolgten die Ptolemäer aber auch wirtschaftliche Interessen – etwa bei den Städtegründungen entlang der Küsten des Roten Meeres.

durch Antigoniden

Die Antigoniden begnügten sich ebenso wie Kassandros zumeist mit der Neuanlage von Residenzstädten (Demetrias, Thessalonike, Kassandreia), die Attaliden traten erst vergleichsweise spät als Städtegründer in Erscheinung und scheinen primär das Ziel verfolgt zu haben das nach dem Frieden von Apameia deutlich vergrößerte Territorium zu sichern (etwa mit Eumeneia in Phrygien und Philadelpheia) und einen eigenen Hafen an der Südküste Kleinasiens zu etablieren (Attaleia).

Verhältnis der Könige zu den *póleis*

Die Beziehungen der hellenistischen Könige zu dieser Vielzahl an alten und neuen *póleis* waren je nach den konkreten historischen Umständen individuell sehr unterschiedlich ausgestaltet. Dennoch lassen sich einige grundsätzliche Tendenzen erkennen. Die meisten der alten *póleis* lagen in der Regel außerhalb der königlichen Herrschaftsbereiche und es war den Königen zumeist nicht möglich, einen direkten Zugriff auf diese *póleis* zu gewinnen, so dass sie sich häufig auf diplomatischem Weg um ein möglichst positives Verhältnis bemühten, das es ihnen gestattete, Söldner anzuwerben und im Idealfall ein Bündnis zu etablieren. Städtebelagerungen waren langwierig und nicht unbedingt erfolgversprechend, wie beispielsweise Demetrios I. Poliorketes vor Rhodos und Antiochos III. vor Baktra erfahren mussten. Die Könige befanden sich gegenüber den *póleis* also keineswegs in einer eindeutig überlegenen Position. Zudem musste es mittel- und langfristig zielführender sein, mit den *póleis* ein für beide Seiten erträgliches Verhältnis zu etablieren. In der Staatstheorie der späten Klassik hatte die Monarchie ein doppeltes Gesicht. Ein guter Monarch verkörperte für viele Philosophen die beste Staatsform, während ein schlecht handelnder König als Tyrann die schlechteste Staatsform darstellte. Das Handeln des Monarchen war also das entscheidende Bewertungskriterium. Aristoteles, der Lehrer Alexanders des Großen, hatte in verschiedenen Werken betont, dass Gutes zu tun zu den besten Tugenden zähle und Könige zuweilen aufgrund ihrer Wohltaten ernannt worden seien. Genau hier lag der Schlüssel für Alexander den Großen und seine Nachfolger, um das Verhältnis zu den *póleis* positiv zu gestalten.

Königliche Privilegien

Die Könige gewährten den *póleis* daher zumeist Rechte, die diese faktisch ohnehin besaßen, und verlangten im Gegenzug lediglich die offizielle Anerkennung der königlichen Oberherrschaft, vergleichsweise moderate Abgaben und gegebenenfalls die Stellung von Truppenkontingenten. Großen Druck übten sie in der Regel nicht aus und quartierten wohl nur in ausgesuchten Fällen eigene Soldaten ein oder bestellten einen königlichen Aufseher (*epistátēs*), bei dem es sich auch um ein Mitglied der städtischen Eliten handeln konnte. Im Lauf des Hellenismus scheint sich das Machtgefüge zwischen Königen und *póleis* in vielen Fällen sogar weiter zugunsten der *póleis* verschoben zu haben, die für ihre Treue mit Garantien der Unverletzlichkeit (*asylía*) oder Abgabenfreiheit (*atéleia*) belohnt wurden. Darüber hinaus bot der königliche Hof Mitgliedern der städtischen Eliten Möglichkeiten, die weit über den städtischen Rahmen hinausgingen. Hieraus ergaben sich häufig über Generationen hinweg feste Beziehungsgeflechte zwischen einzelnen *póleis* und Dynastien, die auch auf die Loyalität der Städte zurückwirken konnten. Die *póleis* profitierten zuweilen auch dadurch, dass die am Hof tätigen Mitbürger ihre Heimatstädte als Konkurrenzort nutzten und einen Teil ihrer durch die Tätigkeit am Hof erlangten Ressourcen den *póleis* in Form von Stiftungen zugutekommen ließen. Das Verhältnis zwischen Königen und *póleis* war also extrem vielschichtig und konnte von *pólis* zu *pólis* und im Lauf der Zeit massiv variieren. Auch die besonderen Beziehungen der Bewohner der Residenzstädte zu den Königen gestalteten sich sehr unterschiedlich. Sowohl die Alexandriner als auch die Antiochener griffen zuweilen zu den Waffen, wenn sie ihre Interessen gefährdet wähnten, was zu regelrecht bürgerkriegsähnlichen Zuständen führen konnte. Die Attaliden gaben sich in der von ihnen als Residenz genutzten *pólis* Pergamon betont bürgerlich, was vielleicht ein Grund für ausbleibende Konflikte war.

Die einzelnen Dynastien befanden sich in Bezug auf die alten *póleis* jeweils in sehr unterschiedlichen Ausgangslagen. Während die Antigoniden vor allem das Verhältnis zu den Festlandgriechen regeln mussten, waren die *póleis* Kleinasiens zumeist mit den Seleukiden und später den Attaliden konfrontiert, der Ägäisraum wurde dagegen im dritten Jahrhundert maßgeblich von den Ptolemäern beeinflusst. Die Antigoniden lehnten sich mehrfach direkt an Philipp II. bzw. Alexander den Großen an, indem sie 302 und 224 jeweils einen Hellenenbund schufen, dem jedoch nicht alle griechischen *póleis* angehörten. Während der erste Bund ein Militärbündnis im Krieg gegen Kassandros darstellte, in dem die Bundesmitglieder zur unbedingten Heeresfolge verpflichtet waren, diente der zweite Bund primär der Sicherung der angeschlagenen antigonidischen Herrschaft, denn die einzelnen Mitglieder des Bundes mussten die Bundesbeschlüsse jeweils ratifizieren, waren also nicht direkt gebunden und konnten Entscheidungen des Bundes auch ablehnen. Antigonos I. Monophthalmos hatte wohl 315/14 zudem den Nesiotenbund gegründet, dem verschiedene Ägäisinseln angehörten und den spätestens nach der Gefangennahme Demetrios' I. Poliorketes die Ptolemäer dominierten. Die drei Bündnisse wurden somit in sehr unterschiedlicher Weise von den einzelnen Königen beherrscht und instrumentalisiert.

Hellenbund der Antigoniden

Nesiotenbund

Bündnisse griechischer *póleis* waren aber keineswegs eine Erfindung Philipps II., sondern besaßen eine ältere Tradition. Hier sei an den Hellenenbund des Jahres 481 erinnert, der sich im Vorfeld des zweiten Perserkrieges bildete, oder an die beiden attisch-delischen Bündnissysteme – um nur diese Beispiele herauszugreifen. Es lag daher nahe, dass sich auch in der Phase des Hellenismus *póleis* zusammenschlossen, um gemeinsame Interessen zu verfolgen. Am bedeutendsten und erfolgreichsten waren der Aitolische und der Achaiische Bund. Der Aitolische Bund war phasenweise mit den Antigoniden verbunden, wandte sie sich 192 an Antiochos III. und bestellte ihn zum militärischen Befehlshaber (*stratēgós autokrátor*). Damit unterstellte sich ein griechischer Bund direkt dem Oberbefehl eines Königs. Der grundsätzliche Gegensatz zwischen dem

Beziehungen anderer *koiná* zu Königen

Selbstverständnis der beteiligten *póleis* und monarchischen Machtansprüchen wurde hier kurzzeitig gemeinsamen Zielen untergeordnet. Angesichts der bald darauf eingetretenen militärischen Niederlage dieses Bündnisses gegen Rom, mussten sich die Bündnispartner nicht der sicher schwierigen Frage stellen, wie die Beziehungen dauerhaft gestaltet werden konnten, ohne den Gesichtsverlust einer der beiden Seiten zu riskieren. Der Achaiische Bund kooperierte ebenfalls phasenweise mit den Antigoniden, um Sparta Paroli bieten zu können. Während des zweiten makedonischen Krieges wechselte der Bund jedoch rechtzeitig auf die römische Seite und konnte in der Folge die Herrschaft über die gesamte Peloponnes erlangen. Oben war bereits darauf hingewiesen worden, dass der Nesiotenbund sehr eng mit den Ptolemäern zusammenarbeitete. Die unterschiedlichen Bündnissysteme in Griechenland und der Ägäis befanden sich demnach nicht immer in einem unüberwindbaren Gegensatz zu hellenistischen Königen. Häufig versprach eine Kooperation Vorteile und im Zweifelsfall wurden Könige sogar zu Oberbefehlshabern des Bundes ernannt. Die gebündelten Kräfte der einzelnen Bundesmitglieder konnten sich in anderen Situationen durchaus mit den Machtmitteln der Könige messen. Einzelne *póleis* waren dagegen immer schwächer als Könige, was sich in den wechselseitigen Beziehungen niederschlug.

Athen

Selbst Athen bildete hier keine Ausnahme. Die Stadt mit ihrem großen Hafen besaß neben Demetrias, Chalkis und Korinth eine große strategische Bedeutung für die Antigoniden, die Athen von 309 bis 301, 294 bis 287 und 261 bis 229 v. Chr. beherrschten. Obwohl die Athener keineswegs treue Untertanen waren, wurden sie von den Antigoniden immer wieder mit Samthandschuhen angefasst. Die oben angedeutete Mischung aus Wohltaten und der Demonstration militärischer Stärke zeigte sich beispielsweise nach der zweiten Inbesitznahme durch Demetrios I. Poliorketes 294: Einerseits beschenkte er die Stadt mit 100.000 Scheffeln Getreide und richtete andererseits eine Garnison ein. Athen profitierte zudem von den Rivalitäten zwischen den Antigoniden und Ptolemäern im Ägäisraum und unterhielt mit letzteren eine außerordentlich freundschaftliche Beziehung. Waren es also im 3. Jahrhundert vor allem die Antigoniden und Ptolemäer, die die Geschicke Athens maßgeblich beeinflussten, traten im 2. Jahrhundert die Seleukiden und Attaliden an diese Stelle. Ähnlich wie die Ptolemäer strebten sie keine direkte Beherrschung der Stadt an, sondern nutzten sie vor allem als Plattform der Selbstdarstellung, indem sie eine Reihe von Gebäuden und Kunstwerken stifteten. Athen trat damit an die Stelle der großen panhellenischen Heiligtümer wie Olympia und Delphi als Ort der Selbstinszenierung von Griechen und Makedonen. Die Ehrungen der Athener für ihre Wohltäter schwächten sich im Lauf der Zeit ab. Wurden Antigonos Monophthalmos und Demetrios Poliorketes noch mit gottgleichen Ehren überhäuft und u. a. in das wichtigste Fest der Stadt, die Panathenaia, integriert, bedankten sie sich für die Wohltaten der Ptolemäer und Attaliden mit der Einrichtung je einer neuen Phyle (Ptolemais und Attalis), die Seleukiden erhielten – wenn überhaupt – wohl lediglich Ehrenstatuen, obwohl Antiochos IV. die Stadt mit den kostspieligsten Stiftungen bedacht zu haben scheint.

Euergetismus

Solche Stiftungen firmieren in der modernen Forschung unter dem Begriff des Euergetismus (‚Wohltatenerweisen') und waren ein wichtiges Instrument königlicher Politik. Auch wenn Athen die wichtigste Empfängerin von solchen Wohltaten gewesen sein dürfte, so gingen auch andere *póleis* und viele Heiligtümer nicht leer aus. Grundsätzlich scheint man davon Abstand genommen zu haben, *póleis*, die zu einem anderen Herrschaftsbereich gehörten, zu unterstützen. Hieraus hätten sich Loyalitätsprobleme ergeben, denn die Beschenkten fühlten sich ihren Wohltätern gegenüber verpflichtet. Grundsätzlich waren die Schenkungen nicht mit konkreten Erwartungen verbunden, erhöhten aber in der Regel das Ansehen des Gebenden, verpflichteten den Beschenkten und führten häufig zu Gegenleistungen. So erkannten diese beispielsweise Herrschaftsansprüche der Gebenden an, traten gegenüber Dritten als Fürsprecher auf, ermöglichten die Rekrutierung von Soldaten oder unterstützen ganz direkt in Konflikten. Häufig wurden Ehrenstatuen errichtet, deren Kosten wiederum nicht selten die Geehrten übernahmen. In jedem Fall trug ein geschenktes Objekt oder Gebäude zudem den Namen des Stifters und kündete damit ganz direkt von dessen Wohltaten. Viel besuchte Orte zogen daher in besonderem Maß Stiftungen an. Neben Athen stechen hier Delos und Rhodos als Handelsknotenpunkte sowie Milet mit dem bedeutenden Apollonheiligtum von Didyma und das Kabirenheiligtum auf Samothrake heraus. An manchen Orten führte die Konkurrenz zwischen den einzelnen Dynastien zu einer sich überbietenden Stiftungstätigkeit. Unter den bisher genannten Orten befand sich lediglich Milet immer wieder unter der direkten Kontrolle von Königen, wobei sich Seleukiden, Ptolemäer, Antigoniden und Attaliden abwechselten. Viele Stiftungen gehen hier auf die Seleukiden zurück, die Apollon als ihren Stammvater betrachteten und daher in dem überregional bedeutenden Apollonheiligtum von Didyma besonderes Engagement entfalteten.

Abgabenhoheit der *póleis*

Aber auch andere *póleis*, die sich im Herrschaftsbereich von Königen befanden, empfingen Wohltaten, wobei die politische Absicht in diesen Fällen viel offensichtlicher war, denn die Wohltaten dienten zumeist dazu, Loyalität zu sichern. Häufig erfolgten daher Wohltaten direkt im Anschluss an die Integration einer *pólis* in den eigenen Herrschaftsbereich. Zeitlich befristete Abgabenfreiheit und eine Garantie von Freiheiten waren kostengünstige und zugleich wirksame Maßnahmen. *Póleis* waren zudem grundsätzlich steuerlich bessergestellt als andere Untertanengruppen. Sie zogen die Abgaben in Eigenregie ein und führten einen Festbetrag an die königliche Administration ab, was den Status einer *pólis* auch für andere Orte attraktiv machte. Bereits während der Herrschaft Alexanders versuchten viele indigene Städte, sich eine Gründungslegende zuzulegen, die sie mit der griechischen Geschichte verband. Kombattanten des trojanischen Krieges, die nach der Zerstörung der Stadt durch die östliche Mittelmeerwelt gewandert sein sollen, wurden zu mythischen Gründungsvätern erklärt und Verwandtschaftsbeziehungen zu altehrwürdigen *póleis* erfunden. Im Seleukidenreich wurden vor allem im 2. Jahrhundert viele indigene Städte in den Rang von *póleis* erhoben. Vielleicht füllte man die Bevölkerung in diesem Kontext mit Makedonen auf, die aus dem nach dem dritten makedonischen Krieg aufgelösten Antigonidenreich geflohen waren. Viele indigene Städte genossen am Ende des Hellenismus Privilegien, wie sie zunächst nur alten griechischen *póleis* zugestanden worden waren. Zudem führten die Rivalitäten zwischen den verschiedenen Zweigen der Seleukiden seit der Mitte des 2. Jahrhunderts und die zunehmende Schwächung der späten Ptolemäer zu einer Verschiebung der Machtverhältnisse zwischen *póleis* und Königen. Mächtige *póleis* konnten aber bereits während der Diadochenzeit fordernd auftreten, wie das Beispiel Athen lehrt. In dem berühmten bei Athenaios überlieferten Phalloslied zu Ehren von Demetrios I. Poliorketes wird dieser unmissverständlich aufgefordert, die athenischen Interessen gegenüber den Aitolern zu vertreten.

3.7 Wirtschaft und Finanzen

Intensivierung des Handels

Die bereits vor Alexander dem Großen existierenden wirtschaftlichen Beziehungen zwischen griechischen *póleis* und dem Nahen und Mittleren Osten erfuhren durch die Eroberung des Achaimenidenreiches eine enorme Intensivierung. Das lag unter anderem an den zahlreichen Städtegründungen Alexanders und seiner Nachfolger, der Schaffung eines weitgehend einheitlichen Währungsraumes, einer relativen Sicherheit sowie wirtschaftspolitischen Maßnahmen verschiedener Könige. Die Ansiedlung von Griechen und Makedonen in Kleinasien, der Levante, Ägypten, Mesopotamien und Baktrien hatte enorme Auswirkungen auf die Wirtschaft der jeweiligen Regionen, denn die neuen Siedler bevorzugten andere Speisen, Getränke und Kleidung als die indigene Bevölkerung. Vieles davon konnte vor Ort produziert werden, anderes musste importiert werden. Aufgrund zahlreicher aussagekräftiger Papyri lassen sich diese Veränderungen in Ägypten recht gut nachvollziehen. Unter den neuen Siedlern fanden sich viele Veteranen und aktive Soldaten, die das zentrale Fundament der Fremdherrschaft bildeten und daher von den Königen häufig bevorzugt behandelt wurden. Dies bedeutete aber beispielsweise nicht, dass sie von jeglichen Abgaben befreit gewesen wären, die auf die unterschiedlichsten wirtschaftlichen Aktivitäten erhoben wurden. Insbesondere die Ptolemäer waren sehr erfindungsreich, wenn es darum ging, aus den wirtschaftlichen Kreisläufen möglichst hohe Erträge zu erzielen. Nicht zuletzt deshalb waren Wirtschaft und Finanzen häufig sehr eng miteinander verbunden.

3.7.1 Wirtschaft

Landwirtschaft

Die Grundlage jeder menschlichen Gemeinschaft ist die ausreichende Versorgung mit lebensnotwendigen Gütern wie Nahrung und Kleidung. Der Landwirtschaft kam in antiken Gesellschaften eine herausragende Rolle zu, da der notwendige menschliche und tierische Arbeitseinsatz höher und die Überschüsse geringer waren als in industrialisierten Gesellschaften. Moderne Schätzungen gehen davon aus, dass etwa 80 % der Bevölkerung in der Landwirtschaft beschäftigt waren. Handwerk, Dienstleistungssektor und Handel besaßen demgegenüber eine deutlich geringere Bedeutung.

Die naturräumlichen Gegebenheiten bildeten die zentrale Rahmenbedingung der Landwirtschaft. Nicht zuletzt aufgrund der Tatsache, dass die einzelnen Teile des ehemaligen Alexanderreiches sehr unterschiedliche klimatische und topographische Eigenschaften aufweisen, kann kaum von einer einheitlichen hellenistischen Wirtschaft gesprochen werden. Griechenland wird durch zum Teil sehr hohe Gebirgszüge in kleinräumige Regionen gegliedert, weshalb auf engem Raum sehr unterschiedliche klimatische Bedingungen herrschen, breite Ebenen sind eher die Ausnahme. Die West- und Südküste Anatoliens bot dagegen für die Landwirtschaft zum Teil sehr gute Bedingungen, im zentralen Anatolien existierten im Vergleich ungünstigere Bedingungen. Von Ägypten über Syrien bis nach Mesopotamien erstreckte sich der sogenannte „fruchtbare Halbmond", der ebenfalls sehr gute Bedingungen für die Landwirtschaft bot, auch wenn im regenarmen Ägypten und Mesopotamien Landbau nur mit einem aufwendigen Bewässerungssystem möglich war. Während in Griechenland das Verhältnis zwischen Saatgut und Ertrag bei etwa 1:4 bis 1:6 lag, konnten im Idealfall in Mesopotamien und Ägypten bis zu 1:20 erreicht werden. Aber auch andere Gebiete besaßen besondere Qualitäten. So etwa die Persis, die Oase Merv und Baktrien, wo ebenfalls durch Bewässerung weite Landstriche landwirtschaftlich genutzt werden konnten. Baktrien zeichnete sich darüber hinaus ebenso wie Medien durch gute Weidebedingungen für große Herden aus. Die naturräumlichen Gegebenheiten wurden zuweilen gezielt verbessert. Die Trockenlegung weiter Teile des Fayum und die Gewinnung neuer landwirtschaftlicher Flächen sowie die Anlage von 30–40 neuer größerer Orte in dieser Region ist nur ein Beispiel.

Klimatische und topographische Verhältnisse

Je nach klimatischen Bedingungen wurden neben dem Grundnahrungsmittel Getreide in erster Linie verschiedene Gemüse, Oliven, Wein, Datteln und Sesam angebaut, wobei Oliven und Wein für die griechischen Ernährungsgewohnheiten unerlässlich waren. Wein wurde in Mesopotamien daher wohl erst nach der Eroberung durch Alexander in großem Stil kultiviert. Oliven und Sesam waren wichtige Öllieferanten und auch die Körperpflege sowie die Beleuchtung basierten auf pflanzlichem Öl. Datteln wurden in jeder Form verwendet. Die Früchte wurden gegessen, die Kerne getrocknet und als Brennstoff oder aufgeweicht zur Fütterung der Tiere verwendet. Darüber hinaus konnte Dattelwein hergestellt werden und die Dattelpalmen lieferten in regenarmen Regionen häufig das

Anbauprodukte

einzige Holz. Zudem werden in der antiken Literatur verschiedene lokale Produkte und deren Bedeutung für den Handel hervorgehoben – etwa Styrax, Pistazien, Pflaumen, Zedern und der berühmte Balsam aus Jericho.

Neuerungen

Während des Hellenismus kam es zu einigen Verbesserungen hinsichtlich der Anbauprodukte. In Ägypten wurde ein Weizen eingeführt, der eine doppelte Ernte ermöglichte und einen höheren Ertrag brachte als der in Ägypten traditionell angebaute Emmer – vielleicht wurde diese neue Getreidesorte auch im seleukidischen Herrschaftsgebiet verwendet. Seleukos I. soll zudem versucht haben, in Mesopotamien teure Importprodukte wie *amomum* (Balsam) und *nardum* (Narde) anzupflanzen. Darüber hinaus wurden verstärkt eiserne Pflüge und neue Öl- sowie Weinpressen eingeführt. Inwieweit dadurch der Ertrag der Landwirtschaft signifikant gesteigert werden konnte, lässt sich aber nur vermuten.

Viehhaltung

Auch die Viehhaltung umfasste je nach Klima, aber auch nach gesellschaftlichem Hintergrund, unterschiedliche Tierarten. Rinder dienten häufig als Arbeitstiere in der Landwirtschaft, Pferde wurden vor allem für die Kavallerie benötigt. Insgesamt aber am wichtigsten waren wohl Schafe und Ziegen, die auch in kargen Regionen gehalten werden konnten. Bienen lieferten das wichtigste Süßungsmittel.

Handwerk

Die gewerbliche Produktion war traditionell eng mit der Landwirtschaft verbunden. Viele Produkte des täglichen Bedarfs, etwa Kleidung, einfache Gefäße und Haushaltsgegenstände, konnten selbst hergestellt werden, einzig die Metallverarbeitung scheint meistens Spezialisten vorbehalten gewesen zu sein. Die verstärkte Urbanisierung führte wahrscheinlich dazu, dass sich zunehmend Handwerksbetriebe etablierten.

Handel

Trotz der Bemühungen, den Bedarf lokal zu decken, war es – wie bereits betont – unumgänglich, manche Güter zu importieren. Die Transportkosten variierten sehr stark. Am günstigsten war der Seetransport. Transport über Flüsse und Kanäle scheint etwa doppelt so teuer gewesen zu sein; Landtransport verursachte rund 25mal höhere Kosten als Seetransport. Das seleukidische, aber auch das ptolemäische Herrschaftsgebiet waren wichtige Transitländer. Waren aus China und Indien wurden entlang einer Route Baktrien-Ekbatana-Seleukeia am Tigris zur Mittelmeerküste transportiert. Der Tigris war bis Seleukeia schiffbar, so dass auch die aus Arabien und zum Teil über den Seeweg aus Indien durch den Persischen

Golf gehandelten Waren hierher gelangten. Von Seleukeia aus konnten die Waren entweder den Tigris aufwärts und dann über Antiocheia an die syrische Küste oder durch die Wüste über Palmyra nach Damaskus und von dort an die phoinikische Küste transportiert werden, wobei die Bedeutung dieser zweiten Route zu Beginn der seleukidischen Herrschaft noch gering gewesen zu sein scheint. Unter Ausnutzung der Monsunwinde etablierten die Ptolemäer im ausgehenden 2. Jh. v. Chr. einen direkten Seeweg von Ägypten über das Rote Meer und den Indischen Ozean nach Indien. Den für Weihrauch und Gewürze wichtigen Arabienhandel versuchten die Ptolemäer ebenfalls zu kontrollieren.

Direkter Seeweg nach Indien

Auch die Seleukiden trachteten danach, Handelswege zu dominieren, indem sie beispielsweise Konkurrenten botmäßig machten. So unternahm Antiochos III. im Jahr 204 einen Feldzug gegen die an der Südküste des Persischen Golfes gelegene Handelsmetropole Gerrha. Von dieser Stadt aus konnten die aus dem Osten kommenden Waren durch die arabische Wüste am seleukidischen Herrschaftsgebiet vorbei gehandelt werden. Das versuchte Antiochos III. wahrscheinlich zu unterbinden. Die Gerrhaer erkauften sich den Frieden für 500 Talente Silber, 1.000 Talente Weihrauch und 1.200 Talente Myrrhenöl, was die Bedeutung Gerrhas für den Handel unterstreicht (ein attisches Talent wog ca. 26,2 kg). Das an der Südküste des Persischen Golfs gelegene Gerrha konnte aber auch umgangen werden. Bereits in achaimenidischer Zeit war die Fahrrinne an der Nordküste des Golfes an einigen Stellen künstlich ausgehoben und durch Pfähle markiert worden. Nearchos, der Flottenadmiral Alexanders des Großen, hatte die Route für seine Rückkehr vom Indus benutzt und in augusteischer Zeit befuhren ihn nachweislich Kaufleute. Auch für einen Landtransport von der Straße von Hormus ins Zweistromland waren die Voraussetzungen vorhanden. Das an der Nordseite der Straße von Hormus gelegene Harmozaei war als Hafen geeignet (*portus Macedonum*). Der Landtransport durch die Persis und die Elymaïs war zwar kostenintensiver als der Seetransport durch den Golf, grundsätzlich aber möglich. Ein Zeugnis dieser Handelsroute könnte die aufwendig ausgebaute Straßenverbindung zwischen dem Persischen Golf und Gabai (Isphahan) sein.

Kontrolle über Handel

Überhaupt unternahmen die Ptolemäer und Seleukiden Anstrengungen, um den Handel durch die Anlage von Verkehrsverbindungen, Häfen und Handelsstationen auszubauen. Das bekannteste Beispiel für die Förderung des Handels ist sicher der berühmte

Ausbau der Infrastruktur

Leuchtturm von Alexandreia. Daneben verbesserte der Ausbau von Wasserwegen die Transportmöglichkeiten. Alexander ließ einen neuen Arm des Pallakotas-Kanals anlegen, der einerseits das Wassersystem von Babylon, aber auch die Verbindung zwischen Babylonien und dem Erythräischen Meer verbesserte. Unter Ptolemaios II. wurde der Pithomkanal ausgebaut, der das Nildelta mit dem Roten Meer verband – vielleicht primär, um den Transport von Kriegselefanten aus Ostafrika zu erleichtern, doch stand der Kanal sicher auch anderen Handelsaktivitäten offen. Das handelspolitische Interesse der Ptolemäer am Roten Meer manifestierte sich auch in der Anlage einer Reihe von Hafenstädten. Überhaupt sollte die wirtschaftliche Bedeutung von hellenistischen Städtegründungen nicht unterschätzt werden.

Aber nicht nur orientalische und arabische Waren wurden in den Mittelmeerraum verhandelt, sondern auch innerhalb des ptolemäischen und seleukidischen Herrschaftsgebietes angepflanzte oder gefertigte Produkte. Unter den Exportprodukten sind Papyrus und Getreide aus Ägypten, Textilien aus Babylon, Leinen aus Tarsos, phoinikische Purpurprodukte, Glas aus Sidon und syrische Silberschmiedearbeiten hervorzuheben.

Exportprodukte

Der überregionale Handel war eine wichtige Lebensader für die Ptolemäer und Seleukiden, weil auf diese Weise Silber in das Herrschaftsgebiet gelangte. Silber war zur Bezahlung der Soldaten – insbesondere der Söldner – unabdingbar. Die Ptolemäer und die Attaliden versuchten den Abfluss von Silber dadurch zu verhindern, dass sie das Gewicht ihrer Silbermünzen deutlich verringerten (bei den Ptolemäern ab 290 statt 17,15 g nur ca. 14,25 g [phoinikischer Standard]) und an ihren Grenzen einen Zwangsumtausch von schweren fremden Silbermünzen in ihre leichteren Prägungen einführten.

Bedeutung von Rhodos

Für die Handelsbeziehungen nach Westen war die Insel Rhodos von zentraler Bedeutung. Als sie 227 durch ein verheerendes Erdbeben in Mitleidenschaft gezogen wurde, trafen nicht zuletzt aus diesem Grund aus der gesamten hellenistischen Welt Spenden ein. Seit dem zweiten Jahrhundert wurde der Handel im Bereich des östlichen Mittelmeers jedoch zunehmend von Piraten gestört. Diese betätigten sich in einem bis dahin eher unwichtigen „Handelszweig“, indem sie massenhaft Menschen gefangen nahmen und als Sklaven an das aufstrebende Rom verkauften. Das schadete nicht nur dem Handel. Zum Teil überfielen die Piraten auch Hafenstädte und versklavten deren Einwohner, was enormen wirtschaftlichen und politischen Schaden anrichtete.

3.7.2 Finanzen

Polybios (21.32c[41].4) behauptete: „Geld ist die Grundlage für die Wiederherstellung aller königlichen Macht." Da militärische Stärke die wichtigste Machtbasis hellenistischer Könige darstellte und das Militär den größten Teil der königlichen Einnahmen verschlang, dürfte die zugespitzte Formulierung im Kern korrekt sein. Auf der anderen Seite erhöhten die Gewaltmittel der Könige sicher auch die Bereitschaft der Untertanen, Steuern und Abgaben zu zahlen.

Königliche Einnahmen

Die antiken Zeugnisse überliefern eine Reihe von Zahlen für die jährlichen Einnahmen hellenistischer Könige. Alexander der Große zog pro Jahr angeblich 30.000 Talente Silber ein, Antigonos I. Monophthalmos im Jahr 316, also nachdem er sich fast alle kleinasiatischen Besitzungen gesichert hatte, 11.000 Talente, Ptolemaios II. 14.800 (ptolemäische) Talente (etwa 12.000 attische Talente) allein aus Ägypten, zuzüglich 1,5 Millionen *artábai* Getreide (eine *artábē* entspricht etwa 30 kg), Ptolemaios XII. 12.500 (ptolemäische) Talente.

Einnahmearten

Abgesehen davon, dass sich diese Zahlen nicht verifizieren lassen, ist unklar, aus welchen konkreten Quellen sich die Summen jeweils speisten. Grundsätzlich lassen sich zwei Arten unterscheiden: Einkünfte aus dem persönlichen Eigentum des Königs und Einnahmen durch den Einzug von Steuern und Abgaben. Bergwerke, Wälder und Gewässer gehörten dem König. Dieses Eigentumsrecht des Königs an Bergwerken und Wäldern war nicht nur unter finanziellen Gesichtspunkten wichtig, sondern auch für die Ausstattung von Soldaten und die Ausrüstung der Flotte. Silberminen befanden sich vor allem in Kappadokien und Karmanien, wo auch Kupfer gewonnen wurde. Zinnminen lagen in der Drangiane, Eisen wurde fast überall abgebaut. Die Waldbestände waren vor allem für den Flottenbau wichtig. Wohl aus diesem Grund wurde beispielsweise in Ostlykien die Stadt Laodikeia gegründet, die einzig zum Abbau von Holz angelegt worden zu sein scheint. Das wichtigste königliche Monopol war aber die Produktion und der Verkauf von Salz. Salz war das Konservierungsmittel der Antike und daher unentbehrlich. Neben literarischen und papyrologischen Zeugnissen für eine Salzsteuer belegen insbesondere Siegelabdrücke der Steuereinnehmer oder Prüfer auf Tonbullen aus Seleukeia am Tigris die Bedeutung dieser Einnahmequelle. Könige waren darüber hinaus Eigentümer weiter Landstriche (*basilikḗ chṓra* bzw. *basilikḗ gḗ*), die im Seleukidenreich wohl häufig von *láoi basilikoí* (königliche Bauern mit eingeschränkter Freizügigkeit) bewirtschaftet, im Ptolemäerreich an Königsbauern verpachtet wurden. Ein Teil des königlichen Landes wurde allerdings an Militärsiedler (*klēruchikḗ gḗ*) oder in Form von sogenannten *dōreaí* an verdiente Mitarbeiter und *phíloi* vergeben. Grundsätzlich galten diese Überlassungen nur für die Lebenszeit des Bedachten bzw. auf Widerruf, doch wurden sie zunehmend erblich. Das Land von Militärsiedlern konnte schließlich auch an weibliche Familienmitglieder vererbt werden ohne dass der König als Gegenleistung die Dienste eines Soldaten erhielt. In Ägypten kam auch dem Tempelland (*hierá gḗ*) eine große Bedeutung zu, das entweder verpachtet oder in Eigenregie bewirtschaftet wurde. Daneben existierte Privateigentum an Land, das steuerlich jeweils einer Stadt, einem Tempel oder einem lokalen Dynasten zugeordnet war. In der unterschiedlichen Gliederung des tributpflichtigen Landes (Stadt, Tempel, Dynasten) kommen die verschiedenen Traditionen der einzelnen Regionen zum Ausdruck. Während die West- und Südküste Anatoliens geprägt waren von griechischen *póleis*, waren im zentralen Anatolien „Tempelstaaten" nicht unüblich, in Phoinikien und Mesopotamien bestimmten vor allem Städte mit sehr alten städtischen Traditionen die politische Landschaft. In Kommagene, Armenien und der Persis, dem Stammland der Achaimeniden, prägten lokale Dynasten das Bild, wobei zumindest in der Persis eine enge Anbindung an lokale Tempel festzustellen ist. Um die verschiedenen Verhältnisse zu erfassen wurde unter Ptolemaios II. für den ptolemäischen Bereich ein Generalinventar erstellt, das 258 abgeschlossen werden konnte. Damit war eine gute Grundlage für eine möglichst effektive Erhebung von Steuern und Abgaben gelegt.

Abgaben auf landwirtschaftliche Produktion

Glaubt man der pseudo-aristotelischen Schrift *oikonomiká*, die um 300 v. Chr. entstand und die Verhältnisse im ehemaligen Achaimenidenreich widerspiegelt, so basierten die wichtigsten Abgabenarten (*phóros* [Tribut] und *dekátē* [Zehnter]) auf der landwirtschaftlichen Produktion, wobei der *phóros* vielleicht eine feste Grundrente auf den Boden darstellte, der den Eigentumsanspruch des Königs zum Ausdruck brachte. Die *dekátē* war dagegen ein je nach Ort und Produkt sehr unterschiedlich hoher Anteil am Ernteertrag. Für Judaia liegen einige Informationen über dessen Höhe vor. Demetrios I.

erließ den Bewohner Judaias unter anderem die *dekátē* auf Felderträge, die bei einem Drittel der Ernte lag, und diejenige auf Baumerträge in Höhe der halben Ernte. An zweiter Stelle standen die bereits erwähnten Einkünfte aus Bergwerken, Waldbeständen, Salzproduktion, Seen und Flüssen, die allesamt königliches Eigentum waren. Zölle bzw. Verkaufssteuern nahmen die dritte und vierte Stelle ein. Wahrscheinlich wurden in allen Häfen Import- und Exportzölle erhoben. Einen Eindruck für die Bedeutung dieser Zölle mögen die Zahlen aus Rhodos vermitteln, das jährlich 167 Talente Silber eingenommen haben soll. Auch wenn diese Zahl aufgrund der enormen Bedeutung von Rhodos als Handelsplatz nicht einfach auf andere Häfen übertragen werden kann, so zeigt sie doch, welches Potential der überregionale Handel als Einnahmequelle besaß. Neben den Hafenzöllen wurden auch an Stadttoren Zölle erhoben, wahrscheinlich auch an Toparchie-, Eparchie-, Hyparchie und Satrapiegrenzen. So hatte Antiochos III. nach der Eroberung Judaias das für den Wiederaufbau des Jerusalemer Tempels benötigte Bauholz, das aus Judaia und aus anderen Regionen wie dem Libanon herbeigeschafft wurde, von Zöllen befreit.

Zölle

Über die Höhe der einzelnen Zollsätze liegen keine Informationen vor, so dass man auf Vergleichszahlen aus anderen Regionen und Zeiten zurückgreifen muss. Die Zölle an den innerrömischen Zollgrenzen betrugen während der Kaiserzeit in der Regel 2,5 %, der Orientzoll dagegen 25 %. Auch die – aus verschiedenen Zeiten – für den griechisch-hellenistischen Raum bekannten Zölle liegen innerhalb dieser Spanne und geben zumindest Anhaltspunkte für die Rekonstruktion des seleukidischen Zollsystems. So scheint ein 2 %iger Zoll am häufigsten gewesen zu sein (z. B. Athen, Epidauros, Troizen, Delos u. a.), auf Aigina und in Kaunos wurde ein 5 %iger Zoll erhoben, Athen zog seit 410 am Bosporos einen sicher ungewöhnlich hohen Zoll von 10 % ein, der ptolemäische Exportzoll auf Parfum lag bei 25 %. An fünfter Stelle folgen Abgaben auf Viehbestand und erst zum Schluss eine Kopfsteuer und Abgaben auf Handwerksprodukte.

Einziehung der Abgaben

Diese verschiedenen Abgaben wurden in unterschiedlicher Weise eingezogen. Griechische *póleis* zahlten die Abgaben für ihr jeweiliges Gebiet, wobei die Höhe der verlangten Abgaben von Fall zu Fall je nach politisch-militärischer Bedeutung der *pólis* und den Umständen, unter denen sie in Abhängigkeit geriet, verschieden gewesen zu sein scheint. *Póleis* erhoben in der Regel selbst Steuern

(Kopfsteuer, Vermögenssteuer, Verkaufssteuern), Gebühren (Hafengebühren, Transitgebühren, Entladegebühren, Gebühren für die Nutzung von Treidelpfaden) sowie Zölle und erzielten des weiteren Einnahmen aus dem Verkauf von Priestertümern oder in Form von Pacht-, Miet- und Zinserträgen. Untertänige Dynasten lieferten die Abgaben wohl ebenfalls en bloc ab. Die übrigen Einnahmen der Könige wurden häufig versteigert und von den Pächtern eingezogen.

In Ägypten wurden nicht alle Untertanen gleich besteuert. Privilegiert waren vor allem die sogenannten „Steuer-Hellenen", die Vorteile genossen und von Arbeitsdiensten befreit waren. Daneben wurden auch andere Gruppen steuerlich besser behandelt als die Mehrheit der Ägypter; privilegiert waren beispielsweise Priester, Juden, Perser und Araber. In Ägypten lassen sich daneben weitere Feinheiten erkennen. So verdienten die Könige an der Verpachtung ihres Landes in mehrfacher Hinsicht. Denn Pächtern mussten häufig vorgeschriebene Produkte anbauen, das Saatgut wurde ihnen verkauft, die Ernte überwacht und zu festen Preisen angekauft und zuweilen auch in Form königlicher Monopole weiterverarbeitet und verkauft. Daneben verpachteten die Ptolemäer auch weitere Konzessionen für den Verkauf von Produkten wie Papyrus oder Linsenbrei.

Verpachtung von Land

Hatte das achaimenidische System vor allem darauf beruht, Abgaben in Form von Naturalien einzuziehen und häufig auch wieder in Form von Naturalien zu verteilen, basierte die hellenistische Finanzadministration auf ausgemünztem Metall – vor allem Silber. Bereits unter Alexander dem Großen war es zu einer massiven Ausmünzung des von den Achaimeniden angehäuften Edelmetalls gekommen. Seine Nachfolger folgten diesem Beispiel, und eröffneten weitere Prägestätten. Die massive Monetarisierung führte zu einer grundlegenden Neujustierung des Wirtschaftssystems. Um die Steuern und Abgaben in Form von Münzen bezahlen zu können, mussten Naturalien nun zunächst verkauft werden. Das forcierte die Etablierung von Märkten in denjenigen Regionen, die bisher vornehmlich Naturalwirtschaft betrieben hatten, und stimulierte insgesamt den Handel. Viele der neuen Städte scheinen unter anderem auch aus diesem Grund gegründet worden zu sein.

Münzprägestätten

Bankwesen

Im Hellenismus erfuhr zudem das Bankwesen einen deutlichen Entwicklungsschub. Waren Bankiers zuvor vor allem als Geldwechsler, Geldprüfer und weniger im Darlehensgeschäft von Bedeutung, so erwuchs ihnen mit der Ausweitung des Handels, in den sich Investitionen offenbar lohnten, eine vergrößerte Rolle zu. Insbesondere auf Rhodos und später auf Delos lassen sich Bankiers gut belegen. In Ägypten richteten die Ptolemäer zudem eine staatliche Bank ein, die in allen Gauhauptstädten sowie weiteren Orten Filialen unterhielt. Diese Bank beherbergte auch die Kontrakte zur Steuerpacht und den Monopolen, so dass über sie Steuerzahlungen erfolgen konnten. Auf diese Weise standen der Administration lokal Geldreserven zur Verfügung, mit denen öffentliche Ausgaben beglichen werden konnten. Bankgeschäft und Steuerbüro sind hier nicht klar getrennt. Eine dritte Funktion war die Echtheitsprüfung von Münzen. Während im 3. Jahrhundert nur Griechen in diesen Banken tätig waren, findet sich aus der Zeit Ptolemaios' VIII. zumindest ein ägyptischer Bankier. Neben den königlichen Banken wurden seit dem späten 3. Jahrhundert spezielle Geldwechselbanken gegründet, um eine Möglichkeit zu schaffen, Bronzemünzen gegen Silbergeld, das weitgehend aus dem flachen Land verschwunden war, einzutauschen. Schließlich sind seit dem ersten Jahrhundert in Ägypten auch Privatbanken nachgewiesen.

3.8 Kunst und Wissenschaft

Mit Alexander dem Großen weiteten sich die Horizonte vieler Griechen. Der makedonische König und seine Nachfolger veränderten nicht nur die politische Landschaft und schufen die Rahmenbedingungen dafür, dass viele Griechen ihre angestammten *póleis* verließen, sondern intensivierten darüber hinaus den interkulturellen Austausch auch durch ihre Städtegründungen und ihre Höfe. Kunsttraditionen wurden überdacht und deren Beschränkungen überwunden, fremdes Wissen und neue Ideen verbreiteten sich. Dieser vielschichtige Prozess führte zu gegenseitigen Befruchtungen auf ganz unterschiedlichen Ebenen. Durch die enormen politischen, wirtschaftlichen und gesellschaftlichen Umwälzungen eröffneten sich neue Möglichkeiten und die bisherigen gesellschaftlichen Bindungskräfte wurden in Frage gestellt oder sogar aufgelöst. Dem einzelnen boten sich innerhalb dieses Rahmens ganz neue Betätigungsfelder, zumal Leistungen jenseits der *pólis*-Grenzen eine viel größere Wertschätzung erfuhren als zuvor. Kunst, Wissenschaft, Religion und Philosophie erschlossen neue Perspektiven, boten neuen Halt in einer komplexer gewordenen Welt und fokussierten stärker auf das Individuum.

3.8.1 Kunst

Zwar hatte sich im Lauf der Klassik das individuelle Porträt entwickelt und einzelne Künstler hatten hohen Ruhm erlangt, doch führte deren Bemühen, Ideales und Edles zu schaffen, dazu, dass die Körper makellos dargestellt wurden und statischen Charakter hatten. Die hellenistische Kunst löste sich von diesem Korsett. Nicht mehr nur Götter und idealisierte Menschen bildeten jetzt die Sujets, sondern die gesamte Welt diente als Vorbild. Die Nachahmung der Natur wurde zum neuen Ideal. Eine Idealisierung fand nur insofern statt, als der Künstler bei aller Nachahmung der Natur auf Schönheit und Erhabenheit achten sollte, doch wurden auch diese Grenzen zuweilen gesprengt.

Charakteristika hellenistischer Kunst

Trotz bisher ungelöster Datierungsprobleme lassen sich einige Entwicklungen und Charakteristika der hellenistischen Kunst erkennen. Vor allem am Anfang diente Kunst der Verherrlichung der Könige – und nach wie vor auch der Städte. Angeblich ließ sich Alexander der Große in Bronze nur von Lysipp darstellen und von Apelles malen. Beide Künstler arbeiteten auch für andere Auftraggeber. Lysipp galt als Meister der natürlichen Erscheinung, wobei es ihm gelungen sein soll, die Betrachter emotional anzusprechen und ihnen einen Eindruck vom Wesen der dargestellten Gottheit oder Person zu vermitteln. Auch Apelles wurde in der Antike dafür gelobt, die seelischen Vorgänge erfassen und darstellen zu können. Während eine Reihe von Statuen und Porträts Lysipps in Kopien erhalten geblieben sind, existieren von den Bildern des Apelles nur überschwängliche Beschreibungen antiker Autoren. Lysipp schuf zudem erstmals Statuen, die in den Raum ausgriffen. In der Folge entstanden Raum füllende Skulpturen und komplexe Statuengruppen. Die heute in den Vatikanischen Museen prominent präsentierte Laokoon-Gruppe, die noch eindrücklicher im Pariser Louvre aufgestellte Nike von Samothrake und der einen ganzen Saal im Nationalmuseum in Neapel füllende Farnesinische Stier können noch immer einen guten Eindruck von der Wirkung der zum Teil extrem komplexen hellenistischen Statuengruppen vermitteln. Daneben diente zunehmend auch Alltägliches als Vorlage, zum Beispiel arbeitende Menschen, Sklaven, deformierte Körper und Nicht-Griechen.

Lysipp

Statuengruppen

Die Statue der trunkenen Alten, von der sich Kopien in verschiedenen Museen erhalten haben, ist das bekannteste Beispiel dieses Genres. Zuweilen wurde die Natur nicht nur kopiert, sondern auch überzeichnet, was zu grotesken Darstellungen führte. Im Bereich der Sakralplastik blieb man dagegen eher konventionell.

Architektur

Auch im Bereich der Architektur wurden neue Maßstäbe gesetzt. Eines der bekanntesten Zeugnisse ist der beeindruckende Pergamonaltar, der in der Mitte des 2. Jahrhunderts begonnen, aber nie vollendet wurde. Auch viele der monumentalen Großbauprojekte wie der Apollontempel in Didyma oder der Zeus Olympios Tempel in Athen waren am Ende des Hellenismus noch nicht fertiggestellt. Das mit deutlich über 100 Metern höchste Gebäude der klassischen Antike, der zu den Sieben Weltwundern gezählte Leuchtturm von Alexandreia, wurde dagegen in nur knapp 20 Jahren errichtet. Insgesamt lässt sich eine Tendenz zur Monumentalisierung feststellen und es wurde größerer Wert auf Symmetrie gelegt. Darüber hinaus verbreiteten sich mit der Gründung von neuen *póleis* und der Hellenisierung bestehender Siedlungen zwei typisch griechische Gebäudetypen: das Theater und das Gymnasion.

3.8.2 Wissenschaft

Museion von Alexandreia

In Alexandreia wurde nicht nur der höchste Leuchtturm der Vormoderne errichtet, sondern hier entstand auch die berühmte Bibliothek, die einen Teil des Museions bildete, das von Ptolemaios I. ins Leben gerufen wurde. Neben der Bibliothek umfasste der Gebäudekomplex eine Wandelhalle, einen Vortragssaal, einen gemeinsamen Speisesaal, Unterkünfte für die Wissenschaftler, eine Sternwarte, einen botanischen Garten und einen Tierpark. Den aus der königlichen Kasse bezahlten Gelehrten stand damit ein hervorragendes Forschungsumfeld zur Verfügung, das einzelne Ptolemäer massiv förderten. Die Bibliothek wurde durch Ankauf und Übersetzung schnell zur größten Bibliothek der Welt, mit einem Bestand von angeblich ca. 500.000 bis 700.000 Buchrollen. Das alexandrinische Sarapisheiligtum beherbergte eine weitere Bibliothek, so dass in der Stadt ein Buchbestand zusammengetragen wurde, der erst im 19. Jahrhundert wieder erreicht werden sollte. Sowohl diese außerordentliche Ansammlung von Wissen als auch die königlichen Gehälter zogen Gelehrte aus aller Welt nach Alexandreia. Zwar bauten auch andere hellenistische Herrscher Bibliotheken und Bildungszentren auf und Athen blieb während des Hellenismus eine Hochburg der Philosophie, doch standen diese Orte deutlich im Schatten Alexandreias. Erst als Ptolemaios VIII. einen Teil der Gelehrten vertrieb, verlagerten sich die Schwerpunkte und neue Wissenschaftszentren blühten in Pergamon und Rhodos auf.

Einzelne Gelehrte

Bereits unter Ptolemaios I. arbeiteten berühmte Gelehrte am Museion. Unter ihnen seien der Begründer der wissenschaftlichen Philologie Zenodotos von Ephesos, der Mathematiker Euklid sowie die Ärzte Herophilos von Chalkedon und Erasistratos von Keos hervorgehoben. Letztere begründeten die alexandrinische Medizinschule, deren Schwerpunkt auf der Anatomie lag. Beide führten Vivisektionen durch, was zu bahnbrechenden Entdeckungen im Bereich des Gehirns, des Nervensystems und des Blutkreislaufs führte. Auch auf dem Feld der Astronomie fanden wegweisende Berechnungen und Theoriebildungen statt. Aristarchos von Samos vertrat als einer der ersten die Ansicht, nicht die Erde, sondern die Sonne bilde das Zentrum des Sonnensystems. Zudem berechnete er die Größe des Mondes und die Entfernungen zwischen Erde und Mond bzw. Erde und Sonne. Für die Selbstdarstellung der Könige und die Kriegstechnik am wichtigsten waren die Fortschritte im Bereich der Mechanik. Ihr bekanntester Vertreter, Ktesibios, soll unter anderem eine Wasseruhr, eine Wasserorgel, eine Feuerspritze und verbesserte Geschütze erfunden haben. Einige seiner technischen Spielereien unterhielten zudem die Zuschauer der von Ptolemaios II. veranstalteten Ptolemaieia. Im Bereich der Philologie entstanden mit dem Kleinepos und der Neuen Komödie neue Kunstformen. Insbesondere die in Athen florierende Neue Komödie, dessen Hauptvertreter Menander ein Meister darin war, die Schwächen seiner Mitmenschen liebevoll nachzuzeichnen, überlebte den Hellenismus. Auch andere Gattungen wie die Biographie, die Autobiographie, die Bukolik und der Roman blühten auf oder wurden neu entwickelt. Zuweilen standen die Mitglieder der königlichen Familien und ihre Leistungen im Zentrum dieser Werke, manche Könige verfassten sogar eigene Werke, von denen allerdings nur geringe Reste überliefert sind.

Geographie

Zwei wissenschaftliche Felder blühten auch jenseits von Alexandreia: die Geographie und die Geschichtsschreibung. Bereits Alexander der Große hatte Geographen, „Schrittmesser“ (*bēmatistai*), Zoologen, Botaniker und Historiker auf seinem Feldzug mitgeführt. Es verwundert daher nicht, dass sich bei fast allen antiken

Alexanderhistorikern geographische und ethnographische Angaben finden. Die Vorstellung der Griechen von der Gestalt der Erde wurde im Hellenismus revolutioniert. Nicht nur durch den Feldzug Alexanders, der ein ausgeprägtes Interesse für die Geographie besessen zu haben scheint, sondern auch durch Feldzüge, Gesandtschaftsreisen und Handelsaktivitäten späterer Könige erweiterte sich das Wissen ständig. Die Ptolemäer richteten ihr Augenmerk beispielsweise vor allem auf das Rote Meer, die afrikanische Ostküste und den Seeweg nach Indien, um auf diese Weise ostafrikanische Elefanten für ihr Heer und in der Mittelmeerwelt begehrte Waren aus Arabien und Indien zu importieren. Aber nicht nur die Aktivitäten der Könige vermehrten die Erkenntnisse über das Bild der Erde, sondern auch die der Forscher und Wissenschaftler. Pytheas von Massilia unternahm parallel zum Alexanderzug eine Forschungsreise in die Nordsee und verfasste als erster eine detaillierte Beschreibung des von ihm umschifften Britannien.

Historiographie

Die hellenistische Geschichtsschreibung verfolgte häufig nicht nur das Ziel, vergangene Zeiten zu rekonstruieren, sondern auch den Leser bzw. Zuhörer zu unterhalten. Manche Historiker ließen in ihre Werke hierzu eine Vielzahl erfundener Reden einfließen („rhetorische Geschichtsschreibung"), andere nutzen die Stilmittel des Theaters („tragische Geschichtsschreibung"). Eine dritte Gruppe von Historikern, deren prominentester Vertreter Polybios war, versuchte dagegen sachorientierte Geschichte zu schreiben („pragmatische Geschichtsschreibung"), doch auch sie kam nicht gänzlich ohne fiktive Reden aus. Die Verfasser der pragmatischen Geschichtsschreibung sprachen den Vertretern der anderen Richtungen gerne jede Glaubwürdigkeit ab, doch zeigen die bei ihnen erhaltenen Invektiven häufig, dass auch die rhetorischen und tragischen Historiker häufig aus guten Quellen schöpften und zeitgenössischen wissenschaftlichen Ansprüchen genügende Werke verfassten.

Universalgelehrte

Viele hellenistische Forscher waren Universalgelehrte und besaßen Interessen auf ganz unterschiedlichen Feldern. Der wohl bekannteste ist Eratosthenes von Kyrene. Ähnlich wie Aristarchos berechnete er die Größe des Mondes und der Sonne sowie die Entfernung der Erde zu diesen beiden Gestirnen, darüber hinaus bestimmte er die Schiefe der Ekliptik, berechnete den Umfang der Erde, beschäftigte sich mit weiteren mathematischen und philosophischen Problemen, der Musiktheorie, philologischen Fragen, dichtete und verfasste Geschichtswerke sowie eine dreibändige Geographie, die in der Antike als Standardwerk galt. Dort legte er unter anderem dar, dass man auf dem Seeweg von Spanien bis nach Indien gelangen könne – eine Idee, die Jahrhunderte später zur Entdeckung Amerikas durch Columbus führen sollte.

3.9 Religion

Die griechische Götterwelt war nicht hermetisch abgeschlossen, sondern stets offen für neue Gottheiten und Interpretationen. So war beispielsweise der ägyptische Amun-Re als (Zeus) Ammon seit dem frühen 4. Jahrhundert in Athen heimisch und auch Isis wurde bereits vor der Eroberung Ägyptens durch Alexander im Peiraieus verehrt. Die in den von Alexander eroberten Gebieten angesiedelten Griechen und Makedonen brachten nicht nur ihre eigenen Gottheiten mit und verbreiteten deren Kult bis nach Indien, sie kamen auch in Kontakt mit bisher unbekannten orientalischen, ägyptischen und mesopotamischen Gottheiten, von denen einige nun auch im Westen Anhänger fanden. Besonders ‚erfolgreich' waren Isis und Sarapis, wobei letzterer zwar mit Osiris einen ägyptischen Kern besaß, aber deutlich den griechischen Gottheiten Zeus, Hades und Dionysos angeglichen war. Isis galt einerseits als Schützerin der Seefahrt und verbreitete sich daher vor allem entlang der Mittelmeerküsten, andererseits entwickelte sich um sie und Sarapis ein Mysterienkult, der den eingeweihten Anhängern ein gutes Leben nach dem Tod versprach und sich großer Beliebtheit erfreute. Zwar existierte mit den Eleusinischen Mysterien ein altes griechisches Pendant, doch waren diese Mysterien an den Kultort Eleusis gebunden. Die Isismysterien konnten dagegen an jedem beliebigen Ort gefeiert werden, was ihre Verbreitung begünstigte. Überhaupt breiteten sich Mysterienkulte, die – anders als die klassischen griechischen Kulte – den Eingeweihten eine Jenseitshoffnung gaben, zunehmend aus. Die sehr emotionale, persönliche Religiosität, die in diesen Kulten ihren Ausdruck fand, ist ein wichtiges Kennzeichen der hellenistischen Religion. Zudem wurden zuweilen Geschlechter- und Gesellschaftsgrenzen überwunden – etwa in den bereits in vorhellenistischer Zeit belegten Dionysosmysterien in Unteritalien. Hinzu traten private Kultvereine und Praktiken, die üblicherweise dem Bereich der Magie zugerechnet werden. Zauberpapyri und Fluchtafeln (lat. *defixiones*) fanden eine große Verbreitung.

Verbreitung von Kulten

Isis und Sarapis

Mysterienkultue

Erstere dienten beispielsweise dazu, andere Personen in Liebe zum Verfasser entbrennen zu lassen, letztere sollten Konkurrenten und Feinde schädigen.

Verehrung von Abstrakta

Eine weitere wichtige Entwicklung des Hellenismus ist die zunehmende Verehrung von Abstrakta. Zwar wurden bereits in klassischer Zeit einige Abstrakta kultisch verehrt (etwa Nike [der Sieg], Eirene [der Frieden] und Demokratia), diese Praxis breitete sich nun aber deutlich aus. Von zentraler Bedeutung waren die verschiedenen Kulte der Schicksalsgöttin Tyche, die beispielsweise bei Polybios als entscheidende göttliche Lenkerin fungierte. In den neugegründeten griechischen Städten wurde zudem häufig eine vergöttlichte Personifikation der Stadt (Stadttyche) verehrt; am bekanntesten ist die Stadttyche von Antiocheia am Orontes.

asylia

Traditionell galten alle Heiligtümer als unverletzlich (*ásylos*), wobei dieser Status vor allem bei überregional bedeutenden Heiligtümern allgemein anerkannt und respektiert wurde. Im Lauf der Zeit wurde weiteren Heiligtümern dieser besondere Schutzstatus zuerkannt und es war vor allem im fortgeschrittenen Hellenismus das Bedürfnis vieler Städte, das gesamte städtische Territorium auf diese Weise abzusichern, so dass sich die *asylía* geradezu inflationär verbreitete. Im Zweifelsfall bot die anerkannte *asylía* aber keinen wirklichen Schutz vor geldknappen Königen, Räubern und Piraten.

Herrscher- und Dynastiekulte

Eine zentrale Neuerung während des Hellenismus war die Etablierung von Herrscher- und Dynastiekulten, die entweder von griechischen *póleis* oder von den Königen selbst geschaffen wurden. Bereits vor Alexander dem Großen konnten Personen aufgrund außergewöhnlicher Taten gottgleiche Ehren (*isótheoi timaí*) empfangen und die von den *póleis* geschaffenen Kulte stehen in dieser Tradition. Jede Eroberung durch einen der Diadochen oder späteren Könige konnte als Befreiung, jede Wohltat als außergewöhnlich deklariert werden und gottgleiche Ehren nach sich ziehen. Es wurden heilige Tage (*hieraí hemḗrai*) in die städtischen Festkalender eingeschrieben, Statuen errichtet, Festumzüge und Opfer ins Leben gerufen. Damit wurden einzelne Herrscher traditionellen Gottheiten sehr weit angeglichen. Es war ein naheliegender Schritt, dass auch die Herrscher selbst solche Ehrungen kreierten. So erklärte Ptolemaios II. seinen verstorbenen Vater zum Gott, wodurch er selbst zum Sohn eines Gottes wurde. Die Vergöttlichung seiner Mutter und später auch seiner Schwestergemahlin und schließlich seiner selbst waren nur konsequente Schritte. War diese Maßnahme zunächst vielleicht der schwierigen politischen Situation nach dem Tod des Vaters geschuldet, entwickelte sich schnell ein Dynastiekult, der später mit dem von Ptolemaios I. geschaffenen Kult um Alexander den Großen verbunden wurde. Während die Seleukiden und die kleinasiatischen Königtümer diesem Beispiel folgten, scheinen die Antigoniden keinen Dynastiekult etabliert zu haben. Die neuen Kulte stießen bei den griechischen Untertanen nicht auf Ablehnung, in Bezug auf die indigenen Untertanen wurden zuweilen Abstriche am Kult hingenommen. So opferten die mesopotamischen und ägyptischen Priester nicht dem Gottkönig, sondern für das Leben des Königs, denn für sie war der König der Stellvertreter der Götter auf Erden und konnte nicht selbst als Gott betrachtet werden. Um die Attraktivität der neu geschaffenen Kulte zu erhöhen, wurden zuweilen Feste geschaffen und einige der neuen Gottheiten erhielten Zuständigkeitsbereiche, die eine Verehrung förderten: So war Arsinoë II. wie Isis eine Schützerin der Seefahrer und wurde als solche noch lange nach dem Ende der Ptolemäer von Privatpersonen verehrt. Dieser Aspekt zeigt deutlich, dass es sich bei den von Königen geschaffenen Kulten nicht um bloße Loyalitätsbekundungen handelte, sondern dass manche dieser Kulte eine ernstzunehmende religiöse Komponente besaßen.

Einzelne Heiligtümer

Neben diesen verschiedenen religiösen Innovationen des Hellenismus wandelten sich auch die traditionellen griechischen Kulte. Während beispielsweise die Bedeutung des altehrwürdigen Heiligtums in Delphi im Lauf des Hellenismus eher abnahm, stiegen andere Heiligtümer zu großer überregionaler Bedeutung auf. Hierzu zählen etwa das Kabirenheiligtum von Samothrake, das von den Antigoniden und Ptolemäern stark ausgebaut wurde, das Apollonheiligtum von Didyma, an dem sich vor allem die Seleukiden als Förderer betätigten, das Apollonheiligtum auf Delos, das aufgrund seiner günstigen Lage seit jeher viele Besucher angelockt hatte und nach der Erklärung von Delos zum Freihafen im Jahr 166 zusätzlich vom Zustrom vieler Händler profitierte, sowie das Asklepieion auf Kos, das als Heilzentrum beliebt war.

Feste

All diese Entwicklungen verdrängten aber nicht die vorhellenistischen Kulte. In den *póleis* waren die traditionellen Feste nach wie vor ein elementarer Baustein der städtischen Religiosität und Identität. Ihre Attraktivität war ungebrochen. Groß war auch die Anziehungskraft der Feste, die die Seleukiden und Ptolemäer in ihren Hauptresidenzen schufen. Nach dem Vorbild der großen panhellenischen Feste wie den olympischen Spielen schufen diese Könige alle vier Jahre stattfindende Festivitäten zu Ehren eines Gottes, der in besonderer Weise mit der jeweiligen Dynastie in Beziehung stand. So richtete Ptolemaios II. die Ptolemaieia ein, bei denen Dionysos im Zentrum gestanden zu haben scheint, und die Seleukiden feierten Feste zu Ehren von Apollon. Die erhaltenen Zeugnisse berichten nur von jeweils einer einzigen Ausrichtung dieser Feste, nämlich der zweiten Austragung der Ptolemaieia und einer Feier des Apollonfestes zur Zeit Antiochos' IV. Obwohl aus der Beschreibung dieses Apollonfestes bei Polybios (30.25.1/31.3) nicht eindeutig hervorgeht, dass in dessen Kontext auch die vergöttlichten Familienmitglieder der Seleukiden geehrt wurden, könnte dies zumindest aus der Tatsache abgeleitet werden, dass Bilder aller bekannten Götter, Dämonen und Heroen, also wohl auch der vergöttlichten Seleukiden, mitgeführt wurden. Die bei Athenaios erhaltene stark gekürzte Beschreibung der Ptolemaieia lässt dagegen deutlich erkennen, dass neben Alexander auch die vergöttlichten Angehörigen der Ptolemäer einen wichtigen Gegenstand der Verehrung bildeten. Die Feste zogen sich jeweils über einen längeren Zeitraum hin, umfassten neben einer außergewöhnlich aufwendigen Prozession auch Agone und gipfelten in ausschweifenden Festivitäten, an denen auch eine Vielzahl auswärtiger Gäste teilnahm, die dazu beitragen konnten, den Ruhm des Königs und der Dynastie zu verbreiten. Die kostenintensiven Veranstaltungen dienten damit verschiedenen Zwecken. Sie konnten die Frömmigkeit der Veranstalter ebenso veranschaulichen wie deren Reichtum und Freigiebigkeit. Da an den Prozessionen auch ein großer Teil des Militärs teilnahm, kündeten sie zudem von der Stärke des Herrschers.

Ptolemaieia

3.10 Philosophie

Zu Beginn des Hellenismus war Athen immer noch das Zentrum der Philosophie, auch wenn andernorts einflussreiche und bekannte Philosophen tätig waren – beispielsweise der berühmte Kyniker Diogenes von Sinope, auf den Alexander der Große in Korinth traf. Er war ein Schüler des Sokratesschülers Antisthenes, der die Befreiung von Leiden durch Bedürfnislosigkeit anstrebte. Diogenes paarte dieses Ideal mit einem radikalen Skeptizismus gegenüber den traditionellen gesellschaftlichen Normen, denn das Streben nach Ruhm und Glück mache den Menschen zum Sklaven. Nur asketische Leidenschaftslosigkeit könne diesen Teufelskreis durchbrechen. Nicht mehr die *pólis* bildete den Referenzrahmen, sondern ein radikaler Individualismus. Daraus resultiert auch die Tatsache, dass der Kynismus im Gegensatz zu anderen philosophischen Strömungen keine eigene Schule etablierte.

Akademie

In Athen war zu Beginn des Hellenismus die platonische Akademie am einflussreichsten, wurde aber durch neue Schulen zunehmend in den Hintergrund gedrängt. In konsequenter Fortsetzung des erkenntnistheoretischen Skeptizismus, der im wohl berühmtesten Satz des Sokrates („Ich weiß, dass ich nichts weiß!") zum Ausdruck kommt, bezweifelten auch viele Akademiker, dass es möglich sei, das nicht Erkennbare zu bewerten und Werturteile zu bilden. Einen anderen Weg hatte Aristoteles beschritten, der nach seiner Zeit als Lehrer Alexanders nicht an die Akademie zurückkehrte, sondern in Athen eine eigene Schule gründete. Aristoteles war ein vielseitig interessierter Universalgelehrter und die vielleicht erst von seinem Schüler Theophrast gegründete peripatetische Schule (abgeleitet von *perípatos* = Wandelhalle) glänzte eher in verschiedenen Einzeldisziplinen als in einer ausgefeilten Philosophie.

Epikureer

Gründungsorte waren auch für die beiden einflussreichsten philosophischen Strömungen des Hellenismus wichtig: zum einen der Garten (*képos*), in dem Epikur seine Schule begründete, zum anderen die bunte Halle (*stoà poikíle*) am Nordrand der Agora, in der Zenon von Kition seine Ideen verbreitete und die namengebend für die Schule der Stoiker wurde. Beide Philosophen verfolgten letztlich dasselbe Ziel, die Glückseligkeit (*eudaimonía*) des einzelnen, und verließen damit ähnlich wie die Kyniker den durch die *pólis* gebildeten Referenzrahmen. Beide strebten wie diese ein affektfreies und leidenschaftsloses Leben an, doch boten sie sehr unterschiedliche Wege, um dieses Ziel zu erreichen. Während die Epikureer eine wissens- und erkenntnisgeleitete Überwindung von Ängsten in einer Welt anstrebten, in die die Götter nicht eingriffen, skizzierten die Stoiker eine von einer Weltseele gelenkte Welt, in der man durch gute Taten zum Glück gelangen konnte. Hilfe zur Selbsthilfe war bei beiden eine zentrale Hauptaufgabe der Philosophie.

In der Ethik Epikurs ist die *hēdonḗ*, die Lust, das höchste Gut, was seinen Gegnern einen willkommenen Ansatzpunkt für Kritik lieferte. Allerdings ging es Epikur nicht um eine kurzfristige Triebbefriedigung, sondern um eine langfristige Befreiung von körperlichem Schmerz und seelischer Unruhe. Durch Aneignung von Wissen sollten irrationale Ängste überwunden werden. Wissen besaß aber keinen Wert an sich, sondern sollte nur dem Ziel dienen, die *eudaimonía* zu erreichen. Wissenserwerb funktioniere durch Sinneswahrnehmung im weiteren Sinn; nicht Wahrnehmbares könne aber durch Evidenz erkannt werden. Das gelte etwa für die kleinste Einheit im Universum Epikurs, die Atome, die als unteilbar, unwandelbar und unvergänglich galten. Neben dem Wissen komme auch der Psychologie eine große Bedeutung zu, die vor allem dazu diene die Angst vor dem Tod zu nehmen. Da nach Epikur die Seele mit dem Körper sterbe, bestehe kein Grund für Angst, denn nach dem Tod könne man nichts mehr empfinden. Im alltäglichen Leben gelte es stets abzuwägen, was mehr Lust und weniger Beunruhigung verursache. Notwendige und natürliche Bedürfnisse müssten befriedigt werden. Lustvolles Leben könne in diesem Zusammenhang aber von sittlich gutem Leben nicht getrennt werden. Vor allem sei Freundschaft an das Ziel der Lust gebunden. Freundschaft und allgemein tugendhaftes Leben kämen dem Bedürfnis nach Sicherheit entgegen. Verbrechen bewirkten hingegen wegen beständiger Furcht vor Entdeckung Unruhe und seien daher zu vermeiden. Da eine politische Tätigkeit vom Ziel der *eudaimonía* wegführe, sei sie ebenfalls zu meiden. All dies gipfelte schließlich in der Maxime „Lebe im Verborgenen!". Epikur ging zwar nicht so weit, die Existenz der Götter in Frage zu stellen, was ihn dem Vorwurf der *asébeia* (Gottlosigkeit) ausgesetzt hätte, doch versuchte er zu beweisen, dass die Götter nicht in das irdische Geschehen eingreifen. Als vollkommene Wesen müssten sie hierzu nämlich den Zustand der Vollkommenheit verlassen und wären dann keine Götter mehr.

Der Begründer der Stoa, Zenon von Kition, unterteilte die Philosophie in drei Teilbereiche: Logik, Physik und Ethik. Er nahm ähnlich wie Epikur an, dass die Erkenntnis durch direkte Sinneswahrnehmung erfolge. Allerdings komme der Seele/Vernunft (*lógos*), die die Eindrücke beurteile und zur Wahrheit führe, eine entscheidende Funktion zu. Beim Weisen – und nur bei ihm – werde aus der Wahrheit Wissen. Im Rahmen der Physik wird die Welt in zwei Kategorien eingeteilt: Bewirkendes und Erleidendes, wobei das Bewirkende der *lógos*, die Weltseele, an der jeder Mensch Anteil habe, sei und das Erleidende, die eigenschaftslose Substanz. Da aber beide Kategorien ständig vermischt seien und sich änderten, seien sie nur Stoa theoretisch trennbar. Lediglich im Ausgangspunkt und am Ende der Welt kämen sie getrennt in eigenschaftslose Substanz und als *pýr technikón*, tätiges Feuer, das als Gott im engeren Sinn verstanden wurde, vor. In regelmäßigen Abständen komme es zu einem reinigenden Weltenbrand, in dem die beiden Kategorien für einen kurzen Moment getrennt seien. Dann entstehe die Welt wieder neu. In gewisser Weise steckt hierin ein fester Plan. Die Vorsehung spielt bei den Stoikern eine wichtige Rolle, ohne freilich die Willensfreiheit des Menschen einzuschränken, der nach wie vor zwischen Gut und Böse entscheiden könne. Die hier angelegten logischen Probleme konnten die Stoiker nie befriedigend lösen. Da Substanz und *lógos* nach ihrer Ansicht gemischt sind, könne auch der Mensch nach dem Tod nicht völlig vergehen, sondern seine Seele vereinige sich wieder mit der Weltseele.

Im Bereich der Ethik macht sich diese Teilhabe am *lógos* ebenfalls bemerkbar. Sie helfe dabei Gut (*kalón*) und Schlecht (*kakón*) zu unterscheiden. Das Dazwischenliegende sei indifferent. In solch indifferente Bereiche gehören beispielsweise auch die körperlichen Zustände. Die Herrschaft der Vernunft könne zudem nur erreicht werden, wenn die vier Grundaffekte (Lust, Unlust, Begierde, Furcht) unterdrückt würden und die Leidenschaftslosigkeit (*apátheia*) erreicht werde. Nur dann sei es möglich, das Gute zu erkennen, zum Leitfaden des eigenen Handelns zu machen und über ein tugendhaftes Leben (*aretḗ*) zur *eudaimonía* zu gelangen.

Beide zentralen philosophischen Richtungen des Hellenismus fußten bei allen Unterschieden auf ähnlichen Grundannahmen und Weltbildern, die vor allem von der Naturphilosophie und der Ethik der platonischen Akademie sowie des Aristoteles herrühren. Beide entstanden kurz hintereinander in der Zeit der Diadochenkriege, als das irdische Leben aus den Fugen zu geraten schien. Beide gehen aber ganz unterschiedliche Wege bei der Suche nach einem Halt für die Suchenden und Fragenden. Obwohl sie darin übereinstimmen, einen Weg weisen zu wollen, wie man zum glücklichen Leben gelangen kann, in dem Schmerzen und Unglück keine Rolle spielen, unterscheiden sie sich doch deutlich. Epikur versuchte alle unangenehmen Dinge zu vermeiden – und sei es auch nur gedanklich. Zenon erklärte die unangenehmen Zustände dagegen zum größten Teil für indifferent. Vor allem die Stoa hat sich im Lauf des Hellenismus weiterentwickelt. Insbesondere die Akzentverschiebung durch Panaitios, der größeren Wert auf die moralische Verantwortung im alltäglichen Leben legte, ebnete den Stoikern den Weg zur (politisch weitgehend unbedeutend gewordenen) römischen Aristokratie der Kaiserzeit.

Rolle von Philosophen am Königshof

An den hellenistischen Königshöfen fungierten die Philosophen als wichtige Agenten im Verhältnis zur griechischen Welt. Sie besaßen das Recht der freien Rede (*parrhēsía*) und hielten den Königen zuweilen einen Spiegel vor. Dadurch, dass die Könige sie gewähren ließen, bewiesen sie, dass sie keine Tyrannen waren. Die Philosophen erfüllten darüber hinaus eine wichtige Ventilfunktion, die in Ansätzen mit dem mittelalterlichen Hofnarren vergleichbar ist.

4 Nachwirken

Epochengrenzen orientieren sich zumeist an politischen Ereignissen. In Bezug auf alle anderen Bereiche des menschlichen Lebens sind sie selten eine Grenze und wenn doch, dann niemals epochal. Das gilt auch für die üblichen Epochengrenzen des Hellenismus. Wie bereits in Kap. I.1 betont wurde, basierte der Erfolg Alexanders des Großen maßgeblich auf der Politik seines Vaters und auch nach dem Tod Kleopatras VII. existierten weiter hellenistische Königreiche. Darüber hinaus erfuhren mehrere hellenistische Herrschergestalten ein Nachleben, das beispielsweise bei Alexander dem Großen und Kleopatra VII. bis heute fortdauert. Zudem gehen viele Phänomene der römischen Kaiserzeit auf hellenistische Entwicklungen zurück und in vielerlei Hinsicht markiert selbst die arabische Eroberung des östlichen Mittelmeerraums kein Ende zentraler hellenistischer kultureller Eigenheiten.

In den folgenden beiden Abschnitten sollen aus dem Reigen dieser vielschichtigen Prozesse zwei Aspekte herausgegriffen werden: zum einen der Einfluss der hellenistischen Kultur auf Rom und zum anderen die Rezeption von drei hellenistischen Herrschergestalten.

4.1 Hellenisierung Roms

Römische Gesandtschaft in Alexandreia

Das Treffen einer römischen Gesandtschaft auf Ptolemaios VIII. in Alexandreia im Jahr 140/39 wird von antiken Autoren als eine Art „clash of civilizations“ geschildert. Auf der einen Seite die an zackige Preußen erinnernden Römer, auf der anderen Seite der füllige ptolemäische König, in durchsichtige Gewänder gehüllt, der wie ein rheinischer Karnevalsprinz anmuten konnte. Was diese eindrücklichen, aber einseitigen Darstellungen kaschieren, ist die Tatsache, dass die römische Gesandtschaft von Publius Cornelius Scipio Aemilianus Africanus minor angeführt wurde, dem Zerstörer Karthagos, der Marcus Tullius Cicero zufolge eine Reihe gebildeter Griechen und Römer um sich geschart hatte, zu denen unter anderem Polybios und der Philosoph Panaitios gezählt haben sollen. Die Gesandten waren also bestens vertraut mit den Feinheiten der griechischen Kultur und sie dürften auch in der Lage gewesen sein, das Auftreten des ptolemäischen Königs zu dekodieren und damit zu verstehen. Rom wurde spätestens seit dem sechsten vorchristlichen Jahrhundert von der griechischen Kultur geprägt – zunächst vermittelt über die Etrusker, später direkt über die unteritalischen und sizilischen griechischen Städte und seit dem ausgehenden 3. Jahrhundert durch immer intensivere Kontakte zu den griechischen *póleis* jenseits der Adria. Viele frühe Entwicklungen lassen sich aus der beschönigenden späteren Geschichtsschreibung zwar nur mühsam herausschälen, doch zeigt gerade diese spätere Verklärung, dass man in historisch besser zu greifenden Zeiten bemüht war, die eigene Vergangenheit mit der griechischen Geschichte zu verbinden. Die Aeneas-Legende verhalf den Römern zu einem trojanischen Stammbaum, der mythische Gründer Roms, den man wohl nach der Stadt Romulus nannte, erinnert an griechische Stadtgründer, das angebliche Gründungsdatum (753) wurde erstaunlich nah an den frühesten Erwähnungen oberster Magistrate in Sparta (754), Athen (752) und Korinth (747) sowie der frühesten griechischen Städtegründung im westlichen Mittelmeer (Pithekoussai, ca. 750) verortet, die Vertreibung der etruskischen Könige (509) in zeitliche Nähe zur Vertreibung der Peisistratiden aus Athen (510) gerückt und mit einem Orakelspruch aus Delphi verbunden. Der letzte König Tarquinius Superbus soll die für die folgende römische Geschichte so bedeutsamen Sibyllinischen Bücher (in griechischen Hexametern verfasste Orakelsprüche) erworben haben, für deren Deutung eine eigene Priesterschaft geschaffen wurde (*duumviri sacris faciundis*), und zur Abfassung der ersten geschriebenen Gesetze (Zwölftafelgesetz von 451/50) soll eine dreiköpfige Kommission nach Athen gereist sein, um die dortigen Gesetze zu studieren. Darüber hinaus hatte man die Verehrung anthropomorpher Götter in

Einfluss griechischer Kultur auf Rom

Tempeln – vermittelt über die Etrusker – übernommen, im Jahr 431 mit Apollo Medicus einen ersten Kult direkt aus Griechenland importiert und manche Kultpraktiken bezeichneten die Römer als *ritus graecus*. Diese zum Teil konstruierte oder gefühlte Nähe zum griechischen Kulturkreis hielt die Römer aber nicht davon ab, die unteritalischen *póleis* im frühen dritten Jahrhundert ihrem Herrschaftsgebiet einzuverleiben und nach dem Ende des 2. Punischen Krieges die sizilischen *póleis* (mit Ausnahme des verbündeten Syrakus) durch die Einrichtung der Provinz Sicilia (227) sich ebenfalls untertänig zu machen. Allerdings schreckte man wenig später nach dem Sieg im 2. Makedonischen Krieg (197) offenbar davor zurück, Makedonien zu provinzialisieren, erklärte die griechischen *póleis* für frei und zog sich kurz darauf militärisch zurück. Auch nach dem wenig später in Griechenland und Kleinasien ausgefochtenen Antiochoskrieg (192–188) wurden die auf Seiten des Seleukidenkönigs kämpfenden griechischen *póleis* vergleichsweise milde behandelt. Das römische Verhalten begann sich aber nach dem 3. Makedonischen Krieg (171–168) zu ändern. Zwar wurde Makedonien noch immer nicht provinzialisiert, sondern in vier nur bedingt handlungsfähige Republiken geteilt – womit sich Rom letztlich der Verantwortung, die der Sieg mit sich brachte, entzog –, doch zeigt die Deportation von über 1.000 hochrangigen Mitgliedern des Achaischen Bundes, zu denen auch Polybios zählte, dass man in der Tiberstadt nun zu drastischeren Maßnahmen bereit war. Damit stieg aber auch der Einfluss der griechischen Kultur auf Rom, denn viele der deportierten Griechen traten in regen Austausch mit römischen Senatoren – zum Beispiel mit Publius Cornelius Scipio Aemilianus Africanus minor. Eine griechische Gesandtschaft unter der Führung des Philosophen Karneades hinterließ im Jahr 155 einen bleibenden Eindruck auch bei der breiteren Bevölkerung und nach der Plünderung Korinths im Jahr 146 gelangten so viele Kunstschätze nach Rom, dass Horaz darin später einen wichtigen Zivilisierungsschub erblicken konnte. Der nach Rom fließende enorme Reichtum verschärfte zudem das Konfliktpotential zwischen den um Ämter und Ansehen konkurrierenden Mitgliedern der führenden Familien.

Römische Feldherren in den Fußspuren der Könige

Wahrscheinlich war der dritte Makedonische Krieg kein *bellum iustum* im römischen Sinn. Es ging den Römern nicht darum, Verbündeten Hilfe zu leisten, nachdem sie attackiert worden waren, es ging nicht um die Ahndung von Vertragsbruch und es wurden Perseus bezeichnenderweise keinerlei Forderungen unterbreitet oder ein Ultimatum gestellt. Wahrscheinlich lockten Ruhm und Kriegsbeute zu sehr. Der Sieger Lucius Aemilius Paullus, der nach seinem Sieg den Beinamen Macedonicus erhielt, schenkte seinen Söhnen die ansehnliche königliche Bibliothek und okkupierte zudem ein für den Kriegsgegner in Delphi in Bau befindliches Ehrenmonument. Die herausragenden und kaum noch in das republikanische System Roms zu integrierenden Feldherren der späten Republik scheuten nicht den Vergleich mit Alexander dem Großen und wurden von den griechischen *póleis* des östlichen Mittelmeeres wie hellenistische Monarchen behandelt. Das galt sogar für Augustus, der in Rom bemüht war, jeden Eindruck zu vermeiden, nach seinem Sieg im Bürgerkrieg eine Monarchie errichten zu wollen.

Langfristige Folgen der römischen Herrschaft

Obwohl weite Teile Griechenlands im Zuge der drei makedonischen Kriege in Mitleidenschaft gezogen wurden, manche Regionen einen deutlichen Bevölkerungsrückgang hinnehmen mussten, und Städte wie Korinth zerstört wurden, führte die römische Herrschaft langfristig zu einer erneuten Blüte der griechischen Kultur. Insbesondere im zweiten Jahrhundert n. Chr., der Zeit der sogenannten zweiten Sophistik, erlebten Orte wie Athen einen Bauboom, wie es ihn seit den Tagen eines Perikles nicht mehr gegeben hatte. Auch Kleinasien, das bis zur Herrschaft des Augustus von römischen Steuerpächtern und Magistraten eher ausgepresst als gefördert wurde, blühte in der frühen und mittleren Kaiserzeit wieder auf. Die griechischen *póleis* waren nach wie vor kulturelle Zentren ersten Ranges und griechische Kultur verbreitete sich noch immer. Das gilt nicht nur für das Römische Reich, sondern auch für viele Gebiete außerhalb der Reichsgrenzen. Die parthischen Könige stilisierten sich nicht ohne Grund als Hellenenfreunde, in den griechischen *póleis* des Partherreiches ging das Leben auch nach dem Ende des Seleukidenreiches seinen gewohnten Gang, Seleukeia am Tigris war noch in der römischen Kaiserzeit eine pulsierende Metropole und mancher Partherkönig besaß ein Faible für klassische griechische Tragödien. Ganz im Osten des ehemaligen Alexanderreiches dehnte sich griechische Kultur sogar weiter aus. Als die baktrischen Könige Teile Nordwestindiens eroberten, beeinflusste ihre Kultur auch diese Gebiete nachhaltig. Die Darstellungen griechischer Sagengestalten wie Herakles in der Kunst Gandharas legen hierfür ein beredtes Zeugnis ab. Die Kontakte in die Mittelmeerwelt rissen auch nach dem Ende der baktrischen Könige nicht ab. Kunstentwicklungen der römischen Kaiserzeit wurden in Indien auch weiterhin adaptiert.

Das Ende der hellenistischen Königtümer bedeutete somit keineswegs das Ende der hellenistischen Welt. Vielmehr bot die *pax Romana* ideale Rahmenbedingungen für eine weitere Verbreitung hellenistischer Kultur und selbst die arabischen Eroberungen brachten kein abruptes Ende dieser Entwicklung. Bereits zuvor waren zwar regional alte Traditionen wieder zum Vorschein gekommen, wie das plötzliche Aufblühen der syrischen Literatur in der Spätantike deutlich zeigt. Damit war die Hellenisierung aber keineswegs gestoppt oder beendet. Auch die arabischen Eroberer nutzten gerne römische Künstler sowie Handwerker – und ohne die arabischen Übersetzungen klassischer Texte wären manche Werke (etwa des Aristoteles) verloren gegangen. Dennoch bedeutete die arabische Eroberung einen Bruch, denn die sich selbst verwaltende Stadt als Grundbaustein der griechisch-römischen Welt und der griechische Bildungskanon, den sich sowohl die makedonischen Könige als auch die Römer zu eigen gemacht hatten, verloren nun deutlich an Bedeutung. Aber sowohl die byzantinischen Kaiser als auch die auf dem Gebiet des ehemaligen weströmischen Kaiserreiches entstehenden germanischen Königreiche sahen sich als Rechtsnachfolger der römischen Kaiser und die griechisch-römische Kultur bildete noch immer den wesentlichen Bezugsrahmen. Die verschiedenen nachantiken Renaissancen waren jeweils Versuche, die als klassisch empfundenen Bildungsideale wieder zu beleben. Insbesondere die frühe italienische Renaissance mit ihren starken Städten und selbstbewussten Bürgern, mit herausragenden Künstlern und Wissenschaftlern wäre ohne die Hellenisierung der Mittelmeerwelt nicht denkbar gewesen.

4.2 Rezeption ausgewählter hellenistischer Herrschergestalten

Einige hellenistische Könige und Königinnen übten auch auf die Nachwelt eine Faszination aus, die ihnen phasenweise eine starke Rezeption sicherte. Dabei bewegte sich die Attraktivität dieser Personen zwischen Abscheu und Bewunderung, wobei der Zauber des Exotischen häufig einen besonderen Reiz ausübte. Im Folgenden soll die Rezeption von drei Herrschergestalten exemplarisch skizziert werden, wohl wissend, dass auch andere Könige und Königinnen nach ihrem Tod Interesse auf sich zogen. Die Verehrung von Arsinoë II. bis ins zweite nachchristliche Jahrhundert sowie die noch heute im jüdischen Chanukka-Fest lebendige Erinnerung an den Makkabäeraufstand bzw. die Rolle, die Antiochos IV. in den Makkabäerbüchern zugewiesen wird, seien hier stellvertretend genannt.

4.2.1 Alexander der Große

Zeit der Diadochen

Die nur ungenügend geregelte Nachfolge Alexanders führte nicht nur zu den Wirren der Diadochenzeit, sondern auch dazu, dass sich einige Diadochen sehr deutlich an Alexander orientierten. Am weitesten ging Eumenes von Kardia, der als Nicht-Makedone sozial geringer Herkunft einen doppelten Nachteil gegenüber den übrigen Diadochen besaß. Um seine Soldaten, bei denen es sich wie bei den anderen Diadochen auch im Kern um ehemalige Soldaten Alexanders handelte, zu motivieren, ließ er ein Zelt sowie einen Thron Alexanders mitführen, auf dem sich ein Diadem und andere Teile des Königsornats Alexanders befanden, und berief sich mehrfach auf Träume, in denen ihm Alexander erschienen sei. Mit diesen Legitimierungsbemühungen hatte Eumenes – so erstaunlich das scheinen mag – tatsächlich Erfolg.

Alexander und spätere Könige

Einige spätere Könige versuchten ihre Position dadurch zu verbessern, dass sie sich den Namen Alexanders zulegten (Alexander Balas, Alexander Zabinas, Ptolemaios X. Alexander I., Ptolemaios XI. Alexander II.) und einer der Söhne von Marcus Antonius und Kleopatra VII. erhielt den Namen Alexander Helios. Neben dem Namen wurde auch das äußere Erscheinungsbild Alexanders als Vorbild genutzt. Die Münzen des Diodotos Tryphon (142–138) zeigen ein Porträt des Usurpators, deren Frisur auffällig deutlich an Alexanderbildnisse angelehnt wurde, und auch Mithradates VI. wählte diesen Weg, um die Nutzer der Münzen mehr oder weniger subtil davon zu überzeugen, dass er ein neuer Alexander sei.

Alexander-*imitatio* in Rom

Wurde Alexander der Große im Hellenismus somit mehrfach als positives Vorbild verwendet, standen einer solchen Nutzung in Rom zunächst hohe Hürden entgegen. Die Römer waren stolz darauf, die etruskischen Könige vertrieben und eine Republik etabliert zu haben. Alles Königliche war suspekt. Als im ersten Jahrhundert v. Chr. immer wieder einzelne Gestalten den Rahmen des republikanischen Systems sprengten, war eine Alexander-*imitatio* aber plötzlich naheliegend. Pompeius legte sich nicht nur den ihm von Cicero und anderen angetragenen Beinamen *magnus*, „der Große", zu, was als Anspielung auf Alexander den Großen verstanden werden musste, sondern orientierte sich auch äußerlich an Alexander, indem er dessen markante Stirnlocke (*anastolḗ*) kopierte und trug bei seinem Triumph im Jahr 61 v. Chr. einen angeblichen Mantel Alexanders, den er nach dem Sieg über Mithradates VI. erbeutet hatte.

Auch einige römische Kaiser nutzten Alexander-Reliquien. Augustus siegelte lange Zeit mit einem Bildnis Alexanders, Caligula (37–41 n. Chr.) soll zuweilen den Brustpanzer Alexanders getragen haben und Caracalla (211–217) benutzte Waffen und Becher Alexanders. Dieser Kaiser ließ zudem ebenso wie schon Nero (54–68) eine makedonische Phalanx aufstellen. Trajan (98–117) besichtigte in Babylon das Sterbezimmer Alexanders. Octavian/Augustus (27 v. Chr.-14 n. Chr.) ehrte nach seinem Sieg über Kleopatra VII. das Grab Alexanders, brach allerdings angeblich auch dessen Nase ab, als er die Mumie berührte. Septimius Severus (193–211) ließ das Grab versiegeln, Caracalla wieder öffnen. Das letzte Mitglied der severischen Dynastie, Severus Alexander (222–235), nahm den Namen Alexanders an und verehrte den Makedonen so sehr, dass ihm nach dem Tod vorgeworfen wurde, er hätte ein zweiter Alexander werden wollen.

Antiker Tourismus

Aber nicht nur Kaiser versuchten durch Anlehnung an Alexander den Großen dessen inzwischen unbestritten positive Aura zu nutzen, auch verschiedene griechische *póleis* waren bestrebt, von seinem Glanz zu profitieren. Selbst *póleis*, die weder von Alexander gegründet oder besucht worden waren noch von ihm profitiert hatten, versuchten die eigene Stadtgeschichte mit ihm zu verbinden und/oder prägten Münzen mit seinem Bildnis. Orte, die wie das Alexanderhaus in Megalopolis, die Alexandereiche in Chaironeia oder die Bänke in Miëza, auf denen Alexander von Aristoteles unterrichtet worden war, wurden zu touristischen Hotspots. Es gelang Alexander dem Großen sogar, in den Bereich der Magie vorzudringen: Amulette mit seinem Bildnis galten als besonders wirksam.

Alexanderroman

Der Alexanderroman, der sich seit dem 3. nachchristlichen Jahrhundert nachweisen lässt, weist in eine ähnliche Richtung der Alexanderrezeption, denn er richtete sich an ein breites Publikum, besaß keinen künstlerischen Anspruch und verließ den Pfad historische Korrektheit. Eine wichtige literarische Quelle des Romans bildeten fiktive Sammlungen von Alexanderbriefen, die bereits eine Reihe von Wundererzählungen enthielten. Die zum Teil sehr unglaubwürdigen Geschichten und die schlechten geographischen Kenntnisse des Verfassers verhinderten nicht den überragenden Erfolg des Werkes, das in unzählige Sprachen übersetzt wurde und im Mittelalter neben der Bibel das Buch mit der weitesten Verbreitung darstellte. Zeugung und Geburt des unbesiegbaren Helden waren magisch aufgeladen und wiesen bereits darauf hin, dass er über jedem Menschenmaß stehen, ja unsterblich werden würde. Auch die zuweilen negative Bewertung Alexanders bei den lateinischen Kirchenvätern und Autoren wie Augustinus und Orosius konnte den Erfolg über die Antike hinaus nicht verhindern, da Alexander an den mittelalterlichen Höfen einen wichtigen Bezugspunkt bildete. Damals entstanden – häufig auf Initiative von Monarchen – rund 80 literarische Werke in 35 Sprachen. Alexanders Soldaten wurden hier zu Vorfahren der Franken und Sachsen erklärt. Ein im Alexanderroman berichtetes phantastisches Abenteuer wurde sogar in der Ausstattung von Kirchenbauten rezipiert, denn in romanischen Kirchen finden sich häufig Reliefs mit der Darstellung der angeblichen Luftfahrt Alexanders mit Hilfe von Greifen, die er an einen Korb gebunden hatte, in dem er selbst Platz nahm. Die Darstellung symbolisierte die Überheblichkeit (*superbia*) des Königs, der damit höher in den Himmel aufzusteigen versuchte als alle anderen Sterblichen.

Islam

Auch in den islamischen Kulturkreis ging Alexander ein, der nicht nur in der 18. Sure (83–98) erwähnt wird, sondern beispielsweise auch im Hauptwerk des persischen Dichters Nezami (ca. 1141–1209 n. Chr.) einen festen Platz einnahm. In der Neuzeit inspirierte Alexander vor allem Tragödiendichter, aber auch Maler und Opernkomponisten, denn sowohl die antike Vulgata-Tradition um Curtius Rufus als auch der Alexanderroman boten reichlich Stoff für tragische sowie komische zwischenmenschliche Verwicklungen.

Hollywood

Es ist daher nicht verwunderlich, dass Hollywood Alexander für ein interessantes Sujet hielt, das vor allem in zwei monumentalen Spielfilmen ausgeschlachtet wurde: 1956 nach einem stark an Curtius Rufus angelehnten Drehbuch von Robert Rossen mit Richard Burton in der Hauptrolle und 2004 nach einem Drehbuch von Oliver Stone, das auf der Biographie des Althistorikers Robin Lane Fox basiert, mit Colin Farell als Alexander.

4.2.2 Mithradates VI.

Eine ähnliche, wenn auch weniger glanzvolle und kürzere postmortale Karriere erlebte Mithradates VI., der wichtigste äußere Gegner der späten römischen Republik. Der Grund dafür waren aber nicht primär seine militärischen Erfolge oder sein Stehvermögen gegenüber Rom, sondern drei andere Aspekte. Bereits in der Antike wurde der pontische König für seine Sprachbegabung gelobt – angeblich beherrschte er 22 Sprachen. Das war der Hauptgrund, weshalb 1555 der Schweizer Conrad Gesner seine linguistische Enzyklopädie „*Mithridates sive de differentiis linguarum*" nannte. Deutlich bekannter wurde Mithradates VI. aber aufgrund seiner Angst vor Vergiftung, der er mit der Einnahme verschiedener Gegengifte vorzubeugen versuchte. Daraus resultierten sein hohes botanisches Interesse und seine Versuche mit Gegengiften, die er in stetigen und geringen Dosen einnahm. Diese Methode wird nach dem König als „Mithridatisation" bezeichnet. Den Erfolg in der neuzeitlichen Theaterliteratur und Oper verdankte der pontische König aber weniger diesem Ruhm als den Umständen seines Todes. Bereits in der Antike zirkulierten verschiedene Versionen, die alle gleichermaßen tragisch waren. Insbesondere die bei Cassius Dio überlieferte Version, der dem Konflikt mit seinem Sohn Pharnakes II. eine zentrale Rolle zuwies, bot den Stoff für Dramen. Mit dem historischen König gingen die Dichter recht frei um, wie nicht zuletzt Racines „Mithridate" aus dem Jahr 1673 und die vom 14-jährigen Mozart komponierte Oper „Mithridate, re di Ponto" zeigen. Ein ausgewogenes und differenzierteres Bild zeichnete erst die althistorische Forschung seit dem 19. Jahrhundert.

Sprachbegabung

4.2.3 Kleopatra VII.

Anders als Alexander der Große erlebte die Kleopatra-Rezeption erst in der Nach-Antike ihre Blüte. Die geschlagene Ptolemäerin, die von Augustus in ein möglichst negatives Licht gerückt worden war, konnte kaum als Vorbild dienen. Kaisarion war als leiblicher Sohn von Kleopatra und Caesar eine potentielle Gefahr für die Ansprüche Octavians auf Caesars Erbe und die Liebesbeziehung zwischen Kleopatra und Marcus Antonius ging zu Lasten von dessen Ehefrau Octavia, der Schwester Octavians. Die wichtigsten Dichter der augusteischen Zeit Vergil, Horaz und Properz waren sich in ihrer negativen Bewertung einig mit Cicero, Lucan und anderen. Vereinzel-

Kleopatra und Caesar

te positive Stimmen stammen aus Ägypten (etwa im 1. Jh. n. Chr. vom alexandrinischen Grammatiker Apion), wo Kleopatra wegen ihrer Bau- und Stiftungspolitik in guter Erinnerung blieb. Das dürfte auch der Grund sein, weshalb sie in der arabischen Literatur vor allem als Baumeisterin gelobt wurde, auch wenn etwa die Zuschreibung des Leuchtturmbaus von Alexandreia an Kleopatra historisch falsch ist. In der mittelalterlichen europäischen Literatur dominiert dagegen das negative Bild von Kleopatra als schöne sowie liebeshungrige Ehebrecherin (etwa bei Dante und Boccaccio). Genau diese Charaktereigenschaften sicherten ihr auch einen festen Platz in der neuzeitlichen Theaterdichtung sowie der Opern- und Operettenwelt. Die bereits in der Antike von Legenden umrankten Todesumstände der Ptolemäerin regten zudem die Phantasie der bildenden Künstler an. Vor allem die Version, der zufolge Kleopatra durch den Biss einer an die Brust gesetzten Natter starb, wurde gerne aufgegriffen, da sie Anlass bot, die Königin halbentblößt darzustellen. Seit einem ersten Kurzfilm über Kleopatra aus dem Jahr 1899 reißt die Produktion von filmischen Meisterwerken und weniger qualitätvollen Produktionen nicht ab, wobei zunächst zumeist Shakespeares „Antonius und Kleopatra“ als Vorbild diente. Aus den inzwischen über 90 Produktionen seien vor allem die Verfilmungen von 1945 mit Vivien Leigh und aus dem Jahr 1963 mit Elizabeth Taylor in der Hauptrolle hervorgehoben. Einem breiten Publikum ist die ptolemäische Königin zudem durch drei Auftritte in den Asterix-Bänden und in einigen Asterix-Filmen bekannt.

Todesumstände

II Grundprobleme und Tendenzen der Forschung

Die Erforschung der hellenistischen Geschichte hat seit den 1980er Jahren nicht nur eine Reihe neuer inhaltlicher Impulse erhalten, sondern auch verstärkte Aufmerksamkeit erfahren. Das liegt zum einen an der im Vergleich mit anderen antiken Epochen zuvor eher stiefmütterlichen Behandlung, zum anderen an einer immer größer werdenden Quellenbasis. Zudem haben sich viele Wissenschaftlerinnen und Wissenschaftler zu neuen Netzwerken zusammengeschlossen – hier sei stellvertretend der immer wieder stattfindende „Seleukid Study Day" genannt –, was zu einer weiteren Intensivierung der Forschung geführt hat.

Der enorme Anstieg an Forschungsarbeiten zur hellenistischen Geschichte macht im Folgenden eine Beschränkung unumgänglich. Vor allem die Forschung des 21. Jahrhunderts wird daher im Mittelpunkt dieses Überblicks stehen. Zwar werden an verschiedenen Stellen auch Tendenzen der älteren Forschung besprochen, dies erfolgt aber nur, wenn sie zum Verständnis der jüngeren Forschungsansätze wesentlich beitragen. Trotz dieser Beschränkung ist es nicht möglich, die gesamte Forschung der vergangenen beiden Jahrzehnte zu berücksichtigen. Ein wesentliches Auswahlkriterium bestand darin, möglichst die gesamte Breite der Forschungstendenzen abzubilden, ohne diese im Einzelnen ausführlich zu bewerten. Damit soll ein möglichst vorurteilsfreier Überblick ermöglicht werden, auch wenn sich der Verfasser durchaus bewusst ist, viele Bereiche nicht berührt zu haben.

1 Philipp II. und Alexander der Große

Bedeutung Philipps II. für Alexander den Großen

In der jüngeren Forschung wurde völlig zurecht immer wieder hervorgehoben, dass Alexander ohne seinen Vater Philipp II. kaum in der Lage gewesen wäre, die welthistorische Bedeutung zu erlangen, die ihm ohne Zweifel zukommt (aus guten Gründen behauptet Worthington [1.2: Alexander, Philip, 97], man hätte lieber Philipp II. den Beinamen „der Große" verleihen sollen). Philipp hatte Makedonien durch die stärkere Integration der obermakedonischen Adeligen und eine Reihe wichtiger Reformen von einem vergleichsweise

https://doi.org/10.1515/9783110648737-002

rückständigen, feudal geprägten Agrargemeinwesen zu einem fortschrittlichen ‚Staat' geformt [1.1: Hatzopoulos, Philippe II]; E. M. Anson [1.1: Philip II and the transformation] betont in diesem Zusammenhang die Landverteilung an die arme Landbevölkerung; W. L. Adams [1.1] hebt die Bedeutung von Städtegründungen zur Grenzregionsicherung hervor (s. Scholz [0.6: 15] zu den bereits zuvor in Makedonien existierenden Städten. Damit war er – wie es Worthington [1.1: By the spear, 6] formulierte – zum Architekten dessen geworden, was Alexander als Baumeister schließlich ausführte. Insofern ist konsequenterweise auch in Frage gestellt worden, ob man den Hellenismus mit dem Herrschaftsantritt oder Tod Alexanders beginnen lassen sollte, denn die entscheidenden Weichenstellungen fanden bereits eine Generation früher statt. Ob man deswegen Philipp II. aber über Alexander stellen sollte [1.1: Gabriel], mag bezweifelt werden. Die wichtigste Basis für die Erfolge Philipps bildete zweifellos das reformierte und vergrößerte Heer (zu den Entwicklungen seit der Zeit des Archelaos siehe den knappen Überblick von Greenwalt [1.1]). Neben der Einführung der Sarissa, einer 14 bis 18 Fuß (ca. 2,5 bis 3 Meter) langen Lanze, taktischer Verbesserungen in Bezug auf Infanterie und Kavallerie sowie von Belagerungseinheiten [1.1: Anson, Philip II and the creation; Bosworth; Fündling, 44–47; Gabriel, 61–95; Worthington, By the spear, 32–37; s. auch Bettalli] und der damit einhergehenden Erhöhung der Schlagkraft des argeadischen Heeres kam den griechischen und thrakischen Söldnern eine große Bedeutung zu. Ihre Anwerbung und Bezahlung führte sozusagen als Nebeneffekt zu einer Monetarisierung der thrakischen Siedlungsgebiete an der unteren Donau [1.1: Rufin Solas]. Ebenso wichtig war die Integration der wohlhabenden Makedonen, die als schwere Infanterie dienten und die durch die Verleihung des Titels „Gefährten zu Fuß" (*pezhétairoi*) enger an den König gebunden wurden. Anson [1.1] hat diese Maßnahme mit Philipp II. verbunden und in die Phase nach der Schlacht von Chaironeia datiert. Ein wesentlicher Schlussstein im von Philipp errichteten Gebäude für den Erfolg Alexanders war sicher die militärisch erzwungene Zwangsbefriedung Griechenlands und die Gründung des Korinthischen Bundes [1.1: Richardson].

Todesumstände Philipps II.

Die Todesumstände Philipps sind seit jeher ein zentraler Gegenstand der Diskussion gewesen. Die Alexander (und Olympias) feindlich gesinnten Quellen betonen deren Verstrickung in die Tat [1.1: Hatzopoulos, La mort]. Aber auch andere Szenarien sind denkbar –

so könnten beispielsweise die Perser involviert gewesen sein [1.1: Carney, The Politics; Gabriel; Lindholmer] oder die in den Quellen angedeutete homosexuelle Beziehung zwischen Philipp und Pausanias eine maßgebliche Rolle gespielt haben [1.1: Mortensen].

Ebenso wie Philipp wurde auch sein Sohn bereits von den Zeitgenossen sehr unterschiedlich bewertet. Aber anders als Philipp, der sich kaum um die Meinung anderer geschert zu haben scheint, ließ Alexander die griechische Öffentlichkeit während seines Perserfeldzuges durch den angesehenen Historiker Kallisthenes laufend mit Informationen versorgen (zu Kallisthenes und den übrigen Alexanderquellen siehe den Überblick bei Engels [1.1: 12–19] und Wiemer [1.2: 16–49]). Die in panegyrischer Weise verfasste Darstellung ist zwar nicht erhalten, dürfte aber spätere Autoren stark beeinflusst haben. Auch einige Zeitgenossen Alexanders verfassten Werke über den Makedonen – häufig mit autobiographischem Einschlag. Hervorzuheben sind hier in erster Linie Ptolemaios I., der Begründer der ptolemäischen Dynastie, und Aristobulos, der Alexander als Techniker auf dem Feldzug begleitete. Beide Autoren waren die Hauptquellen für die Beschreibung des Alexanderzuges durch Arrian aus der ersten Hälfte des 2. Jhs. n. Chr., die zwar nicht zu den frühesten erhaltenen Gesamtdarstellungen zählt, aufgrund der benutzten Quellen aber als besonders zuverlässig angesehen wird [1.2: Hammond, Sources, passim]. Daneben sind auch weitere Autoren indirekt überliefert, die ihre Werke zumindest in großer zeitlicher Nähe zu Alexander abfassten wie Kleitarchos (Taten Alexanders in 12 Büchern, vielleicht um 310 veröffentlicht), der die Hauptquelle für das 17. Buch von Diodors *Bibliotheke* (Mitte 1. Jh.) gebildet zu haben scheint, und weitere Autoren wie Onesikritos, Nearchos und wiederum Aristobulos, die Strabon in seinen Geographika (frühes 1. Jh. n. Chr.) benutzte, sowie das Hoftagebuch Alexanders, die Ephemeriden, deren Existenz jedoch auch bezweifelt wurde (zu den verschiedenen Überlieferungssträngen sowie den sich daraus ergebenden Konsequenzen für die Alexander-Tradition und Forschung s. Lehmann [1.2]). Da die griechische Historiographie davon gekennzeichnet ist, die Glaubwürdigkeit früherer Autoren infrage zu stellen, sahen sich die erhaltenen späteren Autoren stets mit unterschiedlichen älteren Darstellungen konfrontiert. Hinzu kam, dass eine Reihe fiktiver Briefe Eingang in die antike Alexandertradition gefunden hat [1.2: Steinmann]. Die problematische Quellenlage gepaart mit der historischen Bedeutung Alexanders hat be-

Quellen zur Geschichte Alexanders

reits lange vor dem Beginn der modernen Geschichtswissenschaft zu teils extremen Bewertungen sowohl der Person als auch der Taten Alexanders geführt. Auch die Historiker des 19.-21. Jhs. betonen sehr unterschiedliche Aspekte. So war Alexander für J. G. Droysen [1.2] beispielsweise der positiv bewertete Wegbereiter des Christentums, während S. Müller [1.2: Alexander der Große, 80] den Alexanderzug ganz pragmatisch als eine von Beginn an „makedonische Sache“ betrachtet, die „Expansion, Beute und Sicherung eines regulären Einkommens aus der Kontrolle über eingenommene Gebiete“ bringen sollte – um nur zwei Positionen zu nennen.

Alexanders Motive und Ziele

Damit ist man unmittelbar bei der häufig diskutierten Frage nach der Motivation Alexanders. Die antiken Autoren betonen zuweilen den *póthos*, die „Begierde“ (nach mehr), als Alexanders entscheidende Triebfeder (z. B. Arrian, *anabasis* 3.3.1). Das mag im Kern das Richtige treffen, doch konzentriert sich die Forschung zumeist eher auf konkretere Aspekte – etwa die Frage, ab welchem Zeitpunkt Alexander beabsichtigte, das gesamte Perserreich zu erobern. Hierbei sind sicher verschiedene Ebenen zu unterscheiden. Als Hegemon des Korinthischen Bundes führte Alexander offiziell einen Rachefeldzug, dessen Ziel unter anderem die Befreiung der griechischen *póleis* war und der mit der Zerstörung von Persepolis sowie der Entlassung des Bundesheeres in Ekbatana sein Ende fand (zum Verhältnis des Königs zum Korinthischen Bund: [1.2: Poddighe]). Die Tatsache, dass Alexander von Beginn an die Strukturen des Perserreiches übernahm, eigene Satrapen einsetzte und die meisten befreiten *póleis* weiterhin Abgaben in der bisherigen Höhe zu leisten hatten, zeigt aber auch, dass es faktisch von Beginn an darum ging, den eigenen Herrschaftsbereich auszuweiten. Angesichts dessen hat Müller [1.2: Alexander der Große, 80 (s. o.)] sicher recht. Ob es damit aber von Beginn an das Ziel Alexanders gewesen ist, das gesamte Perserreich zu erobern [so etwa 1.2: Gehrke Alexander der Große, 35], steht auf einem anderen Blatt. Als mögliche Wendepunkte könnte man die Ereignisse um den gordischen Knoten [1.2: Demandt, 128], den Sieg bei Issos sowie die ehrenvolle Behandlung der nach Issos gefangenen Familienmitglieder des Dareios [1.2: Wiemer, 105] oder die Zurückweisung der beiden Angebote des Dareios, das Herrschaftsgebiet zu teilen, annehmen [1.2: Barceló, 131 und 226; 1.1: Engels, 52; vgl. 1.2: Gehrke, Alexander der Große, 45; zu Dareios s. auch 1.2: Briant]. Vieles hängt von der Frage ab, welchen antiken Quellen man größeres Vertrauen entgegenbringt und wie man die Persönlichkeit Alexanders einschätzt (der Titel *basileús tḗs Asías*, König von Asien, ist bei Arr. Anab. 2.14.9 und bei Plut. Alex. 34.1 für die Zeit nach der Schlacht von Issos belegt; zu dessen umstrittener Bedeutung s. Kholod [1.2: On the Titulature, 239 f.]).

Erziehung und Sozialisation Alexanders

Eng mit dieser Frage verbunden sind Überlegungen, wie stark die Erziehung, frühe Sozialisation und der in den antiken Quellen angedeutete Bezug Alexanders auf eine heroisch-mythische Vergangenheit sein Handeln beeinflusste (grundlegend: Thomas [1.2]). Die dezidiert von Homer inspirierten Symbolhandlungen zu Beginn des Krieges, der Einfluss des Aristoteles und die Bedeutung der Königsfreunde werden in der jüngeren Forschung einhellig gewürdigt und auf ältere Versuche, mit den Mitteln der modernen Psychologie das ‚Wesen' Alexanders zu ergründen, wird weitgehend verzichtet [1.2: Demandt, 81–90; Gehrke, Alexander der Große, 20–22; Wiemer, 76–85; Müller, Alexander der Große, 49–56; noch psychologisierend: 1.2: Barceló, 51]. Umstritten ist die Rolle Homers lediglich im Detail; einige betonen die große Bedeutung der homerischen Epen, deren Welt der makedonischen Lebenswirklichkeit ähnlich gewesen sei [1.2: Carney; Gehrke, Alexander der Große, 20]; zur sich aus dieser Andersartigkeit ergebenden Diffamierung Alexanders durch Griechen s. Pownall [1.2]; andere haben Zweifel an der Historizität bzw. Bedeutung des auf homerische Vorbilder zurückgehenden Speerwurfs auf asiatischen Boden für Alexander geäußert [1.1: Engels, 48 f.; 1.2: Zahrnt].

Bedeutung Homers für Alexander

Bei vielen noch vor einer Generation kontrovers diskutierten Themen (siehe etwa die Forschungsüberblicke bei Gehrke [0.6: 143–158] und Wiemer [1.2: 204–214]) ist inzwischen Ruhe eingekehrt, dafür werden Aspekte, die man damals für längst ausreichend behandelt erachtete, wieder verstärkt in den Blick genommen. Hierzu zählt beispielsweise der militärische Bereich des Alexanderfeldzuges. Hervorzuheben sind der reich bebilderte Band von R. Sheppard [1.2] sowie verschiedene Monographien von S. English [1.2 The army; Alexander; The field campaigns], in denen die einzelnen Truppenteile, die Strategien und Schlachten Alexanders rekonstruiert werden. Daneben reißt auch die Reihe der Aufsätze zu militärischen Detailfragen nicht ab (Atkinson [1.2] zur Professionalisierung und Gruppensolidarität; Juhel [1.2] zur Ausrüstung des Heeres; Kholod [1.2: The Macedonian] zur Bedeutung des von Philipp II. ausgesandten makedonischen Expeditionsheeres für den Alexanderzug; Müller [1.2: Alexander der Große, 268 Anm. 12] zu den verschiede-

militärische Aspekte des Alexanderzuges

nen Berechnungen der Heeresstärke; Murray [1.2] zur Flotte; Rzepka [1.2] zur Gliederung der Armee; Wrightson [1.2] zur Aufstellung der Offiziere in der Schlacht). Während die wesentlichen taktischen Aspekte des Feldzuges weitgehend unstrittig zu sein scheinen, bleiben die Ereignisse in Baktrien und Sogdien sowie im Industal im Detail noch immer unklar [1.2: Rapin; Lerner]. Ein wesentliches Problem sind die ungenauen Angaben, topischen Aufladungen und Stilisierungen in den antiken Quellen (zu den Quellen des Indienfeldzuges: Bloedow [1.2]; Grossato [1.2]; Zambrini [1.2]; Howe [1.2], dort auch zu Baktrien und Sogdien; zu den Städtegründungen Alexanders in der Region: Fraser [1.2] und Giangiulio [1.2]; grundsätzlich auch Lindström [1.2]). Eng damit verbunden sind Fragen nach den geographischen Kenntnissen Alexanders und seiner Zeitgenossen. Hierbei kommt dem im 3. Jh. lebenden Universalgelehrten Eratosthenes bzw. dessen Geographika die Schlüsselrolle zu, so dass er auch für die Deutung des Alexanderzugs immer wieder herangezogen wird [1.2: Geus]; s. auch H.-J. Gehrke [1.2: Alexander der Große. Welteroberung] zum geographischen Wissen in der Zeit Alexanders, seiner Bedeutung für die Konzeption des Feldzuges und der ständigen Verfeinerung während des Feldzuges.

Ereignisse in Baktrien, Sogdien und Indien

Die entscheidende Leistung Alexanders war aber vielleicht weniger sein militärischer Erfolg (zu den Widerständen s. Heckel [1.2: In the Path]), als vielmehr die weitgehend erfolgreiche Sicherung der eroberten Gebiete und die Versuche, eine neue Herrschaftsform zu schaffen, die sowohl von den makedonischen und griechischen als auch von den indigenen Untertanen akzeptiert werden konnte. Neben der Anlage von mit Soldaten besiedelten Städten (zu den Problemen in Baktrien: Iliakis [2.5.9]) kam der Übernahme bestehender administrativer Strukturen sowie von Elementen des persischen Ornats, Teilen des Personals und Aspekten des Hofzeremoniells eine besondere Bedeutung zu (Brosius [1.2] weist aber darauf hin, dass Alexander letztlich die achaimenidische Herrschaftspraxis nicht verstanden habe). Die sich daraus ergebenden Spannungen zwischen Alexander und seinen makedonischen Gefährten wurden bereits von den antiken Autoren thematisiert und bilden seitdem ein wichtiges Forschungsfeld [allgemein: 1.2: Calandra; Collins, The Persian; Gehrke, Alessandro; Müller, Alexander, Makedonien; Müller, In the shadow; Worthington, Alexander]. Die Bedeutung der *proskýnēsis* ist nach wie vor einer der Kernstreitpunkte, denn diese ehrfürchtige Verbeugung wurde in Griechenland üblicherweise nur

Maßnahmen zur Stabilisierung der Herrschaft

vor Göttern vollzogen, im Perserreich aber vor dem König, der damit in den Augen der Griechen und Makedonen wie ein Gott geehrt wurde [1.2: Vössing; Muccioli]; L. O'Sullivan [1.2] betont die Rolle der Feinde des Kallisthenes am Hof, die letztlich seinen Tod im Rahmen seiner Verweigerung der *proskýnēsis* unvermeidlich gemacht hätten. Die Übernahme persischer Sitten fand ihren signifikantesten Ausdruck im Ornat, denn Alexanders Auftreten in der Öffentlichkeit machte damit jedem Betrachter deutlich, dass er sich vom klassischen makedonischen Königtum entfernte (zum Ornat siehe Paetz [1.2] und Collins [1.2: The royal costume]; zum Diadem Dahmen [1.2] und Novák [1.2]; zur Bedeutung des Diadems bei den Nachfolgern: Haake [1.2]). Der Versuch Alexanders, seine Herrschaft durch die Einbindung persischer Traditionen zu festigen, zeigt sich auch in anderen Bereichen. Selbst die Chiliarchie, die man früher als typisch makedonisches Amt des Reitereianführers deutete, scheint auch persische Züge getragen zu haben und zusätzlich mit nichtmilitärischen Kompetenzen ausgestattet gewesen zu sein [1.2: Collins, Alexander and the Persian]. Zudem öffnete Alexander den Hof für hochrangige Perser [1.2: Weber], beließ persische Satrapen in ihren Positionen und integrierte indigene Einheiten in sein Heer [1.2: Olbrycht]. Manche der in ihren Positionen belassenen Satrapen wurden später entfernt, andere Satrapen konnte ihre Position aber im Lauf der Zeit sogar festigen [1.2: Hyland]. Dennoch entpuppte sich dieser Versuch Alexanders, die alten Eliten einzubinden, nicht als zukunftsfähiger Weg; die Nachfolger Alexanders setzten zumeist auf Griechen und Makedonen. Auch die Ausübung der klassischen persischen Löwenjagd mittels eines Streitwagens durch Alexander konnte innerhalb des Persianismusdiskurses instrumentalisiert werden, wie A. J. S. Spawforth [1.2] gezeigt hat.

Verschmelzungspolitik?

Angesichts dieser Maßnahmen Alexanders geistert seit den Überlegungen Droysens [1.2] der Begriff der „Verschmelzungspolitik“ durch die Forschung. Sowohl die Intention Alexanders als auch der Erfolg der konkreten Maßnahmen werden dabei sehr unterschiedlich gedeutet. Das Spannungsfeld reicht von der Annahme einer Art Masterplan, dem die genannten Einzelmaßnahmen zuzuordnen sind (s. etwa Wiemer [1.2: 158–162]), bis zur Negierung einer wie auch immer gearteten übergreifenden Idee und der Vermutung, dass es sich bei allen Maßnahmen um situative Einzelentscheidungen gehandelt habe, die konzeptionell nicht aufeinander abgestimmt gewesen seien (so beispielsweise Scholz [0.6: 71]). Die Frage ist nicht zuletzt wegen des unerwartet frühen Todes Alexanders kaum zu entscheiden, da sich nur erahnen lässt, welche mittel- und langfristigen Pläne der Makedone ggf. verfolgte. Die Massenhochzeit von Susa, die Integration von 30.000 nach makedonischer Manier ausgebildeter iranischer Fußsoldaten in das Heer, die Zulassung von Iranern zum Umfeld Alexanders und weitere Entscheidungen zeigen aber zumindest, dass Alexander seine Herrschaft auf zwei herausragende Säulen zu stellen beabsichtigte: auf Makedonen und Iraner. Die geradezu körperliche Verschmelzung seiner Gefährten mit iranischen Frauen und das im Rahmen der Meuterei von Opis abgegebene Versprechen Alexanders, für die mit Iranerinnen gezeugten Kinder der 10.000 nach Hause zurückkehrenden makedonischen Soldaten zu sorgen, sind vielleicht die wichtigsten Indizien dafür, dass Alexander eine neue Funktionselite vorschwebte, die sowohl auf makedonischen als auch auf iranischen Elementen fußte. Allerdings sollte daneben nicht vernachlässigt werden, dass auch anderen Bewohnern seines Vielvölkerreiches durchaus eine wichtige Rolle zukommen konnte. Das neu geschaffene Ornat des Königs speiste sich auch aus medischen Elementen, die Entscheidungen, Babylon zur Hauptstadt zu machen und sich in Siwa bestatten zu lassen, zeigen, dass Alexanders Perspektive viel weiter reichte (dennoch weist Wiemer [1.2: 161 f.] den Nichtmakedonen und Nichtiranern eine „subalterne" Rolle zu).

Orakel von Siwa

Einige alte, geradezu klassische Diskussionen sind weitgehend verstummt. Hierzu zählt beispielsweise der berühmte Besuch Alexanders beim Orakel in der Oasenstadt Siwa. Nur selten wird der bereits in der antiken literarischen Tradition sehr unterschiedlich geschilderte und gedeutete Aufenthalt jenseits der Behandlung in Alexandermonographien in den Blick genommen [1.2: Collins, Alexander's visit]. Das liegt sicher daran, dass die meisten Argumente bereits mehrfach ausgetauscht wurden. Neue Impulse hat zuletzt S. Müller [1.2: Alexander der Große, 223] zu setzen versucht, die die handelspolitische Bedeutung von Siwa hervorgehoben hat. Allerdings spricht das beredte Schweigen der antiken Quellen eher gegen diese Annahme und wirtschaftspolitische Überlegungen scheinen für Alexanders Entscheidung keine Rolle gespielt zu haben. In der Antike wurde zuweilen vermutet, Alexander habe sich in Siwa bestätigen lassen, dass Ammon sein Vater war. Für die mögliche Korrektheit dieses Überlieferungsstranges spricht auch, dass der Beiname „Sohn des Ammon" nach dem Besuch von Siwa sowohl im

Thot-Tempel in Hermopolis als auch im sogenannten Alexandertempel in Bahariya vorkommt, was im Übrigen ein Zeichen für eine enge Zusammenarbeit zwischen Alexander und den ägyptischen Priestern gewesen sein dürfte [1.2: Bianchi; Bosch-Puche]; zu den verschiedenen Geburtsmythen, die sich um Alexander ranken s. auch Ogden [1.2]. Diese anscheinend reibungslose Kooperation kommt auch in den Bau- und Restaurierungsarbeiten Alexanders in alten Kultzentren Ägyptens zum Ausdruck, wobei er auf den entsprechenden Reliefs nahtlos in die Traditionslinie der indigenen Pharaonen eingereiht wird [1.2: Schäfer].

Ein weites Feld für Spekulationen boten seit jeher die in den antiken Quellen angedeuteten letzten Pläne Alexanders. Für authentisch gehalten werden üblicherweise die beim Tod Alexanders bereits weit fortgeschrittenen Planungen für die Eroberung der arabischen Halbinsel und die Erkundung des Kaspischen Meeres, die angeblichen Feldzugspläne im Westen des Mittelmeeres sind aber wohl lediglich eine „historiographische Spekulation" [0.6: Scholz, 87]. Das zunehmende Desinteresse an diesen Spekulationen zeigt sich vielleicht am deutlichsten darin, dass Müller [1.2: Alexander der Große] trotz eines Blicks auf „(Forschungs-)Mythen um Alexander" auf die letzten Pläne nicht dezidiert eingeht.

2 Die hellenistische Welt nach dem Tod Alexanders des Großen

2.1 Die Zeit der Diadochen (323 bis 281 v. Chr.)

Obwohl die Quellenlage für die Zeit der Diadochen im Vergleich mit anderen Phasen des Hellenismus recht gut ist, beschäftigt sich ein erheblicher Teil der aktuellen Forschungsliteratur noch immer mit Fragen der Chronologie. Dies liegt vor allem an der umstrittenen Chronologie bei Diodor, der nur fragmentierten Darstellung Arrians und dem Fehlen einer systematischen Chronologie bei Justin und Plutarch. Für die Jahre 322 bis 310 werden vor allem drei Datierungsansätze diskutiert: erstens eine „hohe" Chronologie [2.1.1: Bosworth; Wheatley], zweitens eine „tiefe" Chronologie [2.1.1: Anson, 116–121 und 184–186; Errington] und drittens eine Mischung aus beiden extremen Ansätzen [2.1.1: Boiy, Between High; 2.1.2: McTavish;

Chronologie der Diadochenzeit

Stylianou]. Häufig unterscheiden sich die „hohe" und die „tiefe" Chronologie um ein volles Jahr, während die gemischte Chronologie sich entweder einer der beiden Positionen anschließt oder ein halbes Jahr zwischen beiden Extremen liegt. Das bedeutet, dass beispielsweise der Tod des Perdikkas nach der „hohen" Chronologie in das Frühjahr 321 datiert wird, nach der „tiefen" Chronologie in das Frühjahr 320. In den letzten Jahren sind verstärkt keilschriftliche Zeugnisse aus Mesopotamien herangezogen worden, denen sich zuweilen exakte Daten für einzelne Ereignisse entnehmen lassen [2.1.2: Boiy, The Diadochi History]. Da die keilschriftlichen Texte nur sehr fragmentiert tradiert sind, bleiben viele Fragen offen, so dass die Forschung wohl auch in den nächsten Jahren weiterhin mit Beiträgen zur Chronologie aufwarten wird. So nachvollziehbar der Wunsch nach einer möglichst exakten Datierung der einzelnen Ereignisse auch sein mag, so wenig trägt diese zumeist zum grundsätzlichen Verständnis bei, denn die relative Chronologie, also die Abfolge der Ereignisse, ist letztlich unstrittig.

Für die Etablierung der verschiedenen Diadochenherrschaften waren vor allem zwei Aspekte entscheidend: das Verhältnis zum Militär und das Verhältnis zu den Untertanen (konkret zu Seleukos I. s. etwa Vădan [2.1.2]; zur Vorbildfunktion Alexanders s. Meeus [2.1.2: Alexander]). Obwohl diese Aspekte in späteren Abschnitten systematisch dargestellt werden, sollen hier einige Tendenzen der jüngeren Forschung hervorgehoben werden. Die Kriegsführung Philipps II. und Alexanders des Großen hatten die Bedeutung der Kavallerie offenbart und auch die Diadochen setzten verstärkt auf diese Truppengattung [2.1.2: Scheuble-Reiter] und auf Elefanten [2.1.2: Alonso Troncoso, The Diadochi; Wheatley, Seleukos; Charles zur genauen Klassifizierung der afrikanischen Elefantenart] (s. Roisman [2.1.2] zur Bedeutung der ehemaligen Fußsoldaten Alexanders, insbesondere der Silberschilde).

Als Antigonos I. Monophthalmos im Konflikt mit Kassandros die Freiheit der griechischen *póleis* proklamierte, um sie auf seine Seite zu ziehen, veränderte er die Rahmenbedingungen im Verhältnis zwischen *póleis* und Monarchen. Auch wenn damit keine griechische *pólis* wirklich frei wurde, bildete diese Freiheitsproklamation einen wichtigen Referenzrahmen für künftiges Handeln. Diplomatische Kontakte, Wohltaten und Ehrungen durch die *póleis* richteten sich neu aus und folgerichtig beginnt die Forschung zum Verhältnis zwischen Königen und *póleis* zumeist nicht mit Alexander, sondern den Diadochen [2.1.1: Stylianou; 2.1.2: Paschidis; Erskine]. Das Verhältnis zu den nicht-griechischen Untertanen wurde zumeist über die lokalen Eliten organisiert, so dass diese im Fokus der Forschung stehen [2.1.2: Mileta; Schäfer].

Ziele der Diadochen

Die Ziele der einzelnen Diadochen werden sehr unterschiedlich eingeschätzt. Während unstrittig ist, dass vor allem Antigonos I. Monophthalmos nach dem Gesamtreich Alexanders strebte, setzt sich zunehmend die Erkenntnis durch, dass auch die anderen Diadochen wohl letztlich die Nachfolge Alexanders anzutreten bestrebt waren, jedoch nicht so brachial und durchsichtig vorgingen wie Antigonos I. Monophthalmos ([2.1.2: Strootman; Rathmann zu Perdikkas, bei dem zumeist unklar ist, ob er im Interesse des Gesamtreiches oder im Eigeninteresse agierte). Insbesondere Ptolemaios I., dessen Politik in der älteren Forschung gerne als defensiver Imperialismus gedeutet wurde, nutzte sehr geschickt sich bietende Gelegenheiten, um den eigenen Herrschaftsbereich auszuweiten [2.1.2: Hauben; Meeus, The Territorial]. Der phasenweise Erfolg des Antigonos I. Monophthalmos wurde auf dessen lange Erfahrung am Argeadenhof zurückgeführt [2.1.2: Alonso Troncoso, Antigonus]. Das Versagen des Eumenes von Kardia, das früher häufig damit erklärt wurde, dass er im Gegensatz zu den anderen Diadochen kein Makedone, sondern ein Grieche war, wird inzwischen auch auf seinen geringen sozialen Status zurückgeführt [2.1.2: Anson, Discrimination]; zu den von Eumenes und anderen politisch genutzten Träumen s. G. Weber [2.1.2].

Selbstinszenierung der Diadochen

Die Bedeutung der Selbstinszenierung der Diadochen ist zuletzt wieder stärker in den Blick genommen worden [2.1.2: Landucci Gattinoni, Seleucus; Günther]. Kassandros versuchte sich als spiritueller Nachfolger Philipps II. zu stilisieren [2.1.2: Landucci Gattinoni, Cassander; Landucci Gattinoni, L'arte]. Demetrios I. Poliorketes wurde von den Athenern als Sohn von Aphrodite und Poseidon gefeiert [2.1.2: Müller, Demetrios; Wheatley/Dunn, Demetrius, 345–358], während Seleukos I. – vielleicht beeinflusst durch Demodamas – vor allem dessen Heimatstadt Milet mit dem benachbarten Apollonheiligtum von Didyma als Ort der Selbstinszenierung nutzte [2.1.2: Nawotka], zudem stilisierte er sich als „Befehlshaber von Asien" [2.1.2: van der Spek] und Nachfolger Alexanders [2.1.2: Erickson].

Die Hochzeit zwischen Stratonike, der Tochter des Demetrios I. Poliorketes, und Antiochos I. ist seit der Antike Thema von Literatur und Kunst. Glaubt man der antiken literarischen Tradition, dann verliebte sich Antiochos I. unsterblich in seine Stiefmutter, verheimlichte dieses Faktum jedoch vor seinem Vater. Erst der Arzt Erasistratos konnte diese Situation auf geschickte Weise entwirren und die Ehe zwischen Sohn und Stiefmutter ermöglichen. Auch in der althistorischen Forschung ist dieses Thema immer wieder aufgegriffen worden, handelt es sich doch um eine der romantischsten und zugleich umstrittensten Liebesgeschichten des Hellenismus. Die griechischen literarischen und motivischen Stränge der Überlieferung haben C. W. Müller [2.1.2: Der König] und M. Hillgruber herausgearbeitet, wobei Euripides offenbar als wichtige Inspirationsquelle diente. Den achaimenidischen Traditionen sind E. Almagor [2.1.2] und D. Engels/K. Erickson [2.1.2] nachgegangen. Eine historische Einordnung, bei der die Verbindung von Stratonike zu den ehemals antigonidischen Soldaten hervorgehoben wird, hat Brodersen [2.1.2] vorgelegt.

Überhaupt wurde die Bedeutung von Frauen gerade in der Phase der Diadochen, in der sie häufig zur Stabilisierung der wechselnden Bündnisse verheiratet wurden und als Wohltäterinnen in Erscheinung traten, in den letzten Jahrzehnten verstärkt in den Blick genommen (unter den jüngeren Arbeiten seien erwähnt [2.1.2: Aulbach; van Oppen; Ager; Carney]). Hierbei spielte unter anderem auch die Frage nach der Bedeutung der auf der Massenhochzeit von Susa den Freunden Alexanders angetrauten persischen Frauen nach dem Tod Alexanders eine Rolle [2.1.2: Müller, The Female Elefant].

Trotz der verschiedenen Bemühungen der einzelnen Diadochen, stabile Herrschaften zu erreichten, hat keiner von ihnen das Ziel wirklich erreicht. Die verschiedenen Probleme, die bis zum Ende des Hellenismus in allen Reichen auftraten, sind ein aussagekräftiger Beleg für den „unfertige(n) Charakter der Königsherrschaften“ [0.6: Scholz, 303].

2.2 Die Geschichte der großen hellenistischen Monarchien (281 bis ca. 30 v. Chr.)

Da viele Einzelaspekte in den folgenden Abschnitten thematisiert werden, sollen hier vor allem drei grundsätzliche Themenfelder behandelt werden: Chronologie, Identifikation und Einordnung einzelner Personen und Ereignisse sowie die Rolle der weiblichen Mitglieder der verschiedenen Herrscherhäuser. Zudem soll auf einige neue Deutungen von wichtigen Einzelereignissen hingewiesen werden.

Datierungsprobleme

Trotz intensiver Erforschung der hellenistischen Geschichte seit dem 19. Jh. sind noch immer verschiedene Datierungsfragen strittig. Hier haben in den vergangenen Jahren neue Inschriften, neu interpretierte Papyri sowie Münzen und neue Forschungsansätze alte Fragen wieder aufnehmen lassen (z. B. van Oppen de Ruiter [2.2: The marriage] zum Hochzeitsdatum von Ptolemaios I. und Berenike I.) und neuen Lösungen zugeführt (z. B. Tod Arsinoës II. erst 268: van Oppen de Ruiter [2.2: The death]; Anwesenheit Ptolemaios' II. in Mendes zwischen 11. und 20.4.257: Clarysse [2.2]; Daten ptolemäischer Städtegründungen: Mueller [2.2]; Huß [2.2: Zur Gründung]; Datierung des dritten Syrischen Krieges und der Bruderkriegs zwischen Seleukos II. und Antiochos Hierax in die Jahre 246–241: Coşkun [2.2: The war]; Etablierung der parthischen Herrschaft: Wolski [2.2]; Eroberungen Antiochos' III. in Kleinasien: Knoepfler [2.2], Meadows [2.2]; Chronologie des fünften Syrischen Kriegs: Lorber [2.2]; Ankunft Antiochos' IV. in Athen: Scolnic [2.2]; Ausbruch des dritten Makedonischen Krieges: Wiemer [2.2: Der Beginn]; Datierung der Usurpation des Timarchos ca. Ende 161 bis 160/159: Jakobsson [2.2]; Datierung der Herrschaft Tryphons: Muccioli [2.2]; Datierung der Herrschaft Berenikes III.: Bennett [2.2: The chronology]; Datierung der Herrschaft Berenikes IV.: Bennet/Depauw [2.2]).

Besonders umstritten ist die Chronologie der späten Seleukiden. Die literarischen Quellen bieten nur unzureichende Informationen, so dass vieles aus anderen Quellengattungen erschlossen werden muss. Den Münzen kommt dabei eine zentrale Rolle zu. Fast zeitgleich rekonstruierten K. Ehling [2.2: Untersuchungen] und O. Hoover [2.2: A revised chronology] auf derselben Grundlage zwei Chronologien, die sich zum Teil erheblich unterscheiden. A. Dumitru [2.2] legte im Rahmen einer Untersuchung zu Kleopatra Selene eine dritte Rekonstruktion vor. Da auf der derzeitigen Quellenbasis keine methodisch abgesicherte Lösung dieses Problems gefunden werden kann, bleibt nur die Hoffnung auf weitere Quellen.

Neben Datierungsfragen sind auch Identifikationen von Personen nach wie vor strittig. Am prominentesten ist Ptolemaios „der Sohn", der zwischen 267 und 259 Mitregent Ptolemaios' II. war (Zeugnisse gesammelt und bewertet von Criscuolo [2.2] und Pizzonia [2.2]) und bei dem es sich entweder um einen Sohn von Lysimachos und Arsinoë II. [2.2: Huß, Ptolemaios; Noch einmal], von Ptolemaios

II. und Arsinoë I. [2.2: Tunny] oder um einen illegitimen Sohn Ptolemaios' II. [2.2: Gygax] handelt.

Existenz von Ptolemaios VII.

Auch die alte Frage, ob es einen Ptolemaios VII. gab, ist noch immer nicht entschieden. Unter den vergöttlichten Ptolemäern findet sich ein Ptolemaios Theos Neos Philopator, bei dem es sich um einen jüngeren Sohn von Ptolemaios VI. handeln könnte, der von seinem Vater kurz vor dessen Tod zum Mitregenten ernannt und von seinem Onkel Ptolemaios VIII. beseitigt wurde. Ausgehend von M. Chauveau [2.2: Un été], der aus einem Papyrus mit einer Doppeldatierung (Jahr 36 = Jahr 1) schloss, Ptolemaios VII. habe es nicht gegeben, da demnach Ptolemaios VIII. nahtlos auf Ptolemaios VI. gefolgt sei, entspann sich die Debatte aufs Neue. Als 1997 der Papyrus P.Köln VIII 350 publiziert wurde [2.2: Gronewald/Maresch/Römer], dessen Datierungsformel einen Alexanderpriester namens Ptolemaios für das Jahr 143 belegt, schien die Möglichkeit, dass ein Sohn Ptolemaios' VI. namens Ptolemaios auch noch nach 145 am Leben war, neue Nahrung zu erhalten. Diesen Ptolemaios deutete Chauveau [2.2: Encore Ptolémée] jedoch als einen Sohn Ptolemaios' VIII., so dass sich nach wie vor mehrere Positionen gegenüberstehen. Etwas verwirrend ist die Entscheidung des Ptolemaios VII.-Skeptikers W. Huß, in seiner gelehrten Monographie zum ptolemäischen Ägypten [2.2: Huß, Ägypten] die Zählung der Ptolemäer nach Ptolemaios VI. um eine Ordnungszahl zu reduzieren und auch die Ordnungszahlen einiger weiblicher Familienmitglieder zu ändern. Diese Zählweise hat sich nicht durchgesetzt. Die Probleme der Genealogie der späten Ptolemäer wurden von C. Bennett [2.2: Cleopatra V] eingehender untersucht.

Bedeutung von Frauen

Besonderes Augenmerk ist aber auf die weiblichen Mitglieder der hellenistischen Herrscherhäuser gelegt worden, wobei die Ptolemäerinnen aufgrund der Quellenlage und ihrer gegenüber weiblichen Mitgliedern anderer Herrscherhäuser deutlich prominenteren politischen und religiösen Rolle größere Aufmerksamkeit erfahren haben (zu den frühhellenistischen Beispielen siehe auch den Überblick von Carney [2.2]). Aber im Zuge der deutlich intensivierten Erforschung des Seleukidenreiches ist nun auch die Bedeutung der Seleukidinnen herausgearbeitet worden. So erhielt bereits Apame, die Ehefrau Seleukos' I., den Titel einer *basílissa* und Stratonike, der zweiten Ehefrau desselben Königs, kam allein schon aufgrund ihrer familiären Herkunft als Tochter des Demetrios I. Poliorketes und Enkelin von Antigonos I. Monophthalmos eine herausragende Position zu [2.2: Harders]. Beide Königinnen hatten großen Einfluss auf die Herausbildung der seleukidischen Herrschaftskonzeption sowie Selbstdarstellung [2.2: Engels/Erickson] und die diplomatischen Beziehungen [2.2: Ramsey, The diplomacy].

Nach A. Bielman Sánchez/G. Lenzo [2.2: Ptolemaic] existierten drei Gründe für die herausragende Rolle von Ptolemäerinnen: 1. der Herrscherkult seit der Zeit Arsinoës II., 2. die Aufwertung des königlichen Herrscherpaares seit Berenike II. und 3. das System gemeinsamer Herrscher seit Kleopatra I. Das ist ein wenig zu schematisch und wird den einzelnen Ptolemäerinnen nur bedingt gerecht, denn bereits Arsinoë II. griff aktiv in die Politik ein. Wahrscheinlich veranlasste sie ihren ersten Gatten Lysimachos, einen Sohn aus einer früheren Ehe, beseitigen zu lassen [2.2: Dmitriev]. Als Ehefrau von Ptolemaios II. unterstützte sie diesen aktiv bei der Landesverteidigung während des zweiten Syrischen Krieges (Pithomstele Z. 16) und wurde bereits zu Lebzeiten kultisch verehrt [2.2: Pfeiffer]. Diese dritte Ehe mit ihrem eigenen Bruder Ptolemaios II. weckte bereits das Interesse der Zeitgenossen. Die beiden zeitgenössischen Dichter Kallimachos und Theokrit versuchten einerseits die Ehe zu rechtfertigen und zu verherrlichen, brachen sie in ihren Werken andererseits aber ironisch [2.2: Hamm]. Die historischen Hintergründe dieser ersten Geschwisterehe und die Reaktionen der Zeitgenossen wurden ausführlich von M. Gkikaki [2.2] herausgearbeitet.

Berenike II. ist vor allem durch die „Locke der Berenike", die sie vor dem Aufbruch ihres Gatten Ptolemaios III. in den Laodikekrieg für seine gesunde Rückkehr weihte, in Erinnerung geblieben, da die Locke verschwand und angeblich als neues Sternbild am Himmel erschien. Das von Kallimachos (F 110 Pf) verewigte Ereignis gehörte wahrscheinlich zu einer bewussten Überhöhung der Königin [2.2: Müller]. Die kosmologischen Aspekte dieser Geschichte hat H. Hauben [2.2] mit der Kalenderreform des Kanopos-Dekrets (zu den Synodaldekreten s. Kap. II.3.5.2) verknüpft und die Verbindung zwischen dem neuen Sternbild und dem Isis-Stern betont. Den größeren historischen Kontext dieser Geschichte hat L. Llewellyn-Jones [2.2] eingehend beleuchtet, zur literarischen Rezeption siehe Binder/Hamm [2.2], zur Charakterisierung der Periode als goldene Zeit der Ptolemäer D. L. Clayman [2.2] und B. F. van Oppen de Ruiter [2.2]. Berenike II. wurde noch stärker in die Herrschaftspraxis, die Herrschaftsrepräsentation und den Kult eingebunden als Arsinoë II., so dass A. Bielman Sánchez/G. Lenzo [2.2: Inventer] und S. Pfeiffer [2.2] geradezu von einer „duality of power" sprechen.

Während des dritten Syrischen Krieges gruppierten sich die Konfliktparteien um die beiden ehemaligen Frauen Antiochos' II., Laodike und Berenike ([2.2: D'Agostini; Martinez-Sève]; zu dem an Laodike verkauften Gut in Pannokome s. Ramsey [2.2: Seleukid Land]). Wohl zu Unrecht geben die antiken Quellen Laodike die Schuld am Tod Antiochos' II. und am Kriegsausbruch, da die negative literarische Tradition auf proptolemäische Quellen zurückzugehen scheint [2.2: Coşkun, Laodike I.]. Ähnlich wie Berenike als ehemalige ptolemäische Prinzessin nach dem Tod ihres Gatten eine wichtige Rolle bei den Seleukiden spielte, gingen etwa eine Generation später von der seleukidischen Prinzessin Kleopatra I. nach ihrer Heirat mit Ptolemaios V. wichtige Impulse auf die ptolemäische Politik aus. Nach dem Tod Ptolemaios' V. kam ihr angesichts der Tatsache, dass ihre Kinder noch unmündig waren, eine bis dahin ungeahnt aktive Rolle zu [2.2: Bielman Sánchez/Lenzo, Inventer; Reflexions]. Noch weitaus größer war die politische sowie militärische Rolle, die ihrer Tochter Kleopatra II. und ihre Enkelin Kleopatra III. ausfüllten, die beide in Bürgerkriege gegen Ptolemaios VIII. eintraten [2.2: Huß, Zur Invasion; Lanciers; Bielman-Sánchez, Stéréotypes; Whitehorne]. Die Bedeutung der späteren ptolemäischen Prinzessinnen, die in das Seleukidenhaus einheirateten, hat S. L. Ager [2.2: He shall give] relativiert, die darauf hinwies, dass diese zu allererst ihre eigenen Interessen, sowie die ihrer Kinder und Ehegatten verfolgt hätten, nicht aber das Ziel, dem Seleukidenreich zu schaden.

Kleopatra VII.

Kleopatra VII. ist die einzige Persönlichkeit des Hellenismus, die sich hinsichtlich ihrer Bekanntheit, des Interesses, das sie in Kunst und Literatur erfahren hat, und schließlich auch der Aufmerksamkeit, die ihr die Forschung gewidmet hat, mit Alexander dem Großen messen kann. Das liegt vor allem an der guten Quellenlage, denn wegen ihrer Liaison mit Caesar und Marcus Antonius wurde sie zu einem Teil der römischen Geschichte, so dass sich bereits Zeitgenossen wie Cicero und römische Historiker vergleichsweise ausführlich zu ihr geäußert haben. Da sie damit auch eine wichtige Scharnierfunktion zwischen hellenistischer und römischer Geschichte einnimmt, ist ihr sozusagen die doppelte Aufmerksamkeit von Althistorikern gewiss. Während früher eher die Beziehung zu Caesar im Zentrum des Interesses stand, ist in den letzten beiden Jahrzehnten das Verhältnis zu Marcus Antonius stärker in den Blick gerückt. Dennoch werden auch immer wieder geradezu klassische Kleopatra-Themen behandelt wie die Nilkreuzfahrt mit Caesar, deren technisch-organisatorische Seite [2.2: Hillard] ebenso untersucht wurde wie ihre Zielsetzung. Die Reise diente nicht primär – wie zumeist in eher populärwissenschaftlichen Abhandlungen betont – der Vertiefung der Liebesbeziehung von Kleopatra und Caesar, sondern auch der Herrschaftssicherung nach dem Bürgerkrieg gegen Ptolemaios XIII. [2.2: Peek] und vielleicht auch der Bekanntgabe ihrer Schwangerschaft [4.1: Peek]. Allerdings ist das Geburtsdatum des Sohnes Kleopatras und Caesars, Kaisarion (zum Namen Marzullo [2.2]), nach wie vor umstritten (Eller [2.2] sprach sich für 44 und nicht 47 v. Chr. aus). Das nahe Verhältnis zu Caesar, das in Kleopatras Besuch in Rom gipfelte [2.2: Gruen; Schäfer, Kleopatras politisches], wurde von ihr nicht zuletzt während der Liaison mit Marcus Antonius zum Ausbau des ptolemäischen Machtbereiches genutzt [2.2: Chauveau, Cléopâtre]. Diesen Römer versuchte Kleopatra der antiken literarischen Tradition zufolge unter anderem mit einem Getränk zu beeindrucken, in dem eine kostbare Perle aufgelöst wurde. Die zuweilen geäußerten Zweifel an dieser Geschichte versuchte P. J. Jones [2.2] mit dem Hinweis darauf auszuräumen, dass Weinessig geradezu ideal sei, um Perlen aufzulösen. Aus der Beziehung zu Marcus Antonius wurde entgegen der landläufigen Auffassung wohl keine Ehe [2.2: Ager, Marriage].

Im Jahr 2000 machte die Schlagzeile die Runde, ein in Berlin aufbewahrter Papyrus enthalte die Unterschrift Kleopatras [2.2: van Minnen, An official act; Further thoughts]. Die internationale Presse machte diese angebliche Sensation einem breiten Publikum bekannt. Schnell wurde jedoch deutlich, dass es sich keineswegs um die Unterschrift der Königin handelte, sondern um eine Bestätigung einer Verordnung, die wohl von einem Mitglied der Administration stammte (*genésthōi* = So möge es geschehen!). Abgesehen davon, dass sich damit die Sensation in Nichts auflöst, ist der Inhalt für das Verhältnis Kleopatras zu vermögenden Römern von Interesse, denn das Schreiben enthielt Vergünstigungen für Publius Canidius Crassus [2.2: van Minnen, Die Königinnen] oder ein sonst unbekanntes Mitglied der *gens* Cascellia [2.2: Zimmermann].

Die größte Aufmerksamkeit ziehen nach wie vor die Todesumstände Kleopatras auf sich. Die antike Überlieferung bietet verschiedene Varianten. Während der Biss einer Giftschlange in die linke Brust vor allem die Kunstgeschichte und die Phantasie der Nachwelt anregte, scheint der Tod jedoch eher durch ein oral eingenommenes Pflanzengift herbeigeführt worden zu sein (Boudon-Millot [2.2]; Gurval [2.2]; Mebs/Schäfer [2.2]; Kostuch [2.2] hält den Schlangenbiss für eine römische Erfindung; Scarborough [2.2] zur Frage nach passenden Giften; Schäfer [2.2: The Kleopatra problem] hält wenig überzeugend den Schlangenbiss für eine Erfindung Kleopatras, die als Nea Isis durch den Biss der Uraeus-Schlange in göttliche Sphären aufzusteigen vorgegeben habe). Neben all diesen zum Teil sehr publikumswirksamen Themen tritt die Herrschaftspraxis der letzten ptolemäischen Königin zumeist in den Hintergrund (hierzu zuletzt Joliton [2.2]).

andere hellenistische Königinnen

Aber nicht nur viele ptolemäische Königinnen herrschten allein oder übernahmen wichtige politische und militärische Aufgaben, sondern auch andere hellenistische Königinnen treten deutlich aus dem Schatten der von Männern dominierten Geschichte. Nicht zuletzt in der Diadochenzeit hatte sich die Bedeutung von Argeadinnen offenbart und auch die makedonischen bzw. antigonidischen Königinnen besaßen eine herausragende politische Funktion (Le Bohec-Bouhet [2.2] am Beispiel von Phila, der Gattin Antigonos' Gonatas, die Anliegen von Untertanen entgegennahm). Die Bedeutung der Seleukidinnen und weiblichen Mitglieder der Attaliden scheint im Lauf der Zeit zugenommen zu haben [2.2: Mirón; Olbrycht]; vgl. auch Bielman Sánchez [2.2: Régner]. Hierbei erstreckte sich ihre Rolle nicht nur auf den innenpolitischen Bereich, Königinnen kam unter ungewöhnlichen Umständen häufig auch eine wichtige Scharnierfunktion zwischen den Königshäusern und den *póleis* zu, denen sie Wohltaten vermittelten oder gewährten [2.2: Widmer; Ramsey, The Queen]; manche Ptolemäerinnen beteiligten sich auch an den olympischen Spielen [2.2: Bennett, Arsinoe; Pfrommer; van Minnen, Die Königinnen]. Die Bedeutung der weiblichen Familienmitglieder zeigt sich auch bei der Namensgebung (McAuley [2.2] interpretierte Namen sogar als Quasi-Titel ihrer Trägerinnen; die Nutzung von weiblichen Namen der Herrscherhäuser durch Privatpersonen untersuchten jüngst Broux/Clarysse [2.2], wobei sie zu dem nicht überraschenden Ergebnis gelangten, dass die Untertanen sich bei der Namenswahl an den Mitgliedern der jeweils herrschenden Dynastie orientierten).

Dekret von Bargylia

Einige Einzelaspekte der Ereignisgeschichte haben aufgrund von Neufunden ganz besondere Aufmerksamkeit auf sich gezogen. Hierzu zählt beispielsweise das inschriftlich überlieferte „Dekret von Bargylia“, das aus der Phase der militärischen Auseinandersetzungen zwischen Philipp V., Antiochos III. und den Ptolemäern stammt [2.2: Blümel]. Polybios (u. a. 3.2.8) erwähnt einen Geheimvertrag zwischen den beiden Erstgenannten, in dem sie die Aufteilung der ptolemäischen Außenbesitzungen in der Ägäis und Kleinasien vereinbarten (zuweilen auch als „Raubvertrag von 203/2“ bezeichnet [2.2: Dreyer]). Die Historizität dieses Vertrages – und damit einhergehend die Frage nach der Zuverlässigkeit des Polybios – ist seit langem umstritten und hat durch den Inschriftenfund neue Nahrung erhalten. Im Sinne einer Bestätigung von Polybios deuten das Dekret H.-U. Wiemer [2.2: Karien], B. Dreyer [2.2] und A. M. Eckstein [2.2]. M. Kleu [2.2] verwies darauf, dass Philipp V. in ähnlichen Situationen Gebiete aus strategischen Überlegungen heraus anderen Königen übergeben habe, und wirft damit ein eher kritisches Licht auf eine solche Deutung.

Zielsetzung, Verlauf und „propagandistische“ Nutzung des Feldzuges Ptolemaios’ III. nach Mesopotamien (245) sind auf der Basis jüngst publizierter keilschriftlicher, hieroglyphischer und demotischer Dokumente (z. B. dem Synodaldekret von Alexandreia) neu bewertet worden [2.2: Altenmüller]. Demnach ist nicht auszuschließen, dass Ptolemaios III. bis nach Susa gelangte und sich nach seiner Rückkehr (wie andere Ptolemäer auch) nicht ohne Grund rühmen konnte, von den Persern entführte Götterbilder nach Ägypten zurückgebracht zu haben. Auch Neulesungen bekannter Synodaldekrete, auf die ausführlicher im Abschnitt zum Verhältnis zur indigenen Bevölkerung eingegangen wird, haben zum Teil zu Umdeutungen militärischer Ereignisse wie der Endphase des vierten Syrischen Krieges geführt [2.2: Winnicki].

Partherfeldzüge der Seleukiden

Neuinterpretationen haben auch verschiedene Aspekte der Partherfeldzüge Demetrios’ II. und Antiochos’ VII. erfahren. So könnte Justin seine Vorlage Pompeius Trogus angesichts der Erfahrungen der Römer mit den Parthern umgeformt haben ([2.2: Lerouge-Cohen]; zur umstrittenen Chronologie siehe beispielsweise Dąbrowa [2.2: L’expédition]). Antiochos VII. scheint vor seinem Aufbruch seinen ältesten Sohn zum Nachfolger bestimmt zu haben; dieser konnte die Nachfolge jedoch nicht antreten [2.2: Ehling, Die Nachfolgeregelung]. Nach ihrem Sieg übernahmen die Parther sehr viele Herrschaftspraktiken der Seleukiden, um ihre Position zu festigen [2.2: Dąbrowa, The Parthians], sowie Aspekte des Herrscherkultes, wobei sich deutliche achaimenidische Einflüsse feststellen lassen [2.5.8: Dąbrowa, Orbis Parthicus; Muccioli, Il problema].

2.3 Die Entwicklung der Poliswelt in Griechenland

Gesamtdarstellungen der Geschichte des hellenistischen Griechenlands sind rar. In den letzten Jahren sind zwar einige Überblicksdarstellungen erschienen, diese reichen allerdings nicht immer bis zur Einrichtung der römischen Provinz Macedonia (Kralli [2.3.1] und Shipley [2.3.5: Early Hellenistic] zur Geschichte der Peloponnes, Dixon [2.3.5] zu Korinth). Während in der älteren Forschung ein eher düsteres Bild von der Entwicklung der *pólis* in hellenistischer Zeit gezeichnet wurde, hebt die jüngere Forschung die Vitalität der *póleis* hervor, die zwar häufig ihren außenpolitischen Handlungsspielraum verloren hätten, wenn sie in größere politische Gebilde eingebunden wurden, die aber nach wie vor lebendige kulturelle und politische Faktoren gewesen seien [2.3.1: Billows; Ma, Antiochos III; Ma, Peer polity].

Bündnissysteme

Die verschiedenen vorhellenistischen und hellenistischen Bündnissysteme griechischer *póleis* haben mit ihren sehr unterschiedlichen Entstehungsgeschichten und Ausformungen immer wieder die Aufmerksamkeit der Forschung erregt. Während die Hellenenbünde, die seit Philipp II. von Königen gegründet wurden, politisch-militärische Konstrukte darstellten, die ihre Entstehung und konkrete Ausformung jeweils einer ganz spezifischen historischen Situation verdankten [2.3.1: Harter-Uibopuu; Scherberich], ist die Genese der meist ethnisch-landschaftlichen Bündnisse deutlich komplexer. In jüngerer Zeit sind verstärkt kultische Gemeinsamkeiten und wirtschaftliche Verflechtungen als treibende Kräfte zur Formierung der Bundessysteme hervorgehoben worden (Mackil [2.3.1: Koinon], Graninger [2.3.1], Bouchon/Helly [2.3.1] zu Thessalien, Ganter [2.3.1] zu Boiotien, Mackil [2.3.1: Creating] zu Boiotien, Achaia und Aitolien; die Akarnanen besaßen wohl kein Bundesheiligtum, s. Freitag [2.3.2: Akarnanen]). Darüber hinaus sind die Urbanisierungsprozesse innerhalb der *koiná* betont worden, wobei eine Stärkung der *koiná* zuweilen zu einer Stärkung der einzelnen Mitglieds-*póleis* geführt habe (Freitag [2.3.1: Bundesstaaten], Funke [2.3.1]; zu den Handlungsspielräumen von *póleis* als Bundesmitglied s. Löbel [2.3.1], Freitag [2.3.1: Poleis] und Beck/Ganter [2.3.5]). Grundsätzliche

Überlegungen zur Organisation der verschiedenen *koiná* in klassischer und hellenistischer Zeit finden sich bei Corsten [2.3.1] und Mackil [2.3.1: The Greek „koinon"].

Die Strukturen des Akarnanischen Bundes lassen sich zwar nur noch schemenhaft rekonstruieren [2.3.2: Dany, 241–265], jedoch scheint er viel weiter entwickelt gewesen zu sein, als die ältere Forschung vermutete [2.3.1: Pascual González, Confederazione]. Kurz nachdem der Bund nach dem Tod des Pyrrhos ein Bündnis mit dem Aitolischen Bund eingegangen war, wurde Akarnanien zwischen Epeiros und dem Aitolischen Bund aufgeteilt (zur umstrittenen Lokalisierung der Grenzziehung siehe Schoch [2.3.2: Beiträge, 78–80], Dany [2.3.2: 89–95] und Löbel [2.3.2]). Letztlich entpuppte sich diese Aufteilung als Fiasko (Rzepka [2.3.3]; zur Rolle des Aitolischen Bundes auf die Entwicklungen in Akarnanien in der zweiten Hälfte des 3. Jhs. s. Pascual González [2.3.2: Acarnania]).

Nesiotenbund

Der Nesiotenbund mit seiner Scharnierfunktion zwischen dem griechischen Festland und dem Ptolemäerreich und seiner – wenn auch nur sehr kurzen – Bedeutung für Rhodos hat in jüngerer Zeit endlich die verdiente Aufmerksamkeit erhalten (Constantakopoulou [2.3.5: Aegean interactions; Beyond the polis], die in starkem Maß Netzwerk-Theorien fruchtbar machte, Marchesini [2.3.5], Meadows [2.3.5], Sheedy [2.3.5]). Die Abhängigkeit des Bundes von Königen bzw. Rhodos wird aber nach wie vor unterschiedlich bewertet. Während K. Buraselis [2.3.5] von einer deutlichen Abhängigkeit ausging, entwarf C. Constantakopoulou [2.3.1: Identity] ein gegenteiliges Bild, M. Marchesini [2.3.5] positionierte sich dazwischen.

Aitolischer Bund

Die Geschichte des Aitolischen Koinon ist stark geprägt von der einseitig negativen Darstellung des Polybios, der den Aitolischen Bund als wenig organisierten Zusammenschluss von Plünderern charakterisiert (Buraselis [2.3.3], zur Verherrlichung des Achaiischen Koinon durch Polybios s. auch Gray [2.3.4]; zur vorhellenistischen Entwicklung des Aitolischen Bundes s. Corsten [2.3.1], Funke [2.3.3], Gehrke [2.3.2], Schoch [2.3.2: Beiträge]). Sowohl die Münzprägung als auch die gemeinschaftsbildende Symbolik und Ikonographie des Aitolischen Koinon [2.3.3: Antonetti] zeigen mit aller Deutlichkeit, dass dieses Bild zu revidieren ist. Die Politik des Bundes scheint es gewesen zu sein, angrenzende Territorien nach Möglichkeit komplett zu absorbieren, wobei andere Maßnahmen zur Integration wohl nur als Zwischenlösungen gedacht waren [2.3.3: Rzepka]. Wie stark der Bund zentralisiert war, zeigt sich auch daran, dass die entscheidenden Politiker vor allem aus *póleis* stammten, die dem Zentrum des Bundes nahe lagen [2.3.3: O'Neil]. Die Phase des Niedergangs nach dem Antiochoskrieg beleuchtet G. S. Mitropoulos [2.3.3], der die militärischen, politischen und wirtschaftlichen Entwicklungen ebenso im Blick hat wie die Rolle Roms.

Achaiischer Bund

Im Achaiischen Koinon stammten die maßgeblichen Politiker dagegen aus allen *póleis* [2.3.3: O'Neil und Rizakis, Collège]; einen Überblick über die Entwicklung des *koinón* bietet Engster [2.3.4]. Hier war das Gewicht der einzelnen Mitglieder offenbar anders verteilt. Eine gemeinsame Münzprägung [2.3.4: Grandjean], ein gemeinsames Bundesbürgerrecht, die Bindungskraft von Kulten und die Organisationsstrukturen hielten den Bund aber dennoch zusammen [2.3.4: Roy]. Das galt auch in schwierigen Situationen, die sich beispielsweise im Streit einzelner Mitglieder äußerte (zur Streitschlichtung siehe Arnaoutoglou [2.3.4] und Harter-Uibopuu [2.3.4]). Von besonderer Bedeutung war das Konfliktpotential, das die Integration des altehrwürdigen Sparta mit sich brachte, die wohl auch zur Abschaffung der lykurgischen Ordnung in Sparta führte [2.3.4: Ager; Texier, Entre Rome; Texier, Regards]. Nicht nur Polybios, sondern auch andere Griechen scheinen die Struktur des Bundes, die solche Konflikte aushielt, und die geschickte Politik, die den Bund im zweiten Jahrhundert zu ungeahnter Machtfülle geführt hatte, durchaus geschätzt zu haben, sonst hätten sich die Bewohner Lykiens das Achaiische Koinon wohl nicht zum Vorbild genommen [2.3.4: Rizakis, Achaians]. In Lykien, Karien und anderen Regionen haben sich zudem mehrfach kleinere Gemeinwesen mit begrenzten Ressourcen zusammen- oder größeren *póleis* angeschlossen (Sympolitie mit gemeinsamem Bürgerrecht: LaBuff [2.3.4], Schuler/Walser [2.3.4]).

Kontinuitäten und Wandel

Während die ältere Forschung zumeist die Unterschiede zwischen dem klassischen und hellenistischen Griechenland betont hat, wurden zuletzt die politischen, kultischen, demographischen und wirtschaftlichen Kontinuitäten hervorgehoben (McAuley [2.3.1] für die Argolis, Euboia und Boiotien). Es könne keineswegs von einer grundsätzlich negativen Entwicklung ausgegangen werden. Insbesondere die Verhältnisse in Boiotien, das sich nach der Zerstörung des zuvor dominierenden Theben im Jahr 335 zu einem wirklichen *koinón* formierte und auch nicht-boiotische *póleis* umfasste, haben zuletzt verstärkt Aufmerksamkeit erfahren [2.3.5: Beck; Beck/Ganter; Fossey; Ganter; Post; Schachter].

Trotz aller Kontinuitäten gab es jedoch auch eine Reihe von einschneidenden Veränderungen. Hierzu zählen beispielsweise die inneren Reformen in Sparta unter Agis IV. (244–241) und Kleomenes III. (235–222), die zur Stärkung der Monarchie führten. Sie waren einerseits von hellenistischen Vorbildern beeinflusst, reagierten aber auch auf konkrete innerspartanische Konflikte zwischen den Königen und Ephoren [2.3.5: Fornis; Marasco; Shipley, Origins]; die Rolle von Frauen bei diesen Entwicklungen wurde hervorgehoben von E. Bianco und A. Powell [2.3.5].

Athen ist aufgrund der großen Quellendichte die am besten erforschte griechische *pólis* – das gilt auch für den Hellenismus. In verschiedenen Aufsätzen hat C. Habicht wichtige außenpolitische, innenpolitische und kulturelle Entwicklungen beleuchtet [2.3.5: Habicht, siehe auch 2.3.5: Osborne, Athens; Wirth; Worthington]. Über weite Phasen bestanden freundschaftliche Beziehungen zu den Ptolemäern, Seleukiden und Attaliden (zur Sprache der entsprechenden Dekrete siehe auch Kralli [2.3.5]). Viele Könige erhielten das athenische Bürgerrecht und beteiligten sich aktiv an den Panathenaia [2.3.5: Shear; Kainz]. Insbesondere die Attaliden, die erst spät zu einem zentralen Machtfaktor im östlichen Mittelmeer aufstiegen, nutzten ihre Wohltaten gegenüber Athen, um einer breiten Öffentlichkeit ihre Rolle als Verteidiger und Förderer der Griechen zu präsentieren [2.3.5: Di Cesare; Krumeich/Witschel; Stewart]. Das Verhältnis zu den Antigoniden war dagegen deutlich spannungsreicher, denn während beispielsweise die erste ‚Befreiung' der Stadt durch Demetrios I. Poliorketes tatsächlich zunächst als positives Ereignis gefeiert werden konnte, verschlechterte sich das Verhältnis schnell und die makedonischen Garnisonen waren ein tiefer Stachel im athenischen Fleisch [2.3.5: Oejten; Osborne, Shadowland; Tracy]. Zudem kam es zu einer Reihe von ‚Verfassungswechseln' [2.3.5: Oliver], doch trotz all dieser zum Teil sehr gravierenden Entwicklungen und Rahmenbedingungen blieb die Stadt das wichtigste kulturelle Zentrum Griechenlands [2.3.5: Rathmann].

Das hellenistische Rhodos hat in der jüngeren Vergangenheit größere Aufmerksamkeit erfahren als Athen. Neben zum Teil eher populärwissenschaftlichen Publikationen zum Koloss von Rhodos [2.3.6: Badoud, Intégration; Hoepfner; Jones (zur angeblichen Widmungsinschrift); Vedder] wurden vor allem drei Themen diskutiert: die Belagerung durch Demetrios I. Poliorketes, die Beziehungen von Rhodos zu seinem Festlandbesitz (Peraia) und die wirtschaftliche Rhodos

Bedeutung der Insel. Die Belagerung scheint bereits in der antiken Literatur zu einem Höhepunkt der hellenistischen Belagerungstechnik stilisiert worden zu sein (Pimouget-Pedarros [2.3.6: Siège], zur ethischen Aufladung durch Diodor s. Champion [2.3.6]; s. ausführlich zur Belagerung auch Pimouguet-Pédarros [2.3.6: Cité]). Die Beziehungen zu dem zwischen 188 und 167 zu Rhodos gehörenden Festlandsbesitz haben eine lange und häufig wenig freundschaftliche Geschichte [2.3.6: Bresson, Intérêts rhodiens; Bresson, Rhodes]. Manche Orte standen bereits vor 188 unter rhodischer Kontrolle [2.3.6: Badoud, Intégration; Dmitriev; Held; Wiemer, Early Hellenistic Rhodes]. Die konkrete Ausformung der rhodischen Herrschaft wurde den jeweiligen lokalen Verhältnissen angepasst, so dass manche Gebiete nur lose in das Herrschaftssystem eingebunden waren [2.3.6: Adak; Gabrielsen, Rhodian peraia]. Zudem wurde die enge Verzahnung von Politik und Handelsinteressen in Rhodos mehrfach betont [2.3.6: Finkielsztejn; Held; Wiemer, Ökonomie] und die Bedeutung der Einrichtung des Freihafens auf Delos, die üblicherweise als Beginn eines deutlichen wirtschaftlichen Niedergangs von Rhodos interpretiert wird, relativiert [2.3.6: Lund].

Im Hinblick auf die inneren Strukturen der griechischen *póleis* wird der Hellenismus zumeist als Transformationsperiode zwischen der Klassik und der römischen Kaiserzeit verstanden. Das scheint aus rein chronologischen Gründen zunächst banal zu sein, doch ist die *pólis* der römischen Kaiserzeit letztlich ohne die gravierenden innenpolitischen Entwicklungen der vorangehenden rund dreihundert Jahre kaum zu verstehen. Bereits vor dem Eingreifen Roms in Griechenland traten Mitglieder der wirtschaftlichen Elite häufig als Wohltäter der *póleis* auf und festigten damit ihren herausgehobenen Status (Beck [2.3.7]; Kah [2.3.7]; in der deutschsprachigen Forschung wird diese Elite zumeist als Honoratiorenschicht bezeichnet: Quass [2.3.1], Mann/Scholz [2.3.1]). Dieses mit Hilfe des reichen epigraphischen Materials gut nachvollziehbare Phänomen scheint sich im Lauf des Hellenismus verstärkt zu haben und führte zu einem Bedeutungsgewinn der Eliten gegenüber der Restbevölkerung. Die frühesten erhaltenen Ehrendekrete stammen aus Athen sowie den ionischen Städten und verbreiteten sich von hier aus über die ionischen Inseln in der gesamten hellenistischen Welt [2.3.1: Forster]. In der jüngeren Forschung wird dies häufig mit dem

Aristokratisierung

Begriff „Aristokratisierung“ [2.3.1: Hamon] der demokratisch verfassten *póleis* auf den Punkt gebracht; vielleicht sollte man aber eher von einer Plutokratisierung sprechen. Den *póleis* gelang es, die Distinktionsbestrebungen der Eliten zu kanalisieren und letztlich für die Gesamtpolis nutzbar zu machen, indem Elitenmitglieder als Wohltäter der *pólis* [2.3.7: Brélaz] oder von Heiligtümern [2.3.1: Lafond] in Erscheinung traten. Dadurch, dass Stiftungen von der *pólis* angenommen werden mussten, waren die demokratischen Institutionen nach wie vor eingebunden, so dass nicht von einer Entdemokratisierung gesprochen werden kann [2.3.7: von Reden]. Darüber hinaus konnten die inschriftlich publizierten Ehrendekrete für Mitbürger auch einer positiven Außendarstellung der *pólis* dienen [2.3.1: Forster, 478–479] bzw. die Position im Konkurrenzkampf mit anderen *póleis* stärken [2.3.1: Forster, 145–151]. Um den Interessen der beiden Seiten (*pólis* und Wohltäter) gerecht zu werden, wurden im Rahmen der flexiblen städtischen Rechtsordnungen situativ sehr unterschiedliche Regelungen getroffen [2.3.7: Harter-Uibopuu] – auch dies zeigt eher die Stärke der demokratischen Institutionen. Darüber hinaus boten Euergeten häufig nur in konkreten Notlagen Abhilfe, die mittel- und langfristige Finanzlage der *póleis* scheint grundsätzlich genauso stabil gewesen zu sein wie in vorhellenistischer Zeit [2.3.7: Migeotte, insbes. 295–299; 2.3.1: Oetjen].

Ein weiteres Distinktionsmerkmal bildete die herausragende Bildung dieser ‚Plutokraten', die nach der Mitte des 2. Jhs. häufig als *prṓtoi* (Erste) bezeichnet wurden [2.3.1: Dreyer/Weber]. Diese Entwicklung lief allerdings nicht in allen *póleis* bzw. Regionen gleich ab und scheint in Griechenland früher einzusetzen als in den kleinasiatischen *póleis* [2.3.1: Müller]. Ein Grund für diese unterschiedliche Geschwindigkeit könnte im Eingreifen Roms in Griechenland liegen [2.3.7: Börm, Mordende Mitbürger, 289–294]. Für die Römer war es einfacher, mit einzelnen, sich im Idealfall bereits als loyal erwiesen wohlhabenden Mitgliedern der lokalen Eliten zusammenzuarbeiten, als sich mit einem eher unberechenbaren *dḗmos* auseinandersetzen zu müssen. Rivalitäten zwischen einzelnen Elitenmitgliedern bzw. -gruppen führten auch im Hellenismus zu einer Reihe von inneren Verwerfungen (*stáseis*), wobei Könige, andere *póleis* und *koiná* häufig in diese Konflikte hineingezogen wurden [2.3.7: Börm, Gespaltene Städte; Börm, Mordende Mitbürger].

2.4 Von Sizilien bis Epeiros

Der hellenistische Westen wird nur selten dezidiert in den Blick genommen (eine Ausnahme bildet der Sammelband, in dem Wilson [2.4.1] erschienen ist) und Sizilien sowie Unteritalien werden in den meisten Überblickswerken zur Geschichte des Hellenismus nicht erwähnt oder nur am Rande gestreift, obwohl der syrakusanische Herrscher Agathokles wahrscheinlich in Anlehnung an die Diadochen im „Jahr der Könige" den Titel *basileús* annahm. Der Charakter des Königtums, das Agathokles und später Hieron II. in Syrakus etablierten, wurde in den letzten Jahren mehrfach untersucht (allgemein zu Agathokles: Consolo Langher [2.4.1]). Dabei wurde betont, dass es grundsätzlich mit den Königreichen Alexanders und der Diadochen vergleichbar sei [2.4.1: Zambon], wobei letztere durchaus als Vorbild gedient hätten [2.4.1: de Lisle, 139–178; Modanez de Sant'Anna]. Ähnlich wie im Osten waren auch in Syrakus militärische Erfolge für die Herrschaftsetablierung/-sicherung von kaum zu unterschätzender Bedeutung [2.4.1: Bouyssou]. Allerdings wird Agathokles in den griechisch-lateinischen Quellen in dieser Hinsicht wohl zu positiv bewertet [2.4.1: de Vido]. Möglicherweise hängt dies damit zusammen, dass die Politik des Agathokles die wichtigen unteritalischen *póleis* davon abhielt, die Samniten zu unterstützen, als sich diese im Krieg mit Rom befanden; zudem spielte das Chaos, das nach dem Tod des Agathokles ausbrach (zur Nachfolgefrage siehe etwa Haake [2.4.1]), Rom in die Karten, denn es erleichterte mittelfristig die Eroberung Unteritaliens [2.4.1: Marasco]. Die Herrschaftszeit Hierons II. hat jüngst vor allem das Interesse von Archäologen auf sich gezogen. Der architektonische Ausbau von Syrakus und anderer Orte des östlichen Sizilien ist im Detail, aber auch im größeren Kontext der hellenistischen Architektur- und Kunstgeschichte untersuchte worden [2.4.1: Fuduli; Karlsson; Lehmler; Wilson; Wolf]. Politische und militärische Ereignisse sind dagegen weitgehend aus dem Fokus der Forschung getreten [2.4.1: Heftner].

Agathokles

Pyrrhos

Die Quellenlage in Bezug auf den Schwiegersohn des Agathokles [2.4.1: Antonetti], Pyrrhos, der zur paradigmatischen Figur des Romfeindes stilisiert wurde [2.4.1: de Sensi Sestito], ist ebenfalls problematisch, da die literarische Überlieferung häufig einen moralisierenden Grundton aufweist [2.4.1: Corbier]. Viele Widersprüche in den erhaltenen Quellen sind wohl darauf zurückzuführen, dass die Verfasser mangels guter Quellen auf Anekdoten und übertrieben heroisierende Darstellungen zurückgriffen [2.4.1: Corbier]. Die Pyrrhoskriege haben aber nicht nur das tradierte Bild des Pyrrhos stark beeinflusst, Rom übernahm damals auch die diplomatischen sowie propagandistischen Gepflogenheiten der hellenistischen Welt [2.4.1: Schettino].

Die innere Entwicklung von Epeiros lässt sich auf der Basis von Reiseberichten des 19. Jhs., Surveys und Inschriften inzwischen halbwegs gut rekonstruieren [2.4.2: Cabanes; Dausse]. Nach der monumentalen Monographie N. G. L. Hammonds [2.4.2] bestand aber zunächst wenig Bedarf, das Thema erneut zu bearbeiten. Bis heute wird die politische Geschichte der Region nur selten behandelt (eine Ausnahme bildet Funke [2.4.2: 102–218]). Die Formierung eines Königreiches aus den verschiedenen ethnischen Gruppierungen und lokalen Traditionen unter Alexander I. [2.4.2: Raynor, Alexander] und die weitere Entwicklung der Region [2.4.2: Meyer; Pascual] haben aber in letzter Zeit verstärkte Aufmerksamkeit erfahren. Epeiros

2.5 An den Rändern der hellenistischen Welt

Die nord- und zentralanatolischen Königtümer eint, dass die literarischen Zeugnisse zumeist nur dann Informationen enthalten, wenn römische Interessen berührt waren. Deshalb bleiben viele Könige recht farblos und ihre exakten Herrschaftszeiten sind umstritten. Numismatische und epigraphische Zeugnisse können diese Lücken zum Teil füllen (zu Bithynien: Williams [2.5.1]; Kaye [2.5.1]; zu den anderen Königreichen siehe unten). Eine weitere Gemeinsamkeit vieler kleinasiatischer Königreiche sind verschiedene Bestrebungen, Elemente der hellenistischen Kultur zu übernehmen – wohl nicht zuletzt, um sich auf eine Stufe mit den Nachfolgereichen Alexanders zu stellen [2.5: Hannestad; Michels]. Der kulturelle Einfluss der hellenistischen Großreiche auch auf die anderen angrenzenden Regionen sowie Nachfolgereiche ist unbestreitbar. Akkulturation, Assimilierung und Hybridisierung lassen sich in ganz unterschiedlicher Stärke immer wieder greifen. Inwiefern hier die Konzepte der Globalgeschichte (etwa Burstein [2.5: Kap. 4]) oder der Globalisierung (siehe hierzu beispielsweise die kritischen Anmerkungen von Hoo [2.5]) erkenntniserweiternd genutzt werden können, muss sich noch zeigen.

2.5.1 Bithynien

Der bithynische Hof scheint allerdings weitgehend von einer Hellenisierung unberührt geblieben zu sein scheint [2.5.1: Gabelko]. Die wenigen Ereignisse der bithynischen Geschichte, die überliefert sind, obwohl römische Interessen nicht direkt betroffen waren, lassen sich zumeist nicht sicher datieren und historisch einordnen (siehe etwa Dmitriev [2.5.1] zur Belagerung von Herakleia Pontike durch Prusias I.; Payen [2.5.1] und Petković [2.5.1] zu den wechselvollen Beziehungen zwischen Bithynien und Pergamon; Michels [2.5.1] zur Gründung von Aizanoi). Auch die Hintergründe für die Entscheidung des Zipoites, seinem Sohn den griechischen Namen Nikomedes zu geben, bleiben weitgehend unklar [2.5.1: Glew].

2.5.2 Galater

Neben Überblicksdarstellungen zu den Galatern oder dem antiken Kleinasien, die die Ereignisgeschichte, das Siedlungsgebiet und die politische Organisation der drei galatischen Gruppen (Tektosagen, Tolistobogier und Trokmer) behandeln [2.5.2: Schwertheim; Strobel, Galater; Strobel, Galatica; Strobel, Galatien], existieren nur wenige Spezialuntersuchungen. So blickte etwa K. Strobel [2.5.2: Galatica] genauer auf die Herausbildung der eigenständigen historischen Identitäten der drei galatischen Gruppen. A. Coşkun [2.5.2: Anthroponymy; Belonging] überprüfte Konzepte wie „Galatisierung" und „Hellenisierung" anhand der epigraphisch überlieferten Namen. Coşkun [2.5.2: Deconstructing] versuchte zu beweisen, dass die Elefantenschlacht vor allem ein diplomatisch-propagandistischer und weniger ein militärischer Erfolg der Seleukiden gewesen sei; überhaupt sei das Verhältnis zwischen Seleukiden und Galatern weniger durch Konflikt als durch Diplomatie und Zusammenarbeit geprägt gewesen [2.5.2: Coşkun, Galatians]. Zudem glaubt Coşkun [2.5.2: Deiotaros], dass der tolistobogische Tetrarch Deiotaros, dessen Herrschaftsgebiet von Pompeius nach dem Sieg über Mithradates VI. deutlich ausgeweitet wurde, auch in Kolchis geherrscht habe.

2.5.3 Pontos

Die Quellenlage zu den frühen pontischen Königen ist schlecht. Daher ist beispielsweise nach wie vor umstritten, ob Mithradates II. und Mithradates III. eine Person waren [2.5.3: Kantor]. Auch die Numismatik kann diese Lücke nicht füllen, da die Münzprägung erst unter Mithradates III. einsetzte (de Callataÿ [2.5.3]; zu den pontisch-seleukidischen Beziehungen s. auch Ghiță [2.5.3], der auf die engen Beziehungen auch nach 164 hinweist, und Saprykin [2.5.3]). Die Quellendichte steigt mit Mithradates VI. sprunghaft an, da dessen Kriege mit Rom von der Nachwelt für überlieferungswert gehalten wurden. Der letzte pontische König steht daher seit jeher im Fokus der Forschung zu Pontos, wobei das Verhältnis zu Rom häufig den entscheidenden Aspekt bildet [2.5.3: Arrayás Morales, Guerras; McGing, Foreign policy]; mehrfach wurde betont, dass Mithradates VI. keineswegs von Beginn an auf Konfrontationskurs zu Rom gegangen sei [2.5.3: Strobel; Der letzte; Zeev Rubinsohn]. Die Kriege selbst [2.5.3: Mastrocinque, Studi], die Kriegsschuldfrage [2.5.3: McGing, Victim] und die Finanzierung der Kriege [2.5.3: de Callataÿ, L'histoire] sind inzwischen gut erforscht. Das Verhalten der griechischen *póleis* vor, während und nach den Kriegen wurde aufgrund der recht guten Quellenlage ebenfalls mehrfach ausgeleuchtet [2.5.3: Arrayás Morales, Fluctuación; Mileta; Niebergall, Die lokalen Eliten] (zu den Beziehungen zu den griechischen *póleis* an der Westküste des Schwarzen Meeres siehe Ruscu [2.5.3] und Avram/Bounegru [2.5.3]). Kontrovers werden jedoch die achaimenidischen und mysischen Wurzeln der Dynastie diskutiert. Während L. Summerer [2.5.3] solche Wurzeln bei ihrer Deutung des Mondsichel-Stern-Zeichens auf pontischen Münzen für unwahrscheinlich erklärte, rekonstruierten Bosworth/Wheatley [2.5.3] die familiären Verflechtungen mit den Herrschern von Mariandynia und Mysien, M. D'Agostini [2.5.3] betonte die familiären Wurzeln bei den Heiratsbeziehungen der frühen Mithradatiden und L. Ballesteros Pastor [2.5.3: Heredos] hob die Bedeutung der persischen Satrapen von Daskyleion als Stammväter der Mithradatiden hervor. Nach S. Palazzo [2.5.3] könne Mithradates VI. jedoch als typischer hellenistischer *basileús* betrachtet werden; siehe auch Strobel [2.5.3: Politisches Denken] und Muccioli [2.5.3]. In diese Richtung weisen auch die Überlegungen von G. R. Bugh [2.5.3], der betont, dass Mithradates VI. bei der Ausgestaltung des Verhältnisses zu den griechischen *póleis* in der Krimregion auf seleukidische Praktiken zurückgegriffen habe.

2.5.4 Bosporanisches Reich

Auch die Geschichte des Bosporanischen Reiches lässt sich in der Regel nur greifen, wenn die dortigen Könige in Kontakt mit griechischen *póleis* oder Rom traten. Grundsätzlich scheinen die bosporanischen Könige die demokratischen Strukturen der zu ihrem Herrschaftsgebiet gehörenden *póleis* respektiert und versucht zu haben, sich durch Wohltaten in weiteren griechischen *póleis* sowie Anerkennung von *asylía* als typisch hellenistische Könige zu präsentieren [2.5.4: Dana]. Nichtsdestotrotz stilisierte sich Pharnakes II., der Sohn Mithradates' VI. von Pontos, der nach dem Tod seines Vaters von Pompeius als bosporanischer König bestätigt wurde, als achaimenidischer Großkönig, als er im Jahr 48 versuchte, die Herrschaft über Pontos zurückzuerlangen [2.5.4: Ballesteros Pastor, Pharnaces]; Ballesteros Pastor [2.5.4: Return] vermutet, er könne versucht haben, sich so auch bewusst von seinem letztlich erfolglosen Vater abzusetzen. Die frühesten Beziehungen Roms zu der Region lassen sich am Ende des Krieges zwischen Pharnakes I. von Pontos und Eumenes II. von Pergamon im Jahr 179 greifen; spätestens zu diesem Zeitpunkt etablierte Rom ein *amicitia*-Verhältnis zu Chersonesos und sicherte so seine Interessen ab [2.5.4: Heinen].

2.5.5 Kappadokien

Aufgrund der schlechten Quellenlage sind die genauen Herrschaftszeiten der kappadokischen Könige (Ariarathiden) nach wie vor umstritten [2.5.5: Dmitriev; Krengel]. Ebenso wie die pontischen Könige übernahmen die Ariarathiden Elemente der hellenistischen Kultur (siehe grundsätzlich Michels [2.5.1: Kulturtransfer] und speziell Panichi [2.5.5: Cappadocia ellenistica, 103–108]), blieben aber iranischen Traditionen stark verhaftet [2.5.5: Panaino]. S. Panichi [2.5.5: Cappadocia tra iranismo] wies darauf hin, dass sich diese Übernahmen erst unter Ariarathes III., dem ersten kappadokischen *basileús*, nachweisen lassen. Die herausgehobene Stellung des Priesters von Komana, der in Kappadokien im Rang direkt hinter dem König rangierte, hat Panichi [2.5.5: Re e sacerdoci] betont. Während sich die frühen Ariarathiden außenpolitisch eng an die Seleukiden anlehnten und seleukidische Prinzessinnen ehelichten, vollzog Ariarathes VI. eine Kehrtwendung und heiratete eine pontische Prinzessin. Diese Neuausrichtung führte Ballesteros Pastor [2.5.5] insbesondere auf das Wirken der Königsmutter Nysa zurück, die ihre übrigen Kinder ermordet hatte, um dem Seleukiden Antiochos VII. die Übernahme der Herrschaft in Kappadokien zu ermöglichen. Ariarathes VI. habe sich deshalb bewusst von den Seleukiden abgewandt (zur Verringerung des seleukidischen Einflusses auf die kleinasiatischen Königreiche nach 188 s. auch PAYEN [2.5.5], zum häufig nur geringen Einfluss Roms auf die Verhältnisse in Kappadokien: MCAULEY [2.5.5]). Viele spätere kappadokische Könige prägten zwar dennoch posthume Tetradrachmen im Namen Antiochos' VII. [2.5.5: LORBER/HOUGHTON; KRENGEL/LORBER], diese dienten aber der Bezahlung von Söldnern, die in der von ihnen bevorzugten seleukidischen Währung bezahlt wurden.

2.5.6 Armenien

Die Geschichte des Königreichs Armenien vor der Herrschaft Tigranes' II. ist aufgrund der Quellenarmut weitgehend in Dunkel gehüllt [2.5.6: SCHOTTKY, Media-Atropatene]. So ist beispielsweise umstritten, ob Tigranes I. der Bruder oder der Sohn Artavasdes' I. war [2.5.6: SCHOTTKY, Artavasdes], auch in Bezug auf die Herrschaftszeiten besteht keineswegs Übereinstimmung [vgl. 2.5.6: NERCESSIAN; SCHOTTKY, Armenien]. Nur wenn Rom selbst oder Gegner Roms mit Armenien in Kontakt traten, sind literarische Zeugnisse überliefert (zur Anerkennung von Artaxias I. durch Rom siehe PATTERSEN [2.5.6], zu den Versuchen der Parther die Kontrolle in Armenien zu erlangen DĄBROWA [2.5.6]). Etwas sichereren Boden betritt man mit Tigranes II., dem Großen, zu dem auch keilschriftliche Zeugnisse vorliegen [2.5.6: GELLER/TRAINA]. In der jüngeren Vergangenheit wurde sowohl von archäologischer als auch von historischer Seite in erster Linie die Gründung der nach dem König benannten, hellenistischen Vorbildern folgenden, neuen armenischen Hauptstadt (Tigranokerta) in den Blick genommen. Die Lokalisierung beim modernen Ort Arzan scheint inzwischen gesichert zu sein [2.5.6: MARCIAK, Arzan; MARCIAK, Tigranokerta]. Die neuen Einwohner wurden aus verschiedenen Orten zwangsumgesiedelt [2.5.6: ARRAYÁS MORALES; SIEWERT; TRAINA, Teatro; TRAINA, Tigran]. Daneben wurden zuweilen numismatische Fragen diskutiert, wobei DUYRAT [2.5.6] insbesondere die Adressaten der Münzikonographie untersuchte.

2.5.7 Kommagene

Im Fokus der Erforschung des hellenistischen Kommagene steht ganz prominent Antiochos I., dessen Grabmal auf dem Nemrud Dağı wahrscheinlich noch ungeöffnet ist und zu den am meisten diskutierten hellenistischen Monumenten zählt. Ausrichtung, Datierung und Konzept haben in der Archäologie, Astronomie und Geschichtswissenschaft zu unterschiedlichen Deutungen geführt. Das Grabmal bildet mit seinem Bildprogramm und ausführlichen Inschriften [2.5.7: Petzl; Waldmann] den Endpunkt eines sich während der gesamten Herrschaft des Königs fortentwickelnden Konzeptes der Selbstdarstellung [2.5.7: Facella, Dinastia; Mittag, Entwicklung; Mittag, Selbstdarstellung]. Entweder bedingten persönliche Daten wie Geburt und Herrschaftsantritt die astronomisch berechnete Ausrichtung [2.5.7: Weber] oder die Sternenkonstellation während des Baubeginns im Jahr 49 [2.5.7: Belmonte/González García; Utecht/Schulz-Rincke/Grothkopf (zur Lage)]. Die beiden Ahnengalerien [2.5.7: Facella, Dinastia, 270–275; Jacobs, Galerien; Jacobs, Reliefs], die dargestellten Gottheiten [2.5.7: Facella, Dinastia, 279–285; Facella, Gli „altri“; Schwentzel], die Darstellung des Königs und die in den griechischen Inschriften durchscheinenden Konzepte zeigen, dass Antiochos I. aus lokalen, persischen und seleukidischen Traditionen schöpfte und sowohl in Bezug auf die Selbstdarstellung als auch auf religiöse Konzepte versuchte, diese unterschiedlichen Traditionen zusammenzuführen [2.5.7: Facella, Dinastia, 291–294; Facella, Defining; Panaino; Versluys (zum größeren Kontext)]. Die hochgradig artifizielle Neuschöpfung überlebte den König jedoch nicht, vielmehr endete der neu geschaffene Herrscherkult wohl bald nach dem Tod des Initiators [2.5.7: Crowther/Facella; Jacobs, Heiligtümer].

2.5.8 Parther

Auch die Parther haben die Autoren der Mittelmeerwelt nur dann interessiert, wenn sie in Kontakt mit den Seleukiden oder Rom kamen [2.5.8: Dąbrowa, L’histoire; Lerouge-Cohen, Wiesehöfer/Müller; zum Bild der Parther in den Quellen des 2. und 1. Jhs.: Muccioli, La rapresentazione]. Entsprechend schlecht ist die Quellenlage für alle anderen Aspekte. Selbst die Herrschaftsjahre der meisten parthischen Könige sind noch immer umstritten. Die Fehlstellen der literarischen Tradition können nur mit Hilfe der Münzen und keilschriftlichen Quellen gefüllt werden. Umso wichtiger sind die jüngsten Bemühungen, die parthischen Münzen zu ordnen und zu deuten, die zur Publikation der *Sylloge Nummorum Parthicorum* geführt haben [2.5.8: Sinisi]. Wichtige Vorarbeiten zu einzelnen Problemen haben G. F. Assar [2.5.8: Genealogy] (zur Genealogie der frühen Arsakiden), G. F. Assar/M. G. Bagloo [2.5.8] (zu den Folgen des Friedens von Apameia), Assar [2.5.8: Remarks] sowie A. M. Simonetta [2.5.8] (zu den Münzen der sogenannten parthischen „dark ages") und E. Dąbrowa [2.5.8: Conquest] (zu den Feldzügen Mithradates' I.) vorgelegt. Aber viele Details sind noch immer umstritten [2.5.8: Lerner, Mithradates]. Daneben haben auch die keilschriftlichen Zeugnisse viel zum historischen Verständnis sowie den Verwandtschaftsbeziehungen beigetragen (Bigwood [2.5.8] stellt 14 bisher unbekannte parthische Königinnen vor). Zumeist liegt der Schwerpunkt der Forschung aber auf der politisch-militärischen Geschichte (zum Heer s. Olbrycht [2.5.8: Manpower]). Die Bemühungen Seleukos' II., die von Arsakes I. begründete parthische Herrschaft wieder in das Seleukidenreich zu integrieren, werden inzwischen als recht erfolgreich bewertet [2.5.8: Strootman]. Der spätere zunehmende Zusammenbruch der seleukidischen Herrschaft und die beiden Feldzüge Demetrios' II. bzw. Antiochos' VII. sind vergleichsweise gut dokumentiert, so dass sich die Ereignisse in Grundzügen rekonstruieren lassen [2.2: Dąbrowa, L'expédition; 2.5.8: Dąbrowa, Könige; Gaslain; Lerner, Impact; Overtoom]. Die Parther nutzten intensiv die hellenistischen Herrschaftspraktiken, um die eroberten Gebiete dauerhaft zu sichern [2.5.8: Dąbrowa, L'expédition]. Das Verhältnis der Arsakiden zu den auch nach dem Ende der seleukidischen Herrschaft im Zweistromland siedelnden Griechen bildet daher einen weiteren Forschungsschwerpunkt, der durch Inschriftenfunde auf eine zunehmend sichere Grundlage gestellt wird [2.5.8: Grajetzki; Merkelbach; Olbrycht, Greeks and Macedonians]. Auch religionspolitisch nahmen die Parther deutlich Rücksicht auf lokale Traditionen [2.5.8: Metzler; Zehnder] und lehnten sich ideologisch eng an die Achaimeniden an [2.5.8: Shayegan].

2.5.9 Baktrien

Nur elf der vielleicht 45 baktrischen und indo-griechischen Könige sind durch literarische und/oder epigraphische Zeugnisse belegt, wobei sich nur acht Könige einigermaßen sicher datieren lassen (zu den schriftlichen Zeugnissen s. Mairs [2.5.9: Greek inscriptions]). Die übrigen Herrscher haben lediglich Münzen hinterlassen, aus denen nur ungefähre Herrschaftsgebiete und Herrschaftszeiten abgeleitet werden können; Verwandtschaftsbeziehungen bleiben zumeist unklar. Trotz intensiver Bemühungen in den vergangenen Jahrzehnten ist es bisher nicht gelungen, eine auch nur halbwegs konsensuale Chronologie der mittleren und späten baktrischen Könige zu erstellen. Einzelne Datierungsvorschläge weichen um Jahrzehnte voneinander ab [2.5.9: Bopearachchi; Mitchener; Mittag; 2.2: Hoover; Senior]. Aufgrund der schlechten literarischen Quellenlage kommt zudem archäologischen Zeugnissen eine besondere Bedeutung zu. Vor allem die Stadt Aï Khanoum, die vergleichsweise intensiv erforscht wurde, bietet einen detaillierten Einblick in das Zusammenspiel griechisch-makedonischer Einflüsse und indigener Traditionen sowie auf die wirtschaftlichen Verflechtungen (einen guten Überblick bietet Martinez-Sève [2.5.9]).

Nicht zuletzt aufgrund dieser unklaren Chronologie können viele Publikationen des 20. Jhs. zu Baktrien nur bedingt als wissenschaftlich bezeichnet werden. Besonders negativ sticht W. W. Tarns [2.5.9] immer wieder neu aufgelegte Monographie aus dem Jahr 1938 heraus, der auf rund 600 Seiten eine detaillierte ‚Geschichte' auch derjenigen Könige schrieb, von denen lediglich einige wenige Münzen bekannt sind. Wichtige Schritte auf dem Weg zu einer ernsthafteren Beschäftigung mit dem Thema waren die Münzkataloge von M. Mitchener [2.5.9] und O. Bopearachchi [2.5.9], die aber sehr viele bezeichnende Unterschiede aufweisen und hinsichtlich der Datierungsvorschläge und geographischen Abgrenzungen der jeweiligen Herrschaftsgebiete spekulativ bleiben. Seitdem sind immer wieder neue Münzkataloge für einzelne Könige [2.5.9: Senior] oder längere Zeiträume [2.5.9: Bordeaux; Glenn; Kritt] vorgelegt sowie neue Einzelstücke publiziert worden. Dennoch bleibt vieles methodisch problematisch [2.5.9: Holt, Lost world]. Am vielleicht spektakulärsten ist J. Jakobsson [2.5.9], der einen neuen baktrischen König namens Antiochos postulierte (an der älteren Interpretation hielten aber die meisten späteren Bearbeiter fest, etwa Dumke [2.5.9]).

Auf der aber ohne Zweifel verbesserten Katalogbasis sowie unter Hinzuziehung archäologischer, epigraphischer und papyrologischer Zeugnisse entstanden in jüngerer Zeit Arbeiten zur Geschichte und Organisation Baktriens, die eher wissenschaftlichen Ansprüchen entsprechen (etwa Bordeaux [2.5.9], Coloru [2.5.9], Holt [2.5.9: Thundering Zeus] und Mairs [2.5.9: Hellenistic far East; Discoverires] unter Einbeziehung v. a. der administrativen und privaten Dokumente aus Baktrien; die wenigen Zeugnisse zu Amtsträgern, die zwar in der Regel griechische Namen trugen, bei denen es sich häufig aber um Inder handelte, hat G. Dumke [2.5.9] zusammengetragen). Daneben wurden auch einzelne historische Ereignisse, etwa die

Frage nach dem Verhältnis des vermutlich ersten baktrischen Königs Diodotos I. zu den Seleukiden (Dumke [2.5.9] und Wenghofer [2.5.9], die nicht von einer kompletten Abspaltung Baktriens ausgehen), der geographischen Ausdehnung des indo-griechischen Reiches [2.5.9: Seldeslachts; Wojtilla] und eher archäologisch-ikonographische Aspekte intensiver beleuchtet (Abdullaev [2.5.9]; s. auch die verschiedenen Beiträge in Mairs [2.2; 2.5.9: Greek inscriptions]) und die Bedeutung des Feldzuges Antiochos III. gegen Euthydemos I. neu bewertet (Sidky [2.5.9: 159–180]; Brüggemann [2.5.9] sieht Euthydemos I. danach eher gestärkt).

2.5.10 Hasmonäer

Da die hasmonäische Herrschaft aus einer Aufstandsbewegung hervorgegangen ist, die (in der nachträglichen Perspektive) vor allem durch die Ablehnung einer Hellenisierung Judaias motiviert war, ist gerade dieses Spannungsverhältnis zwischen Hasmonäern und griechisch-makedonischer Kultur ein zentrales Forschungsfeld. Entgegen der literarischen Tradition wurde immer wieder betont, dass von einer generellen Ablehnung der griechisch-makedonischen Kultur nicht gesprochen werden könne (zum Erfolg des von Jason in Jerusalem etablierten Gymnasions: Eckhardt [2.5.10]). Die Annahme des Titels *basiléus* durch Aristobulos I., die enge Anlehnung an einige der rivalisierenden seleukidischen Thronprätendenten [2.5.10: Wilker], die Übernahme verschiedener Insignien hellenistischer Könige [2.5.10: Dąbrowa, Origins] und die Baupolitik [2.5.10: Netzer] zeigen mit aller Deutlichkeit, dass sich die Hasmonäer am hellenistischen Königsmodell orientierten. Das gilt auch für die Tatsache, dass entgegen der lokalen Tradition weiblichen Mitgliedern des Königshauses eine mit anderen hellenistischen Dynastien vergleichbar große Bedeutung zukam [2.5.10: Atkinson, Salome; Wilker]. Zudem suchten die Hasmonäer früh die Anerkennung und Unterstützung durch die Römer [2.5.10: Coşkun, Triangular Epistolary; Dąbrowa, The Seleukids; Seeman], was als Ausdruck einer Offenheit gegenüber anderen Kulturen gewertet werden könnte (das positive Rombild schlug nach der Eroberung Judaias durch Pompeius allerdings ins Negative um: Rocca [2.5.10]). Insbesondere in der Außenwirkung versuchten die Hasmonäer den Eindruck zu vermitteln, als seien sie ganz normale hellenistische Könige (siehe auch Boffo [2.5.10], Coşkun [2.5.10: Ethnarchentitel] zur Zuerkennung des Titels eines *ethnárchēs* durch Antiochos VII., Dąbrowa [2.5.10: Hasmoneans, 112–116 und passim] und Regev [2.5.10: 131–141]). Diese Beobachtungen haben zu einer Relativierung der Darstellung der Hasmonäerherrschaft in den Makkabäerbüchern und bei dem von ihnen abhängigen Flavius Josephus geführt [2.5.10: Babota]. Insgesamt wird die Hasmonäerherrschaft inzwischen viel stärker als typische hellenistische Monarchie wahrgenommen, die weniger die in der literarischen Tradition betonten ideologischen Ziele verfolgt habe, als vielmehr auf die pragmatische Sicherung der Herrschaft und den Zugriff auf Ressourcen ausgerichtet gewesen sei (s. etwa Bernhardt [3.5.1], Berthelot [2.5.10], ganz ähnlich gestaltete sich auch die Etablierung des Ituräerreiches unter Ptolemaios, Sohn des Mennaios: Hoffmann-Salz [2.5.10]). Doch anders als bei den übrigen hellenistischen Monarchen, die zumeist große Rücksicht auf die Befindlichkeiten der zu ihrem Herrschaftsbereich gehörenden *póleis* nahmen, zerstörten die Hasmonäer nach Gebietserweiterungen dort bestehende *pólis*-Strukturen, zwangen die bisherigen Einwohner, zum Judentum zu konvertieren oder auszuwandern, und verteilten das Land an eigene Untertanen [2.5.10: Dąbrowa, Attitude].

3 Herrschaft und Gesellschaft

3.1 Der Charakter der hellenistischen Monarchie

„Jahr der Könige“

Obwohl Diodor (20.53.2–54.1) bei seiner Darstellung des „Jahres der Könige“ Antigonos I. Monophthalmos, Demetrios I. Poliorketes, Ptolemaios I., Seleukos I., Lysimachos, Kassandros und Agathokles in eine Reihe stellt, erschweren es die Individualität einzelner Könige und die Diversität der sich herausbildenden neuen Königreiche, den Kern eines spezifischen hellenistischen Königtums herauszuarbeiten – oder um es mit E. S. Gruen [3.1: 116] auszudrücken: „No single model accounts for Hellenistic kingship.“ Nicht nur diese Heterogenität, sondern auch die ungleiche Verteilung von Quellen aus zudem sehr unterschiedlichen Blickwinkeln setzt der Rekonstruktion enge Grenzen. Neben einigen Selbstzeugnissen der Könige liegen aus einzelnen Regionen und Zeiten Belege für die Erwartungen von Herrschern an ihre Untertanen sowie Hinweise auf die Erwartungen der Beherrschten an ihre Monarchen vor (s. grundlegend Schubart [3.1]). Trotz dieser schwierigen Ausgangslage gibt es aber auch einige verbindende Elemente. So basieren alle hellenistischen Monarchien auf einer Traditionslinie, die auf die Argeaden zurückreicht, und in allen großen Reichen bilden griechisch-makedonische Gruppen einen herrschaftsrelevanten Anteil an den Untertanen. Mit Hilfe (makedonisch) staatsrechtlicher und (griechisch) philosophischer Ansätze wurde daher früh versucht, dem gemeinsamen Kern der hellenistischen Monarchien näher zu kommen.

Die Forschung des frühen 20. Jhs. war stark von zwei staatsrechtlich motivierten Ansätzen geprägt. Zum einen wurde die hellenistische Monarchie als eine absolutistische begriffen, bei der der König den Staat und das Gesetz verkörpert habe [3.1: Goodenough], zudem wurde die Bedeutung der makedonischen Heeresversammlung betont [3.1: Granier]. Letzterer Ansatz hat die Forschung für mehrere Jahrzehnte geradezu gelähmt, obwohl er recht schnell auf Kritik stieß bzw. modifiziert wurde (siehe vor allem Aymard [3.1], der zwischen einer personellen und einer nationalen Monarchie unterschied, und Briant [3.1], der die Unterschiede von Volksversammlung und Heeresversammlung hervorhob). Als sich die Ansicht durchsetzte, dass die Quellenbasis für einen solchen Ansatz extrem problematisch und letztlich nicht tragfähig ist (Errington [3.1: Nature; Origins], der aber betonte, dass der makedonische König abhängig von der Unterstützung durch den Adel gewesen sei und sein Prestige vor der bzw. sein Einfluss auf die Bevölkerung nicht unterschätzt werden dürfe), war der Weg endgültig frei, den Fokus neu zu justieren. Darüber hinaus wurde bereits zuvor als Alternative zur starken Bedeutung der Heeresversammlung die Vorbildfunktion Alexanders für seine Nachfolger hervorgehoben [3.1: Heuß] und auf Veränderungen in der Nachalexanderzeit verwiesen [3.1: Schmitthenner].

Herrschaftssoziologischer Ansatz

Als besonders einflussreich hat sich im deutschsprachigen Raum zudem ein herrschaftssoziologischer Ansatz erwiesen, der auf der Basis von Max Webers Überlegungen zur legitimen Herrschaft versucht, das hellenistische Königtum zu ergründen. Dabei wurde hervorgehoben, dass Alexander der Große und die frühen Diadochen ihre Position vor allem ihrer militärischen Sieghaftigkeit verdankten, aus der sich Ihr Ansehen bzw. Charisma ableitete (Gehrke [3.1], zugespitzt: Gotter [3.1]; zum militärischen Charakter des makedonischen Königtums und den Transformationsprozessen unter Alexander dem Großen siehe Mari [3.1]; Faraguna [3.1] hat völlig zurecht betont, dass sich Alexanders Legitimation aus allen drei idealtypischen Herrschaftsformen Webers – traditional, legal und charismatisch – speiste; v. a. Ma [3.1] betonte die Bedeutung der Kommunikation mit den Untertanen).

Bedeutung von Institutionen

Auf der anderen Seite hatte bereits Bickerman [3.1] die Bedeutung von Institutionen hervorgehoben, die zur erfolgreichen Durchsetzung des königlichen Willens unverzichtbar waren, und damit den Grundstein für die noch immer maßgeblichen Deutungsmuster im franko- und anglophonen Raum gelegt. Aufgrund der sich zunehmende verdichtenden Quellenbasis lässt sich inzwischen nicht nur bei den Ptolemäern, sondern auch bei den Seleukiden und Attaliden belegen, dass ihre Herrschaftsräume in hohem Maß durch die königliche Administration durchdrungen wurden (für die Seleukiden: Ma [3.1] und Capdetrey [3.1]; für die Attaliden: Wörrle/Müller [3.1]).

Weder der herrschaftssoziologische noch der auf Institutionen abzielende Interpretationsansatz können alle Aspekte des hellenistischen Königtums hinreichend erklären. Sie sollten daher auch nicht als Gegensätze begriffen werden, sondern als sich ergänzende Modelle, denn alle hellenistischen Könige agierten mit Hilfe einer Reihe von Institutionen – auch Alexander der Große und die Diadochen. Zwar zogen die frühen hellenistischen Könige ihr Ansehen aufgrund der durch den Alexanderzug und die damit einhergehende Neuordnung der Welt geschaffenen Ausnahmesituation in ganz besonderem Maß aus ihrer Sieghaftigkeit, zumal die Diadochen ihre Herrschaftsbereiche mit dem ‚Schwert erringen' mussten, doch war neben den persönlichen Qualifikationen von Beginn an der institutionelle Rahmen unerlässlich, um stabile Herrschaftsgebilde zu schaffen. Daher brachen die hellenistischen Monarchien auch nicht sofort zusammen, wenn sich ein König als unfähig erwies – in diesem Fall wurde er ggf. beseitigt (vgl. Wiemer [3.1: 338]; Monson [3.1] wies auf den Zusammenhang zwischen Legitimationsdruck und Verfügbarkeit über Ressourcen hin, was letztlich ebenfalls die Doppelgesichtigkeit deutlich macht).

Bei der Erforschung der Institutionen wurden nicht nur die makedonischen Elemente, sondern auch die lokalen, nicht griechisch-makedonischen Traditionslinien betont, die seit den 1980er Jahren verstärkt in den Fokus der Forschung getreten sind [3.1: Kuhrt; Kuhrt/Sherwin-White; Sherwin-White/Kuhrt]. Die Bedeutung der lokalen Eliten für die Stabilisierung der Herrschaft ist seitdem immer wieder betont worden (s. etwa Heinen [3.1], Dreyer/Mittag [3.1]).

Jüngste archäologische Untersuchungen in der südlichen Levante legen allerdings Unterschiede zwischen den Ptolemäern und Seleukiden nahe, denn während die ptolemäische Administration und Abgabenerhebung die traditionellen Strukturen eher unterdrückten, scheinen die Seleukiden nach der Machtübernahme unter Antiochos III. zunächst in stärkerem Maß auf Zusammenarbeit mit den lokalen Akteuren gesetzt zu haben [3.1: Honigman/Ecker/Finkielsztejn/Gorre/Syon], bauten ihren eigenen administrativen Apparat aber schnell aus [3.1: Feyel].

Obwohl es einige Überschneidungen zwischen den lokalen Konzepten idealen Königtums und makedonischen Vorstellungen gab, die beispielsweise in der militärischen Potenz des Königs bzw. dessen Sieghaftigkeit ihren Ausdruck fanden [3.1: Muccioli, 380–383], lassen die lokalen Traditionen insgesamt doch an einem einheitlichen Konzept des hellenistischen Königtums eher zweifeln. So ist auffällig, dass allein die Seleukiden Epitheta tragen, die ihre Sieghaftigkeit betonten, die Ptolemäer nutzten dagegen lediglich Epitheta, die deren Fürsorge gegenüber den Untertanen zum Ausdruck brachten, und die Antigoniden verzichteten gänzlich auf Epitheta [3.1: Muccioli]. Daher wurden zuweilen explizit die Unterschiede zwischen den einzelnen Monarchien betont, während die Suche nach den vorhandenen Gemeinsamkeiten eher in den Hintergrund getreten ist [3.1: Fleischer; Gruen]. Insbesondere in Makedonien sahen sich die Antigoniden speziellen Bedingungen gegenüber, wie seit den 1980er Jahren immer wieder herausgearbeitet wird (s. etwa Mooren [3.1] und Hatzopoulos [3.1]). Sie konnten auf das Rekrutierungsreservoir in Makedonien zurückgreifen und mussten keine Militärsiedlungen anlegen, agierten gemeinsam mit bzw. im Namen von den Makedonen und etablierten keinen Dynastiekult. Gerade die kultischen Aspekte des hellenistischen Königtums wurden bereits früh hervorgehoben [3.1: Kaerst] und bilden noch immer eine nahezu unerschöpfliche Quelle sehr unterschiedlicher Deutungen.

Eine Gemeinsamkeit bildet bei allen Unterschieden im Detail der Hof als administratives Zentrum der einzelnen Reiche. Dieser ist daher in den letzten Jahrzehnten verstärkt untersucht worden. Mit ihm soll der Blick auf die Strukturen der hellenistischen Dynastien daher beginnen.

3.2 Hof

In den letzten Jahrzehnten sind eine Reihe grundlegender prosopographisch und strukturell ausgerichteter Arbeiten zum hellenistischen Hof erschienen (Mooren [3.2: Aulic titulature] für die Ptolemäer, Savalli-Lestrade [3.2: Philoi] für die Seleukiden und kleinasiatischen Königreiche). Um die Jahrtausendwende wurde vor allem die Frage untersucht, wie sich das Verhältnis zwischen den Königen und seinen *phíloi* gestaltete. Hierbei standen sich zwei grundsätzlich sehr unterschiedliche Positionen gegenüber. Auf der einen Seite wurde das Machtgefälle zwischen den Königen und ihren *phíloi* sowie die Konkurrenz zwischen diesen beiden Polen betont [3.2: Meißner, Hofmann], auf der anderen Seite das Verhältnis zwischen Königen und *phíloi* als ein gegenseitiges Abhängigkeitsverhältnis rekonstruiert, als egalitär gedeutet und die Konkurrenz zwischen den einzelnen *phíloi* um Gunst und Gunsterweise der Könige hervorgehoben [3.2: Mooren, Kings; Weber, Interaktion]. Der letzte Aspekt offenbart eine Schwäche der zweiten Position, denn die Konkurrenz der *phíloi* um die Gunst der Könige legt – bei aller gegenseitigen Abhängigkeit – offen, dass sich diese nach der Konsolidierungsphase der Monarchien nicht zuletzt aufgrund ihrer enormen Ressourcen grundsätzlich in einer stärkeren Position befanden. Landzuweisungen (*dōreaí*) waren die wohl wertvollsten Gunstbeweise für verdiente *phíloi* und sind deutlich besser dokumentiert als alle anderen königlichen Geschenke an Mitglieder des Hofes [3.1: Capdetrey, 386–388; 3.2: Massar; Mileta, 53–57; Virgilio, 146–148; Weber, Interaktion, 67]. Eine angemessene Wertschätzung der Leistungen war durchaus notwendig, denn *phíloi* konnten an andere Höfe wechseln. Die Offenheit der Höfe zeigte sich auch darin, dass sich neben einem Kreis von Personen, die sich dort stets aufhielten („engerer/innerer Hof"), zu ihm auch Personen gehörten, die nur zeitweilig am Hof weilten („weiterer/äußerer Hof") [3.2: Weber, Zentralen].

Viele Aspekte der hellenistischen Höfe waren historisch gewachsen und speisten sich vor allem aus argeadischen und achaimenidischen Traditionen [3.2: Savalli-Lestrade, Philoi, 291–321]. Gerade die Frage, inwiefern die Achaimeniden eine Vorbildfunktion für die Hofrangtitel aber auch andere Details der hellenistischen Höfe besaßen, wird in jüngerer Zeit diskutiert, allerdings ohne dass sich auf der derzeitigen Quellenlage hier immer Sicherheit gewinnen lässt [3.2: Engels; Wallace]. Die Höfe entwickelten sich im Lauf der

Argeaden als Vorbild

drei Jahrhunderte hellenistischer Geschichte weiter, wobei die Zeit um 200 in mindestens zweierlei Hinsicht wichtig war (Weber [3.2: Zentralen] und Strootman [3.2: Courts, 40–41] unterscheiden insgesamt vier Perioden: 1. Zeit Alexanders, 2. Zeit der Diadochen, 3. bis zum 2. Jh., 4. bis zum Ende des Hellenismus). Zum einen etablierten sich zunächst bei den Seleukiden und dann bei den Ptolemäern (früher ging man davon aus, dass sich das System zunächst bei den Ptolemäern entwickelt habe) Hofrangtitel, zum anderen veränderte sich die ethnische Zusammensetzung der Höfe. Die Hofrangtitel, die im Lauf der Zeit auch an Personen jenseits der Höfe vergeben wurden (siehe etwa zur Vergabe an Garnisonskommandanten Scheuble [3.2: Loyalitätsbekundungen]), führten zu einer Verfestigung der Höfe insofern als die Position der einzelnen *phíloi* nun in eine Rangfolge gebracht wurde, es sich also nicht mehr im oben genannten Sinn um eine egalitäre Gesellschaft handelte. Angesichts der steten Konkurrenz der *phíloi* um die Gunst der Könige scheint die Einführung von Hofrangtiteln in erster Linie für die *phíloi* vorteilhaft gewesen zu sein. Damit war die Abstufung zwischen den einzelnen *phíloi* viel klarer und offensichtlicher und der Handlungsspielraum der Könige, einzelne *phíloi* gegen einander auszuspielen, möglicherweise begrenzter. Diese Folgen sowie die Tatsache, dass die Titel bei den Ptolemäern und Seleukiden erstmals unter vergleichsweise schwachen Königen belegt sind, könnten zu der Annahme führen, dass die Initiative von den *phíloi* selbst ausgegangen sei. Wahrscheinlich stellen sie aber einen Versuch der Könige dar, ihre Positionen gegenüber den *phíloi* zu festigen [3.2: Dreyer; Strootman, Courts, 165]. Vielleicht steht die Einführung der Hofrangtitel in direktem Zusammenhang mit der seit etwa 200 vor allem bei den Ptolemäern feststellbaren Zunahme indigener Hofmitglieder [3.2: Strootman, Courts, 124–135; Strootman, Eunuchs]. Zuvor stammte der größte Teil der *phíloi* aus griechischen *póleis* [3.2: O'Neil]. In Ägypten stiegen seit dieser Zeit einige Ägypter sogar in den Rand eines *syngenḗs*, d. h. titularen Verwandten, auf, der an der Spitze der Hofrangtitel rangierte [3.2: Moyer]. Die in den Kreis des Hofes aufgenommenen Ägypter wurden unter anderem wegen ihrer Kompetenzen im Bereich der Geschichte des Landes, des Rechts, der Medizin, Astronomie und Divination geschätzt [3.2: Legras; Weber, Poet, 238–240]. Daneben stärkten die in den Hof aufgenommenen Mitglieder lokaler Eliten die Beziehungen der Zentrale zu den verschiedenen Regionen und Städten. Am bithynischen und kappadokischen Hof,

Hofrangtitel

wo zwar grundsätzlich den Vorbildern Alexanders und der großen hellenistischen Königreiche gefolgt wurde, befanden sich stets vergleichsweise viele Indigene [3.2: Gabelko].

Nicht nur die ägyptischen Hofmitglieder des fortgeschrittenen ptolemäischen Reiches wurden wegen ihrer Kenntnisse geschätzt, sondern zu allen Zeiten profitierten die Könige von dem Wissen, den Kontakten und den Fähigkeiten ihrer *phíloi*. Für die Ausgestaltung des häufig schwierigen Verhältnisses zwischen den Königen und griechischen *póleis* kam den griechischen *phíloi* ebenfalls eine wichtige Funktion zu, denn diese unterhielten nicht nur rege Beziehungen zu ihren Heimatstädten, sondern wurden als Gesandte in die griechische Welt geschickt und kehrten zuweilen nach ihrem Ausscheiden aus dem Hof wieder in ihre Geburtsstädte zurück [3.2: Savalli-Lestrade, ΒΙΟΣ; Strootman, Courts]. Die wichtigste Aufgabe der *phíloi* bestand aber sicher darin, den König zu beraten [3.2: Muccioli] und die reibungslose Administration der Reiche zu gewährleisten [3.1: Capdetrey, 283–329; 3.2: Carsana; Ehling, Reichskanzler].

Höfe als Orte der Wissenschaften

Auffällig ist, dass bei den Seleukiden zunächst Geographen und die gesamte Zeit über Ärzte eine gewisse Prominenz besaßen, während Dichter und Philosophen eine eher untergeordnete Rolle spielten. Vielleicht wurden Philosophenschulen als mögliche Keimzellen von Opposition sogar behindert, so dass Philosophen das Seleukidenreich häufig verließen [3.2: Ehling, Gelehrte Freunde]. Bei den Ptolemäern scheint es eine gleichmäßigere Verteilung über alle Bereiche von Kunst und Wissenschaft gegeben zu haben, wobei aber nicht auszuschließen ist, dass vieles der zufälligen Überlieferungslage geschuldet ist. Sicher existierten am seleukidischen Hof Dichter, die in ähnlicher Weise wie Kallimachos und Theokrit in Alexandreia das Lob ihrer Könige sangen, auch wenn sie keine Spuren hinterlassen haben. Die kulturgeschichtliche Bedeutung der hellenistischen Höfe – insbesondere des alexandrinischen – kann keineswegs zu gering eingeschätzt werden. Insbesondere die erhaltenen Werke der Hofdichter und ihr Verhältnis zu den Königen steht hier häufig im Fokus der Forschung [3.2: Berrey; Weber, Den König loben; Weber, Dichtung; Weber, Herrscher; Weber, Poet] (zu seltenen Fällen, in denen Könige Dichter hinrichten ließen: Weber [2.1.2]; zu den Historikern an den Höfen und ihrem Nutzen für die Könige: Meißner [3.2: Historiker]). Unter den verschiedenen Funktionen des Hofes (vgl. hierzu Strootman [3.2: Courts, 33–38 und passim], der die Ansätze von Norbert Elias und Jürgen von Kruedener fruchtbar anwendet) hat vor allem die kulturgeschichtliche Bedeutung aber auch die bauliche Ausgestaltung in der jüngeren Forschung verstärkt Aufmerksamkeit erfahren. Die zunehmend archäologisch besser erforschten hellenistischen Residenzen zeigen einerseits, dass diese grundsätzlich auf älteren makedonischen Vorbildern basieren, machen aber andererseits auch deutlich, dass einige Dynastien sich in unterschiedlicher Weise lokalen Traditionen angepasst haben. So gestalteten die Attaliden ihren Palastbereich – ganz im Gegensatz zu den Ptolemäern und Seleukiden, die weite Bereiche ihrer Residenzstädte als Palastareale abgrenzten – bewusst ‚bürgerlich', um geradezu als Mitglied der pergamenischen Oberschicht zu erscheinen (Hardiman [3.2]; grundsätzlich zum hellenistischen Palast: Nielsen [3.2], zur Abgrenzung vom Rest der Stadt: Strootman [3.2: Courts, 54–90], der zudem wohl zu unrecht eine sakrale Überhöhung vieler Paläste durch die Einbeziehung von Heiligtümern annimmt). Die Seleukiden griffen andererseits im Osten ihres riesigen Herrschaftsbereiches in hohem Maß auf indigene Traditionen zurück und präsentierten sich ihren lokalen Untertanen in für diese vertrauter Weise [3.2: Held, Königsstädte; Held, Residenzstädte; Weber, Zentralen]. Dies entspricht letztlich dem auch sonst feststellbaren Bemühen der Seleukiden, die lokalen Traditionen zu respektieren und zur Sicherung ihrer Herrschaft zu nutzen – darauf wird noch zurückzukommen sein (s. Kap. II.3.5.1).

Die vergleichsweise starke Stellung von weiblichen Familienmitgliedern, die ebenfalls zum Hof gehörten, wurde in den letzten Jahrzehnten immer wieder hervorgehoben [3.2: Aulbach], wobei die Ansätze der Genderforschung fruchtbar gemacht werden konnten (siehe auch oben Kap. II.2.2). Hierbei wurde unter anderem das Verhältnis zwischen der ‚Privatsphäre' der Königinnen und der Öffentlichkeit diskutiert [3.2: Bielman Sánchez; Widmer], denn die Rolle der weiblichen Familienmitglieder ist insbesondere im Verhältnis der Königshäuser zu den griechischen *póleis* und den ägyptischen Priesterschaften gut belegt. Sie waren häufig für die Wahrnehmung der monarchischen Herrschaft extrem wichtig, konnten sie doch andere Rollen als ihre Ehegatten übernehmen bzw. vergleichbare Rollen anders ausfüllen. So besaßen beispielsweise die Beteiligung von Königinnen durch die Finanzierung von Wagengespannen bei den Olympischen Spielen [3.2: Bennett] und ihre Reisetätigkeit [3.2: van Minnen] immer auch eine politische Komponente. Die ungewöhnlich wichtige politische Rolle wurde sicher zurecht auf argeadische Tra-

Königliche Familie

ditionen zurückgeführt [3.2: Pfrommer], wo Frauen auch gemeinsam mit ihren Gatten bestattet wurden [3.2: Borza/Palagia].

Eine besonders enge familiäre Bindung ergab sich bei den Ptolemäern aus Ehen innerhalb der engeren Familie – im Gegensatz zu den Seleukiden, die Töchter an befreundete Könige verheirateten. Dadurch war der gemeinsame Nachwuchs in ganz besonderer Weise legitimiert, stammte er doch sowohl über die väterliche wie auch die mütterliche Linie aus dem Königshaus. Darüber hinaus besaßen die Gemahlinnen aufgrund ihrer familiären Herkunft eine von Geburt an herausragende Stellung innerhalb des Königreiches und mussten sich Anerkennung nicht erst verdienen. Neben ihren zumeist Schwestergemahlinnen besaßen – ganz in argeadischer Tradition – die Ptolemäer weitere Frauen [3.2: Cuenod].

3.3 Zivile Administration

Die aktuelle Forschung zur zivilen Administration ist kaum von essentiellen Disputen geprägt, vielmehr bleiben aufgrund der allzu oft sehr schlechten Quellenlage so viele Aspekte unklar, dass man sich inzwischen meist damit begnügt, die bekannten Details zusammenzutragen, ohne eine weitgehende Gesamtrekonstruktion zu versuchen. Am ehesten haben dies W. Huß [3.3] für die Ptolemäer und M. B. Hatzopoulos [3.3: Institutions] für Makedonien vorgelegt, dessen Überlegungen weitgehend auf Akzeptanz stießen; lediglich seine Deutung des *epistátēs* als höchstem gewählten Vertreter einer makedonischen Stadt, der sowohl seinen Mitbürgern als auch dem König gegenüber verantwortlich gewesen sei, und die Annahme, dass Makedonien bereits in vorrömischer Zeit in vier *merídes* unterteilt gewesen sei, wurden kritisch hinterfragt [3.3: Errington, König und Stadt; Hammond; Hatzopoulos, Quaestiones; Hatzopoulos, Ancient Macedonia, 116–121]; zu den feudalen Strukturen Makedoniens siehe auch C. J. King [3.3]. Einen Überblick über die Satrapien der Alexander- und Diadochenzeit hat H. Klinkott [3.3] vorgelegt. Die Informationen zur seleukidischen Administration hat zuletzt L. Capdetrey [3.1: 229–266] zusammengetragen und mit aller Vorsicht interpretiert. Seine Ausführungen sind allerdings durch neuere Inschriftenfunde zu ergänzen; hier sei vor allem die Heliodor-Inschrift hervorgehoben (s. Kap. II.3.5.1). Ähnlich wie die Position des *epistátēs* in Makedonien strittig ist, bleiben auch bezüglich dieses wichtigen

Scharniers zwischen lokaler Ebene und Reichsadministration im Seleukidenreich viele Fragen offen. Der in Babylon belegte *paḫat Babili*, der in den keilschriftlichen Zeugnissen nur im Zusammenhang mit den in Babylon lebenden Griechen erwähnt wird, scheint aber dem makedonischen *epistátēs* sehr ähnlich gewesen zu sein [3.3: Clancier, 321].

Bedeutung der Indigenen

Darüber hinaus ist der Anteil der Indigenen an der Administration umstritten, da auch Indigene gelegentlich griechische Namen trugen (zum Phänomen der Polynymie in Ägypten s. Broux [3.3] und Coussement [3.3]). Das gilt auch für das gut dokumentierte ptolemäische Ägypten (für die ptolemäische Administration außerhalb Ägyptens bildet noch immer Bagnall [3.3] das Referenzwerk). Auch die innere Struktur der kleinasiatischen Königtümer liegt nach wie vor weitgehend im Dunkel. Im Attalidenreich scheinen sowohl die seleukidischen Strukturen übernommen, als auch die lokale Selbstverwaltung gestärkt worden zu sein [3.1: Thonemann]. In Pontos kam den sogenannten Gazophylakien, Festungen, in denen königliche Schätze deponiert wurden, die zum Teil als Münzprägestätten fungierten und bereits in persischer Zeit existierten (vgl. Debord [3.3: 40 und 43]), eine besondere Bedeutung zu, auch wenn Højte [3.3] die Rolle von sich selbstverwaltenden Städten hervorhob.

3.4 Militär

Nachdem die im 19. Jh. beliebten militärhistorischen Forschungsansätze in der zweiten Hälfte des 20. Jhs. eher verpönt waren, erleben sie seit der Jahrtausendwende eine Renaissance. Neben neueren Überblickswerken (Butera/Sears [3.4]; Eckstein [3.4]; Roth [3.4] mit gutem Überblick über Strategien und Logistik; Sears [3.4]; Sekunda [3.4: Land forces]; für die Verhältnisse in Griechenland siehe auch noch immer Launey [3.4]) sind vor allem vier Felder bearbeitet worden. Zum einen ist die Rekonstruktion der Truppenzusammensetzung, -stärke und -organisation noch immer nicht hinreichend geklärt, zweitens stand die alte Frage nach den Kosten immer wieder im Fokus verschiedener Arbeiten, drittens wurden militärstrategische Überlegungen vorgelegt und schließlich soziale und kulturelle Aspekte untersucht.

Zusammensetzung und Organisation

Im Hinblick auf Truppenzusammensetzung, -stärke und -organisation sind wichtige Arbeiten zur argeadischen [3.4: Hammond; Heckel/Jones], antigonidischen [3.4: Hatzopoulos; Noguera Borel (zur Rekrutierung); Sekunda, Antigonid army; Sekunda/Dennis], seleukidischen [3.4: Bar-Kochva; Engels (zum Phänomen, dass keine babylonischen Truppenkontingente bekannt sind); Sekunda, Seleucid army; Sekunda, Seleukid elephant] und ptolemäischen Armee [3.4: Fischer-Bovet, Army, 116–159; Sekunda, Ptolemaic army;] erschienen, die unter anderem deutlich gemacht haben, dass die einzelnen Monarchien auf jeweils unterschiedliche und sich verändernde Rahmenbedingungen reagierten. Da die Quellenlage zu den Verhältnissen in Ägypten am besten ist, können die dortigen Zustände vergleichsweise gut rekonstruiert werden. So liegen inzwischen ausführliche Informationen zu den lokalen Stützpunkten und Rekrutierungspraktiken in Ägypten vor [3.4: Carrez-Maratray; Redon (zu Militärstützpunkten im Delta)]. In Oberägypten waren demnach nur wenige reguläre Truppen stationiert, daher wurden dort zum einen Indigene rekrutiert, die in die Gruppe der (steuerrechtlichen) Perser und Hellenen eingegliedert wurden, zum anderen wurden loyale Bürgersoldaten der *pólis* Ptolemais in der Region eingesetzt [3.4: Vandorpe]. Auch andere Könige griffen gerne auf Kontingente ihrer *póleis* zurück [3.4: Noguera-Borel]. Als es den Ptolemäern immer weniger gelang, genügend griechisch-makedonische Soldaten zu rekrutieren, mussten sie auch in anderen Kontexten zunehmend auf Ägypter zurückgreifen. Diese ägyptischen Soldaten wurden steuerrechtlich zu Hellenen und trugen fortan einen griechischen Namen [3.4: Scheuble]. Die ethnische Herkunft, das Zusammenspiel der unterschiedlichen Truppenteile und die Einbindung der fremden Soldaten in die lokalen kulturellen Traditionen, vor allem das Interesse der Soldaten für indigene Kulte sind vergleichsweise gut dokumentiert [3.4: Fischer-Bovet, Army; Fischer-Bovet, Aspect; Heinen].

Flotten

In jüngerer Zeit sind auch die hellenistischen Flotten wieder stärker in den Fokus der Forschung gerückt. Insbesondere der massiven Vergrößerung der Schiffe und damit einhergehend der Erhöhung der Ruderreihen im frühen Hellenismus galt das Interesse, die unter anderem dazu führten, dass nun mit Hilfe von Katapulten völlig neuartige Seeschlachten geschlagen werden konnten [3.4: de Souza, Naval battles, García Fleitas/Santana Henríquez; Murray]. Während es den frühen Ptolemäern gelang, mit Hilfe ihrer Flotte eine Thalassokratie im östlichen Mittelmeer zu etablieren (die Ausrichtung des Ptolemäerreiches auf das Meer und die weitreichenden Ambitionen der Ptolemäer v. a. im Ägäisraum hat auch Strootman

[2.2] betont), konzentrierten sich die übrigen Könige zumeist auf den Ausbau der Landheere. Eine wichtige Ausnahme bildet Philipp V., der mit Hilfe sehr unterschiedlicher Flotten seinen Einfluss in der Adria und der Ägäis auszubauen versuchte [3.4: Kleu].

Finanzierung

Den engen Zusammenhang zwischen den auf den Monat genau datierten Tetradrachmen Mithradates' VI. und Kosten für militärische Operationen hatte de Callataÿ [3.4: Histoire] bereits 1997 herausgearbeitet. Seitdem sind militärische Kosten wieder verstärkt in den Blick genommen worden (s. etwa de Callataÿ [3.4: Guerres], Burrer [3.4], Müller [3.4], der zudem den enormen Mittelabfluss aus dem östlichen Mittelmeerraum nach Rom als Folge verlorener Kriege hervorhebt; Chaniotis [3.4: 115–121] stellt Maßnahmen der *póleis* zur Kostendeckung zusammen; zur Finanzierung der *anábasis* Antiochos' III. s. Dumke [3.4], der hervorhebt, dass die Gegner gezwungen worden seien, das Handgeld für die Soldaten, *sitarchía*, bereitzustellen). Die Kosten sowohl des ptolemäischen als auch des seleukidischen Militärs hat C. Fischer-Bovet [3.4: Army] abzuschätzen versucht, wobei ihre Berechnungen auf vielen Unbekannten basieren (müssen). Ihr zufolge verschlangen Kriege 78 % der laufenden Einnahmen bei den Ptolemäern und 57 % bei den Seleukiden; in Friedenszeiten hätten die Kosten bei 34 % bzw. 45 % gelegen. Angesichts sich stets wandelnder Größen der Herrschaftsbereiche und Anzahl der zu finanzierenden Soldaten sollten diese Zahlen mit einer gewissen Vorsicht betrachtet werden, sie können aber helfen, die Bedeutung der Kriegskosten und auch der von den Römern auferlegten Kriegskostenentschädigungen abzuschätzen. Ein wichtiger Baustein von Fischer-Bovets Berechnungen sind die Militärsiedler, da deren Kosten im Kriegsfall nicht signifikant anstiegen, während die Rekrutierung von Söldnern mit enormen Kosten verbunden war. Allerdings wurden Militärsiedlerstellen nach dem für die Ptolemäer sehr verlustreichen vierten Syrischen Krieg auch an ägyptische Soldaten (*máchimoi*) und nach dem Ende des fünften Syrischen Krieges auch an berittene Polizeieinheiten (*éphodoi*) vergeben, so dass nun weniger Militärsiedler zur Verfügung standen [3.4: Johstono]. Nach dem Frieden von Apameia im Jahr 188 nahm die Zahl der Söldner bei den Seleukiden signifikant ab, viele dieser Soldaten scheinen aber in das pergamenische und rhodische Heer integriert worden zu sein [3.4: Sion-Jenkis]. Militärsiedler standen im Zentrum einer Reihe von Arbeiten, die häufig auch ethnische Zugehörigkeit und soziale Aspekte untersuchten [3.4: Bar-Kochva, 20–48; Billows (mit einer Liste der ‚makedonischen' Siedlungen in Asien auf S. 179–182); Couvenhes; Scheuble, Bemerkungen; Scheuble-Reiter; Uebel].

Einen starken Fokus auf die strategischen Überlegungen Alexanders und den Ablauf der Schlachten und Belagerungen legte Sheppard [3.4]. Zu strategischen Überlegungen aber auch zu Fragen der Logistik und des Verteidigungsbaus siehe zudem J. P. Roth [3.4] und P. de Souza [3.4: Naval battles]. Das Wechselspiel aus Diplomatie und Krieg hat V. Grieb [3.4] beleuchtet. Die immer wieder zu Problemen führenden Einquartierungen in Ägypten behandelte S. Pfeiffer [3.4].

Sozialen und kulturellen Aspekten wandte sich V. Gabrielsen [3.4] zu, der hervorhob, dass trotz der Demokratisierung von Rhodos ein Teil der Flotte noch immer aus privaten Schiffen bestanden habe, sowie A. Chaniotis [3.4] (dort u. a. auch zur Bedeutung von Frauen, religiösen Ritualen, der Ästhetik des Krieges und der Erinnerungskultur). Fragen der Loyalität der Truppen wurde bei den Ptolemäern [3.4: Blasius] und Seleukiden [3.4: Brice; Mittag] nachgegangen.

3.5 Verhältnis zur indigenen Bevölkerung

3.5.1 Seleukiden

Bedeutung indigener Traditionen

Während die ältere Forschung zumeist hervorhob, dass der Feldzug Alexanders des Großen einen Bruch mit den achaimenidischen Traditionen einleitete und es trotz verschiedener Bemühungen um eine Einbindung der Perser eher zu Widerstand gegen die neuen Fremdherrscher gekommen sei [3.5.1: Eddy], wird seit den 1980er Jahren immer wieder betont, dass nicht nur das Ptolemäerreich, sondern auch das Seleukidenreich sehr stark von vorhellenistischen Herrschaftspraktiken geprägt war [3.5.1: Kuhrt, Berossus; Kuhrt, Seleucid kings (mit Forschungsüberblick; Panitschek; Sherwin-White/Kuhrt] und manche lokalen Eliten mit dem Herrschaftswechsel sogar neue Hoffnungen verbanden [3.5.1: Jursa]. Ein wesentlicher Grund für diese Neubewertung war die verstärkte Publikation und Auswertung keilschriftlicher Dokumente. Diese Quellen werfen in der Regel ein völlig anderes Licht auf die lokalen Verhältnisse als die griechischen und lateinischen Texte. Allerdings konnte auch diesen literarischen Zeugnissen seit jeher entnommen werden, dass sich Seleukos I. nach dem Tod Alexanders des Großen nicht von der Baktrierin Apame trennte, was dazu führte, dass die folgenden Seleukiden halbmakedonisch und halbbaktrisch waren und männliche Kinder häufig iranische Namen erhielten, die sie allerdings spätestens mit der Thronbesteigung ablegten [3.5.1: Coşkun, Überlegungen; Muccioli, Antioco III]. Auf der Basis der sich noch immer verbreiternden keilschriftlichen Quellen ist die Bedeutung achaimenidischer und anderer indigener Traditionen für die seleukidische Herrschaft deutlich konkretisiert und erhärtet worden. Umstritten ist aber der Grad dieser Einflüsse und die Frage, wie das Verhältnis zwischen den Seleukiden und der indigenen Bevölkerung im Einzelnen zu bewerten ist. Nach anfänglicher Euphorie und einer (möglichen) Überbewertung der lokalen Traditionen haben sich seit der Jahrtausendwende auch Stimmen erhoben, die deutlicher wieder die Differenzen zwischen den Fremdherrschern und den lokalen Akteuren betonten. So hob etwa P. Panitschek [3.5.1] die bewusste Distanzierung Seleukos' I. von achaimenidischen Traditionen und das geringe Interesse, das die Seleukiden der Persis entgegenbrachten, hervor. Auch in Mesopotamien knüpften sie zwar an kulturelle, religiöse und administrative Traditionen an, aber nur sehr bedingt an die tradierte Herrscherideologie. Die Tendenz, das in den 1980er Jahren etablierte Bild zu korrigieren, führte in jüngster Zeit auch zu vielleicht zu starker Kritik an der Betonung achaimenidischer Traditionen (etwa Kosmin [3.5.1: Time], der die Bedeutung der seleukidischen Ära untersucht und vieles diesem Fokus unterordnet).

Großkönig

Jüngst ist in diesem Zusammenhang die Nutzung der vorhellenistischen Titel „König der Könige" und „Großkönig" durch verschiedene Seleukiden neu bewertet worden. Zwar wurde der Titel „Großkönig" von den Seleukiden selbst anscheinend nur auf dem Borsippazylinder (der Gründungsurkunde des Ezida-Tempelneubaus im mesopotamischen Borsippa aus der Zeit Antiochos' I.) verwendet (Plischke [3.5.1: Persianims]; hinzu kommt die Nutzung durch griechische *póleis*: Strootman [3.5.1: Heroic company, 221]), doch nutzten Antiochos III. und Antiochos VII. auch die griechische Übersetzung, *basileùs mégas*, und der Titel „König der Könige" ist mehrfach belegt [3.5.1: Engels, Überlegungen]. R. Strootman [3.5.1: Heroic company, 221–222; Great kings] betonte den Gedanken einer universalen Herrschaft, der mit den Titeln verbunden gewesen sei, sowie die darin zum Ausdruck kommende bewusste Abgrenzung zu den Ptolemäern (vgl. Kosmin [3.5.1: Elephant king] zur Frage der Grenzen des Seleukidenreiches und den häufigen Reisen seleukidischer Könige innerhalb ihres Herrschaftsgebietes). Der Universalismusgedanke zeigt sich zumindest während der Parade, die Antiochos IV. in Daphne veranstalten ließ und in deren Kontext u. a. Darstellungen aller Götter und Heroen gezeigt wurden (Strootman [3.5.1: Antiochos IV] dürfte aber zu weit gehen, wenn er aus der Parade die Botschaft ableitet, Antiochos IV. habe die Wiederherstellung der seleukidischen Macht im Ägäisraum geplant; vgl. die von Ptolemaios II. veranstalteten Ptolemaieia, hierzu etwa Caneva [3.9: 81–127]). Auch ptolemäische Könige nutzen den Titel, so etwa Ptolemaios III. nach seinem militärischen Vorstoß in das Herz des Seleukidenreiches [3.5.1: Panitschek, 458] und Ptolemaios IV. trägt auf einer Inschrift aus Joppe den Titel „Großkönig" [3.5.1: Gerardin; Pfeiffer]. Im 2. und 1. Jh. wurden die Titel „Großkönig" und „König der Könige" auch von verschiedenen kleinasiatischen Monarchen sowie den Parthern genutzt. Diese Nachfolger der Seleukiden auf dem Boden des ehemaligen Achaimenidenreiches zogen die ‚persische' Karte als bewusste Abgrenzung zu den Seleukiden [3.5.1: Plischke, Persianism] und um ihre persische Vergangenheit zu betonen [3.5.1: Strootman, Persianism]. Dabei sollte keineswegs bloß ein persisches Publikum adressiert werden, sondern bewusst gewählte, positiv konnotierte Elemente der persischen Kultur scheinen für ein hellenisiertes Publikum konstruiert worden zu sein [3.5.1: Lerouge-Cohen]. Diese späten Beispiele zeigen deutlich, dass mit dem Titel kein universaler Herrschaftsanspruch verbunden war, sondern vielmehr der Anschein einer Anknüpfung an achaimenidische Traditionen erweckt werden sollte, um die Herrschaft nach innen zu stabilisieren [3.5.1: Engels, Benefactors, 41–71].

Feudalisierung

Andererseits wurde verschiedentlich betont, dass das Seleukidenreich nach Antiochos I. in verschiedenen Regionen eine direkte gegen eine indirekte Herrschaft ausgetauscht habe, bei der lokalen Dynasten eine größere Rolle zugekommen sei und es Tendenzen zu einer stärkeren Feudalisierung gegeben habe [3.5.1: Engels, Feudalism; Engels, Überlegungen; Strootman, Court society, 83–85; Strootman, Seleukid empire, 21–22]. B. Chrubasik [3.5.1: Sanctuaries] nimmt sogar eine gegenseitige Abhängigkeit von Seleukiden und lokalen Dynasten an – in Ansätzen auch schon bei Chrubasik [3.5.1: Kings and usurpers]; dagegen betonte M. D'Agostini [3.5.1], dass das erste Jahrhundert seleukidischer Herrschaft durch eine enge Zusammenarbeit der Könige mit lokalen Dynasten gekennzeichnet gewesen und mit Antiochos III. eine stärkere Zentralisierung festzustellen sei, es also eine genau gegenteilige Entwicklung gegeben habe.

Obwohl die Seleukiden indigene religiöse Vorstellungen zur Herrschaftssicherung nutzten [3.5.1: Engels, Benefactors, 213–244; Sartre], sich die Verhältnisse in Babylon trotz der Gründung des nahegelegenen Seleukeia am Tigris und einer Umsiedlung von Teilen der Bewohner strukturell nicht änderten [3.5.1: Boiy, Babylon; Boiy, Late Achaemenid; Boiy/Mittag; Messerschmidt; Mittag, Seleukiden; Pirngruber] und die Eingriffe in die bestehenden Verhältnisse andernorts häufig eher gering waren [3.5.1: Sommer], kann aber nicht einfach von einem reibungslosen Zusammenspiel von griechisch-makedonisch geprägter Reichsadministration und lokaler Ebene ausgegangen werden. Insbesondere der Borsippazylinder hat in diesem Zusammenhang in jüngerer Zeit die Aufmerksamkeit auf sich gezogen. Ging man früher aufgrund der lokalen Machart und verwendeten Keilschrift davon aus, dass sich die Seleukiden in diesem Fall in lokale Traditionen stellten, wird inzwischen stärker betont, dass es sich eher um eine Mischung aus babylonischen Traditionen und seleukidischer Herrschaftsideologie zu handeln scheint, die Seleukiden also Einfluss auf die Textgestaltung nahmen [3.5.1: Beaulieu; Erickson; Kosmin, Seeing double]; vgl. V. Wyns [3.5.2], die zu einem ähnlichen Ergebnis bei den Ptolemäern gelangte, wobei sich auf der lückenhaften Quellenbasis allerdings kaum abschätzen lässt, wie groß der Anteil babylonischer oder auch lokaler Traditionen tatsächlich ist [3.5.1: Stevens; s. auch Muccioli, Transferts]. Nicht weniger problematisch ist eine angemessene Bewertung der Nutzung eines Gewandes des babylonischen Königs Nebukadnezar durch Antiochos III. [3.5.1: Ambos]. War dies ein geglückter Versuch des Königs, sich in lokale Traditionen zu stellen, oder wurde dieser Akt von den Babyloniern als eine Entweihung des altehrwürdigen Gewandes betrachtet? Entweder Antiochos III. oder sein Sohn Antiochos IV. gründeten in Babylon eine *pólis* und letzterer übertrug die administrativen Funktionen der wichtigsten Priester in Babylon und Uruk auf neue Amtsträger – wahrscheinlich, um eine größere Kontrolle über die Tempelfinanzen zu erlangen [3.5.1: Clancier/Gorre; s. auch Pfeiffer/Klinkott]. Damals scheint es zu einem Konflikt zwischen den Babyloniern und den in der Stadt lebenden Griechen gekommen zu sein [3.5.1: Klinkott].

Städtegründungen

Gerade durch die Gründung von neuen *póleis*, die Anlage von Festungen mit griechisch-makedonischen Besatzungen oder die Etablierung von griechischen Gemeinschaften in bestehenden Städten wie Babylon, die in der Forschung üblicherweise als *politeúmata* (Sg. *políteuma*; der Begriff bezeichnete im ptolemäischen Ägypten fremde ethnische Gruppen mit besonderen Rechten, s. Sänger [3.5.2]) bezeichnet werden, wurden neue Strukturen geschaffen [3.5.1: Sayar; Thiel; Waldron], die erhebliches Konfliktpotential besaßen. Erfolgreich war aber die Etablierung der sogenannten vier Generäle im spätseleukidischen Babylonien als neuer militärischer sowie wohl auch administrativer Organisationsstruktur, denn sie wurde von den Parthern übernommen [3.5.1: Ramsey].

Obwohl sich die Seleukiden immer wieder als Wohltäter der Untertanen stilisierten [3.5.1: Haubold] und ihr gutes Verhältnis zu den lokalen Eliten betonten [3.5.1: Taylor], scheuten sie im Zweifelsfall nicht davor zurück, lokale Tempel ihrer Schätze zu berauben (Wiesehöfer [3.5.1: Antiochos IV.], für die Elymaïs auch Dąbrowa [3.5.1]). Diese Doppelgesichtigkeit wird in der jüngeren Forschung verstärkt betont und zwischen einzelnen Orten und Regionen differenziert [3.5.1: Ehling]. Während beispielsweise in Uruk das Zusammenleben zwischen Griechen und Indigenen vergleichsweise reibungsfrei gewesen zu sein scheint, wobei die Griechen sich an lokale Traditionen anpassten [3.5.2: Westh-Hansen], und im syrischen Raum viele Griechen stark von nicht-griechischen Kulturelementen beeinflusst waren [3.5.1: Andrade, 49], lassen sich in Susa, der achaimenidischen Winterresidenz, deutliche Siedlungsbrüche feststellen [3.5.1: Martinez-Sève]. Zudem sollte man stärker zwischen verschiedenen ethnischen Gruppen differenzieren und den jeweiligen sozialen Status stärker in den Blick nehmen [3.5.1: Mehl].

Die Bewertung der offensichtlichen Bemühungen der Seleukiden, dennoch bestehende Traditionen zur Herrschaftssicherung zu nutzen und die lokalen Eliten einzubinden ([3.5.1: Engels, Benefactors, 157–212]; zur bewussten Übernahme griechisch-makedonischer Namen durch Babylonier s. Monerie [3.5.1: 78–86]), wird auch dadurch erschwert, dass in vielen Fällen nur Quellen mit einer einzigen Perspektive existieren. So wurden die Seleukiden aus ptolemäischer Sicht immer wieder in die Nähe der Perser gerückt – und damit als Feinde Ägyptens charakterisiert – [3.5.1: Funck], doch handelte es sich hierbei um eine bewusst konstruierte Fremdzuschreibung; die Bewohner der Persis scheinen dies völlig anders gesehen zu haben, denn die von den persischen *frataraka* geprägten Münzen werden als Hinweis auf Loslösungstendenzen aus dem seleukidischen Herrschaftsverband gedeutet und zuweilen bereits in die Zeit kurz nach dem Tod Seleukos' I. datiert [3.5.1: Engels, Benefactors, 247–306; Müseler; Wiesehöfer, Discordia; Engels, Iranian identity, betont dagegen, dass die *frataraka* loyale lokale Dynasten gewesen seien].

Makkabäeraufstand

Den mit Abstand am besten dokumentierten und am meisten diskutierten Einzelfall eines Loslösungsprozesses bildet der Makkabäeraufstand, mit dem sich die Forschung seit dem 19. Jh. intensiv auseinandergesetzt hat. Trotz dieser langen Forschungstradition sind in den letzten zwei Jahrzehnten ganz neue Ansätze entwickelt worden. Das liegt einerseits an einer in Tel Maresha gefundenen Inschrift und andererseits an radikalen Neuinterpretationen der literarischen Quellen. Die Inschrift umfasst drei Briefe aus dem Jahr 178, in denen Tempelangelegenheiten in Koilesyrien und Phoinikien thematisiert werden und die einen Einblick in die Administration, Wirtschaft und Vorstellungen eines idealen Königtums ermöglichen [3.5.1: Cotton/Wörrle; Bencivenni]. Einer der Briefe ist an den seleukidischen ‚Kanzler' Heliodor gerichtet, der der jüdischen Tradition zufolge versuchte, dem Jerusalemer Tempel Schätze zu entnehmen. Die Inschriftenstele ist daher ein extrem wichtiges Zeugnis, um die Zuverlässigkeit dieser literarischen Tradition überprüfen zu können. Während einige aus der Inschrift eher eine Bestätigung der literarischen Tradition ableiten [3.5.1: Gera], deuten andere die Inschrift als Beleg dafür, dass Heliodor nicht an einer Tempelplünderung beteiligt war [3.5.1: Rappaport].

Trotz dieser Verbreiterung der Quellenbasis und der intensiven Forschungen zur Funktionsweise der seleukidischen Administration sowie der seleukidischen Politik ist die Rekonstruktion der Ereignisse, die zum Makkabäeraufstand führten, noch immer umstritten (Eckhardt [3.5.1: Hellenistische Krise]; zur Datierung der Ereignisse zuletzt Coşkun [3.5.1: Chronology] und Parker [3.5.1]). Verschiedene Ansätze verfolgen das Ziel, einzelne Aspekte breiter zu kontextualisieren. So wurde die langfristige Hellenisierung Jerusalems betont, die deutlich vor den Hellenisierungsbestrebungen des Hohepriesters Jason begonnen habe, der in der literarischen Tradition als der große Hellenisierer Jerusalems charakterisiert wird (Hengel [3.5.1]; Grabbe [3.5.1]; zur Verbreitung des Gymnasions im Nahen Osten siehe auch Daubner [3.5.1]; Bernhardt [3.5.1] betont die innerjüdischen

Konflikte, wobei eine Gruppe versucht habe, durch die Hellenisierung ihre Position zu stärken). Der Verkauf des Hohepriesteramtes an Jason durch Antiochos IV. wurde vor dem Kontext älterer babylonischer Traditionen und der ptolemäischen Steuererhebungspraxis als Versuch des Königs gedeutet, ähnliche Mechanismen in Jerusalem zu etablieren [3.5.1: Gorre/Honigman; Monson]. Auch die folgenden Ereignisse, die in den Makkabäeraufstand mündeten, wurden vor dem größeren politischen Kontext der Herrschaft Antiochos' IV. als letztlich völlig ‚normale' Maßnahmen charakterisiert (Aperghis [3.5.1]; Ma [3.5.1]; Baslez [3.5.1] vermutet, dass die Entweihung des Tempels letztlich auf falsche Wohltaten Antiochos' IV. zurückgehen könnte, Scolnic [3.5.1] erklärt das harte Vorgehen gegen die Aufständischen in Judaia vor dem Hintergrund der von Antiochos IV. in Rom erlebten Bacchanalienprozesse).

Nicht nur die neue Inschrift aus Tel Maresha, sondern auch solche Kontextualisierungsversuche führten dazu, die Zuverlässigkeit der literarischen Überlieferung in Frage zu stellen (s. etwa Lichtenberger [3.5.1], der die Etablierung eines Antiocheias in Jerusalem und die Einführung des Zeus Olympios-Kultes anders als die Makkabäerbücher nicht trennen möchte). In diese Richtung führten auch Bemühungen, die Makkabäerbücher in eine gattungs- und ideengeschichtliche Tradition zu stellen, um die Erzählmotive herauszuarbeiten [3.5.1: Weitzman; vgl. Kosmin, Indigenous revolts]. Das gipfelte zuweilen in einer extremen Skepsis gegenüber der Zuverlässigkeit der tradierten Geschichten und in letzter Konsequenz zur Fundamentalkritik von S. Honigman [3.5.1], die das Religionsedikt Antiochos' IV., das üblicherweise als Auslöser des Aufstandes gilt, als reine Fiktion der antiken Quellen zu entlarven versuchte (s. auch Mittag [3.5.1: Antiochos IV]). Diejenigen, die nicht so weit gehen, versuchen zumindest, die widersprüchlichen Angaben in den antiken Quellen zum Religionsedikt Antiochos' IV. zu glätten und den Inhalt des Edikts zu rekonstruieren. So wurde beispielsweise vorgeschlagen, Antiochos IV. habe den Yahwehkult nicht abschaffen, sondern dem Osiris/Dionysos-Kult angleichen wollen [3.5.1: Scurlock], bzw. Antiochos IV. habe sich von stoischen Ideen beeinflussen lassen [3.5.1: Muccioli, Antioco IV].

3.5.2 Ptolemäer

Obwohl bisher nur ein Teil der papyrologischen Zeugnisse aus hellenistischer Zeit erschlossen ist, kann die Nutzung dieser Textgattung doch auf eine längere Forschungstradition zurückblicken als die Einbeziehung der keilschriftlichen Texte für die Rekonstruktion der seleukidischen Verhältnisse. Seit langem ist die herausragende Bedeutung der ägyptischen Priester mit ihrer Scharnierfunktion zwischen griechisch-makedonischen Fremdherrschern und der indigenen Bevölkerung für die Stabilität der ptolemäischen Herrschaft bekannt [3.5.2: Clarysse, Egyptian temples; Gorre, Ptolemy; Huß, Der makedonische König; Lloyd; Minas-Nerpel, Koregentschaft, dort auch zur Legitimierung durch Betonung der Zugehörigkeit zur Dynastie der Ptolemäer; Onasch]; zur tiefen Verwurzelung der frühen Ptolemäer in den ägyptischen Traditionen siehe die Beiträge in McKechnie/Cromwell [3.5.2]. Auch außerhalb Ägyptens versuchten die Ptolemäer die lokalen Eliten in die Herrschaft einzubinden – etwa den König von Sidon, Philokles [3.5.2: Hauben]. Eine zentrale Quellengattung für das Verhältnis zwischen Priestern und Königen bilden die Synodaldekrete, die zurecht in der jüngeren Forschung wieder verstärkte Aufmerksamkeit erfahren haben [3.5.2: Pfeiffer, Bekämpfung; Pfeiffer, Dekret von Kanopos; Pfeiffer, Dekret von Rosette; dort jeweils auch zur Bedeutung der Dekrete für die Selbstdarstellung der Herrscher und zur Kommunikation mit den Priestern]. Die Quellenlage für die Krönung der ptolemäischen Könige zu Pharaonen ist im Vergleich zu diesen Dekreten erstaunlich dünn und lässt zudem einen breiten Interpretationsspielraum bei der Frage, inwiefern das Ritual für die Ptolemäer neu geschaffen wurde [3.5.2: Stadler]. Unzweifelhaft ist, dass sich die Interessen beider Seiten zu Beginn des Hellenismus nicht gegenüberstanden, vielmehr sprach alles für eine gute Zusammenarbeit [3.5.2: Wyns]. Während die ältere Forschung im Lauf der Zeit eine Schwächung der königlichen Position und damit einhergehend eine Stärkung der Position der Priester betonte [3.5.2: Onasch], wurde in den letzten Jahren immer wieder hervorgehoben, dass die zunehmende Institutionalisierung der Beziehungen im 3. Jh. zu einer Stärkung der königlichen Position geführt habe [3.5.1: Clancier/Gorre; 3.5.2: Gorre, Relations; Pfeiffer, Dekret von Rosette]. Auch das mögliche Ende der regelmäßigen Synoden während der Herrschaftszeit Ptolemaios' VI. sei kein Zeichen von Schwächung der königlichen Position gewesen, vielmehr seien die Synoden als Kommunikationsforum nicht mehr not-

Bedeutung ägyptischer Priester

wendig gewesen [3.5.2: Gorre/Veïsse]. Die Stärkung der Ptolemäer gegenüber den ägyptischen Priestern zeigt sich auch in konkreten Maßnahmen. War beispielsweise im frühen Hellenismus mit der Etablierung des Sarapis-Kultes ein zusätzlicher Kult geschaffen worden [2.2: Huß, Ägypten, 240–248], der zwar aus ägyptischen und griechischen Elementen bestand, aber auf die bisherigen indigenen Kulte keine Auswirkungen hatte, lassen sich im weiteren Verlauf zunehmend Eingriffe der Könige in den indigenen Kultbetrieb und die Organisation der Priesterschaften feststellen [3.5.2: Pfeiffer, Dekret von Kanopos].

Obwohl alle Ptolemäer versuchten, ein positives Verhältnis zu den lokalen Priestern aufzubauen, und zu diesem Zweck Tempelbauten finanzierten, Privilegien vergaben und die lokalen Tempel besuchten [3.5.2: Clarysse, Ptolemies; Minas-Nerpel], traten die übrigen ‚normalen' Ägypter doch recht spät in den direkten Fokus königlicher Politik. Erst Ptolemaios VIII. bemühte sich explizit um die Unterstützung durch Ägypter, indem er unter anderem die Rechtsprechung reformierte [3.5.2: Adler; Kanazawa]. Das mag ihm umso leichter gefallen sein, als er sich im Konflikt mit seinem Bruder und seiner Schwester befand und die Herrschaft von Frauen in Ägypten traditionell negativ konnotiert gewesen sein könnte [3.5.2: Grzybek]. Die übrigen Ptolemäer bemühten sich vielleicht aus diesem Grund, die starke Rolle der Ptolemäerinnen auch durch den Rekurs auf ägyptische Mythen zu legitimieren (vgl. Kampakoglou [3.5.2]).

Trotz der Versuche der Ptolemäer, das Verhältnis zu den ägyptischen Priestern möglichst positiv zu gestalten und spätestens seit Ptolemaios V. Ägyptern den Zugang zum Kreis der *phíloi* zu ermöglichen [3.5.2: Pfeiffer, Die Ptolemäer, 50], lässt sich eine Opposition feststellen, deren Träger möglicherweise auch Priester gewesen sind, da die Autoren der entsprechenden prophetischen Texte über breite Kenntnisse der Geschichte und Religion verfügt zu haben scheinen. Die Konkurrenz zwischen einzelnen Tempeln bzw. deren Priesterschaften mag dabei ein treibender Faktor gewesen sein [3.5.2: Huß, Der makedonische König, 129–180]. Dass es sich bei den Verfassern der anti-ptolemäischen Prophezeiungen um hochgebildete Personen handelte, die sowohl mit der ägyptischen als auch mit der griechischen Kultur bestens vertraut waren, belegen beispielsweise Homerzitate und griechische Wortspiele [3.5.2: Koenen, 168–169]. Anspielungen auf historische Ereignisse und Situationen

[3.5.2: Koenen; Quack; Thissen] konnten den Prophezeiungen eine größere Aura der Authentizität und Aktualität verleihen.

Unruhen und Aufstände

In der jüngeren Vergangenheit haben aber nicht so sehr die Prophezeiungen, sondern die gut dokumentierten Unruhen und Aufstände in Ägypten eine verstärkte Aufmerksamkeit erfahren [3.5.2: Veïsse, Discours; Veïsse, Révoltes égyptiennes; Veïsse, Statut]. Die Gründe und Anlässe waren vielfältig; häufig scheinen aber wirtschaftlicher Unzufriedenheit [3.5.2: McGing, Revolt Egyptian style] und ethnischen Gegensätzen [3.5.2: McGing, Revolt in Ptolemaiy Egypt; O'Neil, Native revolt] entscheidende Rollen zugekommen zu sein. Allerdings wurden die Bezeichnungen „Hellene" und „Ägypter" in den Quellen zuweilen nicht ethnisch genutzt, sondern spiegeln den rechtlichen Status wider, so dass ein Ägypter als „Hellene" bezeichnet werden konnte [3.5.2: Veïsse, Statut]. Trotz dieser rechtlichen Vermischung wurden die ethnischen Griechen und Makedonen bis zum Ende der ptolemäischen Herrschaft zumeist als Fremdkörper empfunden [3.5.2: Pfeiffer, Innere Konflikte], auch wenn zunehmend Ägypter in die Administrationstrukturen eindrangen, die dann zu „Griechen" wurden [3.5.2: O'Neil, Places]. Auf die Probleme reagierten die Ptolemäer häufig mit Dekreten, in denen Amnestie gewährt, Inhaftierte freigelassen, ausstehende Abgaben erlassen, Landflüchtige zur Rückkehr ermuntert und Besitz restituiert wurde. Solche meist als Philanthropa-Erlasse bezeichneten Dekrete fußen auf makedonischen und alt-ägyptischen Traditionen [3.5.2: Nadig, 77], wurden ab dem 2. Jh. auch in anderen Situationen zur Stabilisierung der Herrschaft genutzt und richteten sich nicht unbedingt mehr an die gesamte Bevölkerung, sondern bisweilen auch an einzelne Gruppen (Käppel [3.5.2: 249–374]; allgemein: La'da [3.5.2]).

3.6 Verhältnis zu den griechischen *póleis*

Das ebenso zentrale wie schwierige Verhältnis zwischen *póleis* und Königen ist seit vielen Jahrzehnten ein wichtiges Forschungsfeld und wird nach wie vor kontrovers diskutiert. Bereits Fraser [3.6, 157] stellte fest, dass „the freedom of Greek cities should be re-examined every few years in the light of the new evidence". Dabei bewegen sich die Deutungsansätze seit Jahrzehnten zwischen extremen Polen. Die ältere Forschung betonte den starken Gegensatz zwischen mächtigen Königen und vergleichsweise schwachen *pó-*

leis, die diesen Königen hilflos ausgeliefert gewesen seien (etwa Bevan [2.2: 124–125]). Dagegen versuchte Heuß [3.6] in einer einflussreichen Studie zu belegen, dass die Könige die Integrität der *póleis* gewahrt und kein Interesse an einer Umgestaltung der bestehenden Ordnungen besessen hätten. Zwar hätten sie zuweilen Bevollmächtige in einzelne *póleis* entsandt, in die innere Verfasstheit aber nicht eingegriffen. Die Könige hätten von einer abhängigen *pólis* aber zumindest verlangt, „daß sie [...] auf politische Entscheidungen verzichtet, welche gegen den betreffenden Monarchen ausfallen oder zum mindesten seine Interessen ignorieren“ [3.6: Heuß, 249]. Stattdessen hätten viele *póleis* die *philía* (Freundschaft) und Wohltaten des Königs betont, der damit zum *euergétēs* (Wohltäter) schlechthin stilisiert worden sei. Im Gegenzug hätten die *póleis* ihre *eúnoia* (Wohlwollen) und ihre *philotimía* (Eifer) gegenüber den Wünschen der Könige bewiesen. Diese beiden gegensätzlichen Ansätze markieren bis heute die Ränder des Forschungsfeldes.

In der jüngeren Forschung herrscht zumindest ein weitgehender Konsens, dass viele *póleis* keineswegs unter den hellenistischen Königen gelitten hätten, sondern vielmehr von ihnen profitierten (s. beispielsweise Strootman [3.6: Kings]). In einigen Fällen seien sie selbst mächtigen Königen selbstbewusst entgegengetreten [3.6: Flashar]. So betonte auch R. Waterfield [3.6], die *póleis* hätten sich gegenüber Antigonos II. Gonatas in einer vergleichsweise starken Position befunden, denn der König habe stets die Balance zwischen Bindung der *póleis* an Makedonien und der Versicherung der Nichteinmischung halten müssen. Manche Orte profitierten außerordentlich von den Wohltaten der Könige (eine Sammlung und Einordnung der Wohltaten findet sich bei Bringmann/von Steuben [3.6] und Bringmann [3.6]). J. Tully [3.6] lenkte beispielsweise den Blick auf die von hellenistischen Königen gestifteten Festivitäten auf Delos, das geradezu zu einem sakralen Austragungsort für den euergetischen Wettkampf geworden sei. Neben diesen eher positiven Einschätzungen finden sich nach wie vor aber auch kritischere Stimmen. So hätten nach M. D. Gygax [3.6] Wohltaten Herrschaftsbeziehungen geschaffen und Dominanz gesichert, wobei die Gegengaben lediglich den Anschein von Gleichrangigkeit suggeriert hätten.

Wohltaten der Könige

Insbesondere die Frage, wie die Wohltaten und ihre Gegengaben einzuordnen seien, bildet seit einer einflussreichen Studie von W. Orth [3.6] aus dem Jahr 1977 ein zentrales Forschungsfeld. Da Inschriften häufig die wesentlichen Zeugnisse für das Verhältnis zwischen König und *pólis* darstellen und zudem in diesen Inschriften Rechtsbegriffe sehr unscharf verwendet werden, lenkte Orth den Blick stärker auf die konkreten Einzelfälle und auf Kommunikationsstrategien. Diesen Weg verfolgte sehr konsequent J. Ma [2.3.1: Antiochos III] weiter. Er betonte die Rolle von standardisierter Sprache und Rhetorik, die beiden Seiten geholfen hätten, ihr Gesicht zu wahren, indem sie Machtverhältnisse sowohl zum Ausdruck brachten als auch kaschierten. Diesem Thema widmete sich 2011 eine internationale Tagung, deren Beiträge 2013 publiziert wurden (siehe vor allem Chaniotis [3.6: Emotional language], Virgilio [3.6] und Paschidis [3.6], der betonte, dass die Könige keine Gleichrangigkeit suchten und die Städte letztlich auch um ihre Abhängigkeit wussten, die sich in Wohltaten der Könige und kultischer Verehrung der Könige durch *póleis* ausdrückte; siehe auch Chaniotis [3.6: Public Subscriptions] zu den performativen Aspekten bürgerlicher Wohltätigkeit, Ellis-Evans [3.6], die betont, dass die Publikation von Spenderlisten Druck auf weitere Spender ausgeübt habe, und Diefenbach [3.6]).

Städtegründungen

In diesem Zusammenhang wurde auch der Blick verstärkt auf Städteneugründungen durch Könige gelenkt sowie die Bestrebungen indigener Städte, den *pólis*-Status zu erlangen (zu Städtegründungen im Hellenismus allgemein: Cohen [3.6]). C. Mileta [3.6: Überlegungen] unterschied drei grundsätzliche Typen von Neugründungen: 1. Indigenen-*póleis*, 2. Militärsiedler-*póleis*, 3. Retorten-*póleis* (wie Alexandreia und Antiocheia). Solche Klassifizierungen sind einerseits nachvollziehbar, vereinfachen aber gleichzeitig die häufig komplexen konkreten Umstände, zumal einige Neugründungen keinen *pólis*-Status besaßen (siehe den differenzierten Überblick bei Mairs/Fischer-Bovet [3.6]). Da die Quellenlage im westlichen Kleinasien dank der zahlreichen Inschriftenfunde deutlich besser als in anderen Regionen ist, haben vor allem die dortigen Neugründungen der Seleukiden und Attaliden immer wieder Aufmerksamkeit auf sich gezogen. Die meisten der seleukidischen Gründungen reihen sich entlang einer südlich der achaimenidischen Königsstraße gelegenen Verkehrsachse auf, um diese wichtige Verbindungslinie zwischen der seleukidischen Tetrapolis (Antiocheia am Orontes, Seleukeia in Pieria, Apameia, Laodikeia am Meer) und den äußersten westlichen Besitzungen zu sichern (Daubner [3.6]; zu den Gründungen Antiochos' I. s. Primo [3.6: Fondazioni; Tradizione]; von den späteren Seleukiden scheint vor allem Antiochos IV. als Städtegründer herauszuragen, zu dessen Gründungen in Kilikien s. Arnaud [3.6]).

Manche dieser Städte scheinen entgegen der älteren Annahme nicht von den Seleukiden, sondern von den Attaliden gegründet worden zu sein, die in größerem Maß als früher gedacht als Städtegründer tätig geworden sind [3.6: Dmitriev; Marek, 319–321]. Anders als die ältere Forschung betont hat, seien auch nach dem Jahr 315 zahlreiche Makedonen in Kleinasien angesiedelt worden [3.6: Daubner]. Die Ptolemäer waren vor allem entlang der Südküste Kleinasiens und auf Zypern als Städtegründer tätig [3.6: Mueller]. Die Neugründungen erhielten dynastische Namen, die gleichmäßig auf alle Neugründungen verteilt wurden. Je nach konkreten Umständen waren strategische, militärische und wirtschaftliche Gründe bzw. eine Mischung ausschlaggebend, wobei lokalen Amtsträgern eine wichtige Funktion bei der Gründung zugekommen zu sein scheint (s. etwa Mehl [3.6] zu den drei Arsinoës auf Zypern aus der Zeit Ptolemaios' II., die eine jeweils unterschiedliche wirtschaftliche Bedeutung besaßen).

städtische Eliten

Ähnlich wie seit den 1970er Jahren die Kommunikation zwischen *póleis* und Königen stärker in den Blick genommen wurde, hat die jüngere Forschung die städtischen Akteure näher betrachtet, wobei die Rolle der lokalen Eliten, die die Kommunikation auf Seiten der Städte maßgeblich bestimmten, im Fokus stand. Neben stark prosopographisch orientierten Ansätzen [2.1.2: Paschidis], die eine wichtige Grundlage darstellen, wurden vor allem Tendenzen zur Herausbildung einer reichen städtischen Elite hervorgehoben, die in den meist demokratisch verfassten *póleis* politische und religiöse Prominenzrollen übernommen habe [3.6: Dreyer, Rolle; van der Vliet]. Seit dem ausgehenden dritten Jahrhundert traten sie zunehmend als Wohltäter in Erscheinung, indem sie die mit ihren Ämtern verbundenen Kosten selbst trugen oder als Stifter hervortraten [3.6: Dmitriev, 39–41; van der Vliet]. Die konkrete Ausgestaltung dieser Wohltätertätigkeit wurde den jeweiligen Umständen sehr flexibel angepasst [3.6: Harter-Uibopuu]. Im Gegenzug festigten die Wohltäter ihre Autorität und wurden von ihren *póleis* häufig durch die Errichtung von Ehrenstatuen geehrt (Ma [3.6]; zu den Ehrenstatuen der Klassik und des Hellenismus im Allgemeinen und zur Tendenz, statt teurer Bronzestatuen zunehmend kostengünstigere Marmorstatuen zu erreichten s. Biard [2.3.7]). Ob dies zu Lasten der demokratischen Strukturen der *póleis* ging, ist umstritten. Während C. Müller [3.6] glaubt, die sichtbare Tendenz zur Herausbildung einer vergleichsweise wohlhabenden Elite habe nicht zu einem strukturellen Problem mit der demokratischen Verfasstheit der *póleis* geführt, und S. von Reden [3.6] betont, die Rolle des Ehren vergebenden Demos habe häufig erst die Dauerhaftigkeit einer Stiftung gewährleistet und sei letztlich innerhalb des euergetischen Prozesses gestärkt worden, geht R. Strootman [3.6: Entanglement] davon aus, dass der Demos eher eine fiktionale Rolle besessen habe.

Im Vergleich mit den herausragenden Bürgern wurden die übrigen *pólis*-Bewohner weniger stark in den Blick genommen. Zwar wurde zuweilen ihre soziale Untergliederung in *phyláі* (Stämme), *syngéneiai* (Sippschaften) etc. betont [3.6: Dmitriev, 30] und die identitätsstiftende Bedeutung von Kultvereinen hervorgehoben [3.6: Arnautoglou], doch konzentrierte sich die Forschung – auch angesichts der Quellenlage – stärker auf die städtischen Eliten, zumal diese eine wichtige Mittlerrolle zwischen den *póleis* und den Königen übernahmen, indem sie als Gesandte tätig waren oder sogar in den Kreis der *phíloi* aufgenommen wurden [3.6: Dreyer; Paschidis, City and king]. Als *phíloi* waren sie häufig weiterhin Wohltäter ihrer *póleis* oder vermittelten bei innerstädtischen Konflikten, in erster Linie waren sie aber ideale Mittler zwischen den Interessen ihrer *póleis* und den Königen, auch wenn sie den Monarchen in der Regel stärker verpflichtet gewesen zu sein scheinen als ihren *póleis* [3.6: Egetenmeier]. In dieser Funktion als Vermittler gelang es ihnen im Lauf der Zeit immer wieder, Privilegien für ihre *póleis* zu erwirken. Neben der je nach historischem Kontext sehr unterschiedlich definierten *eleuthería* (Freiheit) und *autonomía* (Selbständigkeit) erlangten viele *póleis* auch die Anerkennung ihrer *asylía* (Unverletzlichkeit). Allerdings wurden diese Begriffe zuweilen unscharf genutzt (Dmitriev [3.6, 291], was letztlich auch für den Begriff *pólis* gilt [3.6: Mileta, Überlegungen]. Rigsby [3.6] betonte, dass die *asylía* unterschiedliche Ausprägungen annehmen konnte: fiskalische oder rechtliche Autonomie – oder einfach nur eine Ehre, die nichts kostete und im Zweifelsfall keinen Schutz bot. Neben den eigenen Mitbürgern, die den Status von *phíloi* erlangten, übernahmen aber auch andere *phíloi* häufig eine wichtige Mittlerfunktion zwischen *pólis* und König und wurden bei Erfolg von den Städten häufig durch Ehrenstatuen und die Verleihung der *proxenía* (Gastfreundschaft) geehrt [3.6: Egetenmeier, 176–197; Strootman, Entanglement].

Neben diesen grundsätzlichen Ansätzen veranlassen immer wieder Inschriftenfunde Einzeluntersuchungen, die sich in der jüngeren Vergangenheit auf das westliche Kleinasien in der Zeit Antiochos' III. konzentrieren [2.3.1: Ma, Antiochos III; 3.6: Chaniotis, Akzeptanz; Flashar; Ramsey; Sayar, Neue Erkenntnisse; Wörrle]. Daneben sticht lediglich Athen hervor, das als wichtigste *pólis* Griechenlands besonders viele Wohltaten von Königen auf sich zog und dessen Gesandte ein besonderes Gewicht besaßen [3.6: Habicht; Kralli; Perrin-Saminadayar; Tracy].

3.7 Wirtschaft und Finanzen

Seit dem ausgehenden 19. Jh. hat man zunächst recht erfolglos versucht, die antike Wirtschaft durch Theoriebildung bzw. Adaption von Theorien zu deuten. Ausgehende von der Kontroverse zwischen dem Ökonomen Karl Bücher und dem Althistoriker Eduard Meyer, die die antiken Verhältnisse als rudimentäre Vorform modernen Wirtschaftens bzw. als vergleichsweise modern beschrieben haben (Bücher-Meyer-Kontroverse; hierzu knapp von Reden [3.7: Wachstum, 179–181] und von Reden [3.7: Kulturbegegnungen, 91–94], wurde viel intellektuelle Energie aufgewendet, um letztlich immer wieder an dem Dilemma zu scheitern, dass sich die komplexen, zeitlich und geographisch sehr unterschiedlichen Wirtschaftspraktiken nicht in ein einheitliches Schema pressen lassen. Daher sind in der jüngeren Vergangenheit vor allem zwei andere Wege beschritten worden. Zum einen hat man sich verstärkt mit regionalen Wirtschaftskreisläufen beschäftigt, zum anderen die sogenannte „Neue Institutionenökonomik" (NIÖ) als Ausweg aus der Bücher-Meyer-Kontroverse genutzt.

Neue Institutionenökonomik (NIÖ)

Die häufig nur regionale Bedeutung von Wirtschaftskreisläufen konnte etwa am Beispiel von Delos vor 166 v. Chr., das allenfalls als Zentrum der lokalen kykladischen Wirtschaft angesehen werden kann, gezeigt werden [3.7: Reger, Regionalism]. Auch Athen und Babylonien waren trotz der Einbindung in überregionale Handelsnetze letztlich weitgehend abgeschlossene regionale Wirtschaftsräume [3.7: Oliver, Hellenistisc economies; Monerie]. Eine Folge davon waren zum Teil sehr stark schwankende Preise, da eine Versorgung von außen bei Engpässen bzw. ein Export bei Überschüssen nur bedingt möglich war [3.7: Bresson, Delos; van der Spek, Prosperity; van der Spek/van Leeuwen; Pirngruber]; zur Einbindung der Ägäis in den überregionalen Kontext s. G. Reger [3.7: Inter-Regional Economies].

Zudem waren solche regionalen Wirtschaftsräume häufig hochgradig komplex [3.7: Regions].

Münzen und Amphoren als Quellen

Wichtige Indikatoren für Handelsbeziehungen sind Münzen und Transportamphoren. Die Münzen der Seleukiden [3.7: Houghton/Lorber], Ptolemäer [3.7: Lorber, Coins] und der frühen Antigoniden [3.7: Panagopoulou, The early Antigonids] sind in jüngerer Zeit neu bearbeitet worden, wobei insbesondere bei den seleukidischen Münzen manche Lokalisierungsfragen neu beantwortet werden konnten (auch wenn hier vieles noch unklar bleibt). Amphoren wurden lokal produziert, weshalb sie sich in der Regel spezifischen Orten zuordnen lassen [3.7: Finkielsztejn]; zudem lassen sie sich häufig recht gut datieren. T. Panagou [3.7] unterteilte die Amphoren nach dem Grad der Verbreitung in vier Kategorien (von lokal bis mittelmeerweit) und konnte dadurch den jeweiligen Exportradius recht genau bestimmen. Demnach fanden die weiteste Verbreitung die Amphoren aus Knidos, Kos, Rhodos und Thasos. Durch eine genauere Analyse der für den Weinexport bestimmten Amphoren aus Thasos konnte C. Tzochev [3.7] zeigen, dass die Produktion im Frühhellenismus deutlich anstieg, dann kontinuierlich abnahm und eine Verschiebung vom Fernhandel zu einem nur lokalen Handel stattfand. Handelsbeziehungen können auch gut mittels Schiffwracks untersucht werden (eine anschauliche Zusammenstellung der damals bekannten hellenistischen Wracks findet sich bei Gibbens [3.7]).

Institutionen im Sinne der NIÖ

Unter Institutionen im Sinne der NIÖ werden unterschiedliche Faktoren verstanden, die wirtschaftliches Agieren bestimmen. Diese Faktoren reichen von den eigentumsrechtlichen und politischen Rahmenbedingungen über soziale Normen bis hin zu den sich daraus ergebenden Marktmechanismen und Transaktionskosten. Jede einzelne Bedingung kann sich ändern. Je nach Schwerpunktsetzung können damit einzelne Phänomene recht gut beschrieben werden. Der Vorteil dieses Ansatzes liegt zweifellos in seiner Flexibilität, die sich gegenüber den älteren, zum Teil sehr starren Systembildungen zumindest in deutlich geringerem Maß dem Vorwurf der Vereinfachung aussetzt. Zum Überblick sei auf die guten Zusammenfassungen bei Korn [3.7], Ruffing [3.7: Neue Institutionenökonomik] und von Reden [3.7: Kulturbegegnungen] verwiesen.

Umweltbedingungen

Ein wesentlicher Faktor auf die grundlegend von landwirtschaftlicher Produktion geprägten vormodernen Wirtschaftsformen sind die Umweltbedingungen und ihre Änderungen, die zum Teil massive Folgen nach sich ziehen konnten. So haben im Hellenismus beispielsweise Vulkanausbrüche zu unzureichenden Nilschwemmen geführt, was negative wirtschaftliche, soziale und politische Folgen hatte [3.7: Manning, Open sea, 156–172]; die Einflüsse des Klimas auf die Produktion in Babylonien untersuchten Huijs/Pirngruber [3.7]; die Einflüsse von wechselnden Winden auf den Handel auf dem Nil und dem Roten Meer betonte J. P. Cooper [3.7]. Neben den Umweltbedingungen besaßen auch die Anwesenheit von Truppen, Kriege und die im Umlauf befindliche Geldmenge weitreichende Auswirkungen auf das Wirtschaftsgeschehen [3.7: Pringruber]; zur Rolle von Kriegen und des Militärs auf die Wirtschaft s. A. Chaniotis [3.7: Impact] und J.-C. Couvenhes [3.7]. Darüber hinaus blieben die weitreichenden Migrationsbewegungen nicht ohne Auswirkungen auf die wirtschaftlichen Verhältnisse (zur Bedeutung des Militärs für Migrationsbewegungen s. Chaniotis [3.7: Kriege]). Viele der nach Ägypten kommenden Soldaten wurden mit Land versorgt, das durch die Trockenlegung des Fayum gewonnen werden konnte. Dieser Region kam daher eine besondere Bedeutung bei der Formung des ptolemäischen Herrschaftsgebietes zu [3.7: Thompson, Exceptionality]. Neben Soldaten migrierten auch viele Handwerker, allen voran stein- und metallverarbeitende Handwerker [3.7: Ruffing, Mobilität]. Insbesondere die königlichen Höfe zogen darüber hinaus Intellektuelle an, aber es kam auch zu Binnenwanderungen zwischen Stadt und Land [3.7: Oliver, Mobility; Oliver, War, 105–109 zur Binnenmigration in Attika] sowie zur Rückkehr von Griechen und Makedonen aus dem Osten [3.7: Scharrer]. Neben eher qualitativen Überlegungen wurde von verschiedener Seite ein quantitativer Ansatz verfolgt, um abzuschätzen, wie groß der Anteil in den Osten eingewanderter Griechen und Makedonen gewesen ist. Durch die Kombination verschiedener methodischer Zugänge gelangte Fischer-Bouvet [3.7] zu dem Schluss, dass die eingewanderten Griechen und Makedonen etwa 5 % der Gesamtbevölkerung des ptolemäischen Ägyptens ausgemacht hätten (siehe zudem Clarysse/Thompson [3.7: Counting], dort auch Hinweise zur Besteuerung).

Migration

Welche Auswirkungen diese Migrationsbewegungen nach sich zogen, wurde in jüngerer Vergangenheit vor allem anhand von Einzelaspekten untersucht. Griechen und Makedonen besaßen ganz eigene Ess- und Kleidungsgewohnheiten, so dass beispielsweise Schafe und Ziegen eine bis dahin ungekannte Verbreitung in Ägypten fanden [3.7: Thompson, Animal husbandry; Thompson, Old and new; von Reden, Kulturbegegnung]. Anscheinend hat sich trotz der Impulse, die die Wirtschaft Ägyptens im Hellenismus erfuhr, und der dorthin eingewanderten Griechen und Makedonen aber kein Markt für Bodeneigentum entwickelt, der stimulierend auf die Wirtschaft hätte wirken können [3.7: Manning, Ptolemaic economy; Monson, 108–156 betonte auch die Kontinuität beim Übergang von der ptolemäischen zur römischen Herrschaft]; zur Ressource Land siehe auch J. G. Manning [3.7: Land and power] sowie Manning [3.7: Governance] und zur Persistenz lokaler Traditionen Manning [3.7: Land tenure]. Den Umfang des an *klērúchoi* verliehenen Landes schätzte zuletzt C. Fischer-Bovet [3.7: Army and society, 202–237, siehe dort 329–362 auch zur Bedeutung von Soldaten als Financiers von Tempeln] ab.

Weitere Kernbereiche der NIÖ sind Netzwerke [3.7: Manning, Networks] und Transaktionskosten (Bresson [3.7: Cost] und Yiftach [3.7] betonen, dass für bestimmte Transaktionen in Ägypten feste Kosten anfielen und die Beschaffung bestimmter Münzsorten im frühptolemäischen Ägypten Schwierigkeiten bereitete). Auch Fragen der Monetarisierung und des Bankenwesens sind in jüngerer Zeit verstärkt behandelt worden, zumal immer wieder wichtige Papyri zum ptolemäischen Bankensystem veröffentlicht werden (etwa Clarysse/Thompson [3.7: Bank register]; zu den ptolemäischen Banken siehe grundsätzlich Bogaert [3.7]). Die Bedeutung des Bankwesens (und königlicher Magazine) für die Entlohnung der Soldaten [3.7: Armoni] sowie für die Versorgung Ägyptens mit Geld [3.7: von Reden, Money] ist inzwischen unbestritten. Von der Monetarisierung profitierten nicht nur die Griechen und Makedonen, sondern in erheblichem Maß auch Ägypter [3.7: Criscuolo, Egiziani; Criscuolo, Observations]; bei den Seleukiden scheinen *póleis* als Marktorte die Monetarisierung vorangetrieben zu haben, wobei die Münzprägung der neu gegründeten Städte der Tetrapolis zunächst eher gering gewesen zu sein scheint [3.7: de Callataÿ; van der Spek, Silverization]. Umstritten ist nach wie vor, wann öffentliche Banken entstanden. Obwohl diese den *póleis* einen besseren Überblick über die eigenen Finanzen erlaubten, Geldgebern eine größere Sicherheit verschafften und damit auch die Kreditwürdigkeit der *póleis* erhöhten, lassen sie sich erst ab 230 nachweisen (Gabrielsen [3.7: Public banks] vermutet, dass sie schon im 4. Jh. existierten).

Monetarisierung

Auch die Wirtschafts- und Fiskalpolitik hellenistischer Könige ist in jüngerer Vergangenheit neu bewertet worden. So boten beispielsweise Monetarisierung und Städtegründungen den Seleukiden

Wirtschafts- und Fiskalpolitik

neue Möglichkeiten der Wirtschaftspolitik, auf der anderen Seite habe die Inwertsetzung der Krongüter und die Erweiterung der landwirtschaftlichen Flächen noch ganz in der Linie der Achaimeniden gestanden [3.7: Monerie]. Zur wirtschaftlichen Bedeutung der seleukidischen Städtegründungen siehe auch G. G. Aperghis [3.7], der darüber hinaus versuchte, die seleukidische Wirtschaft insgesamt zu rekonstruieren und sowohl Einwohnerzahlen als auch Wirtschaftsleistung und königliche Einnahmen abzuschätzen, was aufgrund der dürftigen Quellenlage jedoch problematisch bleibt. Insgesamt scheint die Politik der Seleukiden zu einer Verbesserung der wirtschaftlichen Situation geführt zu haben, ohne dass von einer aktiven und gezielten Wirtschaftsförderung durch die Seleukiden gesprochen werden kann [3.7: de Callataÿ; van der Spek, Seleucid state], was sogar in Koilesyrien nach der seleukidischen Eroberung und damit nach langer ptolemäischer Herrschaft der Fall gewesen zu sein scheint [3.7: Hannestad]. Ging man in der älteren Forschung davon aus, dass die Ptolemäer eine Art Planwirtschaft betrieben hätten, tendiert die jüngere Forschung zu einer deutlich vorsichtigeren Einschätzung (etwa Manning [2.2, 117–164]), auch wenn die Bedeutung von Monopolen und Steuererleichterungen als Aspekte der Wirtschaftspolitik durchaus gewürdigt werden (etwa durch Gabrielsen [3.7: Partnerships]).

Finanzadministration

Das Hauptanliegen der Könige war es, aus den beherrschten Gebieten möglichst viele Ressourcen abzuschöpfen, wozu sowohl die Ptolemäer als auch die Seleukiden ein engmaschiges System zur Finanzadministration unterhielten (zum ägyptischen Steuerwesen: Bingen [3.7], Muhs [3.7: Tax receipts] und von Reden, [3.7: Wachstum, 84–110]; zu den Seleukiden: Capdetrey [3.1: 395–428]. Abgabendruck hatte unmittelbare Auswirkungen auf die Akzeptanz der Herrschaft. Zuweilen wurde dieser Umstand mittels der Terminologie kaschiert. So wurden die von den *póleis* erhobenen Abgaben im westlichen Kleinasien auch nach einer stärkeren Integration in den seleukidischen bzw. den attalidischen Herrschaftsverband nach wie vor als *sýntaxeis*, also als Beiträge von Verbündeten, bezeichnet [3.7: Kholod]. Insbesondere die Ptolemäer, aber auch die Seleukiden waren bemüht, Silbermünzen nicht aus ihren Wirtschaftskreisläufen abfließen zu lassen, so dass viele Stiftungen ohne direkte Geldflüsse erfolgten [3.7: Bringmann]. Ptolemaios I. reduzierte zu diesem Zweck auch in mehreren Schritten das Gewicht seiner Silbermünzen [3.7: Lorber, Currency reforms].

Während die Quellenlage in Ägypten aber auch im Seleukidenreich vergleichsweise gut ist, muss in anderen Regionen nach wie vor Grundlagenforschung betrieben werden, um überhaupt die notwendigen Daten zusammenzutragen. Das gilt zum Beispiel für Bithynien [3.7: Müller] und sogar für Makedonien [3.7: Faraguna; Panagopoulou, Patterns]. Ein ebenfalls noch zu wenig bearbeitetes Feld bildet die Frage nach der Bedeutung der Sklaverei im Hellenismus (s. etwa Descat [3.7]).

3.8 Kunst und Wissenschaft

3.8.1 Kunst

Datierungsfragen

Die Datierung der aus dem Hellenismus im Original oder als Kopie erhaltenen Kunstwerke ist nach wie vor ein Kernproblem der archäologischen Forschung, das enorme Auswirkungen auf die historische Interpretation hat. Auch die in der Forschung vorgeschlagenen Periodisierungen der hellenistischen Kunst sind daher problematisch (s. etwa Queyrel [3.8.1: Formes, 134–135], der die Zeit um 150 als entscheidenden Wendepunkt ansieht, da die Könige als Auftraggeber in der Mitte des 2. Jhs. zunehmend von Römern abgelöst wurden; er weist auch auf das alte Problem hin, dass viele hellenistische Kunstwerke nur in Form römischer Kopien überliefert sind). Lediglich einige Grundlinien scheinen unstrittig zu sein, so lässt sich beispielsweise trotz aller innovativen Tendenzen feststellen, dass die hellenistische Sakralskulptur erstaunlich traditionsbehaftet ist (Mylonopoulos [3.8.1]; zum Aufkommen von Kinderskulpturen im sakralen Kontext s. Bobou [3.8.1]; zu den verschiedenen Ebenen, auf denen sich im Hellenismus Innovationspotential entfaltete s. aber Queyrel [3.8.1: Formes], Queyrel [3.8.1: Royaumes] und Stewart [3.8.1: Hellenistic Art]). Hier sollen und können nicht die generellen Tendenzen der archäologischen Forschung nachgezeichnet werden, sondern vielmehr anhand weniger Beispiele die Möglichkeiten und Grenzen der hellenistischen Kunstgeschichte für die historische Forschung skizziert werden.

Nike von Samothrake

Ein Paradebeispiel für die umstrittene Datierung eines Einzelobjektes ist die im Louvre an prominenter Stelle aufgestellte Nike von Samothrake, die irgendwann zwischen dem frühen dritten und dem frühen zweiten Jahrhundert errichtet wurde. Das lässt viel

Spielraum für die historische Einordnung und es ist ein gewaltiger Unterschied, ob das Denkmal anlässlich eines Seesieges des Demetrios I. Poliorketes, der Niederlage Philipps V. bei Chios im Jahr 201 oder in Erinnerung an die antigonidischen Seesiege durch Perseus errichtet wurde [3.8.1: Badoud; Bernhardt; Queyrel, Formes, 189–192].

Pergamonaltar

Halbwegs sicher datiert, aber dennoch hinsichtlich der Interpretation umstritten ist der Pergamonaltar, das vielleicht bekannteste hellenistische Monument, das seit seiner Entdeckung die geballte Aufmerksamkeit von Archäologen und Historikern auf sich gezogen hat und immer wieder als politisches Bauwerk ersten Ranges gedeutet wird. Dem Betrachter wird die Sieghaftigkeit der Attaliden in dem aus 118 Platten bestehenden riesigen Relieffries geradezu aufgenötigt. Der eigentliche Altar dieses auf dem pergamenischen Stadtberg errichteten Monuments verschwindet innerhalb eines über eine riesige Treppe erreichbaren Säulenhofes [3.8.1: Scholl, Deutung und Scholl, Zeuspalast, deutet ihn als olympischen Zeuspalast]. Da der Altar allem Anschein nach nicht auf einen konkreten Sieg Bezug nimmt, sind alle Versuche der Forschung zum Scheitern verurteilt, die um eine exakte historische Verortung bemüht sind. Der Fries weist zwar manche Gegner als Makedonen und Kelten aus, die Attaliden kämpften aber mehrfach gegen Heere, in denen Makedonen und Kelten fochten, so dass sich hieraus letztlich nichts gewinnen lässt. Wahrscheinlich wurde mit dem Altar die generelle Sieghaftigkeit der Attaliden inszeniert [3.8.1: Ferretti/Grosser/Merten/Oraschewski; Junker; Queyrel, Royaumes, 75–90; Whitacker]. Lediglich die Datierung in die Regierungszeit Eumenes' II. gilt als gesichert, denn im Fundament fand sich eine Scherbe, die in das Jahr 172/1 datiert wird, woraus sich ein Terminus *post quem* für die Errichtung ergibt. Alles andere – etwa die Frage, inwiefern der Altar philosophische und kosmologische Bezüge aufweist [3.8.1: Massa-Pairault] – bleibt gelehrte Gedankenspielerei. Das gilt auch für die Frage, inwieweit der Altar dem Herrscherkult diente [3.8.1: Querel, Fonction].

Auf die Attaliden gehen auch zwei Statuengruppen zurück, die in vielen römischen Kopien bekannt sind: die große und die kleine Galliergruppe. Sie dienten der Propagierung der für die attalidische Selbstdarstellung so wichtigen Siege der Attaliden über die ‚barbarischen' Kelten in Kleinasien [3.8.1: Stewart, Attalos]; zur Prometheus-Gruppe aus Pergamon und ihrer historischen Einordnung s. S. E. A. Wagner [3.8.1].

Herrscherbildnis

Bleibt bei diesen Beispielen der bildenden Kunst vieles unklar, betritt man mit den Herrscherbildnissen und der mit ihnen eng verbundenen Münzprägung, die erstrangige Zeugnisse für die Selbstdarstellung der Auftraggeber bilden, sichereren Boden. Zwar sind Feindatierung und konkrete Lokalisierung der Münzen häufig nach wie vor umstritten, doch handelt es sich dabei doch eher um Detailprobleme, die das große Ganze kaum beeinflussen. Die Bildnisse der Könige und Königinnen waren im Hellenismus omnipräsent. Sie zierten in Form von Statuen nicht nur öffentliche Plätze, sondern beispielsweise auch Siegel, die im Rahmen von Verwaltungsakten unerlässlich waren [3.8.1: Queyrel, Royaumes, 223–224]. Schon seit längerer Zeit wird der starke Einfluss ägyptischer Traditionen auf die Gestaltung der ptolemäischen Porträts hervorgehoben (etwa durch Kyrieleis [3.8.1], zuletzt Queyrel [3.8.1: Royaumes, 179–200]). Obwohl Münzen auch eine ideale Quellengattung für Fragen der Wirtschaft und Finanzpolitik sowie der Versorgung des Militärs darstellen, seien hier vor allem ikonographisch angelegte Untersuchungen hervorgehoben, da sie wichtige Einblicke in die Selbstrepräsentation der Prägeherren ermöglichen. Neben der konkreten Ausgestaltung des auf den Münzaversen üblicherweise zu findenden Königsbildnisses (siehe den Überblick bei von den Hoff [3.8.1], der unter anderem die Angleichung an Bildnisse von Vorgängern hervorhebt, um Zugehörigkeit zur Dynastie und Kontinuität zu demonstrieren), sind es die Reversdarstellungen und Legenden, die wichtige Informationen bereitstellen. Einige Könige besitzen von Göttern entlehnte Attribute, die andeuten sollen, dass diese Monarchen über die Qualifikationen und/oder den Schutz dieser Götter verfügten, hierzu zählen auch die (göttlichen) Hörner, die manche Seleukiden tragen, die als Hinweis auf persönliche Tatkraft und Vergöttlichung gedeutet werden [3.8.1: Iossif]. Manche Details wie die Bärte, die einige hellenistische Herrscher tragen und die in der jüngeren Vergangenheit als Feldzugsbärte gedeutet wurden [3.8.1: Lorber/Iossif, Draped Royal Busts; Lorber/Iossif, Campaign Beards], bleiben aber umstritten [3.8.1: Mittag]. Unter den Untersuchungen zu den Münzreversen seien die jüngeren Arbeiten zur Bedeutung von Apollon für die Selbstdarstellung der Seleukiden erwähnt [3.8.1: Aldea Celada; Erickson, Early Seleukids; Erickson, Zeus to Apollo]. Die einzelnen Dynastien folgten sehr unterschiedlichen Mustern, so dass sich beispielsweise ptolemäische und seleukidische Münzen in der Regel leicht unterscheiden lassen, was an *branding* erinnert (zur Frage, ob die Attaliden bei ihrer Selbstdarstellung auf Münzen einen Sonderweg beschritten oder nicht, siehe MICHELS [3.8.1]).

Bei einzelnen Königen erlaubt die Kombination aus Münzprägung, archäologisch überlieferten Objekten und literarischen Beschreibungen von öffentlichkeitswirksamen Veranstaltungen einen besonders guten Einblick in die mediale Herrschaftsrepräsentation (MÜLLER [3.8.1] zu Ptolemaios II., CHESHIRE [3.8.1] zu Plastik, Schmuck und Münzprägung Kleopatras I. und Ptolemaios' V.; zur ‚Propaganda' Alexanders und seiner Nachfolger siehe auch die verschiedenen Beiträge in WALSH/BAYNHAM [3.8.1]). Zumeist waren Griechen und Makedonen die Adressaten der königlichen Selbstrepräsentation, die von der klassischen Archäologie in den Blick genommen wird (zur Nutzung der Kunst für das Verhältnis zwischen frühen Ptolemäern und Griechen s. GHISELLINI [3.8.1]). In Bezug auf die indigenen Untertanen bedienten sich die hellenistischen Könige zumeist der dort üblichen ikonographischen Muster, wobei sich in Ägypten aber auch bewusste Bildneuschöpfungen nachweisen lassen (etwa die Krönung des Königs durch die Personifikationen Ober- und Unterägyptens an der östlichen Außenwand des Horustempels in Edfu).

Paläste

Wichtige Orte der Selbstinszenierung bildeten die Paläste. Trotz der jüngeren Unterwasseruntersuchungen im Hafenbecken von Alexandreia durch F. GODDIO [3.8.1: GODDIO; GODDIO/CLAUSS] und einiger archäologischer Sondagen im Stadtgebiet sind die Kenntnisse des ptolemäischen Palastbezirks letztlich ebenso unzureichend wie die der seleukidischen Paläste in Antiocheia am Orontes und Seleukeia am Tigris. Indirekte Hinweise lassen sich aber vor allem aus den makedonischen Palästen in Aigai und Pella sowie den Palastbauten, die sehr wahrscheinlich von ptolemäischen und seleukidischen Vorbildern beeinflusst wurden, ableiten. Die Erdgeschosse der makedonischen Paläste setzten sich in erster Linie aus einer Ansammlung von *sympósion*-Räumen zusammen, in denen der König Feste abhalten konnte [3.8.1: HOEPFNER]. Durch eine reiche architektonische Ausgestaltung und durchkomponierte Fassaden brachten sie den Reichtum des Herrschers zum Ausdruck [3.8.1: BRANDS]. Unter den von ptolemäischen Vorbildern beeinflussten Palästen stechen die Palastbauten der Hasmonäer hervor, die einen Eindruck von der Großzügigkeit und Ausstattung andere Palastbauten vermitteln können [3.8.1: NETZER/ROZENBERG; ROZENBERG]. Eine wichtige Parallele bildet zudem der kleine Palast von 'Araq al-Amir in Jordanien, bei dem es sich vielleicht um den Palast des aus Jerusalem geflohenen Tobiaden Hyrkanos handelt [3.8.1: Étienne/Salles]. Auch literarische Beschreibungen von Palastbauten, Festzelten und Palastschiffen können helfen, die Lücken der archäologischen Befunde zu füllen [3.8.1: Morgan, 46–51; Nielsen, 133–138]. Nur bedingt hilfreich sind dagegen die gut erforschten Palastbauten in Pergamon und Aï Khanoum. Zwar legten die Attaliden ihren Bauten den in Vergina üblichen Plan zugrunde, Symposionräume um einen Peristylhof zu gruppieren, doch stilisierten sie sich als normale Mitbürger, so dass sich ihre Bauten nicht signifikant von großen privaten Häusern in Pergamon unterschieden [3.8.1: Nielsen, 102–111]. Der Palast in Aï Khanoum zeigt zwar die hellenistische Formensprache seiner Zeit und besitzt einen Peristylhof, der übrige Grundriss folgt jedoch lokalen Traditionen [3.8.1: Nielsen, 124–128]. Auch die Grundrisse der ptolemäischen Paläste in Alexandreia scheinen von pharaonischen und achaimenidischen Palästen beeinflusst worden zu sein, allerdings war die Innendekoration bis auf wenige Aigyptiaca rein griechisch-hellenistisch [3.8.1: Riedel, 336–337, der 123–217 auch einen Überblick über alle anderen hellenistischen Paläste bietet]. Überhaupt war der Hellenismus nicht eine Phase, in der nur griechisch-makedonische Kunsttraditionen mit ihren Weiterentwicklungen den Weg in den Osten fanden oder hellenistische Herrschaftskonzepte die indigene Kunst beeinflussten, vielmehr blieben indigene Traditionen insbesondere im Tempelbau wirkmächtig [3.8.1: Downey; Lindström]. Nach W. Held [3.8.1: Königstädte; Residenzstädte] waren auch die seleukidischen Residenzstädte von orientalischen Vorbildern beeinflusst und die Anlage der seleukidischen Palastbauten auf Halbinseln geht auf babylonische Traditionen zurück. Darüber hinaus fanden Kunstwerke aus dem fernen Osten ihren Weg Richtung Westen, wie beispielsweise die in Baktrien gefundenen Produkte der buddhistischen Kunst belegen [3.8.1: Mkrtytschew].

3.8.2 Wissenschaft

Die Leistungen der hellenistischen Wissenschaftler stehen außer Frage. Während die wissenschaftliche und literarische Tätigkeit in Alexandreia vergleichsweise gut dokumentiert ist, führen die entsprechenden Bemühungen an anderen Orten aufgrund der zumeist nur fragmentarischen Überlieferung nach wie vor ein Schattendasein, auch wenn in jüngerer Zeit verschiedene Bemühungen unternommen wurden, um die entsprechende Tätigkeit im Seleukiden-

Museion in Alexandreia

reich zu rekonstruieren [3.8.2: Visscher]. Das Museion bzw. die Bibliotheken in Alexandreia haben zuletzt recht wenig Aufmerksamkeit erhalten (häufig nur in eher populärwissenschaftlichen Kontexten: Seidensticker [3.8.2] oder unter rein archäologischen Gesichtspunkten: Wolter-von dem Knesebeck [3.8.2]; Ausnahmen bilden Hoffmann [3.8.2: Internationale Wissenschaft], der die Rolle des Museions für die internationale Wissensvermittlung anschaulich gemacht hat, und Alonso Troncoso [3.8.2], der die Bedeutung für die Erziehung der Thronfolger unterstrichen hat; zur Geschichte siehe auch Nesselrath [3.8.1]). Während früher sehr stark die Tatsache betont wurde, dass das Museion in Alexandreia und die vergleichbaren Bildungseinrichtungen in anderen Residenzstädten die griechische Kultur in einer kulturell fremden Welt stärken sollten [3.8.2: Maehler], wird inzwischen stärker deren Funktion als kulturelle Schmelztiegel hervorgehoben, indem beispielsweise fremde kulturelle Leistungen wie die babylonische Astronomie [3.8.2: Rochberg] und deren Einfluss auf die hellenistische Forschung stärker in den Blick genommen werden. Andererseits wurde die Rolle der mit großem Aufwand nach Alexandreia verbrachten fremdartigen Tiere für die wissenschaftliche Forschung relativiert; sie lebten möglicherweise nicht wie früher angenommen in einem Tierpark, sondern an verschiedenen Orten des alexandrinischen Palastbezirkes und dienten häufig eher der Unterhaltung als wissenschaftlicher Beschäftigung [3.8.2: Trinquier].

Wissenschaftszweige

Für die althistorische Forschung sind nicht alle hellenistischen Wissenschaftszweige von gleich großer Bedeutung. Neben astronomischen Forschungen [3.8.2: Hoffmann, Hipparchs Himmelsglobus; Luiselli; Rochberg] ragt insbesondere die antike Geographie heraus, da sie für das Verständnis historischer Zusammenhänge häufig von großer Relevanz ist. Der sicher bedeutendste hellenistische Geograph, Eratosthenes von Kyrene, der zudem Astronom, Philologe, Mathematiker, Philosoph und Historiker war, steht eindeutig im Zentrum der jüngeren Forschungen zur hellenistischen Geographie (zur Vielseitigkeit siehe etwa Leventhal [3.8.2.1]). Nachdem zu Beginn des 21. Jh. nahezu zeitgleich zwei Monographien zu diesem herausragenden Gelehrten erschienen sind [3.8.2.1: Aujac; Geus, Eratosthenes von Kyrene] und sein überliefertes geographisches Oeuvre [3.8.2.1: Roller] sowie sein astronomisches Hauptwerk, *Katasterismen*, mehrfach neu herausgegeben und übersetzt wurden [3.8.2.1: Pàmias i Massana, Eratòstenes; Pàmias i Massana, Eratosthenes' Catasterisms; Pàmias i Massana/Geus; Pàmias i Massana/Zucker], hat sich die Forschung zumeist mit Einzelfragen beschäftigt. Hierzu zählen etwa die Länge des von Eratosthenes benutzten Stadion [3.8.2.1: Shcheglov], seine Methoden zur Entfernungsmessung [3.8.2.1: Prontera, Il mare], unterschiedliche geographische Konzepte [3.8.2.1: Prontera, Indian Caucasus], die alte Frage, ob das Kaspische Meer als Binnensee oder Golf des Ozeans angesehen wurde [3.8.2.1: McPhil/Hannah], die Bedeutung für Historiker wie Arrian [3.8.2.1: Bianchetti], spätere Geographen wie Strabon [3.8.2.1: Geus, Alexander] sowie die wohl berühmteste antike Karte, die *Tabula Peutingeriana*, deren Urfassung vielleicht bereits um 200 v. Chr. entstand [3.8.2.1: Rathmann].

Schiffswrack von Antikythera

Noch viel breiteres Interesse als die aus dem Hellenismus bekannten Wissenschaftler hat jedoch das 1900/01 in einem versunkenen Schiff bei Antikythera entdeckte mechanische Gerät auf sich gezogen, dem in den letzten Jahrzehnten mehrfach Sonderausstellungen gewidmet waren und zu dem geradezu eine Flut unterschiedlicher Deutungen die Forschungslandschaft und die populärwissenschaftliche Literatur [3.8.2.2: Lin/Yan] überschwemmt. Bisher ist es allerdings noch nicht gelungen, eine vollständige Rekonstruktion des nur fragmentarischen Apparates und seiner Funktionsweise vorzulegen [3.8.2.2: Hannah; Jones]. Offenbar diente er aber der Vorhersage von astronomischen Phänomenen und entstand entweder im 3. [3.8.2.2: Carman, Final date] oder 2. Jh. [3.8.2.2: David]. Die Untersuchungen sind auch insofern für die hellenistische Wissenschaft von herausragender Bedeutung, als sie den hohen Stellenwert babylonischer Astronomie verdeutlichen [3.8.2.2: Carman/Evans; Evans/Carman]. Der Einsatzort des Apparates scheint die Region Epeiros gewesen zu sein [3.8.2.2: Anastasiou/Seiradakis/Evans; Cabanes; Iversen].

3.9 Religion

Eine neuere systematische Darstellung hellenistischer Religion fehlt. Abgesehen von einigen kürzeren Überblicksaufsätzen [3.9: Chaniotis, Divinity; Potter] muss noch immer hierzu auf M. P. Nilsson [3.9] zurückgegriffen werden. Der Schwerpunkt der Forschung lag in jüngerer Vergangenheit auf den Herrscher- und Dynastiekulten. Entgegen der älteren Forschung wird inzwischen betont, dass es sich dabei nicht um ein ‚orientalisches' Phänomen handelte, das von den Griechen übernommen wurde, sondern umgekehrt um eine griechische Besonderheit, die der indigenen Bevölkerung bisher fremd war (zu den Ursprüngen und Entwicklungslinien der Kulte für lebende Menschen auf Samos: [3.9: Mari, Culto]). Aufgrund der vergleichsweise dichten epigraphischen und archäologischen Quellenlage erfreut sich der von dem kommagenischen König Antiochos I. (ca. 69–36) geschaffene Kult anhaltend großer Aufmerksamkeit, siehe oben Kap. II.2.5.7).

Herrscher- und Dynastiekult

Daneben bilden wegen der ebenfalls guten Dokumentation die von den Ptolemäern geschaffenen Kulte ein wichtiges Forschungsfeld. Von Beginn an spielte der Alexanderkult eine zentrale Rolle für die Ptolemäer [3.9: Bricault, Ptolémées; Minas]. Für Ptolemaios II., der den ptolemäischen Herrscher- und Dynastiekult etablierte, war nicht nur die Vergöttlichung der eigenen Eltern von größter politischer Bedeutung, auch die Vergöttlichung seiner Schwestergemahlin (vielleicht sogar vor deren Tod: van Oppen de Ruiter [3.9: Death]), die auch als göttliche Beschützerin der Seefahrt in Erscheinung trat [3.9: Caneva, Arsinoe], sollte nicht unterschätzt werden. In der Folge wurden die Ptolemäer bereits zu Lebzeiten vergöttlicht und deren Kult unter Ptolemaios IV. mit dem Alexanders verbunden. Darüber hinaus scheint für Ptolemaios III. auch die berühmte „Locke der Berenike“, die Berenike II. für die glückliche Rückkehr ihres Gemahls weihte und die angeblich als neues Sternbild an den Himmel versetzt wurde, politisch wichtig gewesen zu sein [3.9: Hauben]. Bildliche Angleichungen an Götter oder die Nutzung von Götterattributen waren ein omnipräsentes Phänomen bei den Ptolemäern (Edelmann [3.9: 276] erklärt die gleichzeitige Zuordnung mehrerer Götterattribute als Übernahme ägyptischer Traditionen; zu Ptolemaios IV. siehe Thomas [3.9: Herrscher; Statuette]). Den Titel *theós* (Gott) nutzten die Ptolemäer in ihren Dokumenten dennoch erst ab Ptolemaios V., was wohl durch eine akute Notlage in Ägypten veranlasst war [3.9: Johnson; Lanciers]. S. Pfeiffer [3.9: Dekret; Herrscher- und Dynastiekulte] betonte das Eindringen des griechischen Konzeptes in die ägyptischen Tempel, wo die Ptolemäer als ägyptische Götter behandelt und die Priesterschaften zu einer wichtigen Säule der Herrschaft geworden seien [s. auch 3.9: Weber: Herrscher- und Dynastiekult]. Die gelegentliche Assimilierung von Königinnen an die ägyptische Gottheiten Isis [3.9: Plantzos] und Hathor [3.9: Van Oppen de Ruiter, Religious identification] unterstreicht diese Tendenzen (zu Assimilierungen von Königen und Königinnen an ägyptische Gottheiten durch Privatpersonen: Fassa [3.9]). Für die griechischen Untertanen fand analog eine Angleichung der vergöttlichten Ptolemäerinnen an Aphrodite oder Demeter statt [3.9: Van Oppen de Ruiter, Religious identification]. So präsentierte sich beispielsweise Kleopatra VII. als Isis-Aphrodite, um unterschiedliche Untertanengruppen anzusprechen [3.9: Kunst; siehe auch Kleibl]; ähnlich wie eine Verschmelzung griechischer und ägyptischer Gottheiten im Rahmen des Herrscherkultes festzustellen ist, unterliefen auch nach Ägypten importierte griechische Gottheiten zuweilen einen Wandlungsprozess (s. Parca [3.9] am Beispiel Demeters). Eine besondere Ausprägung scheint der Herrscherkult in der Kyrenaika gefunden zu haben, die stark von alten griechischen *póleis* geprägt war und damit andere Voraussetzungen als Ägypten und ein großer Teil der überseeischen ptolemäischen Außenbesitzungen bot. Die Ptolemäer passten sich bei der Etablierung der Kulte diesen Bedingungen allem Anschein nach an [3.9: Marquaille]. Wie bereits im Kontext mit dem Verhältnis zur indigenen Bevölkerung hervorgehoben wurde, verzichteten die Ptolemäer dort auf Opfer für sich und begnügten sich mit Opfern an die Götter für das Wohlergehen der Ptolemäer [zuletzt 3.9: Pfeiffer, Offerings]. Die Bevölkerung beteiligte sich in sehr kreativer Weise an diesen neuen Kulten [3.9: Aneziri; Iossif; Paganini; Weber, Ungleichheiten].

Bei den Seleukiden zeichnet sich dagegen ein anderes Bild ab, denn hier waren die traditionellen Kultpraktiken viel beständiger und griechische Elemente wurden von der indigenen Bevölkerung kaum übernommen [3.9: Potter; extreme Position: Pirngruber]. Daher versuchten die Seleukiden Neuerungen sehr behutsam in das bestehende religiöse Feld einzupassen [3.9: Sartre; Wright, Seleucid royal cult]; auch viele Münzen der späten Seleukiden zeigen auf ihren Rückseiten indigene bzw. lokale Gottheiten [3.9: Wright, Imagery]. Der Herrscherkult wurde in erster Linie von Griechen, Makedonen und hellenisierten Untertanen ausgeübt ([3.9: Funck]; zum möglichen Tempel für Seleukos I. in Seleukeia in Pieria s. Wright [3.9: Seleukos]). Nicht nur die Tatsache, dass ein systematischer Dynastiekult wohl erst unter Antiochos III. gegen Ende des dritten Jahrhunderts geschaffen wurde [3.9: Debord; van Nuffelen; zu den weiblichen Familienmitgliedern im Kult: Erickson, Wives], zeigt deutlich die Unterschiede zu den Ptolemäern; auch die ikonographische Angleichung der lebenden Herrscher an Götter folgte bei den Seleukiden anderen Mustern [3.9: Barre (dort auch zu den Antigoniden);

Erickson, Another century]. Der erste Seleukide, der sich ikonographisch geradezu ptolemäisch gab, war Antiochos IV. [3.9: Zolotnikova]. Ähnlich wie in Ägypten wurden auch in Babylonien keine Opfer für den Herrscher, sondern „für das Leben" des Herrschers dargebracht, ohne dass sich vorhellenistische Belege für diese Formulierung nachweisen ließen; die neu geschaffene Formulierung war offenbar mit traditionellen religiösen Vorstellungen sowie dem Wunsch des Herrschers nach im Opfer ausgedrückter Loyalitätsbekundung vereinbar [3.9: Gladić].

Sonderfall Makedonien

In Makedonien entwickelte sich kein zentraler Herrscherkult. Der Hauptgrund scheint die spezielle Beziehung zwischen König und Bevölkerung gewesen zu sein, denn der König agierte mit den Makedonen, nicht für die Makedonen. Dieses größere Maß an Egalität verhinderte die Herausbildung eines Herrscherkultes, auch wenn es einzelne Hinweise auf die göttliche Verehrung makedonischer Könige durch Privatpersonen gibt [3.9: Erskine, Ruler cult; Suk Fong Jim]; vgl. zu Syrakus auch Serrati [3.9].

Attaliden

Eine besondere Stellung nehmen die Herrscher- und Dynastiekulte der Attaliden ein, da sie sich selbst als Bürger ihrer Hauptstadt Pergamon stilisierten und sich somit in einem ständigen Spannungsfeld zwischen königlichem Habitus und Wohltäter-Mitbürger der Stadt befanden. Dennoch scheuten die Attaliden seit Attalos I. nicht vor einer Selbstvergöttlichung zurück [3.9: Michels]. Interessanterweise war der Kultverein der Attalisten allem Anschein nach aber nicht in Pergamon ansässig [3.9: Schwarzer, Untersuchungen; Herrscherkult] und die Attaliden scheinen ähnlich wie Arsinoë II. auch noch nach dem Ende der Dynastie verehrt worden zu sein [3.9: Hübner].

Neben den von Königen selbst ins Leben gerufenen Kulten sind die von den griechischen *póleis* etablierten Kulte für Könige und Königinnen immer wieder thematisiert worden. S. Plischke [3.9] betonte das enge Verhältnis zwischen Lysimachos und den von ihm (neu-)gegründeten *póleis*, als deren *oikistḗs* (Gründer) er – wie in vielen griechischen *póleis* seit Jahrhunderten üblich – verehrt worden sei. Es konnte sich aber durchaus ein Spannungsfeld zwischen königlichen Stadtgründern und den traditionellen städtischen Gottheiten ergeben [3.9: Buraselis, God and king]. Zumeist wurden die von den *póleis* eingerichteten Herrscherkulte in bestehende Kulttraditionen integriert [3.9: Chaniotis, Religion; Erskine, Ruler cult; Paul]. Auf diese Weise konnte nicht nur die enge Verbundenheit zwischen *pólis* und König ausgedrückt werden, sondern die Integration der neuen Kulte in den städtischen Festkalender sicherte auch deren Sichtbarkeit und Breitenwirkung. Ein sicher nicht unwillkommener weiterer Nebeneffekt war die damit einhergehende Kostenminimierung, denn es mussten im besten Fall weder Tempel errichtet noch neue Feste geschaffen werden [3.9: Buraselis, Appended festival]. Eine besonders komplexe religiöse Landschaft bot Pergamon, wo griechische, traditionelle lokale und Herrscherkulte eine einzigartige Mischung bildeten [3.9: Dignas, Rituals; Gros; Wiemer].

Feste und Paraden

Neben den Herrscher- und Dynastiekulten haben die hellenistischen Paraden als performative, im Kern religiöse Rituale in jüngerer Zeit verstärkt Aufmerksamkeit erfahren. Zwar ist die Datierung der überlieferten Ptolemaieia noch immer umstritten (Keyser [3.9] plädierte aus astronomischen Gründen für das Jahr 279/8, Kuzmin [3.9] aufgrund der gezeigten keltischen Waffen für 275/4), doch lassen sich die verschiedenen Botschaften zumeist gut herausarbeiten, etwa der universale Herrschaftsanspruch Ptolemaios' II. in der Nachfolge Alexanders des Großen [3.9: Caneva, Alexander; Caneva, Linguaggi], die Betonung der göttlichen Verehrung von Familienmitgliedern wie dem Dynastiegründer und Vater Ptolemaios I. [3.9: Thompson] oder die demonstrative Zurschaustellung von Macht und Reichtum vor der griechischen Öffentlichkeit. Die von Antiochos IV. 166 in Daphne veranstalteten Feierlichkeiten waren ebenso wie die Ptolemaieia Teil eines alle vier Jahre stattfindenden Festzyklus'. Daher ist auch die Behauptung von Polybios, Antiochos IV. habe sich durch die römischen Siegesfeierlichkeiten des Lucius Aemilius Paullus inspirieren lassen, immer wieder auf Kritik gestoßen [3.9: Erskine, Hellenistic parades]; dagegen halten J. C. Edmondson [3.9] und M. Mari [3.9: Panegyris] eine solche Bezugnahme für wahrscheinlich; s. a. auch J. Bernhardt [3.9: 159]). Die regelmäßigen Feierlichkeiten in Daphne folgten einer ganz eigenen Logik der Selbstdarstellung und Partizipation der Zuschauer an den Reichtümern des Königs sowie seiner *phíloi*, eine Anlehnung an die Siegesfeiern des Paullus war nicht notwendig.

Indigene Kulte

Die Attraktivität fremdartiger Kulte für viele Griechen lässt sich zwar bereits in vorhellenistischer Zeit gut belegen, doch läutete der Persienfeldzug Alexanders einen regelrechten Siegeszug einzelner Kulte ein. So blühten die Tierkulte in Ägypten vor allem aufgrund privater Stiftungen von Griechen und Makedonen auf [3.9: Pfeiffer, Snake]. Insbesondere die Verbreitung des Isis-Sarapis-Kultes in Griechenland [3.9: Christodoulou; Koester; Kravaritou; Lefebvre; Moyer; Siard; Veymiers], Syrien [3.9: Magness] und Zypern [3.9: Anastassiades] hat zuletzt verstärkt Aufmerksamkeit erfahren (zum Verbreitungsradius siehe auch Bricault [3.9: Culte], zum Sarapiskult in Alexandreia und Memphis: Bergmann [3.9], Dignas [3.9: Priests] und Legras [3.9]). Ein wichtiger Grund für die Ausbreitung dieser ägyptischen Kulte könnte die ptolemäische Präsenz in der Ägäis gewesen sein. Darüber hinaus wurde Isis als Schützerin der Seefahrer verehrt, was die Verbreitung ihres Kultes entlang der Mittelmeerküste ebenfalls erklären kann. Im Hellenismus erlebten Mysterienkulte, zu denen u. a. auch die Isismysterien zählten, eine erste Blüte, woraus sich ein dritter Grund ableiten lässt (zu den Kybele-Mysterien in Aigai: Drougou [3.9]; zur architektonischen Ausgestaltung der Mysterienheiligtümer: Nielsen [3.9]).

Die Verbreitung griechischer und makedonischer Kulte im Osten lässt sich dagegen nicht mit deren Anziehungskraft auf die indigene Bevölkerung erklären. Träger dieser Kulte waren vielmehr Soldaten [3.9: Daubner, Götter der Makedonen] sowie die Bewohner der neugegründeten *póleis* [3.9: Daubner, Makedonische Götter]; zu den dort verehrten Stadttychen siehe E. Christoph [3.9].

asylía

Die Unverletzlichkeit von Tempeln und Personen (*asylía*) ist ein wichtiger Bestandteil der klassischen griechischen Religiosität. Die massive Ausweitung der *asylía* von bestimmten Heiligtümern auf ganze *póleis* seit der ersten Hälfte des dritten Jahrhunderts scheint die Folge der politisch/militärischen Unsicherheitslage gewesen zu sein [3.9: Knäpper, Hieros kai asylos; Rigsby]. Ging die ältere Forschung noch davon aus, dass die Anerkennung der *asylía* einen wirksamen Schutz – etwa vor Piraten – geboten habe, sieht die jüngere Forschung darin eher ein wichtiges zwischenstaatliches Instrument [3.9: Knäpper, Wie es Euch gefällt] und betont, dass die Anerkennung der *asylía* durch andere das Ansehen der entsprechenden Schutzgottheit bzw. des Ortes, der sie beherbergte, erhöht habe [3.9: Rigsby]. Der ursprünglich religiöse Schutzmechanismus wurde so zu einem begehrten Ehrentitel [3.9: Knäpper, Hieros kai asylos]. Zuweilen ging die Anerkennung der *asylía* mit dem Recht der *isopoliteía* (gegenseitige Bürgerrechtsverleihung) einher, wodurch eine staatsrechtliche Verbindung geschaffen wurde [3.9: Saba, insbes. 221–237].

Obwohl magische Praktiken im Hellenismus weit verbreitet waren und beispielsweise die Epikureer die Praktiken der Magie als Betrug zu entlarven suchten, sind die Zeugnisse der hellenistischen

Magie im Vergleich mit der Klassik oder der römischen Zeit relativ dürftig und die Forschung entsprechend spärlich [siehe etwa 3.9: Dickie]. Sicher ist zumindest, dass viele mediterrane Aspekte der Magie auf phoinikischen und mesopotamischen Kulten und Ritualen fußen [3.9: Rothkamm] und sich erst nach der Eroberung dieser Gebiete durch Alexander verstärkt im griechischen Kulturkreis verbreiteten.

3.10 Philosophie

Ein Großteil der Forschung zur hellenistischen Philosophie beschäftigt sich mit philosophischen Fragen, die hier nicht weiter thematisiert werden sollen (siehe hierzu die Überblickswerke in der Bibliographie [3.10: u. a. Arenson und Sellars]. Unter historischen Gesichtspunkten sind vor allem die Rolle der Philosophen an den Höfen sowie bei der Bildung der städtischen Jugend hervorzuheben. Das erste Thema ist bereits im Kontext der Höfe behandelt worden, hier sei lediglich noch auf die Gattung der theoretischen Abhandlungen über das ideale Königtum, die *perì basileías*-Schriften, hingewiesen, die im Hellenismus eine erste Blüte erlebten (s. hierzu den Überblick bei Sidebottom [3.10] und Balot [3.10: 269–276]). Darüber hinaus machten wandernde Philosophen, die in den städtischen Gymnasien ihre Ansichten lehrten, breitere Bevölkerungskreise mit philosophischem Gedankengut vertraut [3.10: Haake; Scholz, Peripatetic philosophers; Scholz, Philosoph; Scholz, Popularisierung]. Insbesondere die unterschiedlichen Vorstellungen von einem angemessenen Lebenswandel und vom Tod dürften bei den Zuhörern großes Interesse geweckt haben, wobei die Unterschiede zu den jeweiligen Konkurrenzangeboten von den Philosophen deutlich herausgearbeitet wurden (s. etwa Dietz [3.10] zu den Unterschieden zwischen der Stoa und den sogenannten Skeptikern und Hahmann [3.10] zur Abgrenzung Epikurs von Aristoteles). In jüngerer Zeit ist zudem die gegenseitige Beeinflussung der griechischen und indischen Philosophie in den Blick genommen worden, wobei Parallelen nicht unbedingt auf gegenseitige Beeinflussung zurückgehen müssen [3.10: Beckwith; McEvilley].

4 Nachwirken

4.1 Hellenisierung Roms

Die Hellenisierung Roms im Bereich von Literatur, Kunst und Philosophie ist in erster Linie ein Forschungsfeld der klassischen Philologie, Archäologie und Philosophie, obwohl es sich dabei um ein wichtiges historisches Phänomen handelt (zur Kunstgeschichte s. CAIN [4.1]). Hier seien ein paar Beispiele aus der jüngeren Forschung herausgegriffen, ohne auch nur annährend Vollständigkeit anzustreben, sondern um vielmehr das Spektrum der entsprechenden Bemühungen zu verdeutlichen. So wurde der Einfluss der griechischen Literatur auf die frühen lateinischen Autoren wie Marcus Porcius Cato Censorinus und Terenz herausgearbeitet [4.1: CALBOLI], die Frage aufgeworfen, ob sich griechische Philosophen des 2. Jh. eher an Griechen oder an Römer wandten [4.1: WIEMER], bzw. die Bedeutung griechischen Denkens für römische Politiker dieser Zeit beleuchtet [4.1: BARLOW]. In der jüngeren Vergangenheit lag der Schwerpunkt der Forschung zudem verstärkt auf Hellenisierungsprozessen in einer *longue durée* bis zur Spätantike bzw. byzantinischen Zeit [4.1: ATHANASSIADI; CHANIOTIS; FOWDEN; KALDELLIS; VAN NUFFELEN]; zur interessanten Anpassung griechischer Sitten an römische Verhältnisse im augusteischen Athen siehe G. W. BOWERSOCK [4.1].

Von althistorischer Seite wird nach wie vor in erster Linie die politische Geschichte beleuchtet, wobei zumeist strukturelle Ansätze verfolgt werden. Geradezu klassisch ist die Analyse von E. S. GRUEN [4.1], der im Gegensatz zu älteren Arbeiten, die vor allem der Frage nachgingen, inwiefern man die römische Politik als imperialistisch bezeichnen könne, zu zeigen versuchte, dass Rom eher in die Verhältnisse des Ostens hineingezogen wurde als aktiv Einmischung zu betreiben. Das bewusste Infragestellen älterer Forschungspositionen ist immer erhellend, führt zu Differenzierung, provoziert aber auch heftige Gegenreaktionen. Die deutlichste Rückkehr zu älteren Ansätzen vollzog einer der Schüler GRUENS, indem er sich mit Hilfe politologischer Ansätze wieder dafür aussprach, die römische Politik als defensiven Imperialismus zu deuten [4.1: ECKSTEIN, Rome; ECKSTEIN, Empire]; andere vertreten inzwischen sogar wieder die Position eines aggressiven Imperialismus [4.1: CHANIOTIS, 205–224]. Hier kann nicht die gesamte Bandbreite der Forschung zur römischen Außenpolitik und den zugrundeliegenden Triebfedern diskutiert werden. Hingewiesen sei aber auf Spezialstudien, die sich vor allem mit vier Episoden beschäftigen, die recht gut dokumentiert sind und die Geschichte der großen hellenistischen Dynastien betreffen: den Makedonischen Kriegen, dem Aufeinandertreffen von Antiochos III. und Rom, den Beziehungen Ptolemaios' XII. zu Rom und schließlich Kleopatra VII.

Den zweiten und dritten Makedonischen Krieg hat Rom allem Anschein nach bewusst provoziert [4.1: Giovannini; Wiemer, Beginn]; zur Rolle des Vertrages zwischen Philipp V. und Antiochos III. s. A. M. Eckstein [4.1: The pact]; die Rolle der griechischen Vermittler zwischen den Kriegsparteien im ersten und zweiten Makedonischen Krieg untersuchte ebenfalls Eckstein [4.1: Greek mediation]. Hinsichtlich Antiochos III. wurden vor allem die schwierigen diplomatischen Verhandlungen [4.1: Canali de Rossi; Coşkun; Dreyer, 203–238; Grainger, Antiochos III], die gegenseitige ‚Propaganda' bei der auf Vergleiche mit den Perserkriegen des 5. Jhs, zurückgegriffen wurde [4.1: Almagor; Russo], die Kriegshandlungen [4.1: De Souza; Grainger, Roman war; Heller; Tsitsiou-Chelidoni; Visscher] und der Friedensvertrag sowie seine Folgen mehrfach thematisiert [4.1: Dmitriev; Le Rider; Stasse]. Die schwierige Lage, in die vor allem die römische Haltung Ptolemaios XII. brachte, engte den Handlungsspielraum des Ptolemäers phasenweise extrem ein. Dass er sich dennoch letztlich behaupten konnte, dürfte seinem politischen Geschick [4.1: Siani-Davies] und seinen persönlichen Kontakten zu herausragenden Römern [4.1: Christmann] zuzuschreiben sein. Die vermehrte Anwesenheit von Römern in Ägypten, die sich in der Folge ergab, hatte nicht nur Auswirkungen auf die Verwaltung Ägyptens, sondern auch Rückwirkungen auf die römische Innenpolitik [4.1: Legras]. Dass Ptolemaios XII. die Römer zu Testamentsvollstreckern einsetzte [4.1: Westall, Date; Westall, Loan], sicherte vor allem seiner Tochter Kleopatra VII. die Herrschaft. Das angebliche Testament Ptolemaios' VIII. zugunsten Roms scheint dagegen eine spätere Fälschung zu sein [4.1: Criscuolo; anders Grzybek]. Unter den unzähligen Untersuchungen zu Kleopatra VII. sei hier vor allem die Neubewertung der Schlacht bei Actium herausgegriffen, bei der der Rückzug Kleopatras nicht als Flucht, sondern als geplante Strategie gedeutet wird [4.1: Laspe]; anders argumentiert C. H. Lange [4.1], der mit der antiken literarischen Überlieferung eine ungeplante Flucht Kleopatras für wahrscheinlicher hält.

Nicht nur Gebiete westlich des Kerngebietes hellenistischer Königreiche, sondern auch im Osten angrenzende Regionen wurden von der hellenistischen Kultur stark beeinflusst. Die Verbreitung griechischer Kultur in Pakistan hat nicht erst seit der großen Gandhara-Ausstellung der Jahre 2008–2010 Aufmerksamkeit auf sich gezogen [4.1: Rosen Stone], aber die Ausstellung hat das Thema einer breiteren Öffentlichkeit bewusst gemacht und seitdem erscheinen immer wieder Arbeiten zu diesem Thema [4.1: Filigenzi; Invernizzi; Kouremenos/Boardman; Luczanits; Stančo; Wallace zu einzelnen Individuen und ihrer Anpassungsfähigkeit an unterschiedliche kulturelle Räume]. Auch der Einfluss der hellenistischen Kultur im Partherreich ist thematisiert worden [z. B. 4.1: Lippolis; Messina].

4.2 Alexander der Große, Kleopatra VII. und Mithradates VI.

Die Rezeptionsgeschichte war lange Zeit eine Domäne der Literaturwissenschaft und Kunstgeschichte, hat aber in den letzten Jahren auch verstärkt Aufmerksamkeit von althistorischer Seite erfahren (so integriert Cartledge [1.2] die Rezeptionsgeschichte in seine Gesamtdarstellung; siehe auch die bibliographischen Angaben in Kap. III.4.2). Obwohl diese Perspektiverweiterung sehr begrüßenswert ist, trägt sie häufig nur wenig zum Verständnis des Hellenismus bei, wirft vielmehr neues Licht auf die Phasen der Rezeption. Diese Forschung der mittelalterlichen oder neuzeitlichen Geschichte zuzuordnen, bedeutet aber nicht, dass sie für die althistorische Forschung unfruchtbar wäre, denn die moderne Forschung fußt häufig stärker in Forschungstraditionen als den einzelnen Verfasserinnen und Verfassern bewusst ist. Hierbei können bewusste und unbewusste Bewertungen der Persönlichkeit der zu untersuchenden historischen Gestalt ebenso eine Rolle spielen wie eine schleichende Identifikation mit ihr, die kindliche Lektüre von Comics oder eine (häufig durch die Umstände bedingte) bewusste Ablehnung älterer Forschungspositionen. Eine Beschäftigung mit Rezeptionsgeschichten kann hier größeres Bewusstsein schaffen und damit letztlich auch der Erforschung des Hellenismus dienen.

Übersicht über die wichtigsten Dynastien

Antigoniden	
306–301	Antigonos I. Monophthalmos
306–301	Demetrios I. Poliorketes
277–239	Antigonos II. Gonatas
239–229	Demetrios II.
229/227–221	Antigonos III. Doson
221–179	Philipp V.
179–168	Perseus
Ptolemäer	
306–282	Ptolemaios I. Soter
285/282–246	Ptolemaios II. Philadelphos
246–221	Ptolemaios III. Euergetes I.
221–205	Ptolemaios IV. Philopator
205–180	Ptolemaios V. Epiphanes
180–145	Ptolemaios VI. Philometor
169–116	Ptolemaios VIII. Euergetes II.
116–110	Ptolemaios IX.
110/109	Ptolemaios X.
109–107	Ptolemaios IX.
107–88	Ptolemaios X.
88–81	Ptolemaios IX.
80	Berenike III.
80	Ptolemaios XI.
80–51	Ptolemaios XII.
51–47	Ptolemaios XIII. Philopator Philadelphos
51–30	Kleopatra VII. Thea
47–44	gemeinsam mit Ptolemaios XIV. Philopator
44–30	gemeinsam mit Ptolemaios XV. Kaisarion
Seleukiden	
312/306–281	Seleukos I. Nikator
281–261	Antiochos I. Soter
261–246	Antiochos II. Theos
246–226/225	Seleukos II. Kallinikos
246–227/226	Antiochos Hierax

https://doi.org/10.1515/9783110648737-003

226/225–223	Seleukos III. Soter
223–187	Antiochos III. Megas
187–175	Seleukos IV. Philopator
175–164	Antiochos IV. Theos Epiphanes Nikephoros
164–162	Antiochos V. Eupator
162–150	Demetrios I. Soter
152–145	Alexander Balas
147–139/137	Demetrios II. Nikator
144–142/141	Antiochos VI. Epiphanes
142/141–137	Tryphon
138–129	Antiochos VII. Euergetes
129–123	Demetrios II. Nikator
129/28–123	Alexander II. Zabinas
126/125	Seleukos V.
125–96	Antiochos VIII. Grypos
116–96	Antiochos IX. Kyzokenos
96/95	Seleukos VI. Epiphanes Nikanor
95–83	Antiochos X.
95–92	Antiochos XI. Philadelphos
95–83	Philipp I. Philadelphos
87–84	Antiochos XII. Dionysos
69/68–64	Antiochos XIII.
67–64	Philipp II.
Pergamon	
241–197	Attalos I. Soter
197–159	Eumenes II. Soter
159–138	Attalos II. Philadelphos
138–133	Attalos III.
Bithynien	
328–280	Zipoites
280–255/253	Nikomedes I.
ca. 250–230	Ziaëlas
ca. 230–182	Prusias I.
182–149	Prusias II.
149–128/127	Nikomedes II. Epiphanes
128/127–94	Nikomedes III. Euergetes
94–74	Nikomedes IV. Philopator

Kappadokien	
nach 281-ca. 255	Ariarathes II.
ca. 255–225	Ariaramna
ca. 225–220	Ariarathes III.
ca. 220–163	Ariarathes IV. Eusebes
163–130	Ariarathes V. Eusebes Philopator
130-ca. 116	Ariarathes VI. Epiphanes Philopator
ca. 116–101	Ariarathes VII. Philometor
ca. 101–96/95	Ariarathes VIII.
ca. 101–95	Ariarathes IX. Eusebes Philopator
95–63/62	Ariobarzanes I. Philorhomaios
63/62–51	Ariobarzanes II. Philopator
51–42	Ariobarzanes III. Eusebes Philorhomaios
42–36	Ariarathes X. Eusebes Philadelphos
36–17 n. Chr.	Archelaos Philopatris
Pontos	
ca. 302–266	Mithradates I. Ktistes
266-ca. 258	Ariobarzanes
ca. 258–220	Mithradates II.
ca. 220–185	Mithradates III.
ca. 185–155	Pharnakes I.
ca. 155–152/1	Mithradates IV. Philopator Philadelphos
ca. 152/51–123 oder 120	Mithradates V. Euergetes
123 oder 120–63	Mithradates VI. Eupator

Karten

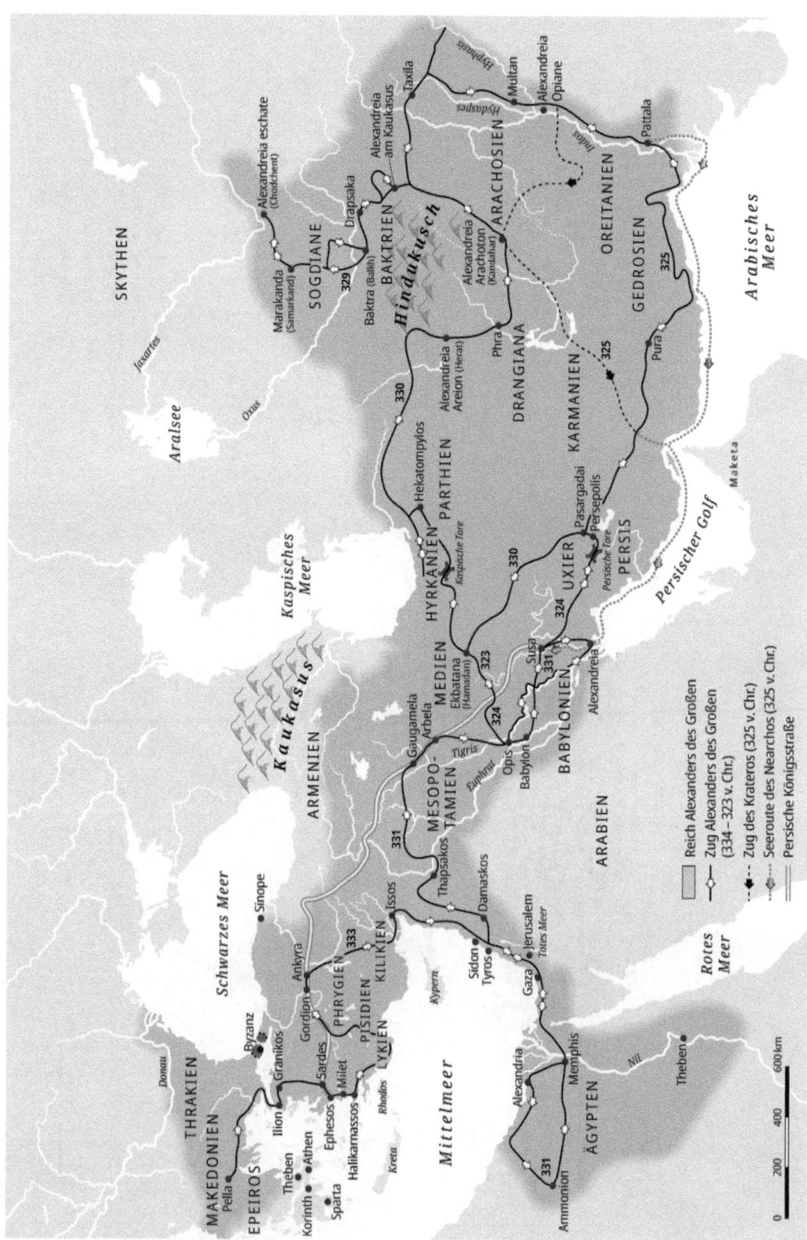

Abb. 1: Der Feldzug Alexanders des Großen (334–323 v. Chr.) © Peter Palm, Berlin.

https://doi.org/10.1515/9783110648737-004

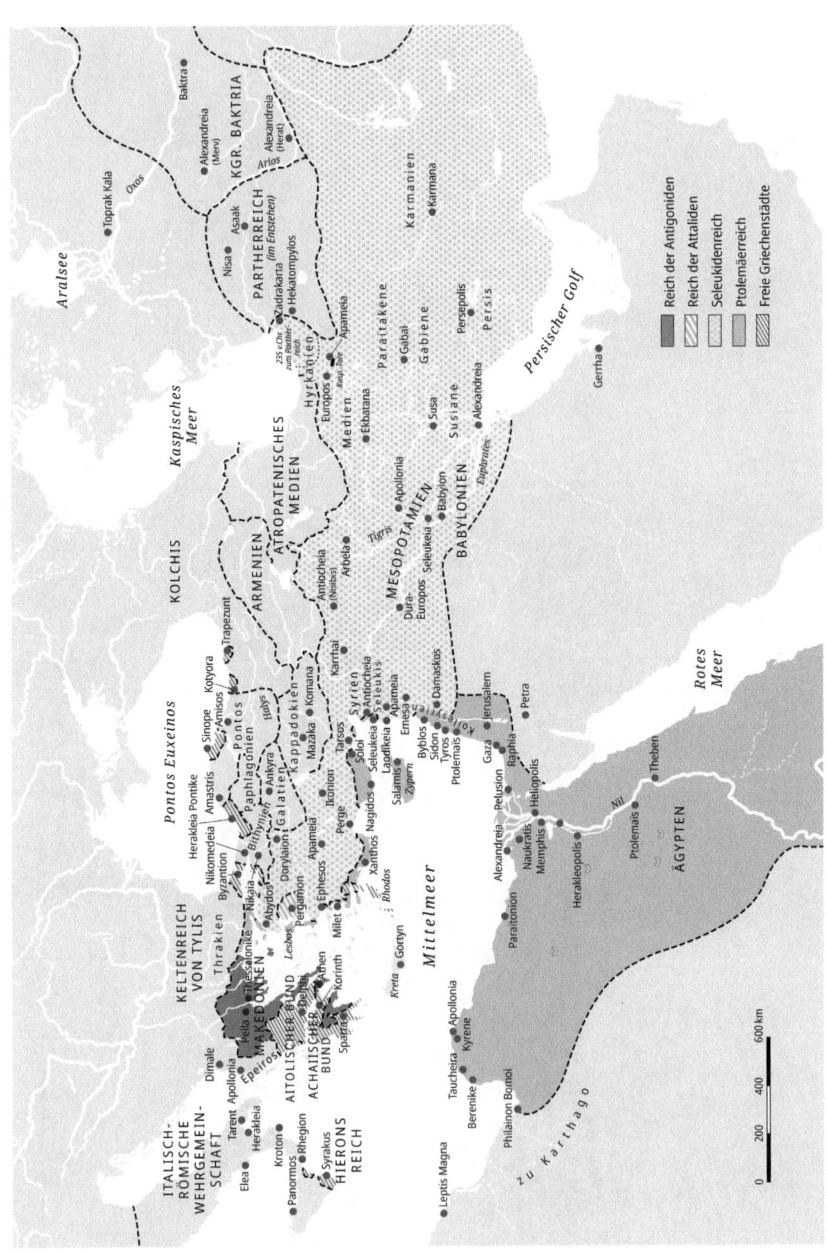

Abb. 2: Die hellenistische Welt um 240 v. Chr. © Peter Palm, Berlin.

III Quellen und Literatur

0 Quellen

0.1 Quellensammlungen (allgemein)

Michel M. Austin, The Hellenistic World from Alexander to the Roman Conquest: A Selection of Ancient Sources in Translation, Cambridge 1981, 2. Auf. 2006

Roger S. Bagnall und Peter Derow (Hgg.), The Hellenistic period. Historical sources in translation, Malden (Mass.) u. a. 2. Aufl. 2004

Stanley Mayer Burstein, The Hellenistic Age from the Battle of Ipsos to the Death of Kleopatra VII (Translated Documents of Greece and Rome 3), Cambridge 1985

Markham J. Geller und Herwig Maehler (Hgg.), Legal Documents of the Hellenistic World, London 1995

Phillip Harding, From the End of the Peloponnesian War to the Battle of Ipsos (Translated Documents of Greece and Rome 2), Cambridge 1985

Felix Jacoby (Hg.), Die Fragmente der griechischen Historiker (FGrHist), 15 Bde., Berlin-Leiden 1923 ff.

Hatto H. Schmitt (Hg.), Die Staatsverträge des Altertums III, München 1969

Hatto H. Schmitt, Rom und die griechische Welt. Von der Frühzeit bis 133 v. Chr. Antike Quellen in Übersetzung, München 1992

Robert K. Sherk, Roman Documents from the Greek East: Senatusconsulta and Epistulae to the Age of Augustus, Baltimore 1969

0.2 Quellensammlungen (Orient, Ägypten, Judentum, Parther)

Pascal Attinger, Otto Kaiser, Bernd Janowski, Daniel Schwemer und Karl Hecker, Texte aus der Umwelt des Alten Testaments. Neue Folge 8, Weisheitstexte, Mythen und Epen, Gütersloh 2015

Paul Bernard, Nouvelle contribution de Pepigraphie cuneiforme à l'histoire hellenistique, BCH 114, 1990, 513 ff.

Giuseppe F. Del Monte,Testi della Babilonia ellenistica I. Testi cronografici, Pisa- Rom 1997

Albert Kirk Grayson, Assyrian and Babylonian Chronicles, New York 1975

Ursula Hackl, Bruno Jacobs und Dieter Weber, Quellen zur Geschichte des Partherreiches. Textsammlung mit Übersetzungen und Kommentaren, 3 Bd., Göttingen/Oakville (CT) 2010

Carl R. Holladay, Fragments from Hellenistic Jewish Authors, 4 Bde., Chico 1983 ff.

William Horbury und David Noy, Jewish Inscriptions of Graeco-Roman Egypt, Cambridge 1992

James B. Pritchard (Hg.), Ancient Near Eastern Texts Relating to the Old Testament, Princeton 3. Aufl. 1974

https://doi.org/10.1515/9783110648737-005

Abraham J. Sachs und Hermann Hunger, Astronomical Diaries and Related Texts from Babylonia, Vol. I-III. Diaries from 652 B. C. to 262 B. C. / 261 B. C. to 165 B. C. / 164 B. C. to 61 B. C.; Vol. V. Lunar and Planetary Texts, Wien 1989 ff.

Menahem Stern (Hg.), Greek and Latin Authors on Jews and Judaism, 3 Bde., Jerusalem 1974 ff.

Michael E. Stone, Jewish Writings of the Second Temple Period, Assen 1984

Victor Tcherikover und Alexander Fuks (Hgg.), Corpus Papyrorum Judaicarum, 3 Bde., Cambridge, MA 1957 ff.

Gerald P. Verbrugghe und John M. Wickersham, Berossos and Manetho, Introduced and Translated. Native Traditions in Ancient Mesopotamia and Egypt, Ann Arbor 1999

0.3 Inschriften und Papyri

André Bernand, La prose sur pierre dans l'Egypte hellenistique et romaine. I: Textes et traductions. II: Commentaires, Paris 1992

Étienne Bernand, Inscriptions grecques d'Alexandrie ptolémaïque, Kairo-Paris 2001

Alan K. Bowman, Charles V. Crowther, Simon Hornblower, Rachel Mairs und Kyriakos Savvopoulos, Corpus of Ptolemaic inscriptions. Volume 1. Alexandria and the Delta (Nos. 1–206). Part I: Greek, bilingual, and trilingual inscriptions from Egypt, Oxford/New York 2021

Kai Brodersen, Wolfgang Günther und Hatto H. Schmitt (Hgg.), Historische griechische Inschriften in Übersetzung, Bd. II. III, Darmstadt 1996. 1999

Filippo Canali De Rossi, Iscrizioni storiche ellenistiche. Decreti per ambasciatori greci al senate Testo critico, traduzione e commento, Rom 2002

Filippo Canali De Rossi, Iscrizioni dello Estremo Oriente Greco. Un repertorio. Inschriften griechischer Städte aus Kleinasien, Bd. 65, Bonn 2004

Hannah Cotton, Werner Eck et al. (Hgg.), Corpus Inscriptionum Iudaea/Palaestinae, Berlin/Boston 2010 ff.

Félix Durrbach, Choix d'inscriptions de Delos, Paris 1921

Joachim Hengstl (Hg.), Griechische Papyri aus Ägypten als Zeugnisse des öffentlichen und privaten Lebens, München 1978

Friedhelm Hoffmann, Ägypten. Kultur und Lebenswelt in griechisch-römischer Zeit. Eine Darstellung nach den demotischen Quellen, Berlin 2000

Arthur S. Hunt und G. C. Edgar (Hgg.), Select Papyri, 2 Bde., Cambridge, MA/London 1932. 1934

François Lefèvre, Documents Amphictioniques. Avec une note d'architecture par D. Laroche et des notes d'onomastique par O. Masson, Athen/Paris 2002

Marie-Thérèse Lenger, Corpus des Ordonnances des Ptolémées (C. Ord. Ptol.), Brüssel 1964

Ludwig Mitteis und Ulrich Wilcken, Grundzüge und Chrestomathie der Papyruskunde, 4 Bde., Leipzig-Berlin 1912 (ND 1963)

Luigi Moretti (Hg.), Iscrizioni storiche ellenistiche, 2 Bde., Florenz 1967. 1976

Pieter W. Pestman, The New Papyrological Primer, Leiden u. a. 1990

Stefan Pfeiffer, Griechische und lateinische Inschriften zum Ptolemäerreich und zur römischen Provinz Aegyptus, Berlin 2015
Gerhard Pfohl (Hg.), Griechische Inschriften, München 2. Aufl. 1980
Reedition avec suppl. (Academie Royale de Belgique, Mem. de la Cl. des Lettres 64, 2), Brüssel 1980; dazu: Bilan des additions et corrections (1964–1988). Complements à la bibliographic ebd. 1990
Louis Robert und Jeanne Robert, Claros I. Decrets hellenistiques, Fase. 1, Paris 1989
Georges Rougemont, Inscriptions grecques d'Iran et d'Asie centrale (CII II.1), London 2012
Hans-Albert Rupprecht, Kleine Einführung in die Papyruskunde, Darmstadt 1994
Sammelbuch griechischer Urkunden aus Ägypten. Begonnen von F. Preisigke, fortgeführt von F. Bilabel u. a., 12 Bde. 2 Beihefte, Straßburg u. a. 1915 ff.
Cynthia J. Schwenk, Athens in the Age of Alexander. The dated laws and decrees of the Lycourgan Era (338–322 B. C.), Chicago 1985
Reinhold Scholl, Corpus der Ptolemäischen Sklaventexte, Stuttgart 1990
The Oxyrhynchus Papyri, London 1898 ff.
Eric G. Turner, Greek Papyri. An Introduction, Oxford 1968 Urkunden der Ptolemäerzeit (ältere Funde), ed. U. Wilcken, 2 Bde., Berlin-Leipzig 1927 ff.
C. Braford Welles, Royal Correspondence of the Hellenistic Age, New Haven 1934
Louis Robert, Hellenica. Recueil d'epigraphie, de numismatique et d'antiquites grecques, 13 Bde., Paris 1940 ff.

0.4 Münzen und Siegel

Steve M. Benner, Achaian League Coinage of the 3rd through 1st Centuries B. C. E., Lancaster/London 2008
Christoph Boehringer, Zur Chronologie mittelhellenistischer Münzserien 220–160 v. Chr., Berlin 1962
Osmund Bopearachchi, Monnaies greco-bactriennes et indo-grecques. Catalogue raisonne, Paris 1991
Marie-Françoise Boussac und Antonio Invernizzi (Hgg.), Archives et Sceaux du Monde Hellenistique, Paris 1997
Friedrich Burrer, Die Tetradrachmenprägung Philipps V. von Makedonien – Serie II, Jahrbuch für Numismatik und Geldgeschichte 59, 2009, 1–70
François De Callataÿ, L'histoire des guerres Mithridatiques par les monnaies, (Numismatica Lovaniensia 18), Leuven 1997
François De Callataÿ, The First Royal Coinages of Pontos (from Mithridates III to Mithridates V), in: Jakob Munk Højte (Hg.), Mithridates VI and the Pontic Kingdom, Aarhus 2009, 63–94
François De Callataÿ, For whom were royal Hellenistic coins struck? The choice of metals and denominations, in: Achim Lichtenberger, Katharina Martin, H.-Helge Nieswand und Dieter Salzmann (Hgg.), Bildwert. Nominalspezifische Kommunikationsstrategien in der Münzprägung hellenistischer Herrscher, Bonn 2014, 59–77
Frédérique Duyrat, Arados hellénistique. Étude historique et monétaire, Beirut 2005

Peter Robert Franke, Die antiken Münzen von Epirus, Wiesbaden 1961
Catharine C. Lorber, Coins of the Ptolemaic Empire, New York 2018
Otto Mørkholm, Early Hellenistic Coinage from the Accession of Alexander to the Peace of Apamea (336–188 B. C.), Cambridge 1991
Arthur Houghton und Catharine C. Lorber, Seleucid Coins, New York 2002. 2008
Martin Jessop Price, Coins of the Macedonians, London 1974
Martin Jessop Price, The Coinage in the Name of Alexander the Great and Philip Arrhidaeus, Zürich/London 1991
Ilya S. Prokopov, The Silver Coinage of the Macedonian regions. 2nd – 1st Century BC, Wetteren 2012
Alberto M. Simonetta, The Coinage of the Cappadocian Kings: A Revision and a Catalogue of the Simonetta Collection, Pisa/Roma 2007
Hyla A. Troxell, Studies in the Macedonian Coinage of Alexander the Great, New York 1997
Dimitra I. Tsangari, Corpus des monnaies d'or, d'argent et de bronze de la confédérations Étolienne, Athen 2007
Sitta Von Reden, Money in Ptolemaic Egypt from the Macedonian Conquest to the End of the Third Century BC, Cambridge 2007

0.5 Einzelne Autoren

0.5.1 Appian

von Alexandreia, 90/95–160 n. Chr., verfasste um 150 sein 24 Bücher umfassendes Hauptwerk *Romaiká* (Römische Geschichte), das ethnographisch geordnet ist. Für die hellenistische Geschichte sind insbesondere die Bücher 9–12 (Makedonien bis Mithradates VI.) von Interesse.

Kai Brodersen, Appians Abriß der Seleukidengeschichte, München 1989
Kai Brodersen, Appians Antiochike (Syriake 1,1–44,232), München 1991
Bernhard Goldmann, Einheitlichkeit und Eigenständigkeit der Historia Romana des Appian, Hildesheim u. a. 1988
Gabriele Marasco, Appiano e la storia dei Seleucidi fino all'ascesa al trono di Antioco III, Florenz 1982
Appian, Roman History, edited and translated by Brian C. McGing, 5 Bde., Cambridge, MA/London 2019 und 2020
Appian von Alexandria, Römische Geschichte. Erster Teil. Die römische Reichsbildung, übers, von Otto Veh, durchges., eingel. und erl. von Kai Brodersen, Stuttgart 1987
Appiani Historia Romana. Volumen I. Prooemium. Iberica. Annibaica. Libyca. Illyrica. Syriaca. Mithridatica. Fragmenta edd. P. Viereck et A. G. Roos. Editio stereotypa correction addenda et corrigenda adiecit Emilio Gabba, Leipzig 1962

0.5.2 Arrian

aus Nikomedeia, um 85/90 – nach 145/146, ist der wichtigste Autor für die Alexanderzeit, da er auf gute alexanderzeitliche Quellen (Aristoboulos, Ptolemaios I., Nearchos) zurückgriff, auch wenn er diese weitgehend unkritisch nutzte. Seine Werke über den Alexanderzug (*anábasis Alexándrou*) und über Indien (*Indiké*) sind erhalten, seine Diadochengeschichte (*tà metà Aléxandron*) ist dagegen nur fragmentarisch überliefert.

Albert B. Bosworth, A Historical Commentary on Arrian's History of Alexander. I, Commentary on Books I-III, Oxford 1980; II, Commentary on Books IV-V, Oxford 1995

Arrian, with an English Translation by Peter A. Brunt, 2 Bde. Cambridge, MA-London 1976. 1983

Vasileios Liotsakis, Alexander the Great in Arrian's „Anabasis", Berlin/Boston 2019

Joseph Roisman, Why Arrian Wrote the Anabasis, Rivista Storica dell'Antichità 13/14, 1983/84, 253 ff.

Philip A. Stadter, Arrian of Nicomedia, Chapel Hill 1980

Ronald Syme, The Career of Arrian, Harvard Studies in Classical Philology 86, 1982, 181 ff.

Flavius Arrianus, I: Alexandri Anabasis. II: Scripta Minora et Fragmenta, ed. A. G. Roos. Edito stereotypa correctior. Addenda et corrigenda adiecit Gerhard Wirth, Leipzig 1967

Arrian, der Alexanderzug. Indische Geschichte, Griechisch und deutsch, hrsg. und übers. von Gerhard Wirth und Otto von Hinüber, München/Zürich 1985

0.5.3 Curtius Rufus

Autor der römischen Kaiserzeit, verfasste eine Alexandergeschichte in 10 Büchern (*historiae Alexandri magni Macedonis*). Die ersten beiden Bücher sind verloren, Bücher 3–10 nahezu vollständig erhalten.

John E. Atkinson, A Commentary on Q. Curtius Rufus' Historiae Alexandri Magni, Books 3 and 4, Amsterdam 1980

John E. Atkinson, A Commentary on Q. Curtius Rufus' Historiae Alexandri Magni, Books 5 to 7,2, Amsterdam 1994

Quinte-Curce, Histoires, hrsg. u. übers, v. Henry Bardon, 2 Bde., Paris 1961 und 1965

Helmuth Boedefeld, Untersuchungen zur Datierung der Alexandergeschichte des Q. Curtius Rufus, Diss. Düsseldorf 1982

Albert M. Devine, The Parthi, the Tyranny of Tiberius and the Date of Q. Curtius Rufus, Phoenix 33, 1979, 142 ff.

Reimer Egge, Untersuchungen zur Primärtradition bei Q. Curtius Rufus. Die alexanderfeindliche Überlieferung, Diss. Freiburg/Brsg. 1978

Joachim Fugmann, Zum Problem der Datierung der ,Historiae Alexandri Magni' des Curtius Rufus, Hermes 123, 1995, 233 ff.

Quintus Curtius Rufus, Storie di Alessandro Magno, hrsg. v. Alberto Giacone. Mit einem Anhang v. Oscar Botto, Turin 1977

Lloyd L. Gunderson, Quintus Curtius Rufus: On His Historical Methods in the Historiae Alexandri, in: W. Lindsay Adams und E. N. Borza (Hgg.), Philipp II, Alexander the Great and the Macedonian Heritage, Lanham/London 1982, 177 ff.

James R. Hamilton, The Date of Quintus Curtius Rufus, Historia 37, 1988, 445 ff.

Q. Curti Rufi Historiarum Alexandri Magni Macedonis libri qui superunt, item rec. E. Hedicke, Leipzig 1908

Quintus Curtius, with an English translation by John Carew Rolfe, 2 Bde., Cambridge, MA/London 1946

Curtius Rufus, Von den Taten Alexanders des Großen, übers, von Johannes Siebelis, Berlin 1882

Quintus Curtius Rufus, Geschichte Alexanders des Großen, nach der Übersetzung von Johannes Siebelis, überarbeitet und kommentiert von Holger Koch, Darmstadt 2007

0.5.4 Diodor

erste Hälfte des 1. Jhs. v. Chr., verfasste eine 40 Bücher umfassende Weltgeschichte von den mythischen Anfängen bis in die eigene Zeit, von der etwa die Hälfte erhalten ist. Für die frühhellenistische Geschichte ist Diodor von unschätzbarem Wert, da er die einzige erzählende Darstellung für diese Zeit bietet. Während die ältere Forschung ihn eher als unkritischen Kompilator betrachtete, betont die jüngere Forschung stärker seine Leistungen als eigenständiger Historiker.

Lisa Irene Hau, Alexander Meeus und Brian Sheridan (Hgg.), Diodoros of Sicily. Historiographical Theory and Practice in the „Bibliotheke", Leuven/Paris/Bristol 2018

Diodorus of Sicily, with an English translation by Charles Henry Oldfather u. a., 12 Bde., Cambridge, MA/London 1933 ff.

Michael Rathmann, Diodor und seine „Bibliotheke". Weltgeschichte aus der Provinz, Berlin/Boston 2016

Eduard Schwartz, Diodorus (Nr. 38), in: RE 5 (1903), 663 ff. (= ders., Griechische Geschichtsschreiber, Leipzig 1957, 35 ff.)

Diodori Bibliotheca Historica, recogn. F. Vogel/Curt Theodor Fischer, 5 Bde., Leipzig 1888 ff.

Diodorus Siculus, Einleitung und Übersetzung, übersetzt, eingeleitet und kommentiert von Gerhard Wirth und Thomas Nothers, 10 Bde., Stuttgart 1992–2008

0.5.5 Plutarch

aus Chaironeia, um 45 – um 125 n. Chr., war ein Biograph, der von sich selbst behauptete, kein Historiker zu sein, sondern vielmehr die Charaktereigenschaften der von ihm skizzierten Persönlichkeiten herausarbeiten zu wollen. In seinem Hauptwerk, den *bíoi parálleloi* (Parallelbiographien), stellt er jeweils einen Griechen einem Römer gegenüber. Neben Alexander den Großen porträtierte er u. a. auch Demetrios Poliorketes, Eumenes von Kardia, Pyrrhos und Philopoimen.

Plutarch, Hellenistic Lives, translated by Robin Waterfield with introduction and notes by Andrew Erskine, Oxford 2016
Plutarque, Vies, tome IV ff., texte etabli et traduit par Robert Flacelière/Émile Chambry, Paris 1966 ff.
James R. Hamilton, Plutarch Alexander. A Commentary, Oxford 1969
Annelies J. Koster, Plutarchi vitam Arati edidit, prolegomenis commentarioque instruxit A. J. K., Leiden 1937
Christiana Liedmeier, Plutarchus' biographie van Aemilius Paullus. Historische Commentaar, Utrecht/Nijmegen 1935
Plutarchi Vitae Parallelae, recognoverunt Claes Lindskog et Konrat Ziegler, 6 Bde., Leipzig 1957 ff.
Gabriele Marasco, Commento alle biografie plutarchee di Agide e di Cleomene, 2 Bde., Rom 1981
Plutarchus, Große Griechen und Römer. Ausgewählte Lebensbilder, hrsg. und übers. von Dagobert Von Mikusch, Köln 2009
Plutarch's Lives, with an English translation by Bernadotte Perrin, 11 Bde., Cambridge, MA/London 1914 ff.
Donald Andrew Russell, Plutarch, New York 1973
Wilhelmus P. Theunissen, Ploutarchos' Leven van Aratos, Leiden 1940
Alan Wardman, Plutarch's Lives, London 1974
Konrat Ziegler, Plutarchos, in: RE 21 (1951), 636 ff.
Plutarch, Große Griechen und Römer, 6 Bde., übers. von Konrat Ziegler, Zürich/Stuttgart 1954 ff.; 3. Aufl. 2010

0.5.6 Polybios

aus Megalopolis, um 200 – um 120 v. Chr., ist der bedeutendste Historiker des Hellenismus. Er war im Achaiischen Bund politisch sowie militärisch tätig und wurde nach dem 3. Makedonischen Krieg nach Italien deportiert, wo er sein Hauptwerk, die 40 Bücher umfassenden *historíai* (Geschichten), verfasste, in denen er erklären wollte, wie Rom in sehr kurzer Zeit zur Weltmacht aufsteigen konnte. Der Wert des nur bis zum Ende von Buch 5 komplett, danach nur fragmentarisch erhaltenen Werkes, wird unterschiedlich eingeschätzt.

Polybii Historiae, ed. Th. Büttner-Wobst, I, Leipzig 2. Aufl. 1905, II-V, Leipzig 1889 ff.
Polybios, Geschichte, übers. v. Hans Drexler, 2 Bde., Zürich/Stuttgart 1961. 1963
Boris Dreyer, Polybios. Leben und Werk im Banne Roms, Hildesheim 2011
Arthur M. Eckstein, Moral Vision in the Histories of Polybius, Berkeley 1995
Michel Feyel, Polybe et l'histoire de Beotie au III. siècle avant notre ère, Paris 1942
Volker Grieb und Clemens Koehn (Hgg.), Polybios und seine Historien, Stuttgart 2013
Gustav Adolf Lehmann, Untersuchungen zur historischen Glaubwürdigkeit des Polybios, Münster 1967
Felix K. Maier, „Überall mit dem Unerwarteten rechnen". Die Kontingenz historischer Prozesse bei Polybios, München 2012
Polybios, The Histories, with an English translation by William Roger Paton, 6 Bde., Cambridge, MA/London 1922 ff.
Paul Pédech, La methode historique de Polybe, Paris 1964
Karl-Ernst Petzold, Studien zur Methode des Polybios und zu ihrer historischen Auswertung, München 1969
Polybe. Entretiens sur l'Antiquite Classique 20, Vandoeuvres/Genf 1974
Kenneth Sacks, Polybius on the Writing of History, Berkeley u. a. 1981
Klaus Stiewe/Niklas Holzberg (Hgg.), Polybios, Darmstadt 2. Aufl. 1982
Frank Walbank, A Historical Commentary on Polybius, 3 Bde., Oxford 1957 ff.
Frank W. Walbank, Polybius, Berkeley u. a. 1972
Karl-Wilhelm Welwei, Könige und Königtum im Urteil des Polybios, Diss. Köln 1963

0.5.7 Iustinus

Autor der römischen Kaiserzeit, verfertigte eine Kurzversion (*epitoma historiarum Philippicarum*) der bis auf *prologi* (kurze Zusammenfassungen) verlorengegangenen, 40 Bücher umfassenden Weltgeschichte (*historiae Philippicae*) des Pompeius Trogus, der in augusteischer Zeit lebte. In jüngerer Zeit wurde die eigenständige Leistung Iustins betont, der trotz vieler sachlicher Fehler häufig die einzige erhaltene erzählende Quelle bildet und daher von großem Wert ist.

Brett Bartlett, The Fate of Kleopatra Tryphaina, or: Poetic Justice in Justin, in: Altay Coşkun und Alex McAuley, Seleukid Royal Women. Creation, Representation and Distortion of Hellenistic Queenship in the Seleukid Empire, Stuttgart 2016, 135–142
Justin, Abrégé des Histoires Philippiques de Trogue Pompée et Prologues de Trogue Pompée, hrsg. u. übers, von E. Chambry u. L. Thély-Chambry, 2 Bde., Paris o. J.
Marcus Iunianus Iustinus, Römische Weltgeschichte, eingeleitet, übersetzt und kommentiert von Peter Emberger und Günter Laser unter Mitarbeit von Antonia Jenik, 2 Bd., Darmstadt 2015 und 2016

Dagmar Hofmann, Griechische Weltgeschichte auf Latein. Iustins „Epitoma historiarum Pompei Trogi“ und die Geschichtskonzeption des Pompeius Trogus, Stuttgart 2018
Heinz-Dietmar Richter, Untersuchungen zur hellenistischen Historiographie. Die Vorlagen des Pompeius Trogus für die Darstellung der nachalexandrischen hellenistischen Geschichte (Iust. 13–40), Frankfurt u. a. 1987
Otto Seel, Eine römische Weltgeschichte. Studien zum Text der Epitome des Iustinus und zur Historik des Pompeius Trogus, Nürnberg 1972
Pompeius Trogus. Weltgeschichte von den Anfängen bis zu Augustus. Im Auszug des Justin, eingel., übers. und erl. von Otto Seel, Zürich 1972
M. Iuniani Iustini Epitoma Historiarum Philippicarum Pompei Trogi, post F. Ruehl, herum ed. Otto Seel, Stuttgart 1972, Nachdruck 2012
Ralf Urban, „Historiae Philippicae“ bei Pompeius Trogus: Versuch einer Deutung, Historia 31, 1982, 82 ff.
Ronald Syme, The Date of Justin and the Discovery of Trogus, Historia 37, 1988, 358 ff.
Justin, Epitome of the Philippic history of Pompeius Trogus, transl. by John C. Yardley, Atlanta GA., 1994
Epitome of the Philippic history of Pompeius Trogus, transl. and appendices by John C. Yardley, commentary by Waldemar Heckel, Books 11 – 12. Alexander the Great und Books 13–15: The successors to Alexander the Great, Oxford 1997, 2. Aufl. 2011
John C. Yardley, Justin and Pompeius Trogus. A study of the language of Justin's Epitome of Trogus, Toronto u. a. 2003

0.6 Allgemeine Darstellungen

Glenn R. Bugh, The Cambridge Companion to the Hellenistic World, Cambridge u. a. 2006
Pierre Cabanes, Le monde hellénistique. De la mort d'Alexandre à la paix d'Apamée 323–188, Paris 1995
Elizabeth Donnelly Carney und Andrew Erskine (Hgg.), Creating a Hellenistic world, Swansea 2011
François Chamoux, Hellenistic civilization, Malden (Mass.) 2003
Philippe Clancier, Omar Coloru und Gilles Gorre, Les mondes hellénistiques. Du Nil à l'Indus, Vanves 2017
Kay Ehling und Gregor Weber (Hgg.), Hellenistische Königreiche, Darmstadt 2014
Robert Malcolm Errington, A History of the Hellenistic World. 323–30 BC, Malden (Mass.) 2008
Andrew Erskine (Hg.), A companion to the Hellenistic world, Malden (Mass.) 2003
Hans-Joachim Gehrke, Geschichte des Hellenismus, München 2008
Peter Green, Alexander to Actium. The Hellenistic Age, London 1990
Waldemar Heckel, Johannes Heinrichs, Sabine Müller und Frances Pownall, Lexicon of Argead Makedonia (LexAM), Berlin 2020

Heinz Heinen, Geschichte des Hellenismus. Von Alexander bis Kleopatra, München 3. Aufl. 2013
Laurianne Martinez-Sève und Madeleine Benoit-Guyod, Atlas du monde hellénistique (336–31 av. J.-C.). Pouvoir et territoires après Alexandre le Grand, Paris 2011
Klaus Meister, Der Hellenismus. Kultur- und Geistesgeschichte, Stuttgart 2016
Burkhard Meißner, Hellenismus, 2. Aufl., Darmstadt 2016
Federicomaria Muccioli, Storia dell' Ellenismo, Bologna 2019
Germain Payen, Dans l'ombre des empires. Les suites géopolitiques du traité d'Apamée en Anatolie, Laval 2020
Olivier Picard, François De Callataÿ, Frédérique Duyrat, Gilles Gorre und Dominique Prévot, Royaumes et cités hellénistiques de 323 à 55 av. J.-C., Paris 2003
Claire Préaux, Le monde hellenistique. La Grece et l'Orient de la mort d'Alexandre à la conquete romaine de la Grece (323–146 av. J.-C.), 2 Bde., Paris 1978
Hatto H. Schmitt (Hg.), Lexikon des Hellenismus, Wiesbaden 2005
Peter Scholz, Der Hellenismus. Der Hof und die Welt, München 2015
D. Graham J. Shipley, The Greek World after Alexander. 323–30 BC, London/New York 2000
Peter Thonemann, The Hellenistic Age, Oxford 2016
Claude Vial, Les Grecs de la paix d'Apamee à la bataille d'Actium. 188–31, Paris 1995
Frank W. Walbank, The Hellenistic World, Sussex 1981 (deutsch: Die hellenistische Welt, 4. Aufl., München 1994)
Gregor Weber (Hg.), Kulturgeschichte des Hellenismus. Von Alexander dem Großen bis Kleopatra, Stuttgart 2007
Edouard Will, Histoire politique du monde hellenistique (323–30 av. J.-C), 2 Bde., Nancy 1979. 1982

1 Philipp II. und Alexander der Große

1.1 Philipp II.

Winthrop Lindsay Adams, The frontier policy of Philip II, Αρχαία Μακεδονία. 7, Η Μακεδονία από την Εποχή του Σιδήρου έως το θάνατο του Φιλίππου Β'. Ανακοινώσεις κατά το Έβδομο Διεθνές Συμπόσιο, Θεσσαλονίκη, 14–18 Οκτωβρίου 2002, Thessaloniki 2007, 283–291
Edward M. Anson, Philip II and the transformation of Macedonia: a reappraisal, in: Timothy Richard Howe und Jeanne Reames (Hgg.), Macedonian legacies: studies in ancient Macedonian history and culture in honor of Eugene N. Borza, Claremont (Calif.) 2008, 17–30
Edward M. Anson, Philip II and the creation of the Macedonian πεζέταιροι, in: Pat V. Wheatley und Robert Hannah (Hgg.), Alexander & his successors. Essays from the Antipodes, Claremont (Calif.) 2009, 88–98
Edward M. Anson, The introduction of the „sarisa" in macedonian warfare, Ancient Society 40, 2010, 51–68
Ernst Badian, Once more the death of Philip II, Αρχαία Μακεδονία. 7, Η Μακεδονία από την Εποχή του Σιδήρου έως το θάνατο του Φιλίππου Β'. Ανακοινώσεις

κατά το Έβδομο Διεθνές Συμπόσιο, Θεσσαλονίκη, 14–18 Οκτωβρίου 2002, Thessaloniki 2007, 389–406

Marco Bettalli, Greek „poleis" and warfare in the fourth century BC, in: Maria Pretzler und Nick Barley (Hgg.), Brill's companion to Aineias Tacticus, Leiden/Boston (Mass.) 2018, 166–181

Edmund F. Bloedow, Why did Philip and Alexander launch a war against the Persian Empire?, L'Antiquité Classique 72, 2003, 261–274

Brian Bosworth, The Argeads and the Phalanx, in: Elizabeth Donnelly Carney und Daniel Ogden (Hgg.), Philip II and Alexander the Great: father and son, lives and afterlives, Oxford/New York 2010, 91–102

Patrice Brun, Du choix des ambassadeurs dans la cité d'Athènes. L'exemple de l'ambassade de 346, in: Anne Queyrel-Bottineau und Marie-Rose Guelfucci (Hgg.), Conseillers et ambassadeurs dans l'Antiquité, Besançon 2018, 659–676

Elizabeth Donnelly Carney, The Politics of Polygamy: Olympias, Alexander, and the Murder of Philip, Historia 41, 1992, 169–189

Elizabeth Donnelly Carney, The death of Philip II: perception and context, The Classical Bulletin 82, 2006, 27–38

Johannes Engels, Philipp II. und Alexander der Grosse, Darmstadt 2006, 2. Aufl. 2012

Jörg Fündling, Philipp II. von Makedonien, Darmstadt 2014

Richard A. Gabriel, Philip II of Macedonia: greater than Alexander, Washington (D. C.) 2010

William Greenwalt, Infantry and the evolution of Argead Macedonia, in: Timothy Howe, E. Edward Garvin und Graham Wrightson (Hgg.), Greece, Macedon and Persia: studies in social, political and military history in honour of Waldemar Heckel, Oxford 2015, 41–46

Anne-Marie Guimier-Sorbets, Philippe II et la Macédoine durant la jeunesse d'Alexandre, in: Charles Méla, Frédéric Möri, Sydney H. Aufrère, Gilles Dorival und Alain Le Boulluec (Hgg.), Alexandrie la divine, Genf 2014, 159–163

Nicholas G. L. Hammond, Philip of Macedon, London 1994

Miltiades B. Hatzopoulos, Philippe II fondateur de la Macédoine nouvelle, Revue des Études Grecques 125, 2012, 37–53

Miltiades B. Hatzopoulos, La mort de Philippe II. Une étude des sources, Μελετήματα 76, Athen 2018

Franca Landucci Gattinoni, Filippo re dei Macedoni, Bologna 2012

Mads Lindholmer, The assassination of Philip II: an elusive mastermind, Palamedes 11, 2016, 77–110

Kate Mortensen, Homosexuality at the Macedonian court and the death of Philip II, Αρχαία Μακεδονία. 7, Η Μακεδονία από την Εποχή του Σιδήρου έως το θάνατο του Φιλίππου Β'. Ανακοινώσεις κατά το Έβδομο Διεθνές Συμπόσιο, Θεσσαλονίκη, 14–18 Οκτωβρίου 2002, Thessaloniki 2007, 371–387

W. P. Richardson, Dual leadership in the League of Corinth and Antipater's phantom hegemony, The Ancient History Bulletin = Revue d'Histoire Ancienne 33.1–2, 2019, 42–59

Aliénor Rufin Solas, Philippe II de Macédoine, l'argent et la guerre: les recrutements des guerriers thraces, Revue des Études Grecques 127, 2014, 75–96

Giuseppe Squillace, Filippo il Macedone, Roma 2009

Giuseppe Squillace, La maschera del vincitore: strategie propagandistiche di Filippo II e Alessandro Magno nella distruzione di città greche, Klio 93, 2011, 308–321
Giuseppe Squillace, „Religio instrumentum imperii“: strategie propagandistiche di Filippo II e Alessandro Magno, in: Lia Raffaella Cresci (Hg.), Spazio sacro e potere politico in Grecia e nel Vicino Oriente, Rom 2014, 219–238
Ian Worthington, Philip II of Macedonia, New Haven/London 2008
Ian Worthington, By the spear. Philip II, Alexander the Great, and the rise and fall of the Macedonian empire, Oxford/New York 2014

1.2 Alexander der Große

Ory Amitay, Why did Alexander the Great besiege Tyre?, Athenaeum 96.1, 2008, 91–102
John E. Atkinson, Honour in the ranks of Alexander the Great's army, Acta Classica 53, 2010, 1–20
Pedro Barceló, Alexander der Große, Darmstadt 2007
Robert Steven Bianchi, Alexander, son of Amun. The interaction between the Egyptian priesthood and Alexander's policy makers, Chronique d'Égypte 93.185, 2018, 86–97
Edmund F. Bloedow, Alexander the Great at the Hydaspes river in 326 BC, Athenaeum 96.2, 2008, 499–534
Francisco Bosch-Puche, L'„autel“ du temple d'Alexandre le Grand à Bahariya retrouvé, Bulletin de l'Institut français d'Archéologie Orientale 108, 2008, 29–44
Pierre Briant, Darius in the Shadow of Alexander, Cambridge, MA/London 2015
Maria Brosius, Alexander and the Persians, in: Joseph Roisman (Hg.), Brill's Companion to Alexander the Great, Leiden 2003, 169–193
Stanley M. Burstein, Alexander's organization of Egypt. A note on the career of Cleomenes of Naucratis, in: Timothy Richard Howe und Jeanne Reames (Hgg.), Macedonian legacies. Studies in ancient Macedonian history and culture in honor of Eugene N. Borza, Claremont (Calif.) 2008, 183–194
Elena Calandra, Alessandro o la regalità persiana da antimodello a modello, in: Antonio Gonzalès und Maria Teresa Schettino (Hgg.), L'idéalisation de l'autre. Faire un modèle d'un anti-modèle. Actes du 2e colloque SoPHiA tenu à Besançon les 26–28 novembre 2012, Besançon 2014, 79–95
Elizabeth Donnelly Carney, Artifice and Alexander History, in: Albert B. Bosworth (Hg.), Alexander the Great in fact and fiction, Oxford u. a. 2000, 263–285
Paul Cartledge, Alexander the Great. The hunt for a new past, London 2004
Andrew W. Collins, Alexander and the Persian court chiliarchy, Historia 61.2, 2012, 159–167
Andrew W. Collins, The royal costume and insignia of Alexander the Great, American Journal of Philology 133.3, 2012, 371–402
Andrew W. Collins, Alexander's visit to Siwah. A new analysis, Phoenix 68.1–2, 2014, 62–77
Andrew W. Collins, The Persian royal tent and ceremonial of Alexander the Great, Classical Quarterly, N. S. 67.1, 2017, 71–76

Karsten Dahmen, Alexander und das Diadem. Die archäologische und numismatische Perspektive, in: Achim Lichtenberger (Hg.), Das Diadem der hellenistischen Herrscher. Übernahme, Transformation oder Neuschöpfung eines Herrschaftszeichens? Kolloquium vom 30.-31. Januar 2009 in Münster, Bonn 2012, 281–292
Alexander Demandt, Alexander der Große. Leben und Legende, München 2009
Johann Gustav Droysen, Geschichte Alexanders des Großen, Hamburg 1833
Stephen English, The army of Alexander the Great, Barnsley 2009
Stephen English, Alexander der Große und seine Armee, Stuttgart 2010
Stephen English, The field campaigns of Alexander the Great, Barnsley 2011
Robin Lane Fox, Alexander der Große. Eroberer der Welt, Neuausgabe, Stuttgart 4. Aufl. 2004
Peter Marshall Fraser, Cities of Alexander the Great, Oxford 1996
Hans-Joachim Gehrke, Alexander der Große. Welterkundung als Welteroberung, Klio 93.1, 2011, 52–65
Hans Joachim Gehrke, Alexander der Große, München 1996, 6. Aufl. 2013
Hans-Joachim Gehrke, Alessandro Magno fra Oriente e Occidente, Sileno 40.1–2, 2014, 91–107
Klaus Geus, Alexander und Eratosthenes. Der Feldherr und der Geograph, Geographia antiqua 23–24, 2015, 53–61
Maurizio Giangiulio, Shaping the New World. Once More on the Cities of Alexander, in: Kai Trampedach und Alexander Meeus (Hgg.), The legitimation of conquest. Monarchical representation and the art of government in the empire of Alexander the Great, Stuttgart 2020, 179–194
Alessandro Grossato, Alessandro Magno e l'India: storico intreccio di miti e di simboli, Quaderni di studi indo-mediterranei 1, 2008, 275–312
Matthias Haake, Diadem und basileus. Überlegungen zu einer Insignie und einem Titel in hellenistischer Zeit, in: Achim Lichtenberger (Hg.), Das Diadem der hellenistischen Herrscher. Übernahme, Transformation oder Neuschöpfung eines Herrschaftszeichens? Kolloquium vom 30.-31. Januar 2009 in Münster, Bonn 2012, 293–313
Nicholas G. L. Hammond, Sources for Alexander the Great. An Analysis of Plutarch's Life and Arrian's Anabasis Alexandrou, Cambridge 1993
Nicholas G. L. Hammond, Alexander der Große. Feldherr und Staatsmann, Berlin 2001
Waldemar Heckel, Who's Who in the Age of Alexander the Great. Prosopography of Alexander's Empire, Malden (Mass.) u. a. 2006
Waldemar Heckel, In the path of conquest. Resistance to Alexander the Great, New York 2020
Timothy Howe, Plutarch, Arrian and the Hydaspes: an historiographical approach, in: Cinzia Bearzot und Franca Landucci Gattinoni (Hgg.), Alexander's legacy. Atti del convegno. Università Cattolica del Sacro Cuore. Milano 2015, Roma 2016, 25–39
John Hyland, Alexander's satraps of Media, Journal of Ancient History, 1.2, 2013, 119–144
Pierre Juhel, The regulation helmet of the phalanx and the introduction of the concept of uniform in the Macedonian army at the end of the reign of Alexander the Great, Klio 91.2, 2009, 342–355

Maxim M. Kholod, The Macedonian expeditionary corps in Asia Minor (336–335 BC), Klio 100.2, 2018, 407–446

Maxim M. Kholod, On the Titulature of Alexander the Great, in: Kai Trampedach und Alexander Meeus (Hgg.), The legitimation of conquest. Monarchical representation and the art of government in the empire of Alexander the Great, Stuttgart 2020, 219–241

Franca Landucci, Alessandro Magno, Rom 2019

Siegfried Lauffer, Alexander der Große, München 5. Aufl. 2005

Gustav Adolf Lehmann, Alexander der Große und die „Freiheit der Hellenen". Studien zu der antiken historiographischen Überlieferung und den Inschriften der Alexander-Ära, Berlin 2015

Geroges Le Rider, Alexander le Grant. Monnaie, finances et politique, Paris 2003

Jeffrey Lerner, Which Way North? Retracing Alexander's Route to Marakanda in the Spring of 328 B. C. E., in: Krzysztof Nawotka und Agnieszka Wojciechowska (Hgg.), Alexander the Great and the East. History, Art, Tradition, Wiesbaden 2016, 117–142

Gunvor Lindström, Alexander der Große und Baktrien, Das Altertum 54, 2009, 241–266

Federicomaria Muccioli, Classical sources and „proskynesis". History of a misunderstanding, in: Cinzia Bearzot und Franca Landucci Gattinoni (Hgg.), Alexander's legacy. Atti del convegno. Università Cattolica del Sacro Cuore. Milano 2015, Roma 2016, 41–59

Mark Munn, Alexander, the Gordian knot, and the kingship of Midas, in: Timothy Richard Howe und Jeanne Reames (Hgg.), Macedonian legacies. Studies in ancient Macedonian history and culture in honor of Eugene N. Borza, Claremont (Calif.) 2008, 107–143

William M. Murray, The development of a naval siege unit under Philip II and Alexander III, in: Timothy Richard Howe und Jeanne Reames (Hgg.), Macedonian legacies. Studies in ancient Macedonian history and culture in honor of Eugene N. Borza, Claremont (Calif.) 2008, 31–55

Sabine Müller, In the shadow of his father. Alexander, Hermolaus, and the legend of Philip, in: Elizabeth Donnelly Carney und Daniel Ogden (Hgg.), Philip II and Alexander the Great: father and son, lives and afterlives, Oxford 2010, 25–32

Sabine Müller, Alexander, Makedonien und Persien, Berlin 2014

Sabine Müller, Alexander der Große, Stuttgart 2019

Mirko Novák, Diadem und Königtum im Alten Orient, in: Achim Lichtenberger (Hg.), Das Diadem der hellenistischen Herrscher. Übernahme, Transformation oder Neuschöpfung eines Herrschaftszeichens? Kolloquium vom 30.-31. Januar 2009 in Münster, Bonn 2012, 9–34

Daniel Ogden, Alexander the Great. Myth, genesis, sexuality, Exeter 2011

Marek Jan Olbrycht, Alexander the Great at Susa (324 B. C.), in: Cinzia Bearzot und Franca Landucci Gattinoni (Hgg.), Alexander's legacy. Atti del convegno. Università Cattolica del Sacro Cuore. Milano 2015, Roma 2016, 61–72

Lara O'Sullivan, Court intrigue and the death of Callisthenes, Greek, Roman and Byzantine Studies 59.4, 2019, 596–620

Annette Paetz gen. Schieck, Alexander der Große und das Ornat des persischen Großkönigs, in: Svend Hansen, Alfried Wieczorek und Michael Tellenbach

(Hgg.), Alexander der Große und die Öffnung der Welt. Asiens Kulturen im Wandel, Regensburg 2009, 105–109

Elisabetta Poddighe, Alexander and the Greeks. The Corinthian League, in: Waldemar Heckel und Lawrence A. Tritle (Hgg.), Alexander the Great. A new history, Chichester u. a. 2009, 99–120

Frances Skoczylas Pownall, The symposia of Philip II and Alexander III of Macedon: the view from Greece, in: Elizabeth Donnelly Carney und Daniel Ogden (Hgg.), Philip II and Alexander the Great: father and son, lives and afterlives, Oxford/New York 2010, 55–65

Claude Rapin, On the way to Roxane. The route of Alexander the Great in Bactria and Sogdiana (328–327 BC), in: Gunvor Lindström, Svend Hansen, Alfried Wieczorek und Michael Tellenbach (Hgg.), Zwischen Ost und West. Neue Forschungen zum antiken Zentralasien, Darmstadt 2013, 43–82

Robert Rollinger, Die Philotas-Affäre, Alexander III. und die Bedeutung der Dexiosis im Werk des Q. Curtius Rufus, Gymnasium 116.3, 2009, 257–273

Jacek Rzepka, The units of Alexander's army and the district divisions of late Argead Macedonia, Greek, Roman and Byzantine Studies 48.1, 2008, 39–56

Donata Schäfer, Alexander der Große. Pharao und Priester, in: Stefan Pfeiffer (Hg.), Ägypten unter fremden Herrschern zwischen Satrapie und römischer Provinz, Frankfurt am Main 2007, 54–74

Ruth Sheppard, Alexander der Große und seine Feldzüge, Stuttgart 2009

Anthony J. S. Spawforth, The pamphleteer Ephippus, King Alexander and the Persian royal hunt, Histos 6, 2012, 169–213

Marc Steinmann, Alexander der Große und die „nackten Weisen" Indiens. Der fiktive Briefwechsel zwischen Alexander und dem Brahmanenkönig Dindimus, Berlin 2014

Carol G. Thomas, Alexander the Great in his World, Malden (Mass.) 2007

Konrad Vössing, Die Proskynese vor Alexander. Das Scheitern eines Herrscherkultes, in: Michael Rathmann (Hg.), Studien zur antiken Geschichtsschreibung, Bonn 2009, 135–160

Gregor Weber, Der Hof Alexanders des Großen als soziales System, Saeculum 58.2, 2007, 229–264

Hans-Ulrich Wiemer, Alexander der Große, München 2005, 2. Aufl. 2015

Wolfgang Will (Hg.), Alexander der Große – eine Welteroberung und ihr Hintergrund. Vorträge des Internationalen Bonner Alexanderkolloquiums, 19.–21.12.1996, Bonn 1998

Wolfgang Will, Alexander der Große, Darmstadt 2009

Gerhard Wirth, Alexander der Große, Reinbek 9. Aufl. 1995

Ian Worthington, Alexander the Great. A Reader, London 2003

Ian Worthington, Alexander, Philip, and the Macedonian background, in: Joseph Roisman (Hg.), Brill's Companion to Alexander the Great, Leiden 2003, 69–98

Ian Worthington, Alexander the Great, nation building, and the creation and maintenance of empire, in: Victor Davis Hanson (Hg.), Makers of ancient strategy: from the Persian wars to the fall of Rome, Princeton (N. J.)/Oxford 2010, 118–137

Ian Worthington, By the spear: Philip II, Alexander the Great, and the rise and fall of the Macedonian empire, Oxford/New York 2014

Graham Wrightson, The nature of command in the Macedonian Sarissa phalanx, The Ancient History Bulletin 24.3–4, 2010, 73–94

Michael Zahrnt, Alexanders Übergang über den Hellespont, Chiron 26, 1996, 129–147

Andrea Zambrini, Alessandro in India. Tra conquista, religione e tolleranza, in: Giovanni Alberto Cecconi und Chantal Gabrielli (Hgg.), Politiche religiose nel mondo antico e tardoantico. Poteri e indirizzi, forme del controllo, idee e prassi di tolleranza. Atti del convegno internazionale di studi, Firenze, 24–26 settembre 2009, Bari 2011, 57–66

2 Die hellenistische Welt nach dem Tod Alexanders des Großen

2.1 Die Zeit der Diadochen (323 bis 281 v. Chr.)

2.1.1 Chronologie der Diadochenzeit

Edward M. Anson, Alexander's Heirs. The Age of the Successors, Malden (Mass.)/Oxford 2014

Albert Brian Bosworth, A New Macedonian Prince, Classical Quarterly, N. S. 44, 1994, 57–65

Tom Boiy, Between High and Low. A Chronology of the Early Hellenistic Period, Frankfurt 2007

Tom Boiy, The Diadochi History in Cuneiform Documentation, in: Víctor Alonso Troncoso und Edward M. Anson, After Alexander. The Time of the Diadochi (323–281 BC), Oxford/Oakville 2013, 7–16

Robert Malcolm Errington, Diodorus Siculus and the Chronology of the Early Diadochoi, 320–311 B. C., Hermes 105, 1977, 478–504

Panico J. Stylianou, The Pax Macedonica and the Freedom of the Greeks of Asia (with an Appendix on the Chronology of the Years 323–301), Epeteris tou Kentrou Epistemonikon Ereunon 20, 1994, 1–84

Pat V. Wheatley, Diadoch Chronography after Philip Arrhidaeus. Old and New Evidence, in: Pat Wheatley und Elizabeth Baynham (Hgg.), East and West in the World Empire of Alexander the Great. Essays in Honour of Brian Bosworth, Oxford 2015, 241–258

2.1.2 Diadochen

Sheila L. Ager, Building a Dynasty. The Families of Ptolemy I Soter, in: Timothy Howe (Hg.), Ptolemy I Soter. A Self-Made Man, Oxford/Philadelphia 2018, 36–59

Eran Almagor, Seleukid love and power: Stratonike I, in: Altay Coşkun und Alex McAuley, Seleukid Royal Women. Creation, Representation and Distortion of Hellenistic Queenship in the Seleukid Empire, Stuttgart 2016, 66–86

Víctor Alonso Troncoso, The Diadochi and the Zoology of Kingship: The Elephants, in: Víctor Alonso Troncoso und Edward M. Anson, After Alexander. The Time of the Diadochi (323–281 BC), Oxford/Oakville 2013, 254–270

Víctor Alonso Troncoso, Antigonus Monophthalmus and Alexander's memory, in: Cinzia Bearzot und Franca Landucci Gattinoni (Hgg.), Alexander's legacy. Atti del convegno Università Cattolica del Sacro Cuore Milano 2015, Rom 2016, 97–119

Edward M. Anson, Discrimination and Eumenes of Kardia Revisisted, in: Hans Hauben und Alexander Meeus, The Age of the Successors and the Creation of the Hellenistic Kingdoms (323–276 B. C.), Leuven 2014, 539–558

Edward M. Anson, Eumenes of Cardia. A Greek Among Macedonians, Leiden 2015

Anika Aulbach, Die Frauen der Diadochendynastien. Eine prosopographische Studie zur weiblichen Entourage Alexanders des Grossen und seiner Nachfolger, München 2015

Bob Bennett und Mike Roberts, The Wars of Alexander's Successors. 323–281 BC, two volumes, Barnsley 2008–2010

Albert B. Bosworth, The legacy of Alexander. Politics, warfare, and propaganda under the successors, Oxford 2002

Kai Brodersen, Der liebeskranke Königssohn und die seleukidische Herrschaftsauffassung, Athenaeum. Studi periodici di Letteratura e Storia dell'Antichità 73, 1985, 459–469

Elizabeth Donnelly Carney, Royal women as succession advocates, in: Timothy Howe, Frances Pownall und Beatrice Poletti (Hgg.), Ancient Macedonians in Greek and Roman sources. From history to historiography, Swansea 2018, 29–40

Christian A. Caroli, Ptolemaios I. Soter. Herrscher zweier Kulturen, Konstanz 2007

Michael B. Charles, The African Elephants of Antiquity Revisited: Habitat and Representational Evidence, Historia 69.4, 2020, 392–407

David Engels und Kyle Erickson, Apama and Stratonike – marriage and legitimacy, in: Altay Coşkun und Alex McAuley, Seleukid Royal Women. Creation, Representation and Distortion of Hellenistic Queenship in the Seleukid Empire, Stuttgart 2016, 39–65

Kyle Erickson, Seleucus I, Zeus and Alexander, in: Lynette Gail Mitchell und Charles Melville (Hgg.), Every inch a king: comparative studies on kings and kingship in the ancient and medieval worlds, Leiden/Boston (Mass.) 2013, 109–127

Andrew Erskine, Ruler Cult and the Early Hellenistic City, in: Hans Hauben und Alexander Meeus, The Age of the Successors and the Creation of the Hellenistic Kingdoms (323–276 B. C.), Leuven 2014, 579–597

Janice J. Gabbert, Antigonus II Gonatas. A political biography, London u. a. 1997

John D. Grainger, Seleukos Nikator. Constructing a Hellenistic kingdom, London u. a. 1990

John D. Grainger, Rise of the Seleukid empire (323–223 BC). Seleukos I to Seleukos III, Barnsley 2014

Linda-Marie Günther, Herrscherliche Inszenierungen in den Diadochenkriegen am Beispiel von Antigonos I. und Demetrios I., in: Dietrich Boschung und Jürgen Hammerstaedt (Hgg.), Das Charisma des Herrschers, Paderborn 2015, 235–252

Hans Hauben, Ptolemy's Grant Tour, in: Hans Hauben und Alexander Meeus, The Age of the Successors and the Creation of the Hellenistic Kingdoms (323–276 B. C.), Leuven 2014, 235–261

Michael Hillgruber, Liebe, Weisheit und Verzicht. Zu Herkunft und Entwicklung der Geschichte von Antiochos und Stratonike, in: Thomas Brüggemann, Burkhard

Meißner und Christian Mileta (Hgg.), Studia hellenistica et historiographica. Festschrift für Andreas Mehl, Gutenberg 2010, 73–102

Günther Hölbl, Geschichte des Ptolemäerreiches, Nachdruck der 1. Auflage, Darmstadt 2004

Franca Landucci Gattinoni, L'arte del potere. Vita e opere di Cassandro di Macedonia, Stuttgart 2003

Franca Landucci Gattinoni, Cassander and the legacy of Philip II and Alexander III in Diodorus' „Library", in: Elizabeth Donnelly Carney und Daniel Ogden (Hgg.), Philip II and Alexander the Great. Father and son, lives and afterlives, Oxford 2010, 113–121

Franca Landucci Gattinoni, Seleucus vs. Antigonus. A study on the sources, in: Víctor Alonso Troncoso und Edward M. Anson (Hgg.), After Alexander. The time of the Diadochi (323–281 BC), Oxford 2013, 30–42

Paul Mckechnie und Jennifer A. Cromwell (Hgg.), Ptolemy I and the transformation of Egypt, 404–282 BCE, Leiden/Boston 2018

John E. Mctavish, A new chronology for Seleucus Nicator's wars from 311–308 B. C. E., Phoenix 73, 2019, 62–85

Alexander Meeus, The Territorial Ambitions of Ptolemy I, in: Hans Hauben und Alexander Meeus, The Age of the Successors and the Creation of the Hellenistic Kingdoms (323–276 B. C.), Leuven 2014, 263–306

Alexander Meeus, Alexander and the Diadochoi. Continuities and Discontinuities, in: Kai Trampedach und Alexander Meeus (Hgg.), The legitimation of conquest. Monarchical representation and the art of government in the empire of Alexander the Great, Stuttgart 2020, 291–317

Andreas Mehl, Seleukos Nikator und sein Reich, Leuven 1986

Christian Mileta, Überlegungen zur Herrschaft der Diadochen über die Indigenen Kleinasiens, in: Hans Hauben und Alexander Meeus, The Age of the Successors and the Creation of the Hellenistic Kingdoms (323–276 B. C.), Leuven 2014, 413–439

Carl Werner Müller, Der König, der kranke Prinz und der kluge Arzt. Eine hellenistische Novelle in kaiserzeitlicher Brechung, in: Wilfried Lingenberg, Thomas Riesenweber und Jens Peter Clausen (Hgg.), „Iubilet cum Bonna Rhenus". Festschrift zum 150jährigen Bestehen des Bonner Kreises, Berlin 2004, 91–114

Sabine Müller, Demetrios Poliorketes, Aphrodite und Athen, Gymnasium 117.6, 2010, 559–573

Sabine Müller, The Female Element of the Political Self-Fashioning of the Diadochi: Ptolemy, Seleucus, Lysimachus, and Their Iranian Wives, in: Víctor Alonso Troncoso und Edward M. Anson, After Alexander. The Time of the Diadochi (323–281 BC), Oxford/Oakville 2013, 199–214

Krzysztof Nawotka, Seleukos I and the origin of the Seleukid dynastic ideology, Scripta Classica Israelica 36, 2017, 31–43

Paschalis Paschidis, Between City and King. Prosopographical Studies on the Intermediaries Between the Cities of the Greek Mainland and the Aegean and the Royal Courts in the Hellenistic Period (322–190 BC), Athen 2008

Sonja Plischke, Herrschaftslegitimation und Städtekult im Reich des Lysimachos, in: Linda-Marie Günther (Hg.), Studien zum vorhellenistischen und hellenistischen Herrscherkult, Berlin 2011, 55–76

Michael RATHMANN, Perdikkas zwischen 323 und 320. Nachlassverwalter des Alexanderreiches oder Autokrator?, Wien 2005

Joseph ROISMAN, Alexander's Veterans and the Early Wars of the Successors, Austin 2012

Sandra SCHEUBLE-REITER, Zur Organisation und Rolle der Reiterei in den Diadochenheeren. Vom Heer Alexanders des Großen zum Heer Ptolemaios' I., in: Hans Hauben und Alexander Meeus, The Age of the Successors and the Creation of the Hellenistic Kingdoms (323–276 B. C.), Leuven 2014, 475–500

Donata SCHÄFER, Nachfolge und Legitimierung in Ägypten im Zeitalter der Diadochen, in: Hans Hauben und Alexander Meeus, The Age of the Successors and the Creation of the Hellenistic Kingdoms (323–276 B. C.), Leuven 2014, 441–452

Rolf STROOTMAN, Men to Whose Rapacity Neither Sea Nor Mountain Sets a Limit, in: Hans Hauben und Alexander Meeus, The Age of the Successors and the Creation of the Hellenistic Kingdoms (323–276 B. C.), Leuven 2014, 307–322

Paul VĂDAN, The inception of the Seleukid Empire, Journal of Ancient History 5.1, 2017, 2–25

Robert J. VAN DER SPEK, Seleukos, self-appointed general („strategos") of Asia (311–305 BC), and the satrapy of Babylonia, in: Hans Hauben und Alexander Meeus, The Age of the Successors and the Creation of the Hellenistic Kingdoms (323–276 B. C.), Leuven 2014, 323–342.

Branko Fredde VAN OPPEN DE RUITER, The marriage and divorce of Ptolemy I and Eurydice: an excursion in early-Hellenistic marital practices, Chronique d'Égypte 90.179, 2015, 147–173

Robin WATERFIELD, Dividing the Spoils. The War for Alexander the Great's Empire, Oxford 2011

Gregor WEBER, Herrscher und Traum in hellenistischer Zeit, Archiv für Kulturgeschichte 81.1, 1999, 1–33

Pat V. WHEATLEY, The Antigonid campaign in Cyprus, 306 BC, Ancient Society 31, 2001, 133–156

Pat V. WHEATLEY, Seleukos and Chandragupta in Justin XV 4, in: Hans Hauben und Alexander Meeus, The Age of the Successors and the Creation of the Hellenistic Kingdoms (323–276 B. C.), Leuven 2014, 501–515

Pat V. WHEATLEY und Charlotte DUNN, Demetrius the Besieger, Oxford/New York 2020

Ian WORTHINGTON, Ptolemy I. King and pharaoh of Egypt, New York 2016

2.2 Die Geschichte der großen hellenistischen Monarchien (281 bis ca. 30 v. Chr.)

Sheila L. AGER, Marriage or mirage? The phantom wedding of Cleopatra and Antony, Classical Philology 108.2, 2013, 139–155

Sheila L. AGER, ‚He shall give him the daughter of women …'. Ptolemaic Queens in the Seleukid House, in: Roland Oetjen (Hg.), New Perspectives in Seleucid History, Archaeology and Numismatics. Studies in Honor of Getzel M. Cohen, Berlin/Boston 2020, 183–201

Hartwig Altenmüller, Bemerkungen zum Ostfeldzug Ptolemaios' III. nach Babylon und in die Susiana im Jahre 246/245, in: Jeanette C. Fincke (Hg.), Festschrift für Gernot Wilhelm anlässlich seines 65. Geburtstages am 28. Januar 2010, Dresden 2010, 27–44

Chris Bennett, Cleopatra V Tryphæna and the genealogy of the later Ptolemies, Ancient Society 28, 1997, 39–66

Chris Bennett, The chronology of Berenice III, Zeitschrift für Papyrologie und Epigraphik 139, 2002, 143–148

Chris Bennett, Arsinoe and Berenice at the Olympics, Zeitschrift für Papyrologie und Epigraphik 154, 2005, 91–96

Chris Bennett and Mark Depauw, The reign of Berenike IV (summer 58-spring 55 BC), Zeitschrift für Papyrologie und Epigraphik 160, 2007, 211–214

Edwyn R. Bevan, The House of Seleucus, London 1902

Anne Bielman Sánchez, Régner au féminin. Réflexions sur les reines attalides et séleucides, Pallas 62, 2003, 41–61

Anne Bielman Sánchez, Stéréotypes et réalités du pouvoir politique féminin. La guerre civile en Égypte entre 132 et 124 av. J.-C., Eugesta 7, 2017, 84–114

Anne Bielman Sánchez und Giuseppina Lenzo, Inventer le pouvoir féminin. Cléopâtre I et Cléopâtre II, reines d'Egypte au IIe s. av. J.-C., Bern/Frankfurt am Main 2015

Anne Bielman Sánchez und Giuseppina Lenzo, Réflexions à propos de la „régence" féminine hellénistique: l'exemple de Cléopâtre I, Studi Ellenistici 29, 2015, 145–173

Anne Bielman Sánchez und Giuseppina Lenzo, Ptolemaic royal women, in: Elizabeth Donnelly Carney und Sabine Müller (Hgg.), The Routledge companion to women and monarchy in the ancient Mediterranean world, London/New York 2021, 73–83

Gerhard Binder und Ulrich Hamm, Die „Locke der Berenike" und der Ursprung der römischen Liebeselegie, in: Anna Elissa Radke (Hg.), Candide iudex: Beiträge zur augusteischen Dichtung. Festschrift für Walter Wimmel zum 75. Geburtstag, Stuttgart 1998, 13–34

Wolfgang Blümel, Rhodisches Dekret in Bargylia, Epigraphica Anatolica 32, 2000, 94–96

Osmund Bopearachchi, Monnaies gréco-bactriennes et indo-grecques, Paris 1991

Véronique Boudon-Millot, Du nouveau sur la mort de Cléopâtre. Au croisement de l'histoire des textes et de l'histoire de l'art, Revue des Études Grecques 128.2, 2015, 331–353

Yanne Broux und Willy Clarysse, Would you name your child after a celebrity? Arsinoe, Berenike, Kleopatra, Laodike and Stratonike in the Greco-Roman East, Zeitschrift für Papyrologie und Epigraphik 200, 2016, 347–362

Paul J. Burton, Rome and the Third Macedonian War, Cambridge 2017

Elizabeth Donnelly Carney, Being royal and female in the early Hellenistic period, in: Andrew Erskine, Lloyd Llewellyn-Jones und Elizabeth Donnelly Carney (Hgg.), Creating a Hellenistic world, Swansea 2011, 195–220

Michel Chauveau, Un été 145, Bulletin de l'Institut Français d'Archéologie Orientale 90, 1990, 135–168

Michel Chauveau, Encore Ptolémée „VII" et le Néos Philopatôr, Revue d'égyptologie 51, 2000, 257–261

Michel Chauveau, Cléopâtre et le rêve d'un empire universel, in: Charles Méla, Frédéric Möri, Sydney H. Aufrère, Gilles Dorival und Alain Le Boulluec (Hgg.), Alexandrie la divine, Genève 2014, 250–253

Willy Clarysse, A royal journey in the Delta in 257 B. C. and the date of the Mendes Stele, Chronique d'Égypte 82.163–164, 2007, 201–206

Dee L. Clayman, Berenice II and the golden age of Ptolemaic Egypt, Oxford/New York 2014

Altay Coşkun, Laodike I, Berenike Phernophoros. Dynastic murders, and the outbreak of the third Syrian war (253–246 BC), in: Altay Coşkun und Alex McAuley, Seleukid Royal Women. Creation, Representation and Distortion of Hellenistic Queenship in the Seleukid Empire, Stuttgart 2016, 107–134

Altay Coşkun, The war of brothers, the third Syrian war, and the battle of Ankyra (246–241 BC). A re-appraisal, in: Kyle Erickson (Hg.), The Seleukid Empire, 281–222 BC. War within the Family, Swansea 2018, 197–252

Lucia Criscuolo, Ptolemy the son. A pretended co-regency?, Ancient Society 47, 2017, 1–18

Edward Dąbrowa, L'expédition de Démétrios II Nicator contre les Parthes (139–138 avant J.-C.), Parthica 1, 1999, 9–17

Edward Dąbrowa, The Parthians and the Seleucid legacy, in: Robert Rollinger, Birgit Gufler, Martin Lang und Irene Madreiter (Hgg.), Interkulturalität in der Alten Welt. Vorderasien, Hellas, Ägypten und die vielfältigen Ebenen des Kontakts, Wiesbaden 2010, 583–589

Monica D'Agostini, Representation and agency of royal women in Hellenistic dynastic crises: the case of Berenike and Laodike, in: Anne Bielman Sánchez, Isabelle Cogitore und Anne Kolb (Hgg.), Femmes influentes dans le monde hellénistique et à Rome (IIIe siècle av. J.-C.-Ier s. apr. J.-C.), Grenoble 2016, 35–59

Sviatoslav V. Dmitriev, The last marriage and the death of Lysimachus, Greek, Roman and Byzantine Studies 47.2, 2007, 135–149

Boris Dreyer, Der „Raubvertrag" des Jahres 203/2 v. Chr. Das Inschriftenfragment von Bargylia und der Brief von Amyzon, Epigraphica Anatolica 34, 2002, 119–138

Adrian Dumitru, Kleopatra Selene – a look at the moon and her bright side, in: Altay Coşkun und Alex McAuley, Seleukid Royal Women. Creation, Representation and Distortion of Hellenistic Queenship in the Seleukid Empire, Stuttgart 2016, 253–272

Arthur M. Eckstein, The pact between the kings, Polybius 15.20.6, and Polybius' view of the outbreak of the second Macedonian war, Classical Philology 100.3, 2005, 228–242

Kay Ehling, Die Nachfolgeregelung des Antiochos VII. vor seinem Aufbruch in den Partherkrieg (131 v. Chr.), Jahrbuch für Numismatik und Geldgeschichte 46, 1996, 31–37

Kay Ehling, Untersuchungen zur Geschichte der späten Seleukiden (164–63 v. Chr.). Vom Tode des Antiochos IV. bis zur Einrichtung der Provinz Syria unter Pompeius, Stuttgart 2008

Audrey Eller, Césarion. Controverse et précisions à propos de sa date de naissance, Historia 60.4, 2011, 474–483

David Engels und Kyle Erickson, Apama and Stratonike – Marriage and Legitimacy, in: Altay Coşkun und Alex McAuley, Seleukid Royal Women. Creation, Representation and Distortion of Hellenistic Queenship in the Seleukid Empire, Stuttgart 2016, 39–65

Mairi Gkikaki, The royal sibling marriage of Ptolemy II and Arsinoe II: incestuous and yet holy, Hephaistos 31, 2014, 113–122

John D. Grainger, The Syrian Wars, Leiden/Boston 2010

Jean-Claude Grenier, Cléopâtre Séléné reine de Maurétanie: souvenirs d'une princesse, in: Christine Hamdoune (Hg.), „Ubique amici". Mélanges offerts à Jean-Marie Lassère, Montpellier 2001, 101–116

Michael Gronewald, Klaus Maresch und Cornelia Römer, Kölner Papyri 8, Opladen 1997

Erich Stephen Gruen, Cleopatra in Rome. Facts and fantasies, in: Margaret Melanie Miles (Hg.), Cleopatra. A sphinx revisited, Berkeley (Calif.) 2011, 37–53

Robert A. Gurval, Dying like a queen. The story of Cleopatra and the asp(s) in antiquity, in: Margaret Melanie Miles (Hg.), Cleopatra. A sphinx revisited, Berkeley (Calif.) 2011, 54–77

Marc Domingo Gygax, Zum Mitregenten des Ptolemaios II. Philadelphos, Historia 51.1, 2002, 49–56

Ulrich Hamm, Zum Phänomen der Ironie in höfischer Dichtung oder Ironie ist, wenn der Herrscher trotzdem lacht, in: Reinhold F. Glei (Hg.), Ironie. Griechische und lateinische Fallstudien, Trier 2009, 77–105

Ann-Cathrin Harders, The Making of a Queen – Seleukos Nikator and his Wives, in: Altay Coşkun und Alex McAuley, Seleukid Royal Women. Creation, Representation and Distortion of Hellenistic Queenship in the Seleukid Empire, Stuttgart 2016, 25–38

Hans Hauben, Ptolémée III et Bérénice II, divinités cosmiques, in: Panagiotis P. Iossif, Andrzej Stanislaw Chankowski und Catharine C. Lorber (Hgg.), More than men, less than gods: studies on royal cult and imperial worship. Proceedings of the international colloquium organized by the Belgian School at Athens (November 1–2, 2007), Leuven 2011, 357–388

Tom W. Hillard, The Nile cruise of Cleopatra and Caesar, Classical Quarterly, N. S. 52.2, 2002, 549–554

Oliver Hoover, A revised chronology for the late Seleucids at Antioch (121/0–64 BC), Historia 56.3, 2007, 280–301

Oliver Hoover, Handbook of Coins of Baktria and Ancient India, Lancaster/London 2013

Werner Huß, Ägypten in hellenistischer Zeit. 332–30 v. Chr., München 2001

Werner Huß, Ptolemaios der Sohn, Zeitschrift für Papyrologie und Epigraphik 121, 1998, 229–250

Werner Huß, Noch einmal: Ptolemaios der Sohn, Zeitschrift für Papyrologie und Epigraphik 149, 2004, 232

Werner Huß, Zur Invasion Ptolemaios' VIII. Soters II. in Ägypten (103 v. Chr.), Zeitschrift für Papyrologie und Epigraphik 157, 2006, 168

Werner Huß, Zur Gründung von „Arsinoë bei Kyrene", Zeitschrift für Papyrologie und Epigraphik 165, 2008, 58

Jens Jakobsson, Dating of Timarchus, the Median usurper. A critical review, in: The Ancient History Bulletin = Revue d'Histoire Ancienne 30.1–2, 2016, 15–26

Virginie Jolton, Cléopâtre VII dans les temples indigènes de l'Égypte ancienne. Images et réalités du pouvoir, in: Sydney Hervé Aufrère und Anaïs Michel (Hgg.), Cléopâtre en abyme. Aux frontières de la mythistoire et de la littérature, Paris 2018, 191–213

Prudence J. Jones, Cleopatra's cocktail, Classical World 103.2, 2009–2010, 207–220

Michael Kleu, Philipp V. und Geschenke, die die Feindschaft erhalten. Neue Belege für eine ältere These M. Erringtons, Gymnasium 123.6, 2016, 559–568

Denis Knoepfler, La prétendue domination d'Antiochos III sur Kéôs. À propos de deux décrets récemment publiés (SEG 48,1130), Chiron 35, 2005, 285–308

Lucyna Kostuch, Cleopatra's snake or Octavian's? The role of the cobra in the triumph over the Egyptian queen, Klio 91.1, 2009, 115–124

Eddy Lanciers, The Civil War between Ptolemy VIII and Cleopatra II (132–124). Possible Causes and Key Events, in: Gilles Gorre und Stéphanie Wackenier (Hgg.), Quand la fortune du royaume ne dépend pas de la vertu du prince. Un renforcement de la monarchie Lagide de Ptolémée VI à Ptolémée X (169–88 av. J.-C.)?, Leuven/Paris/Bristol 2020, 21–54

Sylvie Le Bohec-Bouhet, L'héritier du diadème chez les Antigonides, in: Víctor Alonso Troncoso (Hg.), Διάδοχος τῆς βασιλείας: la figura del sucesor en la realeza helenística, Madrid 2005, 57–70

Charlotte Lerouge-Cohen, Les guerres parthiques de Demetrios II et Antiochos VII dans les sources gréco-romaines, de Posidonios à Trogue/Justin, Journal des Savants 2, 2005, 217–252

Lloyd Llewellyn-Jones, A key to Berenike's lock? The Hathoric model of queenship in early Ptolemaic Egypt, in: Andrew Erskine, Lloyd Llewellyn-Jones und Elizabeth Donnelly Carney (Hgg.), Creating a Hellenistic world, Swansea 2011, 247–269

Catharine C. Lorber, Numismatic Evidence and the Chronology of the Fifth Syrian War, in: Sylvie Honigman, Christophe Nihan und Oded Lipschits (Hgg.), Times of Transition. Judea in the Early Hellenistic Period, Tel Aviv 2021, 31–41

Rachel Mairs (Hg.), The Graeco-Bactrian and Indo-Greek World, London/New York 2020

Joseph Gilbert Manning, The last pharaohs: Egypt under the Ptolemies, 305–30 BC, Princeton 2010

Laurianne Martinez-Sève, Laodice, femme d'Antiochos II. Du roman à la reconstitution historique, Revue des Études Grecques 116.2, 2003, 690–706

Benedetto Marzullo, Un certo Cesarione, Philologus 150.1, 2006, 85–94

Alex Mcauley, The tradition and ideology of naming Seleukid queens, Historia 67.4, 2018, 472–494

Andrew Meadows, The eras of Pamphylia and the Seleucid invasions of Asia Minor, American Journal of Numismatics, Ser. 2.21, 2009, 51–88

Dietrich Mebs und Christoph Schäfer, Kleopatra und der Kobrabiss. Das Ende eines Mythos?, Klio 90.2, 2008, 347–359

Dolores Mirón, Royal mothers and dynastic power in Attalid Pergamon, in: Elizabeth Donnelly Carney und Sabine Müller (Hgg.), The Routledge companion to women and monarchy in the ancient Mediterranean world, London/New York 2021, 210–221

Michael Mitchiner, Indo-Greek and Indo-Scythian Coinage, London 1975

Peter Franz Mittag, Antiochos IV. Epiphanes. Eine politische Biographie, Berlin 2006

Peter Franz Mittag, Methodologische Überlegungen zur Geschichte Baktriens. Könige und Münzen, SNR 85, 2006, 27–46

Federicomaria Muccioli, Il re Antioco e l'espulsione dei filosofi (Athen. 12, 547a-b), in: Biagio Virgilio (Hg.), Studi ellenistici 24, Pisa 2011, 179–195

Katja Mueller, Dating the Ptolemaic city-foundations in Cyrenaica, in: Libyan Studies 35, 2004, 1–10

Sabine Müller, Berenike II, in: Elizabeth Donnelly Carney und Sabine Müller (Hgg.), The Routledge companion to women and monarchy in the ancient Mediterranean world, London/New York 2021, 84–95

Marek Jan Olbrycht, Seleukid women, in: Elizabeth Donnelly Carney und Sabine Müller (Hgg.), The Routledge companion to women and monarchy in the ancient Mediterranean world, London/New York 2021, 173–185

Cecilia M. Peek, The expulsion of Cleopatra VII. Context, causes, and chronology, Ancient Society 38, 2008, 103–135

Stefan Pfeiffer, Royal women and Ptolemaic cults, in: Elizabeth Donnelly Carney und Sabine Müller (Hgg.), The Routledge companion to women and monarchy in the ancient Mediterranean world, London/New York 2021, 96–107

Michael Pfrommer, Die Ptolemäerinnen. Ein Geschlecht stärker als Männer?, Antike Welt 39.3, 2008, 27–36

Tiziana Pizzonia, La questione di Tolomeo figlio, Miscellanea di studi storici 11, 1998–2001, 9–29

Andrea Primo, La storiografia sui Seleucidi. Da Megastene a Eusebio di Cesarea, Pisa 2009

Vanesa Puyadas Rupérez, Cleopatra Selene, reina de Mauritania. La herencia de un mito, in: María Almudena Domínguez Arranz (Hg.), Política y género en la propaganda en la Antigüedad = Gender and politics in propaganda during Antiquity: antecedentes y legado = its precedents and legacy, Gijón 2013, 191–204

Gillian Ramsey, The Queen and the city. Royal female intervention and patronage in Hellenistic civic communities, in: Lin Foxhall und Gabriele Neher (Hgg.), Gender and the city before modernity, Chichester/Malden (Mass.) 2013, 20–37

Gillian Ramsey, The diplomacy of Seleukid women: Apama and Stratonike, in: Altay Coşkun und Alex McAuley, Seleukid Royal Women. Creation, Representation and Distortion of Hellenistic Queenship in the Seleukid Empire, Stuttgart 2016, 87–104

Gillian Ramsey, Seleukid Land and Native Populations: Laodike II and the Competition for Power in Asia Minor and Babylonia, in: Roland Oetjen (Hg.), New Perspectives in Seleucid History, Archaeology and Numismatics. Studies in Honor of Getzel M. Cohen, Berlin/Boston 2020, 243–263

Ivana Savalli-Lestrade, Les adieux à la βασίλισσα. Mise en scène et mise en intrigue de la mort des femmes royales dans le monde hellénistique, Chiron 45, 2015, 187–219

John Scarborough, Pharmacology and toxicology at the court of Cleopatra VII. Traces of three physicians, in: Anne Van Arsdall und Timothy Graham (Hg.), Herbs and healers from the ancient Mediterranean through the medieval West. Essays in honor of John M. Riddle, Farnham 2012, 7–18

Benjamin Scolnic, When did the future Antiochos IV arrive in Athens?, Hesperia 83.1, 2014, 123–142

Christoph Schäfer, Kleopatras politisches Streben im Zusammenspiel mit Caesar, in: Linda-Marie Günther und Volker Grieb (Hgg.), Das imperiale Rom und der hellenistische Osten. Festschrift für Jürgen Deininger zum 75. Geburtstag, Stuttgart 2012, 139–150

Christoph Schäfer, The Kleopatra problem: Roman sources and a female Ptolemaic ruler, in: Elizabeth Donnelly Carney und Sabine Müller (Hgg.), The Routledge companion to women and monarchy in the ancient Mediterranean world, London/New York 2021, 121–133

Robert Senior, Indo-Scythian coins and history, London 2001

Rolf Strootman, The Ptolemaic sea empire, in: Rolf Strootman, Floris van den Eijnde und Roy van Wijk (Hgg.), Empires of the Sea. A Maritime Power Networks in World History, Leiden/Bosten 2019, 113–152

Jennifer Ann Tunny, Ptolemy „the Son" reconsidered: are there too many Ptolemies?, Zeitschrift für Papyrologie und Epigraphik 131, 2000, 83–92

Peter Van Minnen, An official act of Cleopatra (with a subscription in her own hand), Ancient Society 30, 2000, 29–34

Peter Van Minnen, Further thoughts on the Cleopatra papyrus, Archiv für Papyrusforschung und Verwandte Gebiete 47.1, 2001, 74–80

Peter Van Minnen, Die Königinnen der Ptolemäerdynastie in papyrologischer und epigraphischer Evidenz, in: Anne Kolb (Hg.), Herrschaftsstrukturen und Herrschaftspraxis 2. „Augustae". Machtbewusste Frauen am römischen Kaiserhof? Akten der Tagung in Zürich, 18.-20.9.2008, Berlin 2010, 39–53

Branko Fredde Van Oppen De Ruiter, The death of Arsinoe II Philadelphus: the evidence reconsidered, Zeitschrift für Papyrologie und Epigraphik 174, 2010, 139–150

Branko Fredde Van Oppen De Ruiter, The marriage of Ptolemy I and Berenice I, Ancient Society 41, 2011, 83–92

Branko Fredde Van Oppen De Ruiter, Berenice II Euergetis. Essays in early Hellenistic queenship, New York 2015

John E. G. Whitehorne, A reassessment of Cleopatra III's Syrian campaign, Chronique d'Égypte 70.139–140, 1995, 197–205

Marie Widmer, Pourquoi reprendre le dossier des reines hellénistiques? Le cas de Laodice V, in: Florence Bertholet, Anne Bielman Sánchez, Regula Frei-Stolba und Mireille Corbier (Hgg.), Egypte, Grèce, Rome. Les différents visages des femmes antiques. Travaux et colloques du séminaire d'épigraphie grecque et latine de l'IASA 2002–2006, Bern/Frankfurt am Main 2008, 63–92

Hans-Ulrich Wiemer, Karien am Vorabend des 2. Makedonischen Krieges. Bemerkungen zu einer neuen Inschrift aus Bargylia, EA 33, 2001, 1–14

Hans-Ulrich Wiemer, Der Beginn des 3. Makedonischen Krieges. Überlegungen zur Chronologie, Historia 53.1, 2004, 22–37

Duane Williamson Roller, The world of Juba II and Kleopatra Selene. Royal scholarship on Rome's African frontier, London/New York 2003

Jan Krzysztof Winnicki, Die letzten Ereignisse des vierten syrischen Krieges: eine Neudeutung des Raphiadekrets, The Journal of Juristic Papyrology 31, 2001, 133–145

Józef Wolski, Quelques remarques concernant la chronologie des débuts de l'État parthe, Iranica Antiqua 31, 1996, 167–178

Klaus Zimmermann, P.Bingen 45. Eine Steuerbefreiung für Q. Cascellius, adressiert an Kaisarion, Zeitschrift für Papyrologie und Epigraphik 138, 2002, 133–139

2.3 Die Entwicklung der Poliswelt in Griechenland

2.3.1 Allgemein

Richard A. Billows, Cities, in: Andrew Erskine (Hg.), A Companion to the Hellenistic World, Malden (Mass.) 2005, 179–195

Richard Bouchon und Bruno Helly, Construire et reconstruire l'état federal thessalien (époque classique, époque hellénistique et romaine). Cultes et sanctuaires des Thessaliens, in: Peter Funke und Matthias Haake (Hgg.), Greek Federal States and Their Sanctuaries. Identity and Integration, Stuttgart 2013, 205–226

Henning Börm, Mordende Mitbürger. Stasis und Bürgerkrieg in griechischen Poleis des Hellenismus, Stuttgart 2019

Henning Börm, Gespaltene Städte: Die Parteinahme für makedonische Könige in griechischen Poleis, in: Stefan Pfeiffer und Gregor Weber (Hgg.), Gesellschaftliche Spaltungen im Zeitalter des Hellenismus (4.-1. Jahrhundert v. Chr.), Stuttgart 2021, 21–55

Thomas Corsten, Vom Stamm zum Bund. Gründung und territoriale Organisation griechischer Bundesstaaten, Studien zur Geschichte Nordwest-Griechenlands 4, München 1999

Boris Dreyer und Gregor Weber, Lokale Eliten griechischer Städte und königliche Herrschaft, in: Boris Dreyer und Peter Franz Mittag (Hgg.), Lokale Eliten unter den hellenistischen Königen. Zwischen Kooperation und Konfrontation, Berlin 2011, 14–54

Florian Rudolf Forster, Die Polis im Wandel. Ehrendekrete für eigene Bürger im Kontext der hellenistischen Polisgesellschaft, Göttingen 2018

Klaus Freitag, Bundesstaaten und die Siedlungsstruktur griechischer Poleis in hellenistischer Zeit, in: Albrecht Matthaei und Martin Zimmermann (Hgg.), Stadtbilder im Hellenismus, Berlin 2009, 156–169

Klaus Freitag, Poleis in Koina. Zu den Auswirkungen von bundesstaatlichen Organisationsformen auf Strukturen in griechischen Poleis der hellenistischen Zeit unter besonderer Berücksichtigung der Polis Megara, in: Albrecht Matthaei und Martin Zimmermann (Hgg.), Urbane Strukturen und bürgerliche Identität im Hellenismus, Heidelberg 2015, 56–67

Peter Funke, Poleis and koina. Reshaping the world of the Greek states in Hellenistic times, in: Henning Börm und Nino Luraghi (Hgg.), The Polis in the Hellenistic World, Stuttgart 2018, 109–129

Angela Ganter, A two-sided story of intergration: The cultic dimension of Boiotian ethnogenesis, in: Peter Funke und Matthias Haake (Hgg.), Greek Federal States and Their Sanctuaries. Identity and Integration, Stuttgart 2013, 85–105

Denver Graninger, Cult and Koinon in Hellenistic Thessaly, Leiden 2011

Patrice Hamon, Élites dirigeantes et processus d'aristocratisation à l'époque hellénistique, in: H.-L. Fernoux und C. Stein (Hgg.), Aristocratie antique. Modèles et exemplarité sociale, Dijon 2007, 77–98

Kaja Harter-Uibopuu, Der Hellenenbund des Antigonos I. Monophthalmos und des Demetrios Poliorketes 302/1 v. Chr., in: G. Thür und F. J. Fernández Nieto (Hgg.), Symposion 1999. Vorträge griechischen und hellenistischen Rechtsgeschichte, Köln/Weimar/Wien 2003, 315–337

Ioanna Kralli, The Hellenistic Peloponnes. Interstate Relations. A Narrative and Analytic History from the Fourth Century to 146 BC, Swansea 2017

Yves Lafond, Euergetism and religion in the cities of the Peloponnese (first century BC to first century AD). Between civic traditions and self-assertion of the elites, in: Milena Melfi and Olympia Bobou (Hgg.), Hellenistic Sanctuaries. Between Greece and Rome, Oxford 2016, 18–26

Yves Löbel, Die Poleis der bundesstaatlichen Gemeinwesen im antiken Griechenland. Untersuchungen zum Machtverhältnis zwischen Poleis und Zentralgewalten bis 167 v. Chr., Alessandria 2014

John Ma, Antiochos III and the cities of Western Asia Minor, Oxford 1999

John Ma, Peer Polity Interaction in the Hellenistic Age, Past & present 180, 2003, 9–39

Emily Mackil, Koinon and koinonia. Mechanisms and structures of political collectivity in Classical and Hellenistic Greece, Diss. Princeton 2003

Emily Mackil, Creating a common polity. Religion, economy, and politics in the making of the Greek koinon, Berkeley (Calif.) 2013

Emily Mackil, The Greek „koinon", in: Peter Fibiger Bang und Walter Scheidel (Hg.), The Oxford handbook of the state in the ancient Near East and Mediterranean, Oxford 2013, 304–323

Christian Mann und Peter Scholz (Hgg.), „Demokratie" im Hellenismus. Von der Herrschaft des Volkes zur Herrschaft der Honoratioren?, Mainz 2012

Alexander J. McAuley, Basking in the Shadow of Kings. Local Culture in the Hellenistic Greek Mainland, Diss. Mc Gill University 2015

Christel Müller, Oligarchy and the Hellenistic city, in: Henning Börm und Nino Luraghi (Hgg.), The Polis in the Hellenistic World, Stuttgart 2018, 27–52

Roland Oetjen, An Economic Model of Greek Euergetism, in: Roland Oetjen (Hg.), New Perspectives in Seleucid History, Archaeology and Numismatics. Studies in Honor of Getzel M. Cohen, Berlin/Boston 2020, 108–122

Friedemann Quass, Die Honoratiorenschicht in den Städten des griechischen Ostens. Untersuchungen zur politischen und sozialen Entwicklung in hellenistischer und römischer Zeit, Stuttgart 1993

Klaus Scherberich, Koinè symmachía. Untersuchungen zum Hellenenbund Antigonos' III. Doson und Philipps V. (224–197 v. Chr.), Stuttgart 2009

2.3.2 Akarnanisches Koinon

Oliver Dany, Akarnanien im Hellenismus. Geschichte und Völkerrecht in Nordwestgriechenland, Münchener Beiträge zur Papyrusforschung und Antiken Rechtsgeschichte 89, München 1999

Klaus Freitag, Die Akarnanen: Ein Ethnos ohne religiöses Zentrum und gemeinsame Feste?, in: Peter Funke und Matthias Haake (Hgg.), Greek Federal States and Their Sanctuaries. Identity and Integration, Stuttgart 2013, 65–83

Klaus Freitag, Akarnania and the Akarnanian League, in: Hans Beck und Peter Funke (Hgg.), Federalism in Greek Antiquity, Cambridge 2015, 66–85

Hans-Joachim Gehrke, Die kulturelle und politische Entwicklung Akarniens vom 6. bis zum 4. Jahrhundert v. Chr., Geographia Antiqua 3–4, 1994–1995, 41–48

Yves Löbel, Die Grenzziehung bei der Aufteilung Akarnaniens im 3. Jh. v. Chr., Orbis Terrarum 10, 2008–2011, 141–153

José Pascual González, Acarnania en la segunda mitad del siglo III a. C.: continuidad y evolución institucional de un estado federal griego, in: Jesús de la Villa Polo, Emma Falque Rey, José Francisco González Castro und María José Muñoz Jiménez (Hgg.), „Conuentus classicorum". Temas y formas del mundo clásico, Madrid 2017, 255–261

José Pascual González, Confederazione e struttura federale dell'Acarnania nel secolo IV a. C., Athenaeum 106.1, 2018, 59–81

Marcel Schoch und Christian Wacker, Die Teilung Akarnaniens, in: Percy Berktold (Hg.), Akarnanien. Eine Landschaft im antiken Griechenland, Würzburg 1996, 125–128

Marcel Schoch, Beiträge zur Topographie Akarnaniens in klassischer und hellenistischer Zeit, Studien zur Geschichte Nordwest-Griechenlands 2, Würzburg 1997

2.3.3 Aitolisches Koinon

Claudia Antonetti, Spearhead and boar jawbone. An invitation to hunt in Aitolia. „Foreign policy" within the Aitolian League, in: Hans Beck, Kostas Buraselis und Alex McAuley (Hgg.), Ethnos and koinon. Studies in ancient Greek ethnicity and federalism, Stuttgart 2019, 149–165

Kostas Buraselis, Dissimilar brothers. Similarities versus differences of the Achaian and Aitolian Leagues, in: Hans Beck, Kostas Buraselis und Alex McAuley (Hgg.), Ethnos and koinon. Studies in ancient Greek ethnicity and federalism, Stuttgart 2019, 205–217.

Peter Funke, Polisgenese und Urbanisierung in Aitolien im 5. und 4. Jh. v. Chr., in: Mogens Herman Hansen (Hg.), The polis as an urban centre and as a political community, Kopenhagen 1997, 145–188; Nachdruck in: Klaus Freitag und Matthias Haake (Hgg.), Die Heimat des Acheloos. Nordgriechische Studien. Ausgewählte Schriften zu Geschichte, Landeskunde und Epigraphik, Göttingen 2019, 93–130

Giorgos S. Mitropoulos, The sphinx and the she-wolf. Some remarks on Aetolian politics after the Antiochian War, Klio 101.1, 2019, 77–106

James L. O'Neil, The political élites of the Achaian and Aitolian Leagues, Ancient Society 15–17, 1984–1986, 33–61

Jacek Rzepka, Federal imperialism. Aitolian expansion between protectorate, merger, and partition, in: Hans Beck, Kostas Buraselis und Alex McAuley (Hgg.), Ethnos and koinon. Studies in ancient Greek ethnicity and federalism, Stuttgart 2019, 167–174.

2.3.4 Achaisches Koinon

Sheila L. Ager, The limits of ethnicity. Sparta and the Achaian League, in: Hans Beck, Kostas Buraselis und Alex McAuley (Hgg.), Ethnos and koinon. Studies in ancient Greek ethnicity and federalism, Stuttgart 2019, 175–192

Ilias N. Arnaoutoglou, Dispute settlement between „poleis"-members of the Achaean League: a new source, Dike 12–13, 2009–2010, 181–201

Andreas Bastini, Der achäische Bund als hellenische Mittelmacht. Geschichte des achäischen Koinon in der Symmachie mit Rom, Frankfurt 1987

Doris Engster, Die Frage der Ausbildung einer „achaiischen Identität" und der Weg in den Achaiischen Krieg, in: Klaus Freitag und Christoph Michels (Hgg.), Athen und/oder Alexandreia? Aspekte von Identität und Ethnizität im hellenistischen Griechenland, Köln 2014, 149–200

Catherine Grandjean, Internal mechanisms, external relationships of the Achaians. A numismatic approach, in: Hans Beck, Kostas Buraselis und Alex McAuley (Hgg.), Ethnos and koinon. Studies in ancient Greek ethnicity and federalism, Stuttgart 2019, 193–203.

Benjamin Gray, Scepticism about community. Polybius on Peloponnesian exiles, good faith („pistis") and the Achaian League, Historia 62.3, 2013, 323–360

Kaja Harter-Uibopuu, Das zwischenstaatliche Schiedsverfahren im achäischen Koinon. Zur friedlichen Streitbeilegung nach den epigraphischen Quellen, Köln 1998

Takeo Hasegawa, The political organizations of the Achaian confederacy, Journal of Classical Studies 42, 1994, 79–89

Jeremy Labuff, Polis Expansion and Elite Power in Hellenistic Karia, Lanham u. a. 2016

Harald Nottmeyer, Polybios und das Ende des Achaierbundes. Untersuchungen zu den römisch-achaiischen Beziehungen, ausgehend von der Mission des Kallikrates bis zur Zerstörung Korinths, München 1995

Athanase D. Rizakis, Le collège des nomographes et le système de représentation dans le „Koinon" Achéen, in: Evangelos Chrysos (Hg.), The idea of European community in history: conference proceedings, Athen 2003, 97–109

Athanassios Rizakis, Achaians and Lykians. A comparison of federal institutions, in: Hans Beck, Kostas Buraselis und Alex McAuley (Hgg.), Ethnos and koinon. Studies in ancient Greek ethnicity and federalism, Stuttgart 2019, 219–242

Jim Roy, The Achaian League, in: Evangelos Chrysos (Hg.), The idea of European community in history: conference proceedings, Athen 2003, 81–95

Christof Schuler und Andreas Victor Walser, Sympolitien und Synoikismen. Gesellschaftliche und urbanistische Implikationen von Konzentrationsprozessen in hellenistischer Zeit, in: Albrecht Matthaei und Martin Zimmermann (Hgg.), Urbane Strukturen und bürgerliche Identität im Hellenismus, Heidelberg 2015, Rome, Oxford 2016, 350–359

Jean-Georges Texier, 192–182 avant J.-C. Regards et réflexions sur dix ans d'histoire spartiate, in: Jacqueline Christien und Bernard Legras (Hgg.), Sparte hellénistique: IVe-IIIe siècles avant notre ère, Besançon 2014, 237–296

Jean-Georges Texier, Entre Rome et la confédération achéenne. Sparte de 181 à 146 avant J.-C., Dialogues d'Histoire Ancienne 44.2, 2018, 191–230

2.3.5 Übriges Griechenland

Hans Beck, Ethnic Identity and Integration in Boeotia. The Evidence of the Inscriptions, in: N. Papazarkadas (Hg.), The Epigraphy and History of Boeotia: New Finds, New Prospects, Leiden 2014, 19–44

Hans Beck und Angela Ganter, Boiotia and the Boiotian League, in: Hans Beck und Peter Funke (Hgg.), Federalism in Greek Antiquity, Cambridge 2015, 132–157

Elisabetta Bianco, „Regine riformatrici" a Sparta nel III sec. a. C., in: Umberto Bultrighini und Elisabetta Dimauro (Hgg.), Donne che contano nella storia greca, Lanciano 2014, 571–596

Albert Brian Bosworth, Why did Athens lose the Lamian war?, in: Olga Palagia und Stephen V. Tracy (Hg.), The Macedonians in Athens, 322–229 B. C., Oakville (Conn.) 2003, 14–22

Kostas Buraselis, Federalism and the sea. The koina of the Aegean islands, in: Hans Beck und Peter Funke (Hgg.), Federalism in Greek Antiquity, Cambridge 2015, 358–376

Christy Constantakopoulou, Identity and resistance. The Islanders' League, the Aegean islands and the Hellenistic kings, Revue des Études Anciennes 114.2, 2012, 49–72

Christy Constantakopoulou, Beyond the Polis. Island Koina and Other Non-polis Entities in the Aegean, in: Claire Taylor und Kostas Vlassopoulos (Hgg.), Communities and Networks in the Ancient Greek World, Oxford 2015, 213–236

Christy Constantakopoulou, Aegean Interactions. Delos and its Networks in the Third Century, Oxford 2017

Riccardo Di Cesare, L'Acropoli dall'ellenismo all'impero „umanistico". Aspetti politici di monumenti, in: Ralf Krumeich und Christian Witschel (Hgg.), Die Akropolis von Athen im Hellenismus und in der römischen Kaiserzeit, Wiesbaden 2010, 233–250

Michael D. Dixon, Late Classical und Early Hellenistic Corinth, 338–196 B. C., London/New York 2014

César Fornis, Bajo el signo de Licurgo. El reformismo atávico de Agis IV y Cleómenes III, Espacio, Tiempo y Forma. Revista de la Facultad de Geografía e Historia. Serie 2, Historia Antigua 28, 2015, 19–37

John M. Fossey, Boiotia in ancient times. Some studies of its topography, history, cults and myths, Leiden/Boston (Mass.) 2019

Angela Ganter, Federalism Based on Emotions? Pamboiotian Festivals in Hellenistic and Roman Times, in: Hans Beck, Kostas Buraselis und Alex McAuley (Hgg.), Ethnos and Koinon. Studies in Ancient Greek Ethnicity and Federalism, Stuttgart 2019, 83–98

Christian Habicht, Athen in hellenistischer Zeit, München 1994

Lukas Kainz, „We are the best, we are one, and we are Greeks!". Reflections on the Ptolemies' participation in the agones, in: Christian Mann, Sofie Remijsen und Sebastian Scharff (Hgg.), Athletics in the Hellenistic world, Stuttgart 2016, 331–353

Ioanna Kralli, Athens and the Hellenistic kings (338–261 B. C.). The language of the decrees, Classical Quarterly, N. S., 50.1, 2000, 113–132

Ralf Krumeich and Christian Witschel, Die Akropolis als zentrales Heiligtum und Ort athenischer Identitätsbildung, in: Ralf Krumeich und Christian Witschel (Hgg.), Die Akropolis von Athen im Hellenismus und in der römischen Kaiserzeit, Wiesbaden 2010, 1–53

Eddy Lanciers, The alleged relations between Ptolemaic Egypt and Lycia after 197 BC and the founding date of the Lycian League, Zeitschrift für Papyrologie und Epigraphik 204, 2017, 116–127

Gabriele Marasco, Cleomene III fra rivoluzione e reazione, in: Cinzia Bearzot und Franca Landucci Gattinoni (Hgg.), Contro le „leggi immutabili“: Gli Spartani fra tradizione e innovazione, Mailand 2004, 191–207

Mattia Marchesini, Il Koinon dei Nesioti, Diss. Trento/Heidelberg 2020

Andrew Meadows, The Ptolemaic League of the Islanders, in: Kostas Buraselis, Mary Stefanou, und Dorothy J. Thompson (Hgg.), The Ptolemies, the Sea and the Nile. Studies in Waterborne Power, Cambridge 2013, 19–38

Roland Oetjen, Athen im dritten Jahrhundert v. Chr. Politik und Gesellschaft in den Garnisonsdemen auf der Grundlage der inschriftlichen Überlieferung, Duisburg 2014

Graham John Oliver, Oligarchy at Athens after the Lamian war. Epigraphic evidence for the βουλή and the ἐκκλησία, in: Olga Palagia und Stephen V. Tracy (Hg.), The Macedonians in Athens, 322–229 B. C., Oakville (Conn.) 2003, 40–51

Michael J. Osborne, Shadowland. Athens under Antigonos Gonatas and his successor, in: Olga Palagia and Stephen V. Tracy (Hgg.), The Macedonians in Athens, 322–229 B. C., Oakville (Conn.) 2003, 67–75

Michael J. Osborne, Athens in the third century B. C., Athen 2012

Ruben Post, Integration and Coercion. Non-Boiotians in the Hellenistic Boiotian League, in: Hans Beck, Kostas Buraselis und Alex McAuley (Hgg.), Ethnos and Koinon. Studies in Ancient Greek Ethnicity and Federalism, Stuttgart 2019, 99–111

Anton Powell, Spartan women assertive in politics? Plutarch's lives of Agis and Kleomenes, in: Stephen Hodkinson und Anton Powell (Hgg.), Sparta. New perspectives, London 1999, 393–419

Michael Rathmann, Athen in hellenistischer Zeit: Fremdbestimmung und kulturelle Anziehungskraft, in: Ralf Krumeich und Christian Witschel (Hgg.), Die Akropolis von Athen im Hellenismus und in der römischen Kaiserzeit, Wiesbaden 2010, 55–93

Albert Schachter, The Boiotians. Between ethnos and koina, in: Hans Beck, Kostas Buraselis und Alex McAuley (Hgg.), Ethnos and Koinon. Studies in Ancient Greek Ethnicity and Federalism, Stuttgart 2019, 65–81

Julia L. Shear, Royal Athenians. The Ptolemies and Attalids at the Panathenaia, in: Olga Palagia und Alkestis Choremi-Spetsieri (Hgg.), The Panathenaic Games, Oxford 2007, 135–145

Kenneth A. Sheedy, The origins of the Second Nesiotic League and the defence of Kythnos, Historia 45.4, 1996, 423–449

D. Graham J. Shipley, Agis IV, Kleomenes III, and Spartan landscapes, Historia 66.3, 2017, 281–297

D. Graham J. Shipley, The Early Hellenistic Peloponnese. Politics, Economies, and Networks 338–197 B. C., Cambridge 2018

Andrew Stewart, Attalos, Athens, and the Akropolis. The Pergamene „Little Barbarians“ and their Roman and Renaissance legacy, Cambridge/New York 2004

Stephen V. Tracy, Antigonos Gonatas, king of Athens, in: Olga Palagia and Stephen V. Tracy (Hgg.), The Macedonians in Athens, 322–229 B. C., Oakville (Conn.) 2003, 56–60

Gerhard Wirth, Athen und Alexander, Thetis 11–12, 2005, 95–100

Ian Worthington, Athens after Empire. A History from Alexander the Great to the Emperor Hadrian, New York 2020

2.3.6 Rhodos

Mustafa Adak, Die rhodische Herrschaft in Lykien und die rechtliche Stellung der Städte Xanthos, Phaselis und Melanippion, Historia 56.3, 2007, 251–279

Nathan Badoud, L'intégration de la Pérée au territoire de Rhodes, in: Nathan Badoud (Hg.), „Philologos Dionysios". Mélanges offerts au professeur Denis Knoepfler, Neuchâtel 2011, 533–565

Nathan Badoud, Les colosses de Rhodes, Comptes Rendus/Académie des Inscriptions et Belles-Lettres 1, 2011, 111–152

Jan Felix Beckendorf, Rome and Hellenistic mediation attempts during the Third Macedonian War, in: Viola Gheller (Hg.), Ricerche a confront. Dialoghi di antichità classiche e del vicino Oriente, Montorso Vicentino 2013, 117–140

Benedikt Boyxen, Fremde in der hellenistischen Polis Rhodos. Zwischen Nähe und Distanz, Berlin/Boston 2018

Alain Bresson, Rhodes and Lycia in Hellenistic times, in: Vincent Gabrielsen (Hg.), Hellenistic Rhodes. Politics, culture, and society, Aarhus 1999, 98–131

Alain Bresson, Les intérêts rhodiens en Carie à l'époque hellénistique, jusqu'en 167 av. J.-C., Pallas 62, 2003, 169–192

Klaus Bringmann, Rhodos als Bildungszentrum der hellenistischen Welt, Chiron 32, 2002, 65–81

Michael Champion, The siege of Rhodes and the ethics of war, The Ancient History Bulletin = Revue d'Histoire Ancienne 28.3–4, 2014, 99–111

Sviatoslav V. Dmitriev, The Rhodian loss of Caunus and Stratonicea in the 160s, Harvard Studies in Classical Philology 105, 2010, 157–176

Gerald Finkielsztejn, Politique et commerce à Rhodes au IIe s. a. C. Le témoignage des exportations d'amphores, in: Alain Bresson und Raymond Descat (Hgg.), Les cités d'Asie mineure occidentale au IIe siècle a. C., Paris 2001, 181–196

Vincent Gabrielsen, The naval aristocracy of Hellenistic Rhodes, Aarhus 1997

Vincent Gabrielsen, The Rhodian Peraia in the third and second centuries B. C., Classica et Mediaevalia 51, 2000, 129–183

Winfried Held, Die Karer und die Rhodische Peraia, in: Frank Rumscheid (Hg.), Die Karer und die Anderen: Internationales Kolloquium an der Freien Universität Berlin, 13. bis 15. Oktober 2005, Bonn 2009, 121–134

Wolfram Hoepfner, Der Koloss von Rhodos und die Bauten des Helios: neue Forschungen zu einem der Sieben Weltwunder, Mainz 2003

Kenneth R. Jones, Alcaeus of Messene, Philip V and the Colossus of Rhodes. A re-examination of Anth. Pal. 6.171, Classical Quarterly N. S. 64.1, 2014, 136–151

Clemens Koehn, Die Eumenesrede (Polybios XXI 19–21) und die Neuordnung Kleinasiens 189/188 v. Chr., Hermes 135.3, 2007, 263–285

John Lund, Rhodian transport amphorae as a source for economic ebbs and flows in the eastern Mediterranean in the second century BC, in: Zosia H. Archibald,

John Kenyon Davies und Vincent Gabrielsen (Hgg.), The economies of Hellenistic societies, third to first centuries BC, Oxford/New York 2011, 280–295

Isabelle Pimouget-Pedarros, Le siège de Rhodes par Démétrios et l'„apogée" de la poliorcétique grecque, Revue des Études Anciennes 105.2, 2003, 371–392

Isabelle Pimouget-Pédarros, La cité à l'épreuve des rois. Le siège de Rhodes par Démétrios Poliorcète (305–304 av. J.-C.), Rennes 2011

Ursula Vedder, Der Koloss von Rhodos. Archäologie, Herstellung und Rezeptionsgeschichte eines antiken Weltwunders, Mainz 2015

Hans-Ulrich Wiemer, Krieg, Handel und Piraterie. Untersuchungen zur Geschichte des hellenistischen Rhodos, Berlin 2002

Hans-Ulrich Wiemer, Ökonomie und Politik im hellenistischen Rhodos, Historische Zeitschrift 275.3, 2002, 561–591

Hans-Ulrich Wiemer, Early Hellenistic Rhodes. The struggle for independence and the dream of hegemony, in: Andrew Erskine, Lloyd Llewellyn-Jones und Elizabeth Donnelly Carney (Hgg.), Creating a Hellenistic world, Swansea 2011, 123–146

2.3.7 Euergetismus der städtischen Eliten

Mark Beck, Der politische Euergetismus und dessen vor allem nichtbürgerliche Rezipienten im hellenistischen und kaiserzeitlichen Kleinasien sowie dem ägäischen Raum, Rahden 2015

Guillaume Biard, La représentation honorifique dans les cités grecques aux époques Classique et hellénistique, Paris 2017

Cédric Brélaz, Les bienfaiteurs, ‚sauveurs' et ‚fossoyeurs' de la cité hellénistique? Une approche historiographique de l'évergétisme, in: O. Curty (Hg.), L'huile et l'argent. Gymnasiarchie et évergétisme dans la Grèce hellénistique, Fribourg, 2009, 37–56

Kaja Harter-Uibopuu, Stadt und Stifter. Rechtshistorische Einblicke in die Struktur und Verwaltung öffentlicher Stiftungen im Hellenismus und in der Kaiserzeit, in: Sitta von Reden (Hg.), Stiftungen zwischen Politik und Wirtschaft. Geschichte und Gegenwart im Dialog, Berlin/Boston 2015, 177–204

Daniel Kah, Soziokultureller Wandel im hellenistischen Priene. Das Zeugnis der Ehrendekrete, in: Albrecht Matthaei und Martin Zimmermann (Hgg.), Urbane Strukturen und bürgerliche Identität im Hellenismus, Heidelberg 2015, 386–399

Léopold Migeotte, Les finances des cités grecques aux périodes classique et hellénistique, Paris 2014

Sitta Von Reden, Stiftungen und politische Kommunikation in hellenistischen Städten, in: Sitta von Reden (Hg.), Stiftungen zwischen Politik und Wirtschaft. Geschichte und Gegenwart im Dialog, Berlin/Boston 2015, 205–233

2.4 Von Sizilien bis Epeiros

2.4.1 Syrakus und Unteritalien

Claudia Antonetti, Lanassa e Corcira. La sposa, l'isola, la cultualità demetriaca al servizio della regalità ellenistica, in: Claudia Antonetti und Edoardo Cavalli (Hgg.), Prospettive corciresi, Pisa 2015, 191–219

Helmut Berve, König Hieron II., München 1959

Gerbert Bouyssou, Les tyrans syracusains et la qualification par la Victoire. Les fonctions de „stratège autocratôr" de Gélon à Agathocle, Ve-IIIe siècles avant J.-C., Revue Internationale d'Histoire Militaire Ancienne 4, 2016, 17–32

Sebastiana Nerina Consolo Langher, Agatocle. Da capoparte a monarca fondatore di un regno tra Cartagine e i Diadochi, Messina 2000

Paul Corbier, Pyrrhus en Italie. Réflexion sur les contradictions des sources, Pallas 79, 2009, 221–231

Christopher Mark De Lisle, Agathokles of Syracuse. Sicilian tyrant and Hellenistic king, Oxford 2021

Giovanna De Sensi Sestito, Pirro e le città italiote, in: Giovanna De Sensi Sestito und Maria Intrieri (Hgg.), Sulle sponde dello Ionio. Grecia occidentale e Greci d'Occidente, Pisa 2016, 287–335

Stefania De Vido, Immagini di re e paradigmi di regalità. L'esempio dell'ultimo Agatocle, in: Giovanna De Sensi Sestito und Maria Intrieri (Hgg.), Sulle sponde dello Ionio. Grecia occidentale e Greci d'Occidente, Pisa 2016, 339–354

Leonardo Fuduli, Osservazioni sull'architettura templare della Sicilia ellenistica. Per una rilettura dei dati, Revue Archéologique N. S. 2, 2015, 293–345

Matthias Haake, Agathokles und Hieron II. Zwei „basileis" in hellenistischer Zeit und die Frage ihrer Nachfolge, in: Víctor Alonso Troncoso (Hg.), Διάδοχος τῆς βασιλείας: la figura del sucesor en la realeza helenística, Madrid 2005, 153–175

Herbert Heftner, Roms Kontakte zu Hieron II. und den Mamertinern während der Belagerung von Rhegion 270 v. Chr. Überlegungen zu Dio fr. 43, 1 Boissevain und Zonaras 8, 6, 14–15, Chiron 49, 2019, 343–362

Lars Karlsson, The altar of Hieron at Syracuse: a discussion of its function, Opuscula Romana 21, 1996, 83–87

Caroline Lehmler, Syrakus unter Agathokles und Hieron II. Die Verbindung von Kultur und Macht in einer hellenistischen Metropole, Frankfurt am Main 2005

Gabriele Marasco, La terza guerra sannitica e la Magna Grecia, in: Diego Poli (Hg.), La battaglia del Sentino. Scontro fra nazioni e incontro in una nazione, Rom 2002, 127–138

Henrique Modanez De Sant'anna, Agátocles de Siracusa e o nascimento da „basileia" helenística na Sicília grega, Ágora 21, 2019, 103–115

Elena Ruggeri, Un re tra Cartagine e i Mamertini. Pirro e la Sicilia, Rom 1997

Maria Teresa Schettino, Pyrrhos en Italie. La construction de l'image du premier ennemi venu de l'Orient grec, Pallas 79, 2009, 173–184

Silvia Spada, La „Syrakosìa" di Ierone, tra gigantismo e misura, Sungraphe 4, 2002, 135–151

Roger J. A. Wilson, Hellenistic Sicily, c. 270–100 BC, in: Jonathan R. W. Prag and Josephine Crawley Quinn (Hgg.), The Hellenistic West. Rethinking the ancient Mediterranean, Cambridge 2013, 79–119

Markus Wolf, Hellenistische Heiligtümer in Sizilien. Studien zur Sakralarchitektur innerhalb und außerhalb des Reiches König Hierons II., Wiesbaden 2016

Efrem Zambon, From Agathocles to Hieron II. The birth and development of βασίλεια in Hellenistic Sicily, in: Sian Lewis (Hg.), Ancient tyranny, Edinburgh 2006, 77–92

2.4.2 Epeiros

Pierre Cabanes, Institutions politiques et développement urbain (IVe-IIIe s. avant J.-C.): réflexions historiques à partir de l'Épire, in: Claudia Antonetti (Hg.), Lo spazio ionico e le comunità della Grecia nord-occidentale, Pisa 2010, 117–140

Marie-Pierre Dausse, Fortifications de Molossie et organisation des territoires épirotes, Revue Archéologique, N. S. 1, 2017, 142–149

Susanne Funke, Aiakidenmythos und epeirotisches Königtum. Der Weg einer hellenistischen Monarchie, Stuttgart 2000

Nicholas G. L. Hammond, Epirus, Oxford 1967

Elizabeth A. Meyer, The inscriptions of Dodona and a new history of Molossia, Stuttgart 2013

José Pascual González, From the fifth century to 167 B. C. Reconstructing the history of ancient Epirus, in: Adolfo J. Domínguez (Hg.) Politics, territory and identity in ancient Epirus, Pisa 2018, 43–99

Ben Raynor, Alexander I of Molossia and the creation of Apeiros, Chiron 47, 2017, 243–270

Ben Raynor, Pyrrhos, royal self-presentation, and the nature of Hellenistic Epeirote state, Revue des Études Anciennes 121.2, 2019, 307–328

Daniela Zodda, Tra Egitto, Macedonia e Sparta. Pirro, un monarca in Epiro, Rom 1997

2.5 An den Rändern der hellenistischen Welt

Stanley M. Burstein, Antike global. Die Welt von 1000 v. Chr. bis 300 n. Chr., Darmstadt 2022

Lise Hannestad, „This Contributes in no small way to one's Reputation“. The Bithynian Kings and Greek Culture, in: Per Bilde, Troels Engberg-Pedersen, Lise Hannestad und Jan Zahle (Hgg.), Aspects of Hellenistic kingship, Aarhus 1996, 67–98

Christoph Michels, Zum „Philhellenismus“ der Könige von Bithynien, Pontos und Kappadokien, in: Robert Rollinger, Birgit Gufler, Martin Lang und Irene Madreiter (Hgg.), Interkulturalität in der Alten Welt. Vorderasien, Hellas, Ägypten und die vielfältigen Ebenen des Kontakts, Wiesbaden, 2010, 561–581

Milinda Hoo, Globalization and interpreting visual culture, in: Rachel Mairs (Hg.), The Graeco-Bactrian und Indo-Greek World, London/New York 2021, 553–569

2.5.1 Bithynien

Thomas Corsten, Thracian personal names and military settlements in Hellenistic Bithynia, Proceedings of the British Academy 148, 2007, 121–133

Sviatoslav V. Dmitriev, Memnon on the siege of Heraclea Pontica by Prusias I and the war between the kingdoms of Bithynia and Pergamum, The Journal of Hellenic Studies 127, 2007, 133–138

Henri-Louis Fernoux, Notables et élites des cités de Bithynie aux époques hellénistique et romaine (IIIe siècle av. J.-C.-IIIe siècle ap. J.-C.), Lyon 2004

Oleg Gabelko, Bithynia and Cappadocia. Royal courts and ruling society in the minor Hellenistic monarchies, in: Andrew Erskine, Lloyd Llewellyn-Jones und Shane Wallace (Hgg.), The Hellenistic court. Monarchic power and elite society from Alexander to Cleopatra, Swansea 2017, 319–342

Dennis G. Glew, Nicomedes' name, Epigraphica Anatolica 38, 2005, 131–139

Hale Güney, Unpublished coins of the Bithynian kingdom, Numismatic Chronicle 175, 2015, 357–363

Christian Habicht, Über die Kriege zwischen Pergamon und Bithynien, Hermes 84.1, 1956, 90–110

Noah Kaye, The silver tetradrachms of Prousias II of Bithynia, American Journal of Numismatics Ser. 2, vol. 25, 2013, 21–48

Karin Mackowiak, Les testaments royaux hellénistiques et l'impérialisme romain. Deux cultures politiques dans la marche de l'histoire, Dialogues d'Histoire Ancienne 33.1, 2007, 23–46

Christian Marek, Geschichte Kleinasiens in der Antike, München 3. Aufl. 2017

Christoph Michels, Kulturtransfer und monarchischer „Philhellenismus“. Bithynien, Pontos und Kappadokien in hellenistischer Zeit, Göttingen 2009

Christoph Michels, „Aizanoi“ zwischen Pergamon und Bithynien und die Instrumente von Kommunikation und Kontrolle, Geographia Antiqua 28, 2019, 31–46

Germain Payen, Les suites de la paix d'Apamée en mer noire, in: Altay Coşkun (Hg.), Ethnic Constructs, Royal Dynasties and Historical Geography around the Black Sea Littoral, Stuttgart 2021, 161–182

Žarko Petković, The aftermath of the Apamean settlement. Early challenges to the new order in Asia Minor, Klio 94.2, 2012, 357–365

Giovanni Vitucci, Il regno di Bitinia, Rom 1953

Daniela Williams, The coins of Pontus, Paphlagonia and Bithynia in the collection of the Archaeological Museum in Florence, Numismatic Chronicle 169, 2009, 105–136

2.5.2 Galater

Altay Coşkun, Galatians and Seleucids. A Century of Conflict and Cooperation, in: Kyle Erickson und Gillian Ramsey (Hgg.), Seleucid Dissolution. The Sinking of the Anchor, Wiesbaden 2011, 85–106

Altay Coşkun, Deconstructing a myth of Seleucid history. The so-called „Elephant Victory“ reconsidered, Phoenix 66.1–2, 2012, 57–73

Altay Coşkun, Intercultural anthroponymy in Hellenistic and Roman Galatia, Gephyra 9, 2012, 51–68

Altay Coşkun, Belonging and isolation in central Anatolia. The Galatians in the Graeco-Roman world, in: Sheila L. Ager und Riemer A. Faber (Hgg.), Belonging and isolation in the Hellenistic world, Toronto (Ont.) 2013, 73–95

Altay Coşkun, Deiotaros Philorhomaios, Pontos und Kolchis, in: Altay Coşkun (Hg.), Ethnic Constructs, Royal Dynasties and Historical Geography around the Black Sea Littoral, Stuttgart 2021, 233–263

Elmar Schwertheim, Kleinasien in der Antike, München 2005

Karl Strobel, Die Galater. Untersuchungen zur Geschichte und historischen Geographie des hellenistischen und römischen Kleinasien. Geschichte und Eigenart der keltischen Staatenbildung auf dem Boden des hellenistischen Kleinasien, Berlin 1996

Karl Strobel, Galatica 1. Beiträge zur historischen Geographie und Geschichte Ostgalatiens, Orbis Terrarum 3, 1997, 131–153

Karl Strobel, Galatien, die Galater und die Poleis der Galater. Historische Identität und ethnische Tradition, Eirene 42, 2006, 89–123

Karl Strobel, Die Galater und Galatien. Historische Identität und ethnische Traditon im Imperium Romanum, Klio 89.2, 2007, 356–402

2.5.3 Pontos

Isaías Arrayás Morales, Sobre la fluctuación en las alianzas en el marco de las guerras mitridáticas: algunos casos significativos en Anatolia, Revue des Études Anciennes 118.1, 2016, 79–98

Isaías Arrayás Morales, Las guerras mitridáticas en la geopolítica mediterránea. Sobre los contactos entre Mitrídates Eupátor y los Itálicos, Aevum 90.1, 2016, 155–187

Alexandru Avram und Octavian Bounegru, Mithridates VI. Eupator und die griechischen Städte an der Westküste des Pontos Euxeinos, in: Sven Conrad (Hg.), Pontos Euxeinos. Beiträge zur Archäologie und Geschichte des Antiken Schwarzmeer- und Balkanraumes, Langenweissbach 2006, 397–413

Luis Ballesteros Pastor, Mitrídates VI Eupátor, Granada 1995

Luis Ballesteros Pastor, Los herederos de Artabazo. La satrapía de Dascilio en la tradición de la dinastía Mitridátida, Klio 94.2, 2012, 366–379

Albert B. Bosworth und Pat V. Wheatley, The origins of the Pontic House, Journal of Hellenic Studies 118, 1998, 155–64

Glenn Richard Bugh, Mithridates the Great and the freedom of the Greeks, in: Victor Cojocaru, Altay Coşkun und Madalina Dana (Hgg.), Interconnectivity in the Mediterranean and Pontic world during the Hellenistic and Roman periods, Cluj-Napoca 2014, 383–395

Monica D'Agostini, The multicultural ties of the Mithridatids. Sources, tradition and promotional image of the dynasty of Pontus in 4th-3rd centuries B. C. With an appendix on the earliest issues of Pontic coins and Laodice III's dowry, Aevum 90.1, 2016, 83–96

François De Callataÿ, L'histoire des guerres mithridatiques vue par les monnaies, Louvain-la-Neuve 1997

François De Callataÿ, The First Royal Coinages of Pontos (from Mithridates III to Mithridates V), in: Jakob Munk Højte (Hg.), Mithridates VI and the Pontic Kingdom, Aarhus 2009, 63–94

Deniz Burcu ERCIYAS, Wealth, aristocracy and royal propaganda under the Hellenistic kingdom of the Mithridatids, Leiden 2006

Cristian E. GHIȚĂ, Nysa – A Seleucid Princess in Anatolian Context, in: Kyle Erickson und Gillian Ramsey (Hgg.), Seleucid Dissolution. The Sinking of the Anchor, Wiesbaden 2011, 107–116

Heinz HEINEN, Mithradates VI. Eupator und die Völker des nördlichen Schwarzmeerraums, Hamburger Beiträge zur Archäologie 18, 1991, 151–165

Georgy KANTOR, Mithridates I–VI of Pontos, R. S. Bagnall (Hg.), The Encyclopedia of Ancient History, Malden (Mass.) 2013 (online)

Attilio MASTROCINQUE, Studi sulle guerre Mitridatiche, Stuttgart 1999

Attilio MASTROCINQUE (Hg.), Le guerre di Mitridate, Mailand 1999

Brian C. MCGING, The foreign policy of Mithridates VI Eupator King of Pontus, Leiden 1986

Brian C. MCGING, Mithridates VI Eupator. Victim or Aggressor?, in: Jakob Munk Højte (Hg.), Mithridates VI and the Pontic Kingdom, Aarhus 2009, 203–216

Christian MILETA, Mithridates der Große von Pontus – Gott auf Zeit oder Einmal zur Unsterblichkeit und zurück, in: Michael Labahn und Manfred Lang (Hgg.), Lebendige Hoffnung – ewiger Tod?! Jenseitsvorstellungen im Hellenismus, Judentum und Christentum, Leipzig 2007, 359–378

Federicomaria MUCCIOLI, „Il re dell'Asia“. Ideologia e propaganda da Alessandro Magno a Mitridate VI, Simblos 4, 2004, 105–158

Axel NIEBERGALL, Die lokalen Eliten der griechischen Städte Kleinasiens und Mithradates VI. Eupator zu Beginn des ersten Römisch-Pontischen Krieges, Hermes 139.1, 2011, 1–20

Axel NIEBERGALL, Lokale Eliten unter hellenistischen Herrschern. Mithridates VI. von Pontos und die griechischen Eliten Kleinasiens, in: Boris Dreyer und Peter Franz Mittag (Hgg.), Lokale Eliten und hellenistische Könige. Zwischen Kooperation und Konfrontation, Berlin 2011, 55–79

Silvia PALAZZO, Immagini di re e paradigmi di regalità. Mitridate „basileus“ tra Asia ed Europa, in: Giovanna De Sensi Sestito und Maria Intrieri (Hgg.), Sulle sponde dello Ionio. Grecia occidentale e Greci d'Occidente, Pisa 2016, 355–370

Théodore REINACH, Mithridate Eupator – Roi de Pont, Paris 1890

Ligia RUSCU, Eine Episode der Beziehungen der westpontischen Griechenstädte zu Mithradates VI. Eupator, König von Pontos, Tyche 15, 2000, 119–135

Sergey SAPRYKIN, The Pontic Kingdom and the Seleucids, in: Roland Oetjen (Hg.), New Perspectives in Seleucid History, Archaeology and Numismatics. Studies in Honor of Getzel M. Cohen, Berlin/Boston 2020, 225–239

Karl STROBEL, Mithridates VI. Eupator von Pontos. Der letzte große Monarch der hellenistischen Welt und sein Scheitern an der römischen Macht, Ktèma 21, 1996, 55–94

Karl STROBEL, Mithradates VI. Eupator von Pontos. Politisches Denken in hellenistischer Tradition versus römische Macht. Gedanken zur geschichtlichen Stellung und zum Scheitern des letzten großen Monarchen der hellenistischen Welt, Orbis Terrarum 2, 1996, 145–190

Lâtife SUMMERER, Das pontische Wappen. Zur Astralsymbolik auf den pontischen Münzen, Chiron 25, 1995, 305–314

Wolfgang Zeev Rubinsohn, Mithridates VI Eupator Dionysos and Rome's conquest of the Hellenistic East, Mediterranean Historical Review 8.1, 1993, 5–54

2.5.4 Bosporanisches Königreich

Luis Ballesteros Pastor, Pharnaces II and his title „King of kings“, Ancient West and East 16, 2017, 297–303

Luis Ballesteros Pastor, The Return of the King, in: Altay Coşkun (Hg.), Ethnic Constructs, Royal Dynasties and Historical Geography around the Black Sea Littoral, Stuttgart 2021, 183–198

Madalina Dana, The Bosporan Kings and the Greek Features of their Culture in the Black Sea and the Mediterranean, in: Altay Coşkun (Hg.), Ethnic Constructs, Royal Dynasties and Historical Geography around the Black Sea Littoral, Stuttgart 2021, 141–160

Heinz Heinen, Die Anfänge der Beziehungen Roms zum nördlichen Schwarzmeerraum. Die Romfreundschaft der Chersonesiten (IOSPE I2 402), in: Heinz Heinen, Manuel Tröster und Altay Coşkun (Hgg.), Roms auswärtige Freunde in der späten Republik und im frühen Prinzipat, Göttingen 2005, 31–54

2.5.5 Kappadokien

Luis Ballesteros Pastor, Los crímenes de Nisa, reina de Capadocia (Justino 37.1.2–5), Latomus 77.4, 2018, 939–954

Sviatoslav V. Dmitriev, Cappadocian dynastic rearrangements on the eve of the first Mithridatic war, Historia 55.3, 2006, 285–297

Thomas Ganschow, Münzen von Kappadokien. Sammlung Henseler. Königreich und Kaisaraia bis 192 n. Chr., Istanbul 2018

Elke Krengel and Catharine C. Lorber, Early Cappadocian tetradrachms in the name of Antiochus VII, Numismatic Chronicle 169, 2009, 51–104

Elke Krengel, Die Regierungszeiten des Ariarathes VI. und Ariarathes VII. anhand einer Neuordnung ihrer Drachmenprägung, Schweizerische Numismatische Rundschau = Revue Suisse de Numismatique 90, 2011, 33–67

Catharine C. Lorber and Arthur Houghton, Cappadocian tetradrachms in the name of Antiochus VII, Numismatic Chronicle 166, 2006, 49–97

Alex Mcauley, L'ombre lointaine de Rome. La Cappadocie à la suite de la paix d'Apamée, in: Altay Coşkun und David Engels (Hgg.), Rome and the Seleukid East. Selected Papers from Seleukid Study Day V, Brussels, 21–23 August 2015, Brüssel 2019, 309–332

Antonio Panaino, Nuove considerazioni sul Calendario Cappadoce, Electrum 18, 2010, 159–173

Silvia Panichi, La Cappadocia tra iranismo e ellenismo, Sileno 43.1–2, 2017, 165–180

Silvia Panichi, La Cappadocia ellenistica sotto gli Ariaratidi ca. 250–100 a. C., Florenz 2018

Silvia Panichi, Re e sacerdoti nei regni ellenistici della Cappadocia e del Ponto, Geographia Antiqua 28, 2019, 55–69

Germain Payen, L'influence séleucide sur les dynasties anatoliennes après le traité d'Apamée, in: Altay Coşkun und David Engels (Hgg.), Rome and the Seleukid East. Selected Papers from Seleukid Study Day V, Brüssel 2019, 279–307

Sergey Saprykin, Tempelkomplexe im politischen Kappadokien, Jahrbuch für Wirtschaftsgeschichte 30.4, 1989, 119–148
Alberto M. Simonetta, The coinage of the Cappadocian kings: a revision and a catalogue of the Simonetta collection, Parthica 9, 2007, 8–152

2.5.6 Armenien

Hrand K. Armen, Tigranes the Great. A biography, Detroit 1940
Isaías Arrayás Morales, Piratería, deportación y repoblamiento. La Anatolia meridional en el marco de las guerras mitridáticas, Klio 95.1, 2013, 180–210
Edward Dąbrowa, Parthian-Armenian Relations from the 2nd Century BCE to the Second Half of the 1st Century CE, Electrum 28, 2021, 41–57
Frédérique Duyrat, Tigrane en Syrie. Un prince sans images. Suivi d'un catalogue des monnaies de Tigrane le Grand dans les collections du Département des monnaies, médailles et antiques de la Bibliothèque nationale de France, Cahiers des Études Anciennes 49, 2012, 167–209
Clive Foss, The coinage of Tigranes the Great. Problems, suggestions and a new find, Numismatic Chronicle 146, 1986, 19–66
Mark Geller und Giusto Traina, „Tigranu, the crown prince of Armenia". Evidence from the Babylonian astronomical diaries, Klio 95.2, 2013, 447–454
Michał Marciak, The site of Tigranokerta. Status quaestionis, Acta Antiqua Academiae Scientiarum Hungaricae 56.3, 2016, 293–314
Michał Marciak, The site of Arzan. A preliminary topographical and archaeological reconnaissance in 2014, Ancient West and East 16, 2017, 305–324
Yeghia Toros Nercessian, Armenian Coins and Their Value, New York 1995
Lee E. Patterson, Rome's relationship with Artaxias I of Armenia, The Ancient History Bulletin = Revue d'Histoire Ancienne 15.4, 2001, 154–162
Martin Schottky, Media-Atropatene und Groß-Armenia, Bonn 1989
Martin Schottky, s. v. Artavasdes, Der Neue Pauly 2 (1997), 46 f.
Martin Schottky, s. v. Armenien, Der Neue Pauly Suppl. 1 (2004), 93–94
Peter Siewert, Le deportazioni di Tigrane e Pompeo in Cilicia, in: Marta Sordi (Hg.), Coercizione e mobilità umana nel mondo antico, Mailand 1995, 225–233
Giusto Traina, Teatro greco nell'Armenia antica, in: Elvira Migliario, Lucio Troiani und Giuseppe Zecchini (Hgg.), Società indigene e cultura greco-romana, Rom 2010, 95–103
Giusto Traina, Tigran il Grande d'Armenia e la Giudea, in: Gianpaolo Urso (Hg.), „Iudaea socia – Iudaea capta", Pisa 2012, 79–88

2.5.7 Kommagene

Juan Antonio Belmonte und A. César González García, Antiochos's Hierothesion at Nemrud Dag revisited. Adjusting the date in the light of astronomical evidence, Journal for the History of Astronomy 41.4, 2010, 469–481
Herman A. G. Brijder (Hg.), Nemrud Daği. Recent archaeological research and conservation activities in the tomb sanctuary on Mount Nemrud, Berlin/Boston 2014
Charles V. Crowther und Margherita Facella, New evidence for the ruler cult of Antiochus of Commagene from Zeugma, in: Gudrun Heedemann und Engelbert

Winter (Hgg.), Neue Forschungen zur Religionsgeschichte Kleinasiens: Elmar Schwertheim zum 60. Geburtstag gewidmet, Bonn 2003, 41–80

Friedrich Karl Dörner, Kommagene. Götterthrone und Königsgräber am Euphrat, Bergisch Gladbach 1981

Margherita Facella, La dinastia degli Orontidi nella Commagene ellenistico-romana, Pisa 2006

Margherita Facella, Defining new gods. The doimones of Antiochus, in: Michael Blömer, Achim Lichtenberger und Rubina Raja (Hgg.), Religious Identities in the Levant from Alexander to Muhammed. Continuity and Change, Turnhout 2015, 169–184

Margherita Facella, Gli „altri" dei di Antioco I di Commagene, Geographia Antiqua 28, 2019, 5–22

Bruno Jacobs, Die Reliefs der Vorfahren des Antiochos I. von Kommagene auf dem Nemrud Dağı. Versuch einer Neubenennung der Frauendarstellungen in den mütterlichen Ahnenreihen, Istanbuler Mitteilungen 50, 2000, 297–306

Bruno Jacobs, Die Galerien der Ahnen des Königs Antiochos I. von Kommagene auf dem Nemrud Daği, in: Jakob Munk Højte (Hg.), Images of ancestors, Aarhus 2002, 75–88

Bruno Jacobs, Die Heiligtümer Antiochos' I. von Kommagene als sakrale und soziale Räume, in: Martin A. Guggisberg (Hg.), Grenzen in Ritual und Kult der Antike, Basel 2013, 157–170

Peter Franz Mittag, Zur Selbststilisierung Antiochos' I. von Kommagene, Gephyra 1, 2004, 1–26

Peter Franz Mittag, Zur Entwicklung des „Herrscher-" und „Dynastiekultes" in Kommagene, in: Linda-Marie Günther und Sonja Plischke (Hgg.), Studien zum vorhellenistischen und hellenistischen Herrscherkult, Berlin 2011, 141–160

Antonio Panaino, ΤΥΧΗ e ΧΑΡΑΚΤΗΡ del sovrano tra iranismo ed ellenismo nelle iscrizioni di Antioco I di Commagene, in: Tommaso Gnoli und Federicomaria Muccioli (Hgg.), Atti del convegno di studi incontri tra culture nell'oriente ellenistico e romano, Mailand 2007, 117–131

Georg Petzl, The royal inscriptions from Commagene, Mediterraneo Antico 16.1, 2013, 129–138

Christian-Georges Schwentzel, L'expression d'un „théocratisme" polythéiste à la fin de l'époque hellénistique, in: Marie-Françoise Baslez und Christian-Georges Schwentzel (Hgg.), Les dieux et le pouvoir. Aux origines de la théocratie, Rennes 2016, 71–82

Tomm Utecht, Volker Schulz-Rincke und Adolf Grothkopf, Warum kein rechter Winkel? Zur Architektur des Hierothesion von Antiochos I. auf dem Nemrud Dağı', in: Gudrun Heedemann und Engelbert Winter (Hgg.), Neue Forschungen zur Religionsgeschichte Kleinasiens: Elmar Schwertheim zum 60. Geburtstag gewidmet, Bonn 2003, 97–114

Miguel John Versluys, Visual style and constructing identity in the Hellenistic world. Nemrud Dağ and Commagene under Antiochos I, Cambridge 2017

Jörg Wagner (Hg.), Gottkönige am Euphrat. Neue Ausgrabungen und Forschungen in Kommagene, Mainz 2000

Helmut Waldmann, Der kommagenische Mazdaismus, Tübingen 1991

Ulf Weber, Sonnenaufgang und -untergang am Nemrud Dağı. Der Herrscherkult Antiochos I. von Kommagene und die Sonne, in: Ralph Einicke, Stephan Lehmann und Henryk Löhr (Hgg.), Zurück zum Gegenstand. Festschrift für Andreas E. Furtwängler, Langenweissbach 2009, 415–422

2.5.8 Parther

Gholamreza F. Assar, Genealogy and coinage of the early Parthian rulers. 1, Parthica 6, 2004, 69–93

Gholamreza F. Assar, Some Remarks on the Chronology and Coinage of the Parthian „Dark Age“, in: Edward Dąbrowa (Hg.), Orbis Parthicus. Studies in Memory of Professor Jósef Wolski (= Electrum 15), Krakau 2009, 195–234

Gholamreza F. Assar und Morteza Ghassem Bagloo, An early Parthian „Victory“ coin, Parthica 8, 2006, 25–35

Joan Mary Bigwood, Some Parthian queens in Greek and Babylonian documents, Iranica Antiqua 43, 2008, 235–274

Edward Dąbrowa, The conquests of Mithridates I and the numismatic evidence, Parthica 8, 2006, 37–40

Edward Dąbrowa, Mithradates I and the Beginning of the Ruler-cult in Parthia, Edward Dąbrowa (Hg.), Orbis Parthicus. Studies in Memory of Professor Jósef Wolski (= Electrum 15), Krakau 2009, 41–51

Edward Dąbrowa, Könige Syriens in der Gefangenschaft der Parther. Zwei Episoden aus der Geschichte der Beziehungen zwischen Seleukiden und Arsakiden, Tyche 7, 1992, 45–54, Nachdruck in: Edward Dąbrowa, Studia Graeco-Parthica: political and cultural relations between Greeks and Parthians, Wiesbaden 2011, 15–25

Edward Dąbrowa, Philhellên. Mithridate Ier et les Grecs, Electrum 2, 1998, 35–44, Nachdruck in: Edward Dąbrowa, Studia Graeco-Parthica: political and cultural relations between Greeks and Parthians, Wiesbaden 2011, 39–47

Edward Dąbrowa, L'expédition de Démétrios II Nicator contre les Parthes (139–138 avant J.-C.), Parthica 1, 1999, 9–17, Nachdruck in: Edward Dąbrowa, Studia Graeco-Parthica: political and cultural relations between Greeks and Parthians, Wiesbaden 2011, 49–57

Edward Dąbrowa, The Parthians and the Seleucid legacy, in: Robert Rollinger, Birgit Gufler, Martin Lang und Irene Madreiter (Hgg.), Interkulturalität in der Alten Welt: Vorderasien, Hellas, Ägypten und die vielfältigen Ebenen des Kontakts, Wiesbaden 2010, 583–589, Nachdruck in: Edward Dąbrowa, Studia Graeco-Parthica: political and cultural relations between Greeks and Parthians, Wiesbaden 2011, 123–127

Edward Dąbrowa, L'histoire des Parthes dans la „Géographie“ de Strabon, Studi Ellenistici 29, 2015, 285–303

Uwe Ellerbrock und Sylvia Winkelmann, Die Parther: die vergessene Großmacht, Darmstadt 2015

Jérôme Gaslain, Éléments de réflexion sur la conquête et l'occupation arsacides de la Mésopotamie (IIe siècle av. N. È.), Parthica 12, 2010, 9–16

Wolfram Grajetzki, Greeks and Parthians in Mesopotamia and beyond: 331 BC-224 AD, London 2011

Ursula Hackl, Bruno Jacobs und Dieter Weber, Quellen zur Geschichte des Partherreiches. Textsammlung mit Übersetzungen und Kommentaren, Göttingen/Oakville (CT) 2010

Jeffrey D. Lerner, The impact of Seleucid decline on the Eastern Iranian Plateau. The foundations of Arsacid Parthia and Graeco-Bactria, Stuttgart 1999

Jeffrey D. Lerner, Mithradates I and the Parthian archer, in: Jason M. Schlude und Benjamin B. Rubin (Hgg.), Arsacids, Romans, and local elites. Cross-cultural interactions of the Parthian Empire, Oxford/Philadelphia (Pa.) 2017, 1–24

Charlotte Lerouge-Cohen, Les guerres parthiques de Demetrios II et Antiochos VII dans les sources gréco-romaines, de Posidonios à Trogue/Justin, Journal des Savants 2, 2005, 217–252

Reinhold Merkelbach, Der Brief des Artabanos an die Stadt Susa (= Seleukeia am Eulaios), Epigraphica Anatolica 34, 2002, 173–177

Dieter Metzler, Aspekte religiose Vielfalt im Partherreich, in: Peter Wick und Markus Zehnder (Hgg.), The Parthian Empire and its Religions. Studies in the Dynamics of Religious Diversity, Gutenberg 2012, 17–26

Federicomaria Muccioli, La rapresentazione dei Parti nelle fonti tra II e I secolo a. C. e la polemica di Livio contro i Levissimi ex Graecis, in: Tommaso Gnoli und Federicomaria Muccioli (Hgg.), Atti del convegno di studi incontri tra culture nell'oriente ellenistico e romano, Mailand 2007, 87–115

Federicomaria Muccioli, Il problema del culto del sovrano nella regalità arsacide. Appunti per una discussion, Edward Dąbrowa (Hg.), Orbis Parthicus. Studies in Memory of Professor Jósef Wolski (= Electrum 15), Krakau 2009, 83–104

Marek J. Olbrycht, Manpower resources and army organisation in the Arsakid empire, Ancient Society 46, 2016, 291–338

Marek Jan Olbrycht, Greeks and Macedonians in the Parthian Empire. The case of Susa, Sileno 43.1–2, 2017, 149–164

Nikolaus Leo Overtoom, The power-transition crisis of the 160s-130s BCE and the formation of the Parthian Empire, Journal of Ancient History 7.1, 2019, 111–155

M. Rahim Shayegan, Arsacids and Sasanians. Political ideology in post-Hellenistic and late antique Persia, Cambridge/New York 2011

Alberto M. Simonetta, The Coinage of the so-called Parthian „Dark Age" Revisited, in: Edward Dąbrowa (Hg.), Orbis Parthicus. Studies in Memory of Professor Jósef Wolski (= Electrum 15), Krakau 2009, 141–194

Fabrizio Sinisi, Sylloge Nummorum Parthicorum. New York, Paris, London, Vienna, Teheran, Berlin. 7. Vologases I – Pacorus II, Wien 2012

Rolf Strootman, The coming of the Parthians. Crisis and resilience in Seleukid Iran in the reign of Seleukos II, in: Kyle Erickson (Hg.), The Seleukid Empire, 281–222 BC. War Within the Family, Swansea 2018, 129–150

André Verstandig, Histoire de l'Empire parthe (-250–227), Brüssel 2001

Josef Wiesehöfer und Sabine Müller (Hgg.), Parthika. Greek and Roman authors' views of the Arsacid Empire, Wiesbaden 2017

Markus Zehnder, Religionspolitik im antiken Vorderen Orient: Assyrer und Parther, in: Peter Wick und Markus Zehnder (Hgg.), The Parthian Empire and its Religions. Studies in the Dynamics of Religious Diversity, Gutenberg 2012, 27–52

2.5.9 Baktrien

Kazim Abdullaev, The royal portrait in Hellenistic Bactria, in: Dietrich Boschung und François Queyrel (Hgg.), Bilder der Macht. Das griechische Porträt und seine Verwendung in der antiken Welt, Paderborn 2017, 213–253

Osmund Bopearachchi, Monnaies gréco-bactriennes et indo-grecques, Paris 1991

Olivier Bordeaux, Les Grecs en Inde. Politiques et pratiques monétaires, IIIe s. a. C.-Ier s. p. C., Bordeaux 2018

Thomas Brüggemann, The Anabasis of Antiochos III and the Upper Satrapies, in: Christophe Feyel und Laetitia Graslin-Thomé (Hgg.), Antiochos III et l'Orient, Nancy 2017, 341–376

Omar Coloru, Da Alessandro a Menandro. Il regno greco di Battriana, Pisa 2009

Jens Jakobsson, Antiochus Nicator, the third king of Bactria?, Numismatic Chronicle 170, 2010, 17–33

Gunnar R. Dumke, Diadem = Königsherrschaft? Der Fall des Diodotos I. von Baktrien, in: Achim Lichtenberger (Hg.), Das Diadem der hellenistischen Herrscher: Übernahme, Transformation oder Neuschöpfung eines Herrschaftszeichens?, Bonn 2012, 385–393

Gunnar R. Dumke, Grieche sein um jeden Preis? Strategien zur Überwindung gesellschaftlicher Spaltungen im hellenistischen Fernen Osten, in: Stefan Pfeiffer und Gregor Weber (Hgg.), Gesellschaftliche Spaltungen im Zeitalter des Hellenismus (4.-1. Jahrhundert v. Chr.), Stuttgart 2021, 181–195

Simon Glenn, Heliocles and Laodice of Bactria. A reconsideration, Numismatic Chronicle 174, 2014, 45–59

Frank Lee Holt, Thundering Zeus. The Making of Hellenistic Bactria, Berkeley-Los Angeles-London 1999

Frank Lee Holt, Lost world of the golden king. In search of ancient Afghanistan, Berkeley (Calif.) 2012

Michael Iliakis, Greek mercenary revolts in Bactria. A re-appraisal, Historia 62.2, 2013, 182–195

Brian Kritt, Dynastic transitions in the coinage of Bactria. Antiochus, Diodotus, Euthydemus, Lancaster (Pa.) 2001

Rachel Mairs, The Hellenistic Far East. Archaeology, language, and identity in Greek Central Asia, Berkeley (Calif.) 2014

Rachel Mairs, New discoveries of documentary texts from Bactria. Political and cultural change, administrative continuity, in: T. Derda, A. Lajtar und J. Urbanik (Hgg.), Proceedings of the 27th International Congress of Papyrology, Warschau 2016, 2037–2061

Rahel Mairs, Greek inscriptions and documentary texts and the Graeco-Roman historical tradition, in: Rachel Mairs (Hg.), The Graeco-Bactrian und Indo-Greek World, London/New York 2021, 419–429

Laurianne Martinez-Sève, Ai Khanoum and Greek Domination in Central Asia, Electrum 22, 2015, 17–46

Michael Mitchiner, Indo-Greek and Indo-Scythian Coinage, London 1975

Peter Franz Mittag, Methodologische Überlegungen zur Geschichte Baktriens. Könige und Münzen, SNR 85, 2006, 27–46

Erik Seldeslachts, The end of the road for the Indo-Greeks?, Iranica Antiqua 39, 2004, 249–296

Robert C. SENIOR, The coinage of Hermaios and its imitations struck by the Scythians. A study, Lancaster (Pa.) 2000

H. SIDKY, The Greek Kingdom of Bactria. From Alexander to Eucratides the Great, Lanham/New York/Oxford 2000

William W. TARN, The Greeks in Bactria and India, 1. Auflage: Cambridge 1938, 2. Auflage: Cambridge 1951, 3. Auflage mit Einleitung und Bibliographie von Frank Lee Holt: Chicago 1991

Richard WENGHOFER, Rethinking the relationship between Hellenistic Bactria and the Seleukid empire, in: Kyle Erickson (Hg.), The Seleukid Empire, 281–222 BC. War Within the Family, Swansea 2018, 151–171

Gyula WOJTILLA, Did the Indo-Greeks occupy Pāṭaliputra? Acta Antiqua Academiae Scientiarum Hungaricae 40.1–4, 2000, 495–504

2.5.10 Hasmonäer

Kenneth ATKINSON, Queen Salome: Jerusalem's Warrior Monarch of the First Century B. C. E., Jefferson, N. C. 2012

Kenneth ATKINSON, A history of the Hasmonean state. Josephus and beyond, London 2016

Vasile BABOTA, The institution of the Hasmonean high priesthood, Leiden/Boston (Mass.) 2014

Katell BERTHELOT, In Search of the Promised Land? The Hasmonean Dynasty between Biblical Models and Hellenistic Diplomacy, Göttingen 2018

Laura BOFFO, Il mondo ellenistico degli imperi sopra-locali e delle dinastie regionali. Seleucidi e asmonei, Ricerche Storico Bibliche 27.1, 2015, 41–70

Altay COŞKUN, Der Ethnarchentitel des Simon (Makkabaios) und die Verleihung der Souveränität durch Antiochos VII. Sidetes, Scripta Classica Israelica 37, 2018, 129–161

Altay COŞKUN, Triangular Epistolary Diplomacy with Rome from Judas Maccabee to Aristobulos I, in: Altay Coşkun und David Engels (Hgg.), Rome and the Seleukid East. Selected Papers from Seleukid Study Day V, Brüssel 2019, 355–388

Edward DĄBROWA, The Hasmoneans and their state. A study in history, ideology, and the institutions, Krakau 2010

Edward DĄBROWA, The Seleukids, Rome and the Jews (134–76 BC), in: Altay Coşkun und David Engels (Hgg.), Rome and the Seleukid East. Selected Papers from Seleukid Study Day V, Brüssel 2019, 388–399

Edward DĄBROWA, The Hasmoneans' Attitude towards Cities, in: Roland Oetjen (Hg.), New Perspectives in Seleucid History, Archaeology and Numismatics. Studies in Honor of Getzel M. Cohen, Berlin/Boston 2020, 284–295

Edward DĄBROWA, The origins and functions of Hellenistic patterns in the Hasmonean kingship, in: Julia Hoffmann-Salz (Hg.), The Middle East as Middle Ground? Cultural Interaction in the ancient Middle East revisited, Wien 2021, 199–212

Benedikt ECKHARDT, The Gymnasium of Jerusalem – a Middle Ground?, in: Julia Hoffmann-Salz (Hg.), The Middle East as Middle Ground? Cultural Interaction in the ancient Middle East revisited, Wien 2021, 179–197

Julia HOFFMANN-SALZ, The Ituraeans as a Hellenistic Dynasty – Working the Middle Ground in Hellenistic Syria, in: Julia Hoffmann-Salz (Hg.), The Middle East as

Middle Ground? Cultural Interaction in the ancient Middle East revisited, Wien 2021, 101–116
Ehud Netzer, Die Paläste der Hasmonäer und Herodes' des Großen, Mainz 1999
Eyal Regev, The Hasmoneans. Ideology, Archaeology, Identity, Göttingen 2013
Samuele Rocca, The Hasmonean state and Rome: a new appraisal, Revue des Études Juives 173.3–4, 2014, 263–295
Chris Seeman, Rome and Judea in transition. Hasmonean relations with the Roman Republic and the evolution of the high, New York 2013
Julia Wilker, A Dynastiy without Women? The Hasmoneans between Jewish Traditions and Hellenistic Influence, in: Altay Coşkun und Alex McAuley (Hgg.), Seleukid Royal Women. Creation, Representation and Distortion of Hellenistic Queenship in the Seleukid Empire, Stuttgart 2016, 231–252

3 Herrschaft und Gesellschaft

3.1 Der Charakter der hellenistischen Monarchie

André Aymard, Études d'histoire ancienne, Paris 1967
Elias Bickerman, Institutions des Séleucides, Paris 1938
Pierre Briant, Antigone le Borgne. Les débuts de sa carrière et les problèmes de l'assemblée macédonienne, Paris 1973
Laurent Capdetrey, Le pouvoir séleucide. Territoire, administration, finances d'un royaume hellénistique (312–129 avant J.-C.), Rennes 2007
Boris Dreyer und Peter Franz Mittag, (Hgg.), Lokale Eliten unter den hellenistischen Königen. Zwischen Kooperation und Konfrontation, Berlin 2011
Robert Malcolm Errington, The Nature of the Macedonian State under the Monarchy, Chiron 8, 1978, 77–133
Robert Malcolm Errington, The Historiographical Origins of Macedonian ‚Staatsrecht', in: Ancient Macedonia III, Thessaloniki 1983, 89–101
Michele Faraguna, Alexander the Great and Asia Minor, in: Kai Trampedach und Alexander Meeus (Hgg.), The legitimation of conquest. Monarchical representation and the art of government in the empire of Alexander the Great, Stuttgart 2020, 243–261
Christophe Feyel, Le dossier épigraphique de Skythopolis, in: Christophe Feyel und Laetitia Graslin-Thomé (Hgg.), Antiochos III et l'Orient, Nancy 2017, 107–141
Robert Fleischer, Hellenistic Royal Iconography on Coins, in: Per Bilde, Troels Engberg-Pedersen, Lise Hannestad und Jan Zahle (Hgg.), Aspects of Hellenistic kingship, Aarhus 1996, 28–40
Hans-Joachim Gehrke, Der siegreiche König. Überlegungen zur hellenistischen Monarchie, AKG 64, 1982, 247–277; englische Übersetzung: The Victorious King. Reflections on Hellenistic Monarchy, in: Nino Luraghi (Hg.), The Splendors and Miseries of Ruling Alone, Stuttgart 2013, 73–98
Erwin R. Goodenough, The Political Philosophy of Hellenistic Kingship, Yale Classical Studies 1, 1928, 55–102, Nachdruck als Die politische Philosophie des hellenisti-

schen Königtums, in: Hans Kloft (Hg.), Ideologie und Herrschaft in der Antike, Darmstadt 1979, 27–89

Ulrich Gotter, The Castrated King, or: The Everyday Monstrosity of Late Hellenistic Kingship, in: Nino Luraghi (Hg.), The Splendors and Miseries of Ruling Alone, Stuttgart 2013, 207–230

Friedrich Granier, Die makedonische Heeresversammlung. Ein Beitrag zum antiken Staatsrecht, München 1931

Erich S. Gruen, Hellenistic Kingship: Puzzles, Problems, and Possibilities, in: Per Bilde, Troels Engberg-Pedersen, Lise Hannestad und Jan Zahle (Hgg.), Aspects of Hellenistic kingship, Aarhus 1996, 116–125

Miltiades B. Hatzopoulos, Macedonian Institutions under the Kings, Athen 1996

Heinz Heinen, Hunger, Not und Macht. Bemerkungen zur herrschenden Gesellschaft im ptolemäischen Ägypten, Ancient Society 36, 2006, 13–44

Alfred Heuss, Alexander der Große und die politische Ideologie des Altertums, Antike und Abendland 4, 1954, 65–104, Nachdruck in Hans Kloft (Hg.), Ideologie und Herrschaft in der Antike, Darmstadt 1979, 123–188

Sylvie Honigman, Avner Ecker, Gérald Finkielzstejn, Giles Gorre und Danny Syon, The Southern Levant in Antiochos III's Time. Between Continuity and Immediate or Delayed Changes, in: Christophe Feyel und Laetitia Graslin-Thomé (Hgg.), Antiochos III et l'Orient, Nancy 2017, 163–209

Julius Kaerst, Studien zur Entwicklung und theoretischen Begründung der Monarchie im Altertum, München 1898

Amélie Kuhrt, The Seleucid Kings and Babylonia: New Perspectives on the Seleucid Realm in the East, in: Per Bilde, Troels Engberg-Pedersen, Lise Hannestad und Jan Zahle (Hgg.), Aspects of Hellenistic kingship, Aarhus 1996, 41–54

Amélie Kuhrt und Susan M. Sherwin-White (Hgg.), Hellenism in the East: the interaction of Greek and non-Greek civilizations from Syria to Central Asia after Alexander, London 1987

Manuela Mari, Alexander, the king of the Macedonians, in: Kai Trampedach und Alexander Meeus (Hgg.), The legitimation of conquest. Monarchical representation and the art of government in the empire of Alexander the Great, Stuttgart 2020, 197–217

Leon Mooren, The Nature of the Hellenistic Monarchy, in: Egypt and the Hellenistic World, Louvain 1983, 205–240

Andrew Monson, Alexander's Tributary Empire, in: Kai Trampedach und Alexander Meeus (Hgg.), The legitimation of conquest. Monarchical representation and the art of government in the empire of Alexander the Great, Stuttgart 2020, 263–287

Federicomaria Muccioli, Gli epiteti ufficiali dei re ellenistici, Stuttgart 2013

Walter Schmitthenner, Über die Formveränderung der Monarchie seit Alexander d. Gr., Saeculum 19, 1968, 31–46

Wilhelm Schubart, Das hellenistische Königsideal nach Inschriften und Papyri, Archiv für Papyrusforschung 12, 1937, 1–26, Nachdruck in Hans Kloft (Hg.), Ideologie und Herrschaft in der Antike, Darmstadt 1979, 90–122

Susan M. Sherwin-White und Amélie Kuhrt, From Samarkhand to Sardis. A new approach to the Seleucid empire, London 1993

Peter Thonemann, The Attalid State, in: Peter Thonemann (Hg.), Attalid Asia Minor. Money, International Relations, and the State, Oxford 2013, 1–47
Hans-Ulrich Wiemer, Siegen oder Untergehen? Die hellenistische Monarchie in der neueren Forschung, in: Stefan Rebenich (Hg.), Monarchische Herrschaft im Altertum, Berlin/Boston 2017, 306–339
Michael Wörrle und Helmut Müller, Ein Verein im Hinterland Pergamons zur Zeit Eumenes' II., Chiron 32, 2002, 192–235

3.2 Hof

Anika Aulbach, Die Frauen der Diadochendynastien. Eine prosopographische Studie zur weiblichen Entourage Alexanders des Großen und seiner Nachfolger, München 2015
Chris Bennett, Arsinoe and Berenice at the Olympics, Zeitschrift für Papyrologie und Epigraphik 154, 2005, 91–96
Marquis Berrey, Hellenistic science at court, Berlin/Boston 2017
Anne Bielman Sánchez, Régner au féminin. Réflexions sur les reines attalides et séleucides, Pallas 62, 2003, 41–61
Eugene N. Borza and Olga Palagia, The chronology of the Macedonian royal tombs at Vergina, Jahrbuch des Deutschen Archäologischen Instituts 122, 2007, 81–125
Livia Capponi, Deserving the Court's Trust. Jews in Ptolemaic Egypt, in: Andrew Erskine Lloyd Llewellyn-Jones und Shane Wallace (Hgg.), The Hellenistic Court. Monarchic Power and Elite Society from Alexander to Cleopatra, Swansea 2017, 343–358
Chiara Carsana, Le dirigenze cittadine nello stato seleucido, Como 1996
Aurélie Cuenod, En marriage comme en affaire, nul ne doit s'engager à la légére. Remarques sur les alliances matrimoniales et les stratégies dynastiques de Ptolémée VIII Éuergète II à Ptolémée X Alexandre, in: Gilles Gorre und Stéphanie Wackenier (Hgg.), Quand la fortune du royaume ne dépend pas de la vertu du prince. Un renforcement de la monarchie Lagide de Ptolémée VI à Ptolémée X (169–88 av. J.-C.)?, Leuven/Paris/Bristol 2020, 55–70
Boris Dreyer, How to become a „relative" of the king. Careers and hierarchy at the court of Antiochus III, American Journal of Philology 132.1, 2011, 45–57
Kay Ehling, Der „Reichskanzler" im Seleukidenreich, Epigraphica Anatolica 30, 1998, 97–106
Kay Ehling, Gelehrte Freunde der Seleukidenkönige, in: Andreas Goltz, Andreas Luther und Heinrich Schlange-Schöningen (Hgg.), Gelehrte in der Antike. Alexander Demandt zum 65. Geburtstag, Köln/Wien 2002, 41–58
David Engels, The Seleucid and Achaemenid Court. Continuity or Change?, in: Andrew Erskine Lloyd Llewellyn-Jones und Shane Wallace (Hgg.), The Hellenistic Court. Monarchic Power and Elite Society from Alexander to Cleopatra, Swansea 2017, 69–100
Oleg Gabelko, Bithynia and Cappadocia. Royal Courts and Ruling Society in the Minor Hellenistic Monarchies, in: Andrew Erskine Lloyd Llewellyn-Jones und Shane

Wallace (Hgg.), The Hellenistic Court. Monarchic Power and Elite Society from Alexander to Cleopatra, Swansea 2017, 319–342

Craig Hardiman, ‚Court-ing the Public‘. The Attalid Court and Domestic Display, in: Andrew Erskine Lloyd Llewellyn-Jones und Shane Wallace (Hgg.), The Hellenistic Court. Monarchic Power and Elite Society from Alexander to Cleopatra, Swansea 2017, 269–294

Winfried Held, Die Residenzstädte der Seleukiden: Babylon, Seleukeia am Tigris, Ai Khanum, Seleukeia in Pieria, Antiocheia am Orontes, Jahrbuch des Deutschen Archäologischen Instituts 117, 2002, 217–249

Winfried Held, Königstädte in babylonischer Tradition: die Residenzstädte der Seleukiden, Antike Welt 35.2, 2004, 23–26

Wolfram Hoepfner und G. Brands (Hgg.), Basileia. Die Paläste der hellenistischen Könige, Mainz 1996

Bernard Legras, Les experts égyptiens à la cour des Ptolémées, Revue Historique 126.4, 2002, 963–991

Natacha Massar, Le rôle des richesses dans les relations entre le souverain, la „maison du roi“ et les savants de cour. État des lieux, in: V. Chankowski und Fr. Duyrat (Hgg.), Topoi, Suppl. 6, 2004, 189–211

Alex McAuley, The tradition and ideology of naming Seleukid queens, Historia 67.4, 2018, 472–494

Andreas Mehl, Zwischen West und Ost – jenseits von West und Ost. Das Reich der Seleukiden, in: Kai Brodersen (Hg.), Zwischen West und Ost. Studien zur Geschichte des Seleukidenreichs, Hamburg 1999, 9–43

Burkhard Meißner, Historiker zwischen Polis und Königshof, Göttingen 1992

Burkhard Meißner, Hofmann und Herrscher. Was es für Griechen hieß, Freund eines Königs zu sein, Archiv für Kulturgeschichte 82, 2000, 1–36

Christian Mileta, Der König und sein Land. Untersuchungen zur Herrschaft der hellenistischen Monarchen über das königliche Gebiet Kleinasiens und seine Bevölkerung, Berlin 2008

Leon Mooren, The Aulic Titulature in Ptolemaic Egypt, Brüssel 1975

Leon Mooren, Kings and Courtiers. Political Decision Making in the Hellenistic States, in: Wolfgang Schuller (Hg.), Politische Theorie und Praxis im Altertum, Darmstadt 1998, 122–134

Ian S. Moyer, Court, „chora“, and culture in late Ptolemaic Egypt, American Journal of Philology 132.1, 2011, 15–44

Federicomaria Muccioli, La scelta delle titolature dei Seleucidi. Il ruolo dei fíloi e delle classi dirigenti cittadine, Simblos. Scritti di storia antica 3, 2001, 295–318

Inge Nielsen, Hellenistic Palaces. Tradition and Renewal, Aarhus 1994

James L. O'Neil, The ethnic origins of the friends of the Antigonid kings of Macedon, Classical Quarterly, N. S. 53.2, 2003, 510–522

Willy Peremans und Edmond Van't Dack, Prosopographia Ptolemaica, hier: Bd. VI, Leuven 1968

Michael Pfrommer, Die Ptolemäerinnen. Ein Geschlecht stärker als Männer?, Antike Welt 39.3, 2008, 27–36

Ivana Savalli-Lestrade, Courtisans et citoyens. Le cas des philoi attalides, Chiron 26, 1996, 149–181

Ivana Savalli-Lestrade, Les philoi royaux dans l'Asie hellénistique, Genf 1998

Ivana Savalli-Lestrade, La place des reines à la cour et dans le royaume à l'époque hellénistique, in: R. Frei-Stolba, A. Bielman und O. Bianchi (Hgg.), Les femmes antiques entre sphère privée et sphère publique, Bern 2003, 59–76

Ivana Savalli-Lestrade, ΒΙΟΣ ΑΥΛΙΚΟΣ. The Multiple Ways of Life of Courtiers in the Hellenistic Age, in: Andrew Erskine Lloyd Llewellyn-Jones und Shane Wallace (Hgg.), The Hellenistic Court. Monarchic Power and Elite Society from Alexander to Cleopatra, Swansea 2017, 101–120

Sandra Scheuble, Loyalitätsbekundungen ptolemäischer Phrurarchen im Spiegel epigraphischer Quellen, in: Altay Coşkun, Heinz Heinen und Stefan Pfeiffer (Hgg.), Identität und Zugehörigkeit im Osten der griechisch-römischen Welt. Aspekte ihrer Repräsentation in Städten, Provinzen und Reichen, Frankfurt a. M. u. a. 2009, 35–53

Rolf Strootman, Courts and Elites in the Hellenistic Empires. The Near East after the Achaemenids, 330–30 BCE, Edinburgh 2014

Rolf Strootman, Eunuchs, Renegades and Concubines. The ‚Paradox of Power' and the Promotion of Favourites in the Hellenistic Empires, in: Andrew Erskine Lloyd Llewellyn-Jones und Shane Wallace (Hgg.), The Hellenistic Court. Monarchic Power and Elite Society from Alexander to Cleopatra, Swansea 2017, 121–142

Peter Van Minnen, Die Königinnen der Ptolemäerdynastie in papyrologischer und epigraphischer Evidenz, in: Anne Kolb (Hg.), Herrschaftsstrukturen und Herrschaftspraxis 2. „Augustae". Machtbewusste Frauen am römischen Kaiserhof?, Berlin 2010, 39–53

Biagio Virgilio, Lancia, Diadema e Porpora. Il re e la regalità ellenistica, Pisa 2. Aufl. 2003, 136–156

Konrad Vössing, Mensa regia. Das Bankett beim hellenistischen König und beim römischen Kaiser, München 2004, 72–186

Shane Wallace, Court, Kingship, and Royal Style in the Early Hellenistic Period, in: Andrew Erskine Lloyd Llewellyn-Jones und Shane Wallace (Hgg.), The Hellenistic Court. Monarchic Power and Elite Society from Alexander to Cleopatra, Swansea 2017, 1–30

Gregor Weber, Dichtung und höfische Gesellschaft. Die Rezeption von Zeitgeschichte am Hof der ersten drei Ptolemäer, Stuttgart 1993

Gregor Weber, Herrscher, Hof und Dichter. Aspekte der Legitimierung und Repräsentation hellenistischer Könige am Beispiel der ersten drei Antigoniden, Historia 44.3, 1995, 283–316

Gregor Weber, Interaktion, Repräsentation und Herrschaft. Der Königshof im Hellenismus, in: Aloys Winterling (Hg.), Zwischen „Haus" und „Staat". Antike Höfe im Vergleich, München 1997, 27–71

Gregor Weber, Die neuen Zentralen. Hauptstädte, Residenzen, Paläste und Höfe, in: Gregor Weber (Hg.), Kulturgeschichte des Hellenismus. Von Alexander dem Großen bis Kleopatra, Stuttgart 2007, 99–117

Gregor Weber, Poet and court, in: Benjamin Acosta-Hughes, Luigi Lehnus und Susan A. Stephens (Hgg.), Brill's companion to Callimachus, Leiden/Boston (Mass.) 2011, 225–244

Gregor Weber, Den König loben? Positionen und Aufgaben der Dichter an den hellenistischen Königshöfen, in: Gianpaolo Urso (Hg.), „Dicere laudes". Elogio, comunicazione, creazione del consenso. Atti del convegno internazionale, Cividale del Friuli, 23–25 settembre 2010, Pisa 2011, 119–141

Marie Widmer, Pourquoi reprendre le dossier des reines hellénistiques? Le cas de Laodice V, in: Florence Bertholet, Anne Bielman Sánchez, Regula Frei-Stolba und Mireille Corbier (Hgg.), Egypte, Grèce, Rome. Les différents visages des femmes antiques, Bern/Frankfurt am Main 2008, 63–92

3.3 Zivile Administration

Roger S. Bagnall, The Administration of the Ptolemaic Possessions outside Egypt, Leiden 1976

Yanne Broux, Double names and elite strategy in Roman Egypt, Leuven 2015

Philippe Clancier, Le satammu, l'assemblée de l'Esagil et les Babyloniens. Les notables de Babylone. Du relais local à la marginalization, in: Christophe Feyel, Julien Fournier, Laëtitia Graslin-Thomé und François Kirbihler (Hgg.), Communautés locales et pouvoir central dans l'Orient hellénistique et romain, Paris 2012, 298–326

Sandra Coussement, ‚Because I am Greek'. Polyonymy as an expression of ethnicity in Ptolemaic Egypt, Leuven/Paris/Bristol 2016

Pierre Debord, L'Asie mineure au IVe siècle (412–323 a. C.). Pouvoirs et jeux politiques, Bordeaux 1999

Malcolm Errington, Geschichte Makedoniens, München 1986

Robert Malcolm Errington, König und Stadt im hellenistischen Makedonien. Die Rolle des Epistates, Chiron 32, 2002, 51–63

Nicholas G. L. Hammond, The roles of the epistates in Macedonian contexts, Annual of the British School at Athens 94, 1999, 369–375

Miltiades B. Hatzopoulos, Macedonian Institutions under the Kings, Athen 1996

Miltiades B. Hatzopoulos, „Quaestiones Macedonicae". Lois, décrets et épistates dans les cités macédoniennes, Τεκμήρια 8, 2003–2004, 27–60

Miltiades B. Hatzopoulos, Ancient Macedonia, Berlin/Boston 2020

Jakob Munk Højte, The Admininstrative Organisation of the Pontic Kingdom, in: Jakob Munk Højte (Hg.), Mithridates VI and the Pontic Kingdom, Aarhus 2009, 121–130

Werner Huß, Die Verwaltung des ptolemaiischen Reichs, München 2011

Carol J. King, Macedonian Kingship and Other Political Institutions, in: Jospeh Roisman und Ian Worthington (Hgg.), Companion to ancient Macedonia, Malden (Mass.) 2010, 373–391

Hilmar Klinkott, Die Satrapienregister der Alexander- und Diadochenzeit, Stuttgart 2000

Stefan Pfeiffer, Die Ptolemäer. Im Reich der Kleopatra, Stuttgart 2017

3.4 Militär

Michel M. Austin, The Seleukids and Asia, in: Andrew Erskine (Hg.), A Companion to the Hellenistic World, Malden (Mass.) 2005, 121–133

Bezalel Bar-Kochva, The Seleucid Army. Organization and Tactics in the Great Campaigns, Cambridge 1976, 20–48

Tønnes Becker-Nielsen und Lisa Hannestad, War as a Cultural and Social Force. Essays on Warfare in Antiquity, Kopenhagen 2001

Richard A. Billows, Kings and Colonists. Aspects of Macedonian Imperialism, Leiden/New York/Köln 1995, 160–169

Andreas Blasius, Army and Society in Ptolemaic Egypt – A Question of Loyalty, Archiv für Papyrusforschung 47, 2001, 81–98

Lee L. Brice, Seleukos and Military Unrest in the Army of Alexander the Great, in: Roland Oetjen (Hg.), New Perspectives in Seleucid History, Archaeology and Numismatics. Studies in Honor of Getzel M. Cohen, Berlin/Boston 2020, 31–45

Friedrich Burrer, Sold und Verpflegungsgeld in klassischer und hellenistischer Zeit, in: Friedrich Burrer und Holger Müller (Hgg.), Kriegskosten und Kriegsfinanzierung in der Antike, Darmstadt 2008, 74–90

Stanley M. Burstein, Elephants for Ptolemy II. Ptolemaic policy in Nubian in the third century BC, in: P. McKechnie und P. Guillaume (Hgg.), Ptolemy II Philadelphus and his World, Boston 2008, 135–147

C. Jacob Butera und Matthew A. Sears, Battles and Battlefields of Ancient Greece. A Guide to their History, Topography and Archaeology, London 2019

Jean-Yves Carrez-Maratray, L'armée lagide sur le front du Delta intervenants et champes d'opération, in: Anne-Emmanuelle Veïsse und Stéphanie Wackenier (Hgg.), L'armée en Égypte aux époques perse, ptolémaïque et romaine, Genf 2014, 81–104

Angelos Chaniotis, War in the Hellenistic World. A Social and Cultural History, Oxford 2005

Jean-Christophe Couvenhes, Attaleia de Lydie et Philétaireia-sous-l'Ida dans l'accord entre Eumène Ier et les soldats mutinés (OGIS 266). Des colonies militaires?, in: Roland Oetjen (Hg.), New Perspectives in Seleucid History, Archaeology and Numismatics. Studies in Honor of Getzel M. Cohen, Berlin/Boston 2020, 603–622

François De Callataÿ, L'histoire des guerres Mithridatiques par les monnaies, Leuven 1997

François De Callataÿ, Guerres et monnayages à l'époque hellénistique. Essai de mise en perspective suivi d'une annexe sur le monnayage de Mithridate VI Eupator, in: Jean Andreau, Pierre Briant und R. Descat (Hgg.), Economie antique: la guerre dans les économies antiques, Saint-Bertrand-de-Comminges 2000, 337–364

Philip De Souza, Naval Forces, in: Philip Sabin, Hans van Wees und Michael Whitby (Hgg.), The Cambridge History of Greek and Roman Warfare. Vol. 1. Greece, the Hellenistic world and the rise of Rome, Cambridge 2007, 357–367

Philip De Souza, Naval Battles and Sieges, in: Philip Sabin, Hans van Wees und Michael Whitby (Hgg.), The Cambridge History of Greek and Roman Warfare. Vol. 1. Greece, the Hellenistic world and the rise of Rome, Cambridge 2007, 434–460

Gunnar Dumke, Überlegungen zur Finanzierung der Anabasis Antiochos' III., in: Christophe Feyel und Laetitia Graslin-Thomé (Hgg.), Antiochos III et l'Orient, Nancy 2017, 319–333

Arthur M. Eckstein, Mediterranean Anarchy, Interstate War, and the Rise of Rome, Berkeley 2006

David Engels, Mais où sont donc passes les soldats babyloniens? La place des contingents „indigènes" dans l'armée séleucide, in: Altay Coşkun und David Engels (Hgg.), Rome and the Seleukid East. Selected Papers from Seleukid Study Day V, Brüssel 2019, 403–433

Christopher Epplett, War elephants in the Hellenistic world, in: Waldemar Heckel, Lawrence A. Tritle und Pat V. Wheatley (Hgg.), Alexander's empire. Formulation to decay, Claremont (Calif.) 2007, 209–232

Christelle Fischer-Bovet, Army and society in Ptolemaic Egypt, Cambridge 2014

Christelle Fischer-Bovet, Un aspect des consequences des réformes de l'armée lagide. Soldats, temples égyptiens et inviolabilité (asylia), in: Anne-Emmanuelle Veïsse und Stéphanie Wackenier (Hgg.), L'armée en Égypte aux époques perse, ptolémaïque et romaine, Genf 2014, 137–169

Vincent Gabrielsen, Naval Warfare. Its Economic and Social Impact on Ancient Greek Cities, in: Tønnes Bekker-Nielsen und Lise Hannestad, War as a Cultural and Social Force. Essays on Warfare in Antiquity, Kopenhagen 2001, 72–89

Luz María García Fleitas and Germán Santana Henríquez, De la guerra marítima a la suntuosidad de Ptolomeo Filopátor, in: Cuadernos de Filología Clásica. Estudios Griegos e Indoeuropeos 11, 2001, 211–239

Volker Grieb, Zum Einfluss von militärischen Auseinandersetzungen auf die politische Kultur in hellenistischer Zeit, in: Linda-Marie Günther und Volker Grieb (Hgg.), Das imperiale Rom und der hellenistische Osten. Festschrift für Jürgen Deininger zum 75. Geburtstag, Stuttgart 2012, 51–67

Nicholas G. L. Hammond, Alexander's non-European troops and Ptolemy I's use of such troops, The Bulletin of the American Society of Papyrologists 33, 1996, 99–109

Miltiades B. Hatzopoulos, L'organisation de l'armée macédonienne sous les Antigonides: problèmes anciens et documents nouveaux, Athen 2001

Waldemar Heckel und R. Jones, Macedonian Warrior. Alexander's Elite Infantryman, Oxford 2006

Heinz Heinen, Heer und Gesellschaft im Ptolemäerreich, AncSoc 4, 1973, 91–114

Paul Johstono, The Army of Ptolemaic Egypt. 323–204 BC. An Institutional and Operational History, Barnsley 2020

Michael Kleu, Die Seepolitik Philipps V. von Makedonien, Bochum 2015

Marcel Launey, Recherches sur les armées hellénistiques, Paris 1949

Pierre Lévêque, La guerre à l'époche hellénistique, in: Problèmes de la guerre en Grèce ancienne, Paris 2. Aufl. 1999, 341–375

Andreas Mehl, Militärwesen und Verwaltung der Ptolemäer in Zypern, in: Rivista di Cultura Classica e Medioevale 38, 1996, 215–260

Peter Franz Mittag, Blood and Money. On the Loyalty of the Seleucid Army, Electrum 14, 2008, 47–56

William M. Murray, The Age of Titans. The Rise and Fall of the Great Hellenistic Navies, Oxford 2012

Holger Müller, Die Kosten des 3. Makedonischen Krieges, Historia 58.4, 2009, 438–467

Alexandre Noguera Borel, Le recrutement de l'armée macédonienne sous la royauté, in: Anne-Marie Guimier-Sorbets, Miltiade B. Hatzopoulos und Yvette Morizot (Hgg.), Rois, cités, nécropoles. Institutions, rites et monuments en Macédoine, Paris 2006, 227–237

Stefan Pfeiffer, Zur Einquartierung von Soldaten des ptolemäischen Heeres. Rechtsgrundlagen, Konflikte und Lösungsstrategien, in: Stefan Pfeiffer (Hg.), Ägypten unter fremden Herrschern zwischen Satrapie und römischer Provinz, Frankfurt am Main 2007, 165–185

Bérangière Redon, Le maillage militaire du Delta égyptien sous les Lagides, in: Anne-Emmanuelle Veïsse und Stéphanie Wackenier (Hgg.), L'armée en Égypte aux époques perse, ptolémaïque et romaine, Genf 2014, 45–80

Jonathan P. Roth, War, in: Philip Sabin, Hans van Wees und Michael Whitby (Hgg.), The Cambridge History of Greek and Roman Warfare. Vol. 1. Greece, the Hellenistic world and the rise of Rome, Cambridge 2007, 368–398

Sandra Scheuble, Bemerkungen zu den μισθοφόροι und τακτόμισθοι im ptolemäischen Ägypten, in: Raimar Eberhard, Holger Kockelmann, Stefan Pfeiffer und Maren Schentuleit (Hgg.), „... vor dem Papyrus sind alle gleich!" Papyrologische Beiträge zu Ehren von Bärbel Kramer, Berlin/New York 2009, 213–222

Sandra Scheuble, Griechen und Ägypter im ptolemäischen Heer. Bemerkungen zum Phänomen der Doppelnamen im ptolemäischen Ägypten, in: Robert Rollinger, Birgit Gufler, Martin Lang und Irene Madreiter (Hgg.), Interkulturalität in der Alten Welt. Vorderasien, Hellas, Ägypten und die vielfältigen Ebenen des Kontakts, Wiesbaden 2010, 551–560

Sandra Scheuble-Reiter, Die Katökenreiter im ptolemäischen Ägypten, München 2012

Matthew A. Sears, Understanding Greek Warfare. Understanding the ancient world, London/New York 2019

Nick Sekunda, The Seleucid Army, Stockport 1994

Nick Sekunda, The Ptolemaic Army, Stockport 1995

Nick Sekunda, Hellenistic Infantry Reform in 160s BC, Lodz 2001

Nick Sekunda, Land Forces, in: Philip Sabin, Hans van Wees und Michael Whitby (Hgg.), The Cambridge History of Greek and Roman Warfare. Vol. 1. Greece, the Hellenistic world and the rise of Rome, Cambridge 2007, 325–357

Nick Sekunda und Peter Dennis, The Macedonian Army after Alexander 323–168 BC, Oxford 2012

Nick Sekunda, The Antigonid Army, Danzig 2013

Nick Sekunda, The Seleukid Elephant Corps after Apameia, in: Altay Coşkun und David Engels (Hgg.), Rome and the Seleukid East. Selected Papers from Seleukid Study Day V, Brüssel 2019, 159–172

Ruth Sheppard, Alexander der Große und seine Feldzüge, Stuttgart 2009

Karin Sion-Jenkis, La disparition du mercenariat en Asie Mineure occidentale au IIe siècle a. C. Éléments de réflexion, in: Alain Bresson and Raymond Descat (Hgg.), Les cités d'Asie mineure occidentale au IIe siècle a. C., Paris 2001, 19–35

Guy Thompson Griffith, The Mercenaries of the Hellenistic World, Cambridge 1935

Fritz Uebel, Die Kleruchen Ägyptens unter den ersten sechs Ptolemäern, Berlin 1968

Katelijn Vandorpe, The Ptolemaic Army in Upper Egypt (2nd-1st centuries B. C.), in: Anne-Emmanuelle Veïsse und Stéphanie Wackenier (Hgg.), L'armée en Égypte aux époques perse, ptolémaïque et romaine, Genf 2014, 105–135

Edmond Van't Dack, Sur l'évolution des institutions militaires lagides, in: Armées et fiscalité dans le monde antique, Paris 1977, 77–105

3.5 Verhältnis zur indigenen Bevölkerung

3.5.1 Seleukiden

Claus Ambos, Antiochos III., das Gewand Nebukadnezars II. und das Schatzhaus des Marduk, in: Claus Ambos, Stephan Hotz, Gerald Schwedler und Stefan Weinfurter (Hgg.), Die Welt der Rituale: von der Antike bis heute, Darmstadt 2005, 205–212

Nathanael J. Andrade, Syrian Identity in the Greco-Roman World, Cambridge 2013

Gerassimos G. Aperghis, Antiochos IV and his Jewish Subjects. Political, Cultural and Religious Interaction, in: Kyle Erickson und Gillian Ramsey (Hgg.), Seleucid Dissolution. The Sinking of the Anchor, Wiesbaden 2011, 67–83

Marie-Françoise Baslez, Réprimer, pacifier ou persécuter? La gestion des minorités Durant la crise maccabéene d'après le dossier des mesures d'amnistie d'Antiochos IV et d'Antiochos V, in: Christophe Feyel und Laetitia Graslin-Thomé (Hgg.), Le projet politique d'Antiochos IV, Nancy 2014, 341–362

Paul-Alain Beaulieu, Nabû and Apollo. The two faces of Seleucid religious policy, in: Friedhelm Hoffmann und Karin Stella Schmidt (Hgg.), Orient und Okzident in hellenistischer Zeit. Beiträge zur Tagung „Orient und Okzident – Antagonismus oder Konstrukt? Machtstrukturen, Ideologien und Kulturtransfer in hellenistsicher Zeit", Würzburg, 10.-13.4.2008, Vaterstetten 2014, 13–30

Alice Bencivenni, „Massima considerazione". Forma dell'ordine e immagini del potere nella corrispondenza di Seleuco IV, Zeitschrift für Papyrologie und Epigraphik 176, 2011, 139–153

Johannes Christian Bernhardt, Die jüdische Revolution. Untersuchungen zu Ursachen, Verlauf und Folgen der hasmonäischen Erhebung, Berlin/Boston 2017

Elias Bickermann, Der Gott der Makkabäer. Untersuchungen über Sinn und Ursprung der makkabäischen Erhebung, Berlin 1937

Tom Boiy, Late Achaemenid and Hellenistic Babylon, Leuven-Paris-Dudley 2004

Tom Boiy und Peter Franz Mittag, Die lokalen Eliten in Babylonien, in: Boris Dreyer und Peter Franz Mittag (Hgg.), Lokale Eliten unter den hellenistischen Königen. Zwischen Kooperation und Konfrontation, Berlin 2011, 105–131

Tom Boiy, Babylon during Berossos' Lifetime, in: Johannes Haubold, Giovanni B. Lanfranchi, Robert Rollinger und John Stele (Hgg.), The World of Berossos, Wiesbaden 2013, 99–122

Matthew Canepa, Rival Images of Iranian Kingship and Persian Identity in Post-Achaimenid Western Asia, in: Rolf Strootman und Miguel John Versluys (Hgg.), Persianism in antiquity, Stuttgart 2017, 201–222

Boris Chrubasik, Kings and Usurpers in the Seleukid Empire. The Men who would be King, Oxford 2016

Boris Chrubasik, Sanctuaries, Priest-Dynasts and the Seleukid Empire, in: Sylvie Honigman, Christophe Nihan und Oded Lipschits (Hgg.), Times of Transition. Judea in the Early Hellenistic Period, Tel Aviv 2021, 161–176

Philippe Clancier und Gilles Gorre, The Integration of Indigenous Elites and the Development of poleis in the Ptolemaic and Seleucid Empires, in: Christelle Fischer-Bovet und Sitta von Reden (Hgg.), Comparing the Ptolemaic and Seleucid empires. Integration, communication, and resistance, Cambridge/New York 2021, 86–105

Altay Coşkun, Philologische, genealogische und politische Überlegungen zu Ardys und Mithradates, zwei Söhnen des Antiochos Megas (Liu. 33, 19, 9), Latomus 75.4, 2016, 849–861

Altay Coşkun, The chronology of the desecration of the Temple and the prophecies of Daniel 7–12 reconsidered, Historia 68.4, 2019, 436–462

Hannah M. Cotton and Michael Wörrle, Seleukos IV to Heliodorus. A new dossier of royal correspondence from Israel, Zeitschrift für Papyrologie und Epigraphik 159, 2007, 191–205

Edward Dąbrowa, Les Séleucides et l'Élimaïde, Parthica 6, 2004, 107–115

Monica D'Agostini, Asia Minor and the Many shades of a civil war. Observations on Achaios the Younger and his claim to the kingdom of Anatolia, in: Kyle Erickson (Hg.), The Seleukid Empire, 281–222 BC. War within the Family, Swansea 2018, 59–81

Frank Daubner, Gymnasia. Aspects of a Greek Institution in the Hellenistic and Roman Near East, in: Michael Blömer, Achim Lichtenberger und Rubina Raja (Hgg.), Religious Identities in the Levant from Alexander to Muhammed. Continuity and Change, Turnhout 2015, 33–46

Benedikt Eckhardt, Ethnos und Herrschaft. Politische Figurationen judäischer Identität von Antiochos III. bis Herodes I., Berlin/Boston 2013

Benedikt Eckhardt, The Hasmoneans and their rivals in Seleucid and post-Seleucid Judea, Journal for the Study of Judaism in the Persian, Hellenistic and Roman Period 47.1, 2016, 55–70

Benedikt Eckhardt, The Seleucid administration of Judea, the high priesthood and the rise of the Hasmoneans, Journal of Ancient History 4.1, 2016, 57–87

Benedikt Eckhardt, Die „hellenistische Krise" und der Makkabäeraufstand in der neueren Diskussion, Theologische Literaturzeitung 143.10, 2018, 983–998

Samuel K. Eddy, The King is Dead. Studies in Near Eastern Resistance to Hellenism (334–41 B. C.), Lincoln 1961

Kay Ehling, Unruhen, Aufstände und Abfallbewegungen der Bevölkerung in Phönikien, Syrien und Kilikien unter den Seleukiden, Historia 52.3, 2003, 300–336

David Engels, Middle Eastern ‚Feudalism' and Seleucid Dissolution, in: Kyle Erickson und Gillian Ramsey (Hgg.), Seleucid Dissolution. The Sinking of the Anchor, Wiesbaden 2011, 19–36

David Engels, Antiochos III. der Große und sein Reich. Überlegungen zur ‚Feudalisierung' der seleukidischen Peripherie, in: Friedhelm Hoffmann und Karin Stella Schmidt (Hgg.), Orient und Okzident in hellenistischer Zeit, Vaterstetten 2014, 31–75

David Engels, „Je veux être calife à la place du calife"? Überlegungen zur Funktion der Titel „Grosskönig" und „König der Könige" vom 3. zum 1. Jh. v. Chr, in: Victor Cojocaru, Altay Coşkun and Madalina Dana (Hgg.), Interconnectivity in the Mediterranean and Pontic world during the Hellenistic and Roman periods, Cluj-Napoca 2014, 333–362

David Engels, Benefactors, Kings, Rulers. Studies on the Seleukid Empire between East and West, Leuven/Paris/Bristol 2017

David Engels, Iranian identity and Seleukid allegiance. Vahbarz, the frataraka and early Arsakid coinage, in: Kyle Erickson (Hg.), The Seleukid Empire, 281–222 BC. War within the Family, Swansea 2018, 173–196

Kyle Erickson, Apollo-Nabû. The Babylonian Policy of Antiochos I, in: Kyle Erickson und Gillian Ramsey (Hgg.), Seleucid Dissolution. The Sinking of the Anchor, Wiesbaden 2011, 51–65

Bernd Funck, „König Perserfreund". Die Seleukiden in der Sicht ihrer Nachbarn (Beobachtungen zu einigen ptolemäischen Zeugnissen des 4. und 3. Jh.s v. Chr.), in: Bernd Funck (Hg.), Hellenismus. Beiträge zur Erforschung von Akkulturation und politischer Ordnung in den Staaten des hellenistischen Zeitalters, Tübingen 1996, 195–215

Dov Gera, Olympiodoros, Heliodoros and the temples of Koilē Syria and Phoinikē, Zeitschrift für Papyrologie und Epigraphik 169, 2009, 125–155

François Gerardin, D'un Grand roi à l'autre. La Syrie-Coélé entre rivalités idéologiques et transition impériale de Ptolémée IV à Antiochos III, in: Christophe Feyel und Laetitia Graslin-Thomé (Hgg.), Antiochos III et l'Orient, Nancy 2017, 81–106

Gilles Gorre und Sylvie Honigman, La politique d'Antiochos IV à Jerusalem à la lumière des relations entre rois et temples aux époques perse et hellénistique (Babylonie, Judée et Égypte), in: Christophe Feyel und Laetitia Graslin-Thomé (Hgg.), Le projet politique d'Antiochos IV, Nancy 2014, 301–338

Lester L. Grabbe, The Hellenistic city of Jerusalem, in: John Raymond Bartlett (Hg.), Jews in the Hellenistic and Roman cities, London 2002, 6–21

Tibor Grüll, The date and circumstances of the Heliodoros affair. Considerations on the Seleucus IV dossier from Maresha, Acta Classica Universitatis Scientiarum Debreceniensis 46, 2010, 9–19

Johannes Haubold, Converging perspectives on Antiochos III, in: Boris Chrubasik und Daniel King (Hgg.), Hellenism and the local communities of the Eastern Mediterranean. 400 BCE-250 CE, Oxford 2017, 111–130

Martin Hengel, Judaism and Hellenism revisited, in: John Joseph Collins und Gregory E. Sterling (Hgg.), Hellenism in the land of Israel, Notre Dame (Ind.) 2001, 6–37

Sylvie Honigman, Tales of high priests and taxes: the books of the Maccabees and the Judean rebellion against Antiochos IV, Berkeley (Calif.) 2014

Michael Jursa, Babylonian Priestly Literature as a Response to the Macedonian Conquest, in: Kai Trampedach und Alexander Meeus (Hgg.), The legitimation of conquest. Monarchical representation and the art of government in the empire of Alexander the Great, Stuttgart 2020, 165–177

Othmar Keel und Urs Staub, Hellenismus und Judentum. Vier Studien zu Daniel 7 und zur Religionsnot unter Antiochus IV., Göttingen 2000

Hilmar Klinkott, Königsstadt und Polis – Konflikt im hellenistischen Babylon, in: Stefan Pfeiffer und Gregor Weber (Hgg.), Gesellschaftliche Spaltungen im Zeitalter des Hellenismus (4.-1. Jahrhundert v. Chr.), Stuttgart 2021, 83–105

Paul J. Kosmin, The land of the elephant kings. Space, territory, and ideology in the Seleucid Empire, Cambridge (Mass.) 2014

Paul J. Kosmin, Seeing double in Seleucid Babylonia. Rereading the Borsippa cylinder of Antiochus I, in: Alfonso Moreno und Rosalind Thomas (Hgg.), Patterns of the past. „epitēdeumata" in the Greek tradition, Oxford/New York 2014, 173–198

Paul J. Kosmin, Indigenous revolts in 2 Maccabees. The Persian version, Classical Philology 111.1, 2016, 32–53

Paul J. Kosmin, Time and its adversaries in the Seleucid empire, Cambridge (Mass.) 2018

Amélie Kuhrt, Berossus Babyloniaka and Seleucid Rule in Babylonia, in: Amélie Kuhrt und Susan M. Sherwin-White (Hgg.), Hellenism in the East: the interaction of Greek and non-Greek civilizations from Syria to Central Asia after Alexander, London 1987, 32–56

Amélie Kuhrt, The Seleucid kings and Babylonia. New perspectives on the Seleucid realm in the east, in: Per Bilde, Troels Engberg-Pedersen, Lise Hannestad und Jan Zahle (Hgg.), Religions and Religious Practice in the Seleucid Kingdom, Aarhus 1990, 41–45

Charlotte Lerouge-Cohen, Persianism in the Kingdom of Pontic Kappadokia. The Genealogical Claims of the Mithridatids, in: Rolf Strootman und Miguel John Versluys (Hgg.), Persianism in antiquity, Stuttgart 2017, 223–233

Achim Lichtenberger, Die Jerusalemer Religionsreform im Kontext. Antiochos IV., Antiochia und Zeus Olympios, in: F. Avemarie et al. (Hgg.), Die Makkabäer, Tübingen 2017, 1–20

John T. Ma, Relire les „Institutions des Séleucides" de Bikerman, in: Stéphane Benoist (Hg.), Rome, a city and its empire in perspective: the impact of the Roman world through Fergus Millar's research = Rome, une cité impériale en jeu. L'impact du monde romain selon Fergus Millar, Leiden/Boston (Mass.) 2012, 59–84

Laurianne Martinez-Sève, La ville de Suse à l'époque hellénistique, Revue Archéologique, N. S. 1, 2002, 31–54

Andreas Mehl, Gedanken zur „herrschenden Gesellschaft" und zu den Untertanen im Seleukidenreich, Historia 52.2, 2003, 147–160

Wolfgang Messerschmidt, Babylon in achaemenidischer und hellenistsicher Zeit. Eine Stellungnahme zur aktuellen Forschungsdiskussion, in: Michael Blömer, Achim Lichtenberger und Rubina Raja (Hgg.), Religious Identities in the Levant from Alexander to Muhammed. Continuity and Change, Turnhout 2015, 229–246

Peter Franz Mittag, Die Seleukiden in Mesopotamien. Tradition und Neuerung, in: Friedhelm Hoffmann und Karin Stella Schmidt (Hgg.), Orient und Okzident in hellenistischer Zeit, Vaterstetten 2014, 167–184

Peter Franz Mittag, Antiochus IV Epiphanes's Policy towards the Jews, in: George van Kooten und Jacques van Ruiten (Hgg.), Intolerance, Polemics, and Debate in Antiquity Politico-Cultural, Philosophical, and Religious Forms of Critical Conversation, Leiden 2019, 186–204

Julien Monerie, D'Alexandre à Zoilos. Dictionnaire prosopographique des porteurs de nom grec dans les sources cuneiforms, Stuttgart 2014

Andrew Monson, The Jewish high priesthood for sale: farming out temples in the Hellenistic Near East, Journal of Jewish studies 67.1, 2016, 15–35

Federicomaria Muccioli, Antioco III e la politica onomastica dei Seleucidi, Electrum 18, 2010, 81–96

Federicomaria Muccioli, Elementi per una riconsiderazione delle etnie minoritarie nel regno dei seleucidi, Ricerche Storico Bibliche 27.1, 2015, 71–89

Federicomaria Muccioli, „Transferts" culturali e cultuali nell'oriente ellenistico. A proposito di alcuni recenti modelli interpretativi, in: Sileno 43.1–2, 2017, 121–148

Federicomaria Muccioli, Antioco IV, I Giudei e l'unità del regno seleucide (Mach. I 1, 41–42), in: Roland Oetjen (Hg.), New Perspectives in Seleucid History, Archaeology and Numismatics. Studies in Honor of Getzel M. Cohen, Berlin/Boston 2020, 540–557

Wilhelm Müseler, Die sogenannten dunklen Jahrhunderte der Persis. Anmerkungen zu einem lange vernachlässigten Thema, Jahrbuch für Numismatik und Geldgeschichte 55–56, 2005–2006, 75–103

Joachim Oelsner, „Sie ist gefallen, sie ist gefallen, Babylon, die große Stadt". Vom Ende einer Kultur, Stuttgart 2002

Peter Panitschek, Die Seleukiden als Erben des Achämenidenreiches, Frankfurt am Main 2016

Victor Parker, On the Historical Value of 2 Maccabees, Klio 102.1, 2020, 44–70

Stefan Pfeiffer, The Representation of the Victorious King, in: Sylvie Honigman, Christophe Nihan und Oded Lipschits (Hgg.), Times of Transition. Judea in the Early Hellenistic Period, Tel Aviv 2021, 43–52

Stefan Pfeiffer und Hilmar Klinkott, Legitimizing the Foreign King in the Ptolemaic and Seleucid Empires. The Role of Local Elites and Priests, in: Christelle Fischer-Bovet und Sitta von Reden (Hgg.), Comparing the Ptolemaic and Seleucid empires. Integration, communication, and resistance, Cambridge/New York 2021, 233–261

Reinhard Pirngruber, The economy of Late Achaemenid and Seleucid Babylonia, Cambridge 2017

Sonja Plischke, Die Seleukiden und Iran. Die seleukidische Herrschaftspolitik in den östlichen Satrapien, Wiesbaden 2014

Sonja Plischke, Persianism under the early Seleukid Kings? The Royal Title ‚Great King', in: Rolf Strootman und Miguel John Versluys (Hgg.), Persianism in antiquity, Stuttgart 2017, 163–176

Gillian Ramsey, Generals and Cities in Late-Seleukid and Early-Parthian Babylonia, in: Altay Coşkun und David Engels (Hgg.), Rome and the Seleukid East. Selected Papers from Seleukid Study Day V, Brüssel 2019, 435–456

Uriel Rappaport, Did Heliodorus try to rob the treasures of the Jerusalem Temple? Date and probability of the story of II Maccabees, 3, Revue des Études Juives 170.1–2, 2011, 3–19

Maurice Sartre, Religion und Herrschaft. Das Seleukidenreich, Saeculum 57.2, 2006, 163–190

Mustafa Hamdi Sayar, Kilikien und die Seleukiden. Ein Beitrag zur Geschichte Kilikiens unter der Seleukidenherrschaft anhand einer neuentdeckten Festung und einer neugefundenen Inschrift, in: Studien zum antiken Kleinasien 4, Asia Minor Studien 34, Bonn 1999, 125–136

Benjamin Scolnic, Reading Backwards. Antiochos IV and his Relationship with Rome, in: Altay Coşkun und David Engels (Hgg.), Rome and the Seleukid East. Selected Papers from Seleukid Study Day V, Brüssel 2019, 217–254

Joann Scurlock, 167 BCE: Hellenism or reform?, Journal for the Study of Judaism in the Persian, Hellenistic and Roman Period 31.2, 2000, 125–161

Susan Sherwin-White und Amélie Kuhrt, From Samarkhand to Sardis. A new approach to the Seleucid empire, London 1993

Michael Sommer, Babylonien im Seleukidenreich. Indirekte Herrschaft und indigene Bevölkerung, Klio 82.1, 2000, 73–90

Kathryn Stevens, The Antiochus Cylinder, Babylonian scholarship and Seleucid imperial ideology, The Journal of Hellenic Studies 134, 2014, 66–88

Rolf Strootman, Hellenistic court society. The Seleukid imperial court under Antiochos the Great, 223–187 BCE, in: J. Duindam, M. Kunt und T. Artan (Hgg.), Royal Courts in Dynastic States and Empires. A Global Perspective, Leiden/Boston (Mass.) 2011, 63–89

Rolf Strootman, ‚The Heroic Company of my Forebears'. The Ancestor Galleries of Antiochos I of Kommagene at Nemrut Daği, in: Altay Coşkun und Alex McAuley (Hgg.), Seleukid Royal Women. Creation, Representation and Distortion of Hellenistic Queenship in the Seleukid Empire, Stuttgart 2016, 209–229

Rolf Strootman, Imperial Persianism. Seleukids, Arsakids and fratarakā, in: Rolf Strootman und Miguel John Versluys (Hgg.), Persianism in antiquity, Stuttgart 2017, 177–200

Rolf Strootman, Antiochos IV and Rome. The Festival at Daphne (Syria), the Treaty of Apameia and the Revival of Seleukid Expansionism in the West, in: Altay Coşkun und David Engels (Hgg.), Rome and the Seleukid East. Selected Papers from Seleukid Study Day V, Brüssel 2019, 173–215

Rolf Strootman, The Great Kings of Asia. Imperial Titulature in the Seleukid and Post-Seleukid Middle East, in: Roland Oetjen (Hg.), New Perspectives in Seleucid History, Archaeology and Numismatics. Studies in Honor of Getzel M. Cohen, Berlin/Boston 2020, 123–157

Rolf Strootman, The Seleukid Empire, in: Rachel Mairs (Hg.), The Graeco-Bactrian and Indo-Greek World, London/New York 2020, 11–37

Michael J. Taylor, Sacred plunder and the Seleucid Near East, Greece and Rome, Ser. 2, 61.2, 2014, 222–241

Wolfgang M. Thiel, Studien zum hellenistischen Siedlungswesen in Palästina und Transjordanien. Historische und archäologische Untersuchungen zur städtebaulichen Entwicklung ausgewählter Siedlungen unter den Ptolemäern und Seleukiden, München 2007

Paul Vădan, The inception of the Seleukid Empire, Journal of Ancient History 5.1, 2017, 2–25

Marc WAELKENS, Ein Blick von der Ferne. Seleukiden und Attaliden in Pisidien, Istanbuler Mitteilungen 54, 2004, 435–471
Byron WALDRON, Seleucid strategies for the establishment and maintenance of their kingdom in the 3rd century BC, Ancient History 46, 2016, 78–101
Gregor WEBER, Mächtige Könige und mächtige Priester? Kommunikation und Legitimation im ptolemäischen Ägypten, in: Andreas Hartmann und Gregor Weber (Hgg.), Zwischen Antike und Moderne, Speyer 2012, 97–117
Steven WEITZMAN, Plotting Antiochus's persecution, Journal of Biblical Literature 123.2, 2004, 219–234
Sidsel Maria WESTH-HANSEN, Hellenistic Uruk revisited. Sacred architecture, Seleucid policy, and cross-cultural interaction, in: Rubina Raja (Hg.), Contextualizing the sacred in the Hellenistic and Roman Near East. Religious identities in local, regional, and imperial settings, Turnhout 2017, 155–168
Josef WIESEHÖFER, Discordia et Defectio – Dynamis kai Pithanourgia. Die frühen Seleukiden und Iran, in: Bernd Funck (Hg.), Hellenismus. Beiträge zur Erforschung von Akkulturation und politischer Ordnung in den Staaten des hellenistischen Zeitalters, Tübingen 1996, 29–56
Josef WIESEHÖFER, Συνοίκησις und ἀπορία χρημάτων. Antiochos IV. und die Heiligtümer der Elymais, in: Norbert Ehrhardt und Linda-Marie Günther (Hgg.), Widerstand – Anpassung – Integration: die griechische Staatenwelt und Rom. Festschrift für Jürgen Deininger zum 65. Geburtstag, Stuttgart 2002, 109–120
Julia WILKER, Von Aufstandsführern zur lokalen Elite. Der Aufstieg der Makkabäer, in: Boris Dreyer und Peter Franz Mittag (Hgg.), Lokale Eliten unter den hellenistischen Königen. Zwischen Kooperation und Konfrontation, Berlin 2011, 216–252

3.5.2 Ptolemäer

Johan ADLER, Governance in Ptolemaic Egypt: from Raphia to Cleopatra VII (217–31 B. C.). Class-based „colonialism"?, Akroterion 50, 2005, 27–38
Andreas BLASIUS und B. U. SCHIPPER (Hgg.), Apokalyptik und Ägypten. Eine kritische Analyse der relevanten Texte aus dem griechisch-römischen Ägypten, Orientalia Lovaniensia Analecta 107, Leuven-Paris-Sterling 2002, 277–302
Willy CLARYSSE, The Ptolemies visiting the Egyptian chora, in: Léon Mooren (Hg.), Politics, administration and society in the Hellenistic and Roman world, Leuven 2000, 29–53
Willy CLARYSSE, Egyptian temples and priests. Graeco-Roman, in: Alan B. Lloyd (Hg.), A companion to ancient Egypt, Chichester 2010, 274–290
Gilles GORRE, Les relations du clergé égyptien et des Lagides d'après la documentation privée, Cahiers du Centre Gustave Glotz 14, 2003, 23–43
Gilles GORRE, Ptolemy Son of Lagos and the Egyptian Elite, in: Timothy Howe (Hg.), Ptolemy I Soter. A Self-Made Man, Oxford/Philadelphia 2018, 128–154
Gilles GORRE und Anne-Emmanuelle VEÏSSE, Birth and Disappearance of the Priestly Synods in the Time of the Ptolemies, in: Gilles Gorre und Stéphanie Wackenier (Hgg.), Quand la fortune du royaume ne dépend pas de la vertu du prince. Un renforcement de la monarchie Lagide de Ptolémée VI à Ptolémée X (169–88 av. J.-C.)?, Leuven/Paris/Bristol 2020, 113–139
Erhard GRZYBEK, Le pouvoir des reines lagides. Son origine et sa justification, in: Florence Bertholet, Anne Bielman Sánchez, Regula Frei-Stolba und Mireille Cor-

bier (Hgg.), Egypte, Grèce, Rome. Les différents visages des femmes antiques, Bern/Frankfurt am Main 2008, 25–38

Hans Hauben, A Phoenician king in the service of the Ptolemies. Philocles of Sidon revisited, Ancient Society 34, 2004, 27–44

Werner Huß, Der makedonische König und die ägyptischen Priester. Studien zur Geschichte des ptolemäischen Ägypten, Stuttgart 1994

Alexandros Kampakoglou, Danaus βουγενής. Greco-Egyptian mythology and Ptolemaic kingship, Greek, Roman and Byzantine Studies 56.1, 2016, 111–139

Yoshiki Kanazawa, Legal aspects of ethnicity in Hellenistic Egypt, Journal of Classical Studies 44, 1996, 84–95

Ludwig Koenen, Die Apologie des Töpfers an König Amenophis oder das Töpferorakel, in: Andreas Blasius und Bernd U. Schipper (Hgg.), Apokalyptik und Ägypten. Eine kritische Analyse der relevanten Texte aus dem griechisch-römischen Ägypten, Leuven/Paris/Sterling 2002, 139–187

Eva Christina Käppel, Die Prostagmata der Ptolemäer, Leiden/Boston/Paderborn 2021

Csaba A. La'da, Amnesty in Hellenistic Egypt. A Survey of the Sources, in: K. Harter-Uibopouu und F. Mitthoff (Hgg.), Vergeben und Vergessen? Amnestie in der Antike, Beiträge zum 1. Wiener Kolloquium zur antiken Rechtsgeschichte 27.-28.10.2008, Wien 2013, 163–209

Alan B. Lloyd, The Egyptian elite in the early Ptolemaic Period. Some hieroglyphic evidence, in: Daniel Ogden (Hg.), The Hellenistic World. New Perspectives, Swansea/London 2002, 117–153

Brian C. Mcging, Revolt Egyptian style. Internal opposition to Ptolemaic rule, Archiv für Papyrusforschung und Verwandte Gebiete 43.2, 1997, 273–314

Brian C. Mcging, Revolt in Ptolemaic Egypt. Nationalism revisited, in: Paul Schubert (Hg.), Actes du 26e Congrès International de Papyrologie, Genf 2012, 509–516

Paul Mckechnie und Jennifer Cromwell (Hgg.), Ptolemy I and the transformation of Egypt, 404–282 BCE, Leiden/Boston 2018

Martina Minas-Nerpel, Die Dekorationstätigkeit von Ptolemaios VI. Philometor und Ptolemaios VIII. Euergetes II. an ägyptischen Tempeln, Orientalia Lovaniensia Periodica 28, 1997, 87–121

Martina Minas-Nerpel, Koregentschaft und Thronfolge. Legitimation ptolemäischer Machtstrukturen in den ägyptischen Tempeln der Ptolemäerzeit, in: Friedhelm Hoffmann und Karin Stella Schmidt (Hgg.), Orient und Okzident in hellenistischer Zeit, Vaterstetten 2014, 143–166

Peter Nadig, Zwischen König und Karikatur. Das Bild Ptolemaios' VIII. im Spannungsfeld der Überlieferung, München 2007

Christian Onasch, Zur Königsideologie der Ptolemäer in den Dekreten von Kanopus und Memphis (Rosettana), Archiv für Papyrusforschung 24/25, 1976, 137–155

James L. O'Neil, Places and origin of the officials of Ptolemaic Egypt, Historia 55.1, 2006, 16–25

James L. O'Neil, The native revolt against the Ptolemies (206–185 BC). Achievements and limitations, Chronique d'Égypte 87.173, 2012, 133–149

Stefan Pfeiffer, Das Dekret von Kanopos (238 v.Chr.). Kommentar und historische Auswertung eines dreisprachigen Synodaldekretes der ägyptischen Priester zu Ehren Ptolemaios' III. und seiner Familie, München u. a. 2004

Stefan Pfeiffer, Die Bekämpfung einer drohenden Hungersnot durch Ptolemaios III. und seine Gemahlin Berenike II., in: Andreas Gestrich und Lutz Raphael (Hgg.), Inklusion/Exklusion. Studien zu Fremdheit und Armut von der Antike bis zur Gegenwart, Bern/Frankfurt am Main 2004, 245–263

Stefan Pfeiffer, Das Dekret von Rosette. Die ägyptischen Priester und der Herrscherkult, in: Gregor Weber (Hg.), Alexandreia und das ptolemäische Ägypten. Kulturbegegnungen in hellenistischer Zeit, Berlin 2010, 84–108

Stefan Pfeiffer, Die Ptolemäer. Im Reich der Kleopatra, Stuttgart 2017

Stefan Pfeiffer, Innere Konflikte und herrschaftliche Versöhnungsstrategien im ptolemäischen Ägypten (3.-2. Jh. v. Chr.), in: Stefan Pfeiffer und Gregor Weber (Hgg.), Gesellschaftliche Spaltungen im Zeitalter des Hellenismus (4.-1. Jahrhundert v. Chr.), Stuttgart 2021, 107–127

Joachim Friedrich Quack, Zu einer angeblich apokalyptischen Passage in den Ostraka des Hor, in: Andreas Blasius und Bernd U. Schipper (Hgg.), Apokalyptik und Ägypten. Eine kritische Analyse der relevanten Texte aus dem griechisch-römischen Ägypten, Leuven/Paris/Sterling 2002, 243–252

Patrick Sänger, Die ptolemäische Organisationsform politeuma. Ein Herrschaftsinstrument zugunsten jüdischer und anderer hellenischer Gemeinschaften, Tübingen 2019

Martin Andreas Stadler, Die Krönung der Ptolemäer zu Pharaonen, Würzburger Jahrbücher für die Altertumswissenschaft, N. F. 36, 2012, 59–95

Heinz-Josef Thissen, Das Lamm des Bokchoris, in: Andreas Blasius und Bernd U. Schipper (Hgg.), Apokalyptik und Ägypten. Eine kritische Analyse der relevanten Texte aus dem griechisch-römischen Ägypten, Leuven/Paris/Sterling 2002, 113–136

Anne-Emmanuelle Veïsse, Les „révoltes égyptiennes“. Recherches sur les troubles intérieurs en Égypte du règne de Ptolémée III Évergète à la conquête romaine, Leuven 2004

Anne-Emmanuelle Veïsse, Le discours sur les violences dans l'Égypte hellénistique: le clergé face aux révoltes, in: Jean-Marie Bertrand (Hg.), La violence dans les mondes grec et romain, Paris 2005, 213–223

Anne-Emmanuelle Veïsse, Statut et identité dans l'Égypte des Ptolémées. Les désignations d'„Hellènes“ et d'„Égyptiens“, Ktèma 32, 2007, 279–291

Anne-Emmanuelle Veïsse, Polybe, les Lagides et les rebelles, Cahiers du Centre Gustave Glotz 27, 2016, 199–213

Valérie Wyns, The state ideology of the Ptolemies. Origins and influences, Chronique d'Égypte 92.183, 2017, 137–174

3.6 Verhältnis zu den griechischen *póleis*

Pascal Arnaud, Mallos, Antioche du Pyrame, Magarsus. Toponymie historique et aléas politiques d'un „hellenistique settlement“, in: Roland Oetjen (Hg.), New Perspectives in Seleucid History, Archaeology and Numismatics. Studies in Honor of Getzel M. Cohen, Berlin/Boston 2020, 574–602

Ilias N. Arnaoutoglou, ‚Ils étaient dans la ville, mais tout à fait en dehors de la cité'. Status an identity in private religious assosications in Hellenistic Athens, in: Onno M. van Nijf und Richard Alston (Hgg.), Political Culture in the Greek City After the Classical Age, Leuven/Paris/Walpole 2011, 27–48

Richard A. Billows, Kings and Colonists. Aspects of Macedonian Imperialism, Leiden-New York-Köln 1995

Klaus Bringmann, Geben und Nehmen. Monarchische Wohltätigkeit und Selbstdarstellung im Zeitalter des Hellenismus, Berlin 2000

Klaus Bringmann und Hans Von Steuben (Hgg.), Schenkungen hellenistischer Herrscher an griechische Städte und Heiligtümer, Teil I, Zeugnisse und Kommentare, Berlin 1995

Angelos Chaniotis, Akzeptanz von Herrschaft durch ritualisierte Dankbarkeit und Erinnerung, in: Claus Ambos, Stephan Hotz, Gerald Schwedler und Stefan Weinfurter (Hgg.), Die Welt der Rituale: von der Antike bis heute, Darmstadt 2005, 188–204

Angelos Chaniotis, Emotional language in Hellenistic decrees and Hellenistic histories, in: Manuela Mari und John Thornton (Hgg.), Parole in movimento. Linguaggio politico e lessico storiografico nel mondo ellenistico, Pisa/Roma 2013, 339–352

Angelos Chaniotis, Public Subscriptions and Loanes as Social Capital in the Hellenistic City. Reciprocity, Performance, Commemoration, in: P. Martzavou und N. Papazarkadas (Hgg.), Epigraphical Approaches to the Postclassical Polis. Fourth Century BC to Second Century AD, Oxford 2013, 89–106

Getzel M. Cohen, The Hellenistic settlements in Europe, the Islands and Asia Minor, Berkeley u. a. 1995

Frank Daubner, Seleukidische und attalidische Gründungen in Westkleinasien – Datierung, Funktion und Status, in: Frank Daubner (Hg.), Militärsiedlungen und Territorialherrschaft in der Antike, Berlin/New York 2011, 41–63

Steffen Diefenbach, Demetrius Poliorcetes and Athens. Ruler cult and antimonarchic narratives in Plutarch's „Life of Demetrius", in: Henning Börm (Hg.), Antimonarchic discourse in antiquity, Stuttgart 2015, 113–151

Sviatoslav Dmitriev, City Government in Hellenistic and Roman Asia Minor, Oxford New York 2005

Boris Dreyer, City elite and the administration of the Attalid kingdom after the peace of Apameia. Evidence, research and methodological thoughts, in: Lynette Gail Mitchell, Lene Rubinstein und John Kenyon Davies (Hgg.), Greek history and epigraphy. Essays in honour of P. J. Rhodes, Swansea 2009, 33–45

Boris Dreyer, Die Rolle der lokalen Eliten abhängiger griechischer Städte vor dem Hintergrund der Entwicklung königlicher Administration und städtischer Politik im 2. Jh. v. Chr. Klio 92, 2010, 344–368

Philip Egetenmeier, Zwischen zwei Welten. Die Königsfreunde im Dialog zwischen Städten und Monarchen vom Jahr der Könige bis zum Frieden von Apameia (306–188 v. Chr.), Stuttgart 2021

Aneurin Ellis-Evans, The Ideology of Public Subscriptions, in: P. Martzavou und N. Papazarkadas (Hgg.), Epigraphical Approaches to the Postclassical Polis. Fourth Century BC to Second Century AD, Oxford 2013, 107–121

Martin Flashar, Panhellenische Feste und Asyl. Parameter lokaler Identitätsstiftung in Klaros und Kolophon, Klio 81.2, 1999, 412–436

Peter Marshall Fraser, Rezension von Orth 1977, Classical Review 30, 1980, 157 f.

Marc Domingo Gygax, Benefaction and Rewards in the Ancient Greek City. The Origins of Euergetism, Cambridge 2016

Christian Habicht, Athen und die Seleukiden, Chiron 18, 1989, 7–26

Kaja Harter-Uibopuu, Money for the polis. Public administration of private donations in Hellenistic Greece, in: Onno M. van Nijf und Richard Alston (Hgg.), Political Culture in the Greek City After the Classical Age, Leuven/Paris/Walpole 2011, 119–139

Alfred Heuß, Stadt und Herrscher des Hellenismus in ihren staats- und völkerrechtlichen Beziehungen, Leipzig 1937

Ioanna Kralli, Athens and the Hellenistic kings (338–261 B. C.). The language of the decrees, Classical Quarterly, N. S., 50.1, 2000, 113–132

John Ma, Statues and Cities. Honorific Portraits and Civic Identity in the Hellenistic World, Oxford 2013

Rachel Mairs und Christelle Fischer-Bovet, Reassessing Hellenistic Settlement Policies. The Seleucid Far East, Ptolemaic Red Sea Basin and Egypt, in: Christelle Fischer-Bovet und Sitta von Reden (Hgg.), Comparing the Ptolemaic and Seleucid empires. Integration, communication, and resistance, Cambridge/New York 2021, 48–85

Christian Marek, Geschichte Kleinasiens in der Antike, 3. Aufl., München 2017

Andreas Mehl, Gedanken zu den ptolemäischen Siedlungsgründungen in Zypern, in: Roland Oetjen (Hg.), New Perspectives in Seleucid History, Archaeology and Numismatics. Studies in Honor of Getzel M. Cohen, Berlin/Boston 2020, 648–660

Ludwig Meier, Die Finanzierung öffentlicher Bauten in der hellenistischen Polis, Mainz 2012

Christian Mileta, Der König und sein Land. Untersuchungen zur Herrschaft der hellenistischen Monarchen über das Königliche Gebiet Kleinasiens und seine Bevölkerung, Berlin 2008

Christian Mileta, Überlegungen zum Charakter und zur Entwicklung der Neuen Poleis im hellenistischen Kleinasien, in: Albrecht Matthaei und Martin Zimmermann (Hgg.), Stadtbilder im Hellenismus, Berlin 2009, 70–89

Katja Mueller, Settlements of the Ptolemies. City foundations and new settlement in the Hellenistic world, Leuven u. a. 2006

Christel Müller, Oligarchy and the Hellenistic City, in: Henning Börm und Nino Luraghi (Hgg.), The Polis in the Hellenistic World, Stuttgart 2018, 27–52

Wolfgang Orth, Königlicher Machtanspruch und städtische Freiheit: Untersuchungen zu den politischen Beziehungen zwischen den ersten Seleukidenherrschern (Seleukos I., Antiochos I., Antiochos II.) und den Städten des westlichen Kleinasiens, München 1977

Paschalis Paschidis, Φίλοι and φιλία between Poleis and Kings in the Hellenistic Period, in: Manuela Mari und John Thornton (Hgg.), Parole in movimento. Linguaggio politico e lessico storiografico nel mondo ellenistico, Pisa/Roma 2013, 283–298

Éric Perrin-Saminadayar, Du bon usage de la diplomatie. Ambassade athénienne auprès de Ptolémée VI et d'Antiochos IV, in: Jean-Luc Breuil (Hg.), „Ἐν κοινωνίᾳ πᾶσα φιλία". Mélanges offerts à Bernard Jacquinod, Saint-Étienne 2006, 217–226

Andrea Primo, Fondazioni di Antioco I Soter in Caria, Electrum 18, 2010, 67–80

Andrea Primo, La tradizione storiografica sulle tre colonie di Antioco I Soter in Caria, Sileno 43.1–2, 2017, 181–195

Gillian Ramsey, The Queen and the city. Royal female intervention and patronage in Hellenistic civic communities, in: Lin Foxhall und Gabriele Neher (Hgg.), Gender and the city before modernity, Chichester/Malden (Mass.) 2013, 20–37

Kent J. Rigsby, Asylia. Territorial Inviolability in the Hellenistic World, Berkeley/Los Angeles/London 1996

Mustafa Hamdi Sayar, Kilikien und die Seleukiden. Ein Beitrag zur Geschichte Kilikiens unter der Seleukidenherrschaft anhand einer neuentdeckten Festung und einer neugefundenen Inschrift, in: Studien zum antiken Kleinasien 4, Bonn 1999, 125–136

Mustafa Hamdi Sayar, Von Kilikien bis Thrakien. Neue Erkenntnisse zur Politik Antiochos' III. zwischen 197–195 v. Chr. anhand von zwei neugefundenen Inschriften, in: Alain Bresson und Raymond Descat (Hgg.), Les cités d'Asie mineure occidentale au IIe siècle a. C., Paris 2001, 227–234

Rolf Strootman, Kings and cities in the Hellenistic age, in: Onno M. van Nijf und Richard Alston (Hgg.), Political Culture in the Greek City After the Classical Age, Leuven/Paris/Walpole 2011, 141–153

Rolf Strootman, ‚To be magnanimous and grateful'. The Entanglement of Cities and Empires in the Hellenistic Aegean, in: Marc Domingo Gygax und Arjan Zuiderhoek (Hgg.), Benefactors and the polis. The public gift in the Greek cities from the Homeric world to late antiquity, Cambridge/New York 2020, 137–178

Stephen V. Tracy, Antigonos Gonatas, king of Athens, in: Olga Palagia and Stephen V. Tracy (Hgg.), The Macedonians in Athens, 322–229 B. C., Oakville (Conn.) 2003, 56–60

John Tully, Socially Embedded Benefaction on Delos, in: Marc Domingo Gygax und Arjan Zuiderhoek (Hgg.), Benefactors and the polis. The public gift in the Greek cities from the Homeric world to late antiquity, Cambridge/New York 2020, 179–197

Salvatore Vacante, L'„euergesia" di Antioco III in Caria. Le testimonianze epigrafiche su Iasos (IIasos 4) ed Eraclea al Latmo (SEG 37. 895), Mediterraneo Antico 14.1–2, 2011, 43–55

Edward Ch. L. Van Der Vliet, Pride and participation. Political practice, euergetism, and oligarchisation in the Hellenistic polis, in: Onno M. van Nijf und Richard Alston (Hgg.), Political Culture in the Greek City After the Classical Age, Leuven/Paris/Walpole 2011, 155–184

Biagio Virgilio, Forme e linguaggi della comunicazione fra re ellenistici e città, in: Manuela Mari und John Thornton (Hgg.), Parole in movimento. Linguaggio politico e lessico storiografico nel mondo ellenistico, Pisa/Roma 2013, 243–261

Sitta Von Reden, The Politics of Endowments, in: Marc Domingo Gygax und Arjan Zuiderhoek (Hgg.), Benefactors and the polis. The public gift in the Greek cities from the Homeric world to late antiquity, Cambridge/New York 2020, 115–135

Robin WATERFIELD, The making of a king. Antigonus Gonatas of Macedon and the Greeks, Chicago 2021

Michael WÖRRLE, Epigraphische Forschungen zur Geschichte Lykiens. Limyra in seleukidischer Hand, Chiron 41, 2011, 377–415

3.7 Wirtschaft und Finanzen

Gerassimos G. APERGHIS, The Seleukid Royal Economy. The Finances and Financial Administration of the Seleukid Empire, Cambridge 2004

Charikleia ARMONI, Zum amtlichen Procedere bei der Auszahlung von Soldatenlöhnen im hellenistischen Ägypten, in: Raimar Eberhard, Holger Kockelmann, Stefan Pfeiffer und Maren Schentuleit (Hgg.), „... vor dem Papyrus sind alle gleich!" Papyrologische Beiträge zu Ehren von Bärbel, Berlin/New York 2009, 12–21

Michel Mervyn AUSTIN, Hellenistic Kings, War, and the Economy, CQ 36, 1986, 450–466

Jean BINGEN, Hellenistic Egypt. Monarchy, Society, Economy, Culture, Edinburgh 2007

Raymond BOGAERT, Trapezitica Aegyptiaca. Recueil de recherches sur la banque en Egypte gréco-romaine, Florenz 1994

Alain BRESSON, Marché et prix à Delos. Charbon, bois, porcs, huile et grains, in: Alain Bresson (Hg.), Approches de l'économie hellénistique, Paris 2006, 311–39

Alain BRESSON, The Cost of Getting Money in Early Ptolemaic Egypt. The Case of P. Cair.Zen. 1 59021 (258 B. C. E.), in: Dennis Kehoe, David M. Ratzan und Uri Yiftach (Hgg.), Law and Transaction Costs in the Ancient Economy, Ann Arbor 2015, 118–144

Klaus BRINGMANN, Grain, Timber and Money. Hellenistic kings, finances, buildings and foundations in Greek cities, in: Zofia H. Archibald, John K. Davies, Vincent Gabrielsen und G. J. Olivier (Hgg.), Hellenistic Economies, London/New York 2001, 205–214

Laurent CAPDETREY, Économie royale et communautés locales dans le royaume séleucide. Entre négociation et imposition, in: Alain Bresson (Hg.), Approches de l'économie hellénistique, Paris 2006, 359–386

Angelos CHANIOTIS, Die hellenistischen Kriege als Ursache für Migration. Das Beispiel Kreta, in: Eckart Olshausen und Holger Sonnabend (Hgg.), „Troianer sind wir gewesen" – Migration in der antiken Welt, Stuttgart 2006, 98–103

Angelos CHANIOTIS, The Impact of War on the Economy of Hellenistic Poleis. Demand, Creation, Short-Term Influences, Long-Term Impacts, in: Zosia H. Archibald, John K. Davies und Vincent Gabrielsen (Hgg.), The Economies of Hellenistic Societies, Third to First Centuries BC, Oxford 2011, 122–141

Willy CLARYSSE und Dorothy J. THOMPSON, Counting the People in Hellenistic Egypt, Cambridge 2006

Willy CLARYSSE and Dorothy J. THOMPSON, An early Ptolemaic bank register from the Arsinoite nome, Archiv für Papyrusforschung und Verwandte Gebiete 55.2, 2009, 230–260

John P. COOPER, No easy option. The Nile versus the Red Sea in ancient and mediaeval north-south navigation, in: W. V. Harris und K. Iara (Hgg.), Maritime Technology in the Ancient Economy: Ship-Design and Navigation, Portsmouth 2011, 189–210

Jean-Christophe Couvenhes, La place de l'armée dans l'économie hellénistique. Quelques considérations sur la condition matérielle et finandière du soldat et son usage dans les marchés, in: Alain Bresson (Hg.), Approches de l'économie hellénistique, Paris 2006, 397–436

Lucia Criscuolo, Gli egiziani e la cultura economica greca. Qualche documento riconsiderato, in: Tommaso Gnoli und Federicomaria Muccioli (Hgg.), Atti del convegno di studi incontri tra culture nell'oriente ellenistico e romano, Mailand 2007, 55–69

Lucia Criscuolo, Observations on the economy in kind in Ptolemaic Egypt, in: Zosia H. Archibald, John Kenyon Davies und Vincent Gabrielsen (Hgg.), The economies of Hellenistic societies, third to first centuries BC, Oxford/New York 2011, 166–176

John K. Davies, Hellenistic Economies in the Post-Finley Era, in: Zofia H. Archibald, John K. Davies, Vincent Gabrielsen und G. J. Oliver (Hgg.), Hellenistic Economies, London/New York 2001, 11–62

François De Callataÿ, Did the Seleucids Found New Cities to Promote Coinage?, in: Roland Oetjen (Hg.), New Perspectives in Seleucid History, Archaeology and Numismatics. Studies in Honor of Getzel M. Cohen, Berlin/Boston 2020, 561–573

Raymond Descat, Labour in the Hellenistic Economy. Slavery as a Test Case, in: Zosia H. Archibald, John K. Davies und Vincent Gabrielsen (Hgg.), The Economies of Hellenistic Societies, Third to First Centuries BC, Oxford 2011, 207–215

Beate Dignas, Economy of the Sacred in Hellenistic and Roman Asia Minor, Oxford 2002, reprint 2004

Michele Faraguna, L'economia della Macedonia ellenistica. Un bilancio, in: Alain Bresson (Hg.), Approches de l'économie hellénistique, Paris 2006, 121–146

Gérald Finkielsztejn, Production et commerce des amphores hellénistiques. Récipients, timbrage et métrologie, in: Alain Bresson (Hg.), Approches de l'économie hellénistique, Paris 2006, 17–34

Christelle Fischer-Bovet, Counting the Greeks in Egypt. Immigration in the first century of Ptolemaic rule, in: Claire Holleran (Hg.), Demography and the Graeco-Roman world. New insights and approaches, Cambridge/New York 2011, 135–154

Christelle Fischer-Bovet, Army and society in Ptolemaic Egypt, Cambridge 2014

Vincent Gabrielsen, The Public Banks of Hellenistic Cities, in: Koenraad Verbogen, Katelijne Vandorpe und Véronique Chankowski (Hgg.), Pistoi dia tèn technèn. Bankers, Loans and Archives in the Ancient World. Studies in Honour of Raymond Bogaert, Leuven 2008, 115–130

Vincent Gabrielsen, Profitable Partnerships. Monopolies, Traders, Kings, and Cities, in: Zosia H. Archibald, John K. Davies und Vincent Gabrielsen (Hgg.), The Economies of Hellenistic Societies, Third to First Centuries BC, Oxford 2011, 216–250

David Gibbins, Shipwrecks and Hellenistic Trade, in: Zofia H. Archibald, John K. Davies, Vincent Gabrielsen und G. J. Olivier (Hgg.), Hellenistic Economies, London/New York 2001, 273–312

Lise Hannestad, The economy of Koile-Syria after the Seleukid conquest. An archaeological contribution, in: Zosia H. Archibald, John Kenyon Davies und Vincent Gabrielsen (Hgg.), The economies of Hellenistic societies, third to first centuries BC, Oxford/ New York 2011, 251–279

Arthur Houghton und Catharine C. Lorber, Seleucid Coins, New York 2002 und 2008

Joost Huijs und Reinhard Pirngruber, Climate, war and economic development. The case of second-century BC Babylon, in: Robert J. van der Spek, Bas van Leeuwen und Jan Luiten van Zanden (Hgg.), A History of Market Performance. From Ancient Babylon to the modern world, London/New York 2015, 128–148

Werner Huß, Die Wirtschaft Ägyptens in hellenistischer Zeit, München 2012

Maxim M. Kholod, On the Seleucid and Attalid Syntaxis, in: Roland Oetjen (Hg.), New Perspectives in Seleucid History, Archaeology and Numismatics. Studies in Honor of Getzel M. Cohen, Berlin/Boston 2020, 94–107

Evelyn Korn, (Neue) Institutionenökonomik und ihre Anwendung auf die Alte Welt, in: Kerstin Droß-Krüpe, Sabine Föllinger und Kai Ruffing (Hgg.), Antike Wirtschaft und ihre kulturelle Prägung. The Cultural Shaping of the Ancient Economy, Wiesbaden 2016, 1–10

Heinz Kreissig, Wirtschaft und Gesellschaft im Seleukidenreich. Die Eigentums- und Abhängigkeitsverhältnisse, Schriften zur Geschichte und Kultur der Antike, Berlin 1976

Catharine C. Lorber, Coins of the Ptolemaic Empire, New York 2018

Catharine C. Lorber, The Currency Reforms and Character of Ptolemy I Soter, in: Timothy Howe (Hg.), Ptolemy I Soter. A Self-Made Man, Oxford/Philadelphia 2018, 60–87

Joseph Gilbert Manning, Land Tenure Regime in Ptolemaic Upper Egypt, in: Alan K. Bowman und Eugene Rogan (Hgg.), Agriculture in Egypt. From Pharaonic to Modern Times, Oxford 1999, 83–105

Joseph Gilbert Manning, Land and Power in Ptolemaic Egypt. The Structure of Land Tenure, Cambridge 2003

Joseph Gilbert Manning, The Ptolemaic economy, institutions, economic integration, and the limits of centralized political power, in: Alain Bresson (Hg.), Approches de l'économie hellénistique, Paris 2006, 257–274

Joseph Gilbert Manning, Networks, Hierarchies, and Markets in the Ptolemaic Economy, in: Zosia H. Archibald, John K. Davies und Vincent Gabrielsen (Hgg.), The Economies of Hellenistic Societies, Third to First Centuries BC, Oxford 2011, 296–323

Joseph Gilbert Manning, Ptolemaic governance and transaction costs, in: Dennis Kehoe, David M. Ratzan und Uri Yiftach (Hgg.), Law and transaction costs in the ancient economy, Ann Arbor (Mich.) 2015, 99–117

Joseph Gilbert Manning, The Open Sea. The Economic Life of the Ancient Mediterranean World from the Iron Age to the Rise of Rome, Princeton und Oxford 2018

Ludwig Meier, Die Finanzierung öffentlicher Bauten in der hellenistischen Polis, Mainz 2012

Julien Monerie, L'économie de la Babylonie à l'époque hellénistique, Berlin/Boston 2018

Andrew Monson, From the Ptolemies to the Romans. Political and economic change in Egypt, Cambridge 2012

Brian P. Muhs, Tax Receipts, Taxpayers, and Taxes in Early Ptolemaic Thebes, Chicago 2005

Brian P. Muhs, The Ancient Egyptian Economy. 3000–30 BCE, Cambridge 2016, 211–252

Christel Müller, Le Bosphore cimmérien et sa région économique. Territoire, structures et productions du IVe au IIe siècles avant notre ère, in: Alain Bresson (Hg.), Approches de l'économie hellénistique, Paris 2006, 147–193

Graham J. Oliver, Regions and Micro-Regions. Grain for Rhamnous, in: Zofia H. Archibald, John K. Davies, Vincent Gabrielsen und G. J. Olivier (Hgg.), Hellenistic Economies, London/New York 2001, 137–155

Graham J. Oliver, Hellenistic economies. Regional views from the Athenian polis, in: Alain Bresson (Hg.), Approches de l'économie hellénistique, Paris 2006, 215–256

Graham J. Oliver, War, Food and Politics in Early Hellenistic Athens, Oxford 2007

Graham J. Oliver, Mobility, Society, and Economy in the Hellenistic Period, in: Zosia H. Archibald, John K. Davies und Vincent Gabrielsen (Hgg.), The Economies of Hellenistic Societies, Third to First Centuries BC, Oxford 2011, 345–367

Katerina Panagopoulou, The Antigonids. Patterns of royal economy, in: Zofia H. Archibald, John K. Davies, Vincent Gabrielsen und G. J. Olivier (Hgg.), Hellenistic Economies, London/New York 2001, 313–364

Katerina Panagopoulou, The early Antigonids. Coinage, money, and the economy, New York 2020

Tania Panagou, Patterns of Amphora Stamp Distribution. Tracking Down Export Tendencies, in: Edward M. Harris, David M. Lewis und Mark Woolmer (Hgg.), The Ancient Greek Economy. Markets, Households and City-States, New York 2016, 207–229

Thomas Pekáry, Die Wirtschaft der griechisch-römischen Antike, Wiesbaden 1979, 43–75

Reinhard Pirngruber, The Economy of Late Achaemenid and Seleucid Babylonia, Cambridge 2017

Claire Préaux, L'économie royale des Lagides, Brüssel 1939

Gary Reger, Regionalism and Change in the Economy of Independent Delos, 314–167 B. C., Berkeley u. a. 1994

Gary Reger, Economy, in: Andrew Erskine (Hg.), A Companion to the Hellenistic World, Malden (Mass.) 2005, 331–353

Gary Reger, Inter-Regional Economies in the Aegean Basin, in: Zosia H. Archibald, John K. Davies und Vincent Gabrielsen (Hgg.), The Economies of Hellenistic Societies, Third to First Centuries BC, Oxford 2011, 368–389

Michael Rostovtzeff, Gesellschafts- und Wirtschaftsgeschichte der hellenistischen Zeit, Darmstadt 1955

Kai Ruffing, Die regionale Mobilität von Händlern und Handwerkern nach den griechischen Inschriften, in: Eckart Olshausen und Holger Sonnabend (Hgg.), „Troianer sind wir gewesen" – Migration in der antiken Welt, Stuttgart 2006, 133–149

Kai Ruffing, Wirtschaft in der griechisch-römischen Antike, Darmstadt 2012

Kai Ruffing, Neue Institutionenökonomik (NIÖ) und Antike Wirtschaft, in: Kerstin Droß-Krüpe, Sabine Föllinger und Kai Ruffing (Hgg.), Antike Wirtschaft und ihre kulturelle Prägung. The Cultural Shaping of the Ancient Economy, Wiesbaden 2016, 11–22

Ulf Scharrer, Die Einwanderung griechischer und makedonischer Bevölkerungsgruppen in den hellenistischen Osten, in: Eckart Olshausen und Holger Sonnabend (Hgg.), „Troianer sind wir gewesen“ – Migration in der antiken Welt, Stuttgart 2006, 336–363

Dorothy J. Thompson, New and Old in Ptolemaic Fayyum, in: Alan K. Bowman und Eugene Rogan (Hgg.), Agriculture in Egypt. From Pharaonic to Modern Times, Oxford 1999, 123–138

Dorothy J. Thompson, The exceptionality of the early Ptolemaic Fayyum, Centro di Studi Papirologici 14, 2005, 303–310

Dorothy J. Thompson, Animal husbandry in Ptolemaic Egypt, in: Zosia H. Archibald, John Kenyon Davies und Vincent Gabrielsen (Hgg.), The economies of Hellenistic societies, third to first centuries BC, Oxford/New York 2011, 390–401

Chavdar Tzochev, Markets, Amphora Trade and Wine Industry. The Case of Thasos, in: Edward M. Harris, David M. Lewis und Mark Woolmer (Hgg.), The Ancient Greek Economy. Markets, Households and City-States, New York 2016, 230–253

Robartus J. Van Der Spek, The Seleucid state and the economy, in: Elio Lo Cascio and Dominic W. Rathbone (Hgg.), Production and public powers in classical antiquity, Cambridge 2000, 27–36

Robartus J. Van Der Spek, How to measure prosperity? The case of Hellenistic Babylonia, in: Alain Bresson (Hg.), Approches de l’économie hellénistique, Paris 2006, 287–310

Robartus J. Van Der Spek, The ‚Silverization‘ of the Economy of the Achaemenid and Seleukid Empires and Early Modern China, in: Zosia H. Archibald, John K. Davies und Vincent Gabrielsen (Hgg.), The Economies of Hellenistic Societies, Third to First Centuries BC, Oxford 2011, 402–420

Robartus J. Van Der Spek und Bas Van Leeuwen, Quantifying the Integration of the Babylonian Economy in the Mediterranean World, in: François de Callataÿ (Hg.), Quantifying the Greco-Roman Economy and beyond, Bari 2014, 79–101

Katelijn Vandorpe und Dorothy J. Thompson, „Prostima“-fines and crop-control under Ptolemy VIII. BGU 1420 reconsidered in light of the new Schubart-column to P. Haun. inv. 407, Zeitschrift für Pyprologie und Epigraphik 190, 2014, 188–198

Sitta Von Reden, Demand Creation, Consumption and Power in Ptolemaic Egypt, in: Zofia H. Archibald, John K. Davies, Vincent Gabrielsen und G. J. Oliver (Hgg.), Hellenistic Economies, London/New York 2001, 421–440

Sitta Von Reden, Money in Ptolemaic Egypt. From the Macedonian Conquest to the End of the Third Century BC, Cambridge 2007

Sitta Von Reden, Wirtschaftliches Wachstum und institutioneller Wandel, in: Gregor Weber (Hg.), Kulturgeschichte des Hellenismus. Von Alexander dem Großen bis Kleopatra, Stuttgart 2007, 177–201

Sitta Von Reden, Kulturbegegnung und wirtschaftliche Transformation in den ersten Generationen ptolemäischer Herrschaft, in: Gregor Weber (Hg.), Alexandreia und das ptolemäische Ägypten. Kulturbegegnungen in hellenistsicher Zeit, Berlin 2010, 30–54

Sitta Von Reden, Antike Wirtschaft, Berlin/Boston 2015

Uri Yiftach, The Grammatikon. Some Considerations on the Feeing Policy of Legal Documanents ind the Ptolemaic and Roman Periods, in: Dennis Kehoe, David M. Ratzan und Uri Yiftach (Hgg.), Law and Transaction Costs in the Ancient Economy, Ann Arbor 2015, 145–161

3.8 Kunst und Wissenschaft

3.8.1 Kunst

José Manuel Aldea Celada, Apolo y los Seléucidas o la construcción de una identidad dinástica, Studia Historica. Historia Antigua 31, 2013, 13–34

Bernard Andreae und Albert Hirmer, Skulptur des Hellenismus, Darmstadt 2002

Nathan Badoud, La Victoire de Samothrace, défaite de Philippe V, Revue Archéologique N. S. 2, 2018, 279–306

Johannes Bernhardt, Das Nikemonument von Samothrake und der Kampf der Bilder, Stuttgart 2014

Olympia Bobou, New images for new gods, in: Milena Melfi and Olympia Bobou (Hgg.), Hellenistic Sanctuaries. Between Greece and Rome, Oxford 2016, 182–205

Gunnar Brands, Halle, Propylon und Peristyl. Elemente hellenistischer Palastfassaden in Makedonien, in: Wolfram Höpfner und Gunnar Brands (Hgg.), Basileia. Die Paläste der hellenistischen Könige. Internationales Symposion in Berlin vom 16. 12. 1992 bis 20. 12. 1992, Mainz 1996, 62–72

Wendy A. Cheshire, Cleopatra „the Syrian“ and a couple of rebels. Their images, iconography, and propaganda, Journal of the American Research Center in Egypt 45, 2009, 349–391

Susan B. Downey, Evidence for temples and sanctuaries built in the Near East after the Greek conquest, in: Pierre Leriche (Hg.), Art et civilisations de l’Orient hellénisé. Rencontres et échanges culturels d’Alexandre aux sassanides: hommage à Daniel Schlumberger. Actes du colloque international, Paris, Unesco, 28–30 septembre 2009, Paris 2014, 149–155

Kyle Erickson, Zeus to Apollo and back again. Shifts in Seleukid policy and iconography, in: Nathan T. Elkins and Stefan Krmnicek (Hgg.), „Art in the round“. New approaches to ancient coin iconography, Rahden 2014, 97–108

Kyle Erickson, The Early Seleukids, their Gods and their Coins, London/New York 2019

Roland Étienne und Jean-François Salles (Hrsg.), Iraq al-Amir. Guide historique et archéologique du domaine des Tobiades, Beirut 2010

Alicia Ferretti, Frederik Grosser, Stephanie Merten und Steffen Oraschewski, Der Pergamonaltar. Ein politisches Monument(?), in: Lars Petersen und Ralf von den Hoff (Hgg.), Skulpturen in Pergamon. Gymnasion, Heiligtum, Palast, Bönen 2011, 52–61

Elena Ghisellini, Arte e potere alla corte dei Tolemei, in: Marianna Castiglione und Alessandro Poggio (Hgg.), Arte-Potere. Forme artistiche, istituzioni, paradigmi interpretativi, Mailand 2012, 273–300

Franck Goddio et al., Alexandria. The submerged royal quarters, London 1998

Franck GODDIO und Manfred CLAUSS (Hgg.), Ägyptens versunkene Schätze, München 2008

Winfried HELD, Die Residenzstädte der Seleukiden. Babylon, Seleukeia am Tigris, Ai Khanum, Seleukeia in Pieria, Antiocheia am Orontes, Jahrbuch des Deutschen Archäologischen Instituts 117, 2002, 217–249

Winfried HELD, Königstädte in babylonischer Tradition. Die Residenzstädte der Seleukiden, Antike Welt 35.2, 2004, 23–26

Wolfram HOEPFNER, Zum Typus der Basileia und der königlichen Andrones, in: Wolfram Hoepfner und Gunnar Brands (Hgg.), Basileia. Die Paläste der hellenistischen Könige. Internationales Symposion in Berlin vom 16. 12. 1992 bis 20. 12. 1992, Mainz 1996, 1–43

Friedhelm HOFFMANN, Internationale Wissenschaft im hellenistischen Ägypten, in: Friedhelm Hoffmann und Karin Stella Schmidt (Hgg.), Orient und Okzident in hellenistischer Zeit, Vaterstetten 2014, 77–112

Panagiotis P. IOSSIF, Les „cornes" des Séleucides. Vers une divinisation „discrète", Cahiers des Études Anciennes 49, 2012, 43–147

Klaus JUNKER, Meerwesen in Pergamon. Zur Deutung des Großen Frieses, Istanbuler Mitteilungen 53, 2003, 425–443

Helmut KYRIELEIS, Bildnisse der Ptolemäer, Berlin 1975

Gunvor LINDSTRÖM, Heiligtümer und Kulte im hellenistischen Baktrien und Babylonien – ein Vergleich, in: Svend Hansen, Alfried Wieczorek und Michael Tellenbach (Hgg.), Alexander der Große und die Öffnung der Welt. Asiens Kulturen im Wandel, Regensburg 2009, 127–133

Catharine C. LORBER und Panagiotis P. IOSSIF, Seleucid Campaign Beards, l'Antiquité Classique 78, 2009, 87–115

Catharine C. LORBER und Panagiotis P. IOSSIF, Draped Royal Busts on the Coinage of the Early Seleucids, in: Roland Oetjen (Hg.), New Perspectives in Seleucid History, Archaeology and Numismatics. Studies in Honor of Getzel M. Cohen, Berlin/Boston 2020, 158–180

Françoise-Hélène MASSA-PAIRAULT, La Gigantomachie de Pergame ou L'image du monde, Athen 2007

Jane MASSÉGLIA, Body language in Hellenistic art and society, Oxford 2015

Christoph MICHELS, Der Pergamonaltar als „Staatsmonument" der Attaliden. Zur Rolle des historischen Kontextes in den Diskussionen über Datierung und Interpretation der Bildfriese, Berlin/London 2003

Christoph MICHELS, Unlike any Other? The Attalid Kingdom after Apameia, in: Altay Coşkun und David Engels (Hgg.), Rome and the Seleukid East. Selected Papers from Seleukid Study Day V, Brüssel 2019, 333–352

Peter Franz MITTAG, Bedeutungslose Bärte? Einige Bemerkungen zu ungewöhnlichen Münzdarstellungen seleukidischer Könige des 3. Jhs. v. Chr., in: Jörn Lang und Carmen Marcks-Jacobs (Hgg.), Arbeit am Bildnis. Festschrift für Dietrich Boschung, Regensburg 2021, 208–213

Tigran MKRTYTSCHEW, Buddhistische Kunst in Baktrien, in: Svend Hansen, Alfried Wieczorek und Michael Tellenbach (Hgg.), Alexander der Große und die Öffnung der Welt. Asiens Kulturen im Wandel, Regensburg 2009, 211–223

Janett MORGAN, At home with royalty. Re-viewing the Hellenistic „palace", in: Andrew Erskine, Lloyd Llewellyn-Jones und Shane Wallace (Hgg.), The Hellenistic court.

Monarchic power and elite society from Alexander to Cleopatra, Swansea 2017, 31–67
Joannis Mylonopoulos, Hellenistic divine images and the power of tradition, in: Milena Melfi and Olympia Bobou (Hgg.), Hellenistic Sanctuaries. Between Greece and Rome, Oxford 2016, 106–127
Sabine Müller, Das hellenistische Königspaar in der medialen Repräsentation. Ptolemaios II. und Arsinoe II., Berlin/Boston 2009
Ehud Netzer and Silvia Rozenberg, Hasmonean and Herodian palaces at Jericho. Final reports of the 1973–1987 excavations. 4. The decoration of Herod's third palace at Jericho, Jerusalem 2008
Heinz-Günther Nesselrath, Das Museion und die große Bibliothek von Alexandria, in: Tobias Georges, Felix Albrecht und Reinhard Feldmeier (Hgg.), Alexandria, Tübingen 2013, 65–89
Inge Nielsen, Hellenistic Palaces, Aarhus 1994
François Queyrel, La fonction du Grand Autel de Pergame, Revue des Études Grecques 115.2, 2002, 561–590
François Queyrel, La sculpture hellénistique. Formes, themes et fonctions, Paris 2016
François Queyrel, La sculpture hellénistique. Royaumes et cites, Paris 2020
Stefan Riedel, Die Basileia von Alexandria. Topographisch-urbanistische Untersuchungen zum ptolemäischen Königsviertel, Turnhout 2020
Silvia Rozenberg, On the lasting presence of the Hellenistic masonry style in the land of Israel and neighboring countries, in: Irene Bragantini (Hg.), Atti del X congresso internazionale dell'AIPMA (Association Internationale pour la Peinture Murale Antique). Napoli 17–21 settembre 2007, Neapel 2010, 365–373
Andreas Scholl, Ὀλυμπίου ἔνδοθεν αὐλή. Zur Deutung des Pergamonaltars als Palast des Zeus, Jahrbuch des Deutschen Archäologischen Instituts 124, 2009, 251–278
Andreas Scholl, Der Pergamonaltar. Ein Zeuspalast mit homerischen Zügen?, in: Ralf Grüßinger und Ingrid Geske (Hgg.), Pergamon. Panorama der antiken Metropole. Begleitbuch zur Ausstellung. Eine Ausstellung der Antikensammlung der Staatlichen Museen zu Berlin, Petersberg 2011, 212–218
Robert R. R. Smith, Hellenistic sculpture. A handbook, reprint, London 2005
Andrew Stewart, Attalos, Athens, and the Akropolis. The Pergamene „Little Barbarians" and their Roman and Renaissance legacy, Cambridge/New York 2004
Andrew Stewart, Hellenistic Art. Two Dozen Innovations, in: Glenn R. Bugh (Hg.), The Cambridge Companion to the Hellenistic World, Cambridge 2006, 158–185
Marijn S. Visscher, Beyond Alexandria. Literature and empire in the Seleucid world, Oxford 2020
Ralf Von Den Hoff, Visual Representation of Ptolemaic and Seleucid Kings, in: Christelle Fischer-Bovet und Sitta von Reden (Hgg.), Comparing the Ptolemaic and Seleucid empires. Integration, communication, and resistance, Cambridge/New York 2021, 164–190
Stefan E. A. Wagner, Die Herakles-Prometheus-Gruppe aus Pergamon und ihre Bedeutung im Kontext der attalidischen Herrscherrepräsentation, Istanbuler Mitteilungen 65, 2015, 129–149
John Walsh und Elizabeth Baynham (Hgg.), Alexander the Great and Propaganda, New York 2021

Gregor Weber, Kulturgeschichte des Hellenismus. Von Alexander dem Großen bis Kleopatra, Stuttgart 2007

Richard A. Whitaker, Art and ideology. The case of the Pergamon gigantomachy, Acta Classica 48, 2005, 163–174

3.8.2 Wissenschaft

Víctor Alonso Troncoso, La „paideia" de los primeros Ptolomeos, Habis 36, 2005, 99–110

Sylvia Brehme, Die Bibliothek von Pergamon, in: Ralf Grüssinger und Ingrid Geske (Hgg.), Pergamon. Panorama der antiken Metropole, Petersberg 2011, 194–197

Friedhelm Hoffmann, Internationale Wissenschaft im hellenistischen Ägypten, in: Friedhelm Hoffmann und Karin Stella Schmidt (Hgg.), Orient und Okzident in hellenistischer Zeit, Vaterstetten 2014, 77–112

Susanne M. Hoffmann, Hipparchs Himmelsglobus. Ein Bindeglied in der babylonisch-griechischen Astrometrie?, Wiesbaden 2017

Raffaele Luiselli, Hellenistic astronomers and scholarship, in: Franco Montanari, Stephanos Matthaios und Antonios Rengakos (Hgg.), Brill's companion to ancient Greek scholarship, Leiden 2015, 1216–1234

Herwig Maehler, Alessandria, il Museo, e la questione dell'identità culturale, Atti della Accademia Nazionale dei Lincei, Classe di Scienze morali, storiche e filologiche. Rendiconti, Ser. 9a 14.1, 2003, 99–120

Klaus Meister, Der Hellenismus. Kultur- und Geistesgeschichte, Stuttgart 2016

Francesca Rochberg, The Babylonian Contribution to Graeco-Roman Astronomy, in: Alan C. Bowen und Francesca Rocherg (Hgg.), Hellenistic Astronomy. The Science in Its Contexts, Leiden/Boston 2020, 147–159

Bernd Seidensticker, Alexandria. Die Bibliothek der Könige und die Wissenschaften, in: Alexander Demandt (Hg.), Stätten des Geistes. Grosse Universitäten Europas von der Antike bis zur Gegenwart, Köln/Wien 1999, 15–37

Rolf Strootman, The birdcage of the muses. Patronage of the Arts and Sciences at the Ptolemaic Imperial Court, 305–222 BCE, Leuven 2017

Jean Trinquier, Localisation et fonctions des animaux sauvages dans l'Alexandrie lagide. La question du „zoo d'Alexandrie", Mélanges de l'École Française de Rome. Antiquité 114.2, 2002, 861–919

Marijn S. Visscher, Beyond Alexandria. Literature and empire in the Seleucid world, Oxford 2020

Harald Wolter-Von Dem Knesebeck, Zur Ausstattung und Funktion des Hauptsaales der Bibliothek von Pergamon, Boreas 18, 1995, 45–56

3.8.2.1 Eratosthenes von Kyrene

Germaine Aujac, Eratosthène de Cyrène, le pionnier de la géographie. Sa mesure de la circonférence terrestre, Paris 2001

Serena Bianchetti, Eratostene e la fortuna della „scienza" geografica nella narrazione storica di Arriano, Geographia Antiqua 23–24, 2014–2015, 63–74

Klaus Geus, Eratosthenes von Kyrene. Studien zur hellenistischen Kultur- und Wissenschaftsgeschichte, München 2002

Klaus Geus, Alexander und Eratosthenes. Der Feldherr und der Geograph, Geographia Antiqua 23–24, 2014–2015, 53–61

Max Leventhal, Eratosthenes' letter to Ptolemy. The literary mechanics of empire, American Journal of Philology 138.1, 2017, 43–84

Jordi Pàmias i Massana, Eratòstenes de Cirene. Catasterismes, Barcelona 2004

Jordi Pàmias i Massana, Eratosthenes' Catasterisms. Receptions and translations, Mering 2016

Jordi Pàmias i Massana und Klaus Geus, Eratosthenes. Sternsagen (Catasterismi), Oberhaid 2007

Jordi Pàmias i Massana und Arnaud Zucker, Ératosthène de Cyrène. Catastérismes, Paris 2013

Cameron Mcphail und Robert Hannah, Eratosthenes' perception of the Caspian Sea. A gulf or an inland sea?, Orbis Terrarum 10, 2008–2011, 155–172

Francesco Prontera, Il mare Eritreo nella carta di Eratostene, Sileno 40.1–2, 2014, 185–193

Francesco Prontera, The Indian Caucasus from Alexander to Eratosthenes, in: Claudia Antonetti und Paolo Biagi (Hgg.), With Alexander in India and Central Asia. Moving East and back to West, Oxford/Philadelphia (Pa.) 2017, 212–221

Michael Rathmann, Die Tabula Peutingeriana im Spiegel der antiken Kartographiegeschichte, Antike Welt 5, 2016, 59–68

Duane W. Roller, Eratosthenes' Geography. Fragments collected and translated, Princeton (N. J.)/London 2010

Dimitry A. Shcheglov, The so-called „itinerary stade" and the accuracy of Eratosthenes' measurement of the earth, Klio 100.1, 2018, 153–177

3.8.2.2 Antikythera-Apparatur

Magdalini Anastasiou, John H. Seiradakis und James Evans, The astronomical events of the parapegma of the Antikythera Mechanism, Journal for the History of Astronomy 44.2, 2013, 173–186

Magdalini Anastasiou, John H. Seiradakis, Christián C. Carman und Kyriakos Efstathiou, The Antikythera Mechanism. The construction of the metonic pointer and the back plate spirals, Journal for the History of Astronomy 45.4, 2014, 418–441

Pierre Cabanes, Le mécanisme d'Anticythère, les Naa de Dodone et le calendrier épirote, Τεκμήρια 10, 2011, 249–260

Christián C. Carman, The final date of the Antikythera Mechanism, Journal for the History of Astronomy 48.3, 2017, 312–323

Christián C. Carman und James Evans, On the epoch of the Antikythera mechanism and its eclipse predictor, Archive for History of Exact Sciences 68.6, 2014, 693–774

Christián C. Carman, Alan S. Thorndike und James Evans, On the pin-and-slot device of the Antikythera mechanism, with a new application to the superior planets, Journal for the History of Astronomy 43.1, 2012, 93–116

Nicholas David, The Antikythera mechanism. Its dating and place in the history of technology, Journal of Mediterranean archaeology 30.1, 2017, 85–104

James Evans, Christián C. Carman und Alan S. Thorndike, Solar anomaly and planetary displays in the Antikythera Mechanism, Journal for the History of Astronomy 41.1, 2010, 1–39

James Evans und Christián C. Carman, Babylonian solar theory on the Antikythera mechanism, Archive for History of Exact Sciences 73.6, 2019, 619–659

Robert Hannah, The intellectual background of the Antikythera Mechanism, in: Jonathan Ben-Dov und Lutz Doering (Hgg.), The construction of time in antiquity. Ritual, art, and identity, New York 2017, 83–96

Paul A. Iversen, The calendar on the Antikythera Mechanism and the Corinthian family of calendars, Hesperia 86.1, 2017, 129–203

Paul A. Iversen und Alexander Jones, The Back Plate Inscription and eclipse scheme of the Antikythera Mechanism revisited, Archive for History of Exact Sciences 73.5, 2019, 469–511

Paul A. Iversen und Alexander Jones, Correction to: The Back Plate Inscription and eclipse scheme of the Antikythera Mechanism revisited, Archive for History of Exact Sciences 73.5, 2019, 513–516

Alexander Jones, A portable cosmos. Revealing the Antikythera Mechanism, scientific wonder of the ancient world, Oxford 2017

Jian-Liang Lin und Hong-Sen Yan, Decoding the mechanisms of Antikythera astronomical device, Berlin 2016

3.9 Religion

Aristodemos Anastassiades, Isis in Hellenistic and Roman Cyprus, Report of the Department of Antiquities of Cyprus 2000, 191–196

Sophia Aneziri, Étude préliminaire sur le culte privé des souverains hellénistiques. Problèmes et méthode, in: Véronique Dasen und Marcel Piérart (Hgg.), Ἰδίᾳ καὶ δημοσίᾳ. Les cadres „privés“ et „publics“ de la religion grecque antique, Liège 2005, 219–233

Romain Barre, Les Antigonides avaient-ils des cornes? Sur l'utilisation dun attribut divin dans les représentations d'une dynastie hellénistique, Dialogues d'Histoire Ancienne 39.2, 2013, 125–145

Marianne Bergmann, Sarapis im 3. Jahrhundert v. Chr., in: Gregor Weber (Hg.), Alexandreia und das ptolemäische Ägypten: Kulturbegegnungen in hellenistischer Zeit, Berlin 2010, 109–135

Johannes Bernhardt, Antiochos IV. und der Blick nach Rom, in: Christophe Feyel und Laetitia Graslin-Thomé (Hgg.), Le projet politique d'Antiochos IV, Nancy 2014, 137–161

Laurent Bricault, Les cultes isiaques dans le monde gréco-romain, Paris 2013

Laurent Bricault, Les Ptolémées et le mythe d'Alexandre, in: Charles Méla, Frédéric Möri, Sydney H. Aufrère, Gilles Dorival und Alain Le Boulluec (Hgg.), Alexandrie la divine, Genf 2014, 210–218

Kostas Buraselis, God and king as synoikists. Divine disposition and monarchic wishes combined in the traditions of city foundations for Alexander's and Hellenistic times, in: Lin Foxhall, Hans-Joachim Gehrke und Nino Luraghi (Hgg.), Intentional history: spinning time in ancient Greece, Stuttgart 2010, 265–274

Kostas Buraselis, Appended festival. The coordination and combination of traditional civic and ruler cult festivals in the Hellenistic and Roman East, in: J. Rasmus Brandt und Jon W. Iddeng (Hgg.), Greek and Roman festivals: content, meaning and practice, Oxford 2012, 247–266

Stefano G. Caneva, Linguaggi della festa e linguaggi del potere ad Alessandria, nella Grande Processione di Tolomeo Filadelfo, in: Edoardo Bona und Michele Curnis (Hgg.), Linguaggi del potere, poteri del linguaggio = Langages du pouvoir, pouvoirs du langage, Alessandria 2010, 173–189

Stefano G. Caneva, Arsinoe divinizzata al fianco del re vivente Tolemeo II. Uno studio di propaganda greco-egiziana (270–246 A. C.), Historia 62.3, 2013, 280–322

Stefano G. Caneva, From Alexander to the Theoi Adelphoi. Foundation and legitimation of a dynasty, Leuven 2016

Angelos Chaniotis, The divinity of Hellenistic rulers, in: Andrew Erskine (Hg.), A companion to the Hellenistic world, Oxford 2005, 431–445

Angelos Chaniotis, Religion und Mythos, in: Gregor Weber (Hg.), Kulturgeschichte des Hellenismus. Von Alexander dem Großen bis Kleopatra, Stuttgart 2007, 139–157

Angelos Chaniotis, La divinité mortelle d'Antiochos III à Téos, Kernos 20, 2007, 153–171

Perikles Christodoulou, Priester der ägyptischen Götter in Makedonien: (3. Jh. v. Chr.-3. Jh. n. Chr.), Athenische Mitteilungen 124, 2009, 325–356

Eva Christoph, Das Glück der Stadt. Die Tyche von Antiochia und andere Stadttychen, Frankfurt am Main 2001

Frank Daubner, Götter der Makedonen außerhalb Makedoniens. Eine kurze Bestandsaufnahme, in: Gustav Adolf Lehmann, Dorit Engster und Alexander Nuss (Hgg.), Von der bronzezeitlichen Geschichte zur modernen Antikenrezeption, Göttingen 2012, 157–162

Frank Daubner, Makedonische Götter in Syrien und Kleinasien: Erwägungen zur Identität der Siedler in hellenistischen Stadtgründungen, in: Rubina Raja (Hg.), Contextualizing the sacred in the Hellenistic and Roman Near East. Religious identities in local, regional, and imperial settings, Turnhout 2017, 49–61

Pierre Debord, Le culte royal chez les Séleucides, Pallas 62, 2003, 281–308

Matthew W. Dickie, Magic in Classical and Hellenistic Greece, in: Daniel Ogden (Hg.), A Companion to Greek Religion, Malden (Mass.) 2010, 357–370

Beate Dignas, „Greek" priests of Sarapis?, in: Beate Dignas and Kai Trampedach (Hgg.), Practitioners of the divine: Greek priests and religious officials from Homer to Heliodorus, Cambridge (Mass.) 2008, 73–88

Beate Dignas, Rituals and the construction of identity in Attalid Pergamon, in: Beate Dignas und Roland R. R. Smith (Hgg.), Historical and religious memory in the ancient world, Oxford/New York 2012, 119–144

Stella Drougou, Das Metroon von Aigai. Der chthonische Charakter der Göttermutter: archäologische Befunde, in: Oliver Pilz und Mirko Vonderstein (Hgg.), Keraunia: Beiträge zu Mythos, Kult und Heiligtum in der Antike, Berlin 2010, 23–32

Babett Edelmann, Religiöse Herrschaftslegitimation in der Antike. Die religiöse Legitimation orientalisch-ägyptischer und griechisch-hellenistischer Herrscher im Vergleich, St. Katharinen 2007

Jonathan C. Edmondson, The cultural politics of public spectacle in Rome and the Greek east, 167–166 BCE, in: Bettina Bergmann and Christine Kondoleon (Hgg.), The art of ancient spectacle, Washington (D. C.) 1999, 77–95

Kyle Erickson, Another century of gods? A re-evaluation of Seleucid ruler cult, Classical Quarterly, N. S. 68.1, 2018, 97–111

Kyle Erickson, Where are the Wives? Royal Women in Seleukid Cult Documents, in: Altay Coşkun und David Engels (Hgg.), Rome and the Seleukid East. Selected Papers from Seleukid Study Day V, Brüssel 2019, 135–156

Andrew Erskine, Hellenistic parades and Roman triumphs, in: Anthony Spalinger und Jeremy Armstrong (Hgg.), Rituals of triumph in the Mediterranean world, Leiden 2013, 36–55

Andrew Erskine, Ruler cult and the early Hellenistic city, in: Hans Hauben und Alexander Meeus (Hgg.), The age of the successors and the creation of the Hellenistic kingdoms (323–276 BC), Leuven 2014, 579–597

Eleni Fassa, Sarapis, Isis, and the Ptolemies in private dedications: the „hyper"-style and the double dedications, Kernos 28, 2015, 133–153

Bernd Funck, Herrscherkult der Seleukiden-Religion einer Elite oder Reichsideologie? Einige Bemerkungen zur Fragestellung, Klio 73, 1991, 402–407

Domagoj Gladić, „Für das Leben des Königs". Kultische Loyalitätsformeln im hellenistischen Vergleich, in: Stefan Pfeiffer (Hg.), Ägypten unter fremden Herrschern zwischen Satrapie und römischer Provinz, Frankfurt am Main 2007, 108–139

Pierre Gros, Des Attalides aux empereurs. Pergame et le culte des souverains, Revue Archéologique, N. S. 1, 2017, 85–100

Hans Hauben, Ptolémée III et Bérénice II, divinités cosmiques, in: Panagiotis P. Iossif, Andrzej Stanislaw Chankowski und Catharine C. Lorber (Hgg.), More than men, less than gods. Studies on royal cult and imperial worship, Paris 2011, 357–388

Gerhild Hübner, König oder Heros? Zur bürgerlichen Herrscherverehrung im nachattalidischen Pergamon, in: Ralf Grüßinger (Hg.), Pergamon als Zentrum der hellenistischen Kunst. Bedeutung, Eigenheiten & Ausstrahlung. Internationales Kolloquium, Berlin, 26.–28. September 2012, veranstaltet von der Antikensammlung der Staatlichen Museen zu Berlin, Petersberg 2015, 38–54

Panagiotis P. Iossif, La dimension publique des dédicaces „privées" du culte royal ptolémaïque, in: Véronique Dasen und Marcel Piérart (Hgg.), Ἰδίᾳ καὶ δημοσίᾳ. Les cadres „privés" et „publics" de la religion grecque antique, Liège 2005, 235–257

Carl Garth Johnson, „OGIS 98" and the divinization of the Ptolemies, Historia 51.1, 2002, 112–116

Paul T. Keyser, Venus and Mercury in the grand procession of Ptolemy II, Historia 65.1, 2016, 31–52

Kathrin Kleibl, Bündnis und Verschmelzung zweier Göttinnen. Isis und Aphrodite in hellenistischer und römischer Zeit, in: Martina Seifert (Hg.), Aphrodite. Herrin des Krieges, Göttin der Liebe, Mainz 2009, 111–125

Katharina Knäpper, Hieros kai asylos. Territoriale Asylie im Hellenismus in ihrem historischen Kontext, Stuttgart 2018

Katharina Knäpper, „Wie es Euch gefällt". Hellenistische Könige und Asylie kleinasiatischer Städte, in: Julia Hoffmann-Salz (Hg.), The Middle East as Middle Ground? Cultural Interaction in the ancient Middle East revisited, Wien 2021, 19–36

Helmut Koester, Egyptian religion in Thessalonikē. Regulation for the cult, in: Laura Salah Nasrallah, Charalambos Bakirtzis and Steven John Friesen (Hgg.), From Roman to early Christian Thessalonikē: studies in religion and archaeology, Cambridge (Mass.) 2010, 133–150

Haritini Kotsidu, Timh Kai Doxa. Ehrungen für Hellenistische Herrscher im griechischen Mutterland und in Kleinasien unter besonderer Berücksichtigung der archäologischen Denkmäler, Berlin 2000

Sofia Kravaritou, Isiac cults, civic priesthood and social elite in Hellenistic Demetrias (Thessaly): notes on Ricis 112/0703 and beyond, Τεκμήρια 12, 2013–2014, 203–23

Christiane Kunst, Isis Aphrodite. Annäherungen an eine panhellenische Gottheit, Mediterraneo Antico 15.1–2, 2012, 83–101

Yuri Kuzmin, New perspectives on the date of the Great Festival of Ptolemy II, Klio 99.2, 2017, 513–527

Eddy Lanciers, The development of the Greek dynastic cult under Ptolemy V, Archiv für Papyrusforschung und Verwandte Gebiete 60.2, 2014, 373–383

Ludovic Lefebvre, La diffusion du culte de Sarapis en Grèce continentale et dans les îles de l'Égée au IIIe siècle avant J.-C., Revue d'Histoire et de Philosophie Religieuses 88.4, 2008, 451–467

Bernard Legras, Les reclus grecs du Sarapieion de Memphis: une enquête sur l'hellénisme égyptien, Leuven 2011

Jodi Magness, The cults of Isis and Kore at Samaria-Sebaste in the Hellenistic and Roman periods, Harvard Theological Review 94.2, 2001, 159–179

Manuela Mari, Il culto della personalità a Samo, tra Lisandro e Demetrio Poliorcete, in: Eleonora Cavallini (Hg.), Samo. Storia, letteratura, scienza, Pisa 2004, 177–196

Manuela Mari, Panegyris rivali. Emilio Paulo e Antioco IV tra tradizione macedone e melting pot tardo-ellenistico, in: Roland Oetjen (Hg.), New Perspectives in Seleucid History, Archaeology and Numismatics. Studies in Honor of Getzel M. Cohen, Berlin/Boston 2020, 491–524

Céline Marquaille, The Ptolemaic ruler as a religious figure in Cyrenaica, Libyan Studies 34, 2003, 25–42

Christoph Michels, Dionysos Kathegemon und der attalidische Herrscherkult. Überlegungen zur Herrschaftsrepräsentation der Könige von Pergamon, in: Linda-Marie Günther und Sonja Plischke (Hgg.), Studien zum vorhellenistischen und hellenistischen Herrscherkult, Berlin 2011, 114–140

Martina Minas, Die hieroglyphischen Ahnenreihen der ptolemäischen Könige. Ein Vergleich mit den Titeln der eponymen Priester in den demotischen und griechischen Papyri, Mainz 2000

Ian S. Moyer, Notes on re-reading the Delian aretalogy of Sarapis (IG XI.4 1299), Zeitschrift für Papyrologie und Epigraphik 166, 2008, 101–107

Inge Nielsen, Housing the chosen. The architectural context of mystery groups and religious associations in the ancient world, Turnhout 2014

Martin P. Nilsson, Geschichte der griechischen Religion. 2. Band. Die hellenistische und römische Zeit, München 2. Aufl. 1961

Mario C. D. Paganini, Cults for the rulers in private settings. The gymnasia and associations of Hellenistic Egypt, in: Stefano G. Caneva (Hg.), The Materiality of Hellenistic Ruler Cults, Liège 2020, 125–146

Maryline G. Parca, Worshipping Demeter in Ptolemaic and Roman Egypt, in: Maryline G. Parca und Angeliki Tzanetou (Hgg.), Finding Persephone. Women's rituals in the ancient Mediterranean, Bloomington (Ind.) 2007, 189–208

Stéphanie Paul, Welcoming the new gods. Interactions between ruler and traditional cults within ritual practice, Erga-Logoi 4.2, 2016, 61–74

Stefan Pfeiffer, Herrscher- und Dynastiekulte im Ptolemäerreich München 2008

Stefan Pfeiffer, Das Dekret von Rosette. Die ägyptischen Priester und der Herrscherkult, in: Gregor Weber (Hg.), Alexandreia und das ptolemäische Ägypten: Kulturbegegnungen in hellenistischer Zeit, Berlin 2010, 84–108

Stefan Pfeiffer, „The snake, the crocodile and the cat". Die Griechen in Ägypten und die theriomorphen Götter des Landes, in: Friedhelm Hoffmann und Karin Stella Schmidt (Hgg.), Orient und Okzident in hellenistischer Zeit, Vaterstetten 2014, 215–244

Stefan Pfeiffer, Offerings and libations for the king and the question of ruler-cult in Egyptian temples, in: Stefano G. Caneva (Hg.), The Materiality of Hellenistic Ruler Cults, Liège 2020, 83–102

Reinhard Pirngruber, Seleukidischer Herrscherkult in Babylon?, in: Robert Rollinger, Birgit Gufler, Martin Lang und Irene Madreiter (Hg.), Interkulturalität in der Alten Welt: Vorderasien, Hellas, Ägypten und die vielfältigen Ebenen des Kontakts, Wiesbaden 2010, 533–549

Dimitris Plantzos, The iconography of assimilation. Isis and royal imagery on Ptolemaic seal impressions, in: Panagiotis P. Iossif, Andrzej Stanislaw Chankowski und Catharine C. Lorber (Hg.), More than men, less than gods. Studies on royal cult and imperial worship, Leuven 2011, 389–415

Sonja Plischke, Herrschaftslegitimation und Städtekult im Reich des Lysimachos, in: Linda-Marie Günther und Sonja Plischke (Hgg.): Studien zum vorhellenistischen und hellenistischen Herrscherkult, Berlin 2011, 55–76

David Potter, Hellenistic Religion, in: Andrew Erskine (Hg.), A Companion to the Hellenistic World, Malden (Mass.) 2005, 407–430

Kent J. Rigsby, Asylia. Territorial Inviolability in the Hellenistic World, Berkeley/Los Angeles/London 1996

Jan Rothkamm, The relevance of „Defixiones iudiciariae" for early Greek rhetoric (and vice versa), Hermes 145.1, 2017, 113–117

Sara Saba, Isopoliteia in Hellenistic Times, Leiden/Boston 2020

Maurice Satre, Religion und Herrschaft im Seleukidenreich, Saeculum 57.2, 2006, 163–190

Holger Schwarzer, Untersuchungen zum hellenistischen Herrscherkult in Pergamon, Istanbuler Mitteilungen 49, 1999, 249–300

Holger Schwarzer, Der Herrscherkult der Attaliden, in: Ralf Grüssinger und Ingrid Geske (Hgg.), Pergamon: Panorama der antiken Metropole, Petersberg 2011, 110–117

John Serrati, A Syracusan private altar and the development of ruler-cult in Hellenistic Sicily, Historia 57.1, 2008, 80–91

Hélène Siard, Le Sarapieion C de Délos. Architecture et cultes, Revue Archéologique, N. S. (1), 2009, 155–161

Theodora Suk Fong Jim, Private participation in ruler cults. Dedications to Philip Sōtēr and other Hellenistic kings, Classical Quarterly, N. S. 67.2, 2017, 429–443

Renate Thomas, Eine postume Statuette Ptolemaios' IV. und ihr historischer Kontext: zur Götterangleichung hellenistischer Herrscher, Mainz 2002

Renate Thomas, Herrscher und Gott. Zur Götterangleichung in hellenistischen Herrscherdarstellungen, in: Manuela Fano Santi (Hg.), Studi di archeologia in onore di Gustavo Traversari, Rom 2004, 829–848

Dorothy J. Thompson, Philadelphus' procession. Dynastic power in a Mediterranean context, in: Léon Mooren (Hg.), Politics, administration and society in the Hellenistic and Roman world, Leuven 2000, 365–388

Peter Van Nuffelen, Le culte royal de l'empire des Séleucides. Une réinterprétation, Historia 53.3, 2004, 278–301

Branko Fredde Van Oppen De Ruiter, The religious identification of Ptolemaic queens with Aphrodite, Demeter, Hathor and Isis, o. O. 2007

Branko Fredde Van Oppen De Ruiter, The death of Arsinoe II Philadelphus: the evidence reconsidered, Zeitschrift für Papyrologie und Epigraphik 174, 2010, 139–150

Richard Veymiers, Les cultes isiaques à Amphipolis. „membra disjecta" (IIIe s. av. J.-C.-IIIe s. apr. J.-C.), Bulletin de Correspondance Hellénique 133.1, 2009, 471–520

Gregor Weber, Ungleichheiten, Integration oder Adaptation? Der ptolemäische Herrscher- und Dynastiekult in griechisch-makedonischer Perspektive, in: Gregor Weber (Hg.), Alexandreia und das ptolemäische Ägypten: Kulturbegegnungen in hellenistischer Zeit, Berlin 2010, 55–83

Gregor Weber, Der ptolemäische Herrscher- und Dynastiekult – ein Experimentierfeld für Makedonen, Griechen und Ägypter, in: L.-M. Günther, S. Plischke (Hgg.), Studien zum vorhellenistischen und hellenistischen Herrscherkult, Berlin 2011, 77–97

Hans-Ulrich Wiemer, Bild der Polis oder Bild des Königs? Zur Repräsentationsfunktion städtischer Feste im Hellenismus, in: Albrecht Matthaei und Martin Zimmermann (Hgg.), Stadtbilder im Hellenismus, Berlin 2009, 116–131

Nicholas L. Wright, Seleucid royal cult, indigenous religious traditions, and radiate crowns. The numismatic evidence, Mediterranean Archaeology 18, 2005, 67–82

Nicholas L. Wright, Non-Greek religious imagery on the coinage of Seleucid Syria, Mediterranean Archaeology 22–23, 2009–2010, 193–206

Nicholas L. Wright, Divine kings and sacred spaces. Power and religion in Hellenistic Syria (301–64 BC), Oxford 2012

Nicholas L. Wright, Seleukos, Zeus and the dynastic cult at Seleukeia in Pieria, in: Kyle Erickson (Hg.), The Seleukid Empire, 281–222 BC. War Within the Family, Swansea 2018, 83–99

Olga Zolotnikova, Visual evidence for the cult of Antiochos IV, Numismatica e Antichità Classiche 31, 2002, 239–257

3.10 Philosophie

Kelly E. Arenson (Hg.), The Routledge Handbook of Hellenistic Philosophy, New York/London 2020

Ryan K. Balot, Greek Political Thought, Malden (Mass.) u. a. 2006

Christopher I. Beckwith, Greek Buddha. Pyrrho's Encounter with Early Buddhism in Central Asia, Princeton 2015

Robert Bees, Ökonomie der Natur. Zum kosmo-biologischen Konzept der Stoa, in: Ivo De Gennaro, Sergiusz Kazmierski und Ralf Lüfter (Hgg.), Wirtliche Ökonomie: philosophische und dichterische Quellen 1. Elementa Oeconomica 1.1, Nordhausen 2013, 90–119

Mirko Canevaro und Benjamin Gray (Hgg.), The Hellenistic reception of Classical Athenian democracy and political thought, Oxford/New York 2018

Boris Inti Chamani Velasco, Macht und Tod im Epikureismus. Annäherung an eine epikureische Machttheorie und Ideologiekritik aus der Betrachtung des Todes, Hamburg 2018

Stefan Dienstbeck, Die Theologie der Stoa, Berlin/Boston (Mass.) 2015

Walter Dietz, Wahrheit, Gewissheit, Zweifel. Theologie und Skepsis. Studien zur theologischen Auseinandersetzung mit der philosophischen Skepsis, Frankfurt am Main/Bern 2013

Andrew Erskine, The Hellenistic Stoa. Political thought and action, London 2011

Maximilian Forschner, Die Philosophie der Stoa. Logik, Physik und Ethik, Darmstadt 2018

Carl-Friedrich Geyer, Epikur zur Einführung, Hamburg 2000

Barbara Guckes (Hg.), Zur Ethik der älteren Stoa, Göttingen 2004

Matthias Haake, Der Philosoph in der Stadt. Untersuchungen zur öffentlichen Rede über Philosophen und Philosophie in den hellenistischen Poleis, München 2007

Andree Hahmann, Aristoteles gegen Epikur. Eine Untersuchung über die Prinzipien der hellenistischen Philosophie ausgehend vom Phänomen der Bewegung, Berlin/Boston 2017

Katharina Held, Hēdonē und Ataraxia bei Epikur, Paderborn 2007

Wolfgang Kullmann, Naturgesetz in der Vorstellung der Antike, besonders der Stoa. Eine Begriffsuntersuchung, Stuttgart 2010

Thomas Mcevilley, The Shape of Ancient Thought. Comparative Studies in Greek and Indian Philosophies, New York 2002

Michel Onfray, Der Philosoph als Hund. Vom Ursprung des subversiven Denkens bei den Kynikern, Frankfurt/Main 1991

Peter Scholz, Der Philosoph und die Politik. Die Ausbildung der philosophischen Lebensform und die Entwicklung des Verhältnisses von Philosophie und Politik im 4. und 3. Jh. v. Chr., Stuttgart 1998

Peter Scholz, Popularisierung philosophischen Wissens im Hellenismus – Das Beispiel der „Diatriben" des Kynikers Teles, in: Carsten Kretschmann (Hg.), Konzepte der Wissensverbreitung im Wandel, Berlin 2003, 23–45

Peter Scholz, Peripatetic philosophers as wandering scholars. Some historical remarks on the socio-political conditions of philosophizing in the third century BCE, in: William W. Fortenbaugh (Hg.), Lyco of Troas and Hieronymus of Rhodes, New Brunswick 2004, 315–335

John Sellars, Hellenistic Philosophy, Oxford 2018

Eva Seidlmayer, Über Denken und Handeln. Universalismus und Partikularismus in Stoa, antiker Skepsis und Gegenwart, Wiesbaden 2018

Harry Sidebottom, Dio Chrysostom and the development of „On Kingship" literature, in: Diana Spencer und Elena Theodorakopoulos (Hgg.), Advice and its rhetoric in Greece and Rome, Bari 2006, 117–157

Wolfgang Weinkauf (Hg.), Die Philosophie der Stoa. Ausgewählte Werke, Stuttgart 2001

4 Nachwirken

4.1 Hellenisierung Roms

Eran Almagor, Echoes on the Persian Wars in the European Phase of the Roman-Syrian War (with an Emphasis on Plut., Cat. Mai. 12–14), in: Altay Coşkun und David Engels (Hgg.), Rome and the Seleukid East. Selected Papers from Seleukid Study Day V, Brüssel 2019, 87–133

Polymnia Athanassiadi (Hg.), Mutations of hellenism in Late Antiquity. Variorum Collected Studies Series 1052, Aldershot 2015

Jonathan Barlow, Scipio Aemilianus and Greek ethics, Classical Quarterly, N. S. 68.1, 2018, 112–127

Glen Warren Bowersock, The new Hellenism of Augustan Athens, Annali della Scuola Normale Superiore di Pisa, Classe di Lettere e Filosofia 4a 7 (1), 2002, 1–16

Hans-Ulrich Cain, Die Hellenisierung Roms, in: Gregor Weber (Hg.), Kulturgeschichte des Hellenismus. Von Alexander dem Großen bis Kleopatra, Stuttgart 2007, 310–332

Gualtiero Calboli, Zur Hellenisierung Roms. Cato und Terenz, Wiener Studien 106, 1993, 69–83

Filippo Canali De Rossi, Le relazioni diplomatiche di Roma. 5, Dalla pace infida alla espulsione di Antioco dalla Grecia (194–190 a. C.), Rom 2016

Angelos Chaniotis, Die Öffnung der Welt. Eine Globalgeschichte des Hellenismus, Darmstadt 2019

Kathrin Christmann, Ptolemaios XII. von Ägypten, Freund des Pompeius, in: Heinz Heinen, Manuel Tröster und Altay Coşkun (Hgg.), Roms auswärtige Freunde in der späten Republik und im frühen Prinzipat, Göttingen 2005, 113–126

Altay Coşkun, Which Seleukid King Was the First to Establish Friendship with the Romans? Reflections on a Fabricated Letter (Suet. Claud. 25.3), amicitia with Antiochos III (200–193 BC) and the Lack thereof with Ilion, in: Altay Coşkun und David Engels (Hgg.), Rome and the Seleukid East. Selected Papers from Seleukid Study Day V, Brüssel 2019, 27–60

Lucia Criscuolo, I due testamenti di Tolomeo VIII Evergete II, in: Andrea Jördens und Joachim Friedrich Quack (Hgg.), Ägypten zwischen innerem Zwist und äußerem Druck. Die Zeit Ptolemaios' VI. bis VIII. Internationales Symposion Heidelberg 16.-19. 9. 2007, Wiesbaden 2011, 123–150

Philip De Souza, Beyond the headland. Locating the enemy in ancient naval warfare, in: Jean Andreau und Catherine Virlouvet (Hgg.), L'information et la mer dans le monde antique, Rom 2002, 69–92

Sviatoslav V. Dmitriev, Antiochus III. A friend and ally of the Roman people, Klio 93.1, 2011, 104–130

Boris Dreyer, Die römische Nobilitätsherrschaft und Antiochos III. (205 bis 188 v. Chr.), Hennef 2007

Arthur M. Eckstein, Greek mediation in the First Macedonian War, 209–205 B. C., Historia 51.3, 2002, 268–297

Arthur M. Eckstein, The pact between the kings, Polybius 15.20.6, and Polybius' view of the outbreak of the second Macedonian war, Classical Philology 100.3, 2005, 228–242

Arthur M. Eckstein, Rome enters the Greek East, Malden (Mass.) 2008, paperback 2012

Arthur M. Eckstein, What is an empire and how do you know when you have one? Rome and the Greek states after 188 BC, Antichthon 47, 2013, 173–190

Anna Filigenzi, Dionysos et son double dans l'art du Gandhāra. Dieux méconnus d'Asie, in: Jacques Jouanna, Véronique Schiltz und Michel Zink (Hgg.). La Grèce dans les profondeurs de l'Asie, Paris 2016, 289–304

Garth Fowden und Elizabeth Key Fowden, Studies on Hellenism, Christianity and the Umayyads. Μελετήματα 37, Paris 2004

Adalberto Giovannini, Les antécédents de la deuxième guerre de Macédoine, in: Regula Frei-Stolba und Kristine Gex (Hgg.), Recherches récentes sur le monde hellénistique, Bern/Frankfurt am Main 2001, 97–113

John D. Grainger, Antiochos III in Thrace, Historia 45.3, 1996, 329–343

John D. Grainger, The Roman war of Antiochos the Great, Leiden/Boston 2002

Erich S. Gruen, The Hellenistic world and the coming of Rome, Berkeley 1984

Erhard Grzybek, Thronanspruch und Thronbehauptung. Studien zur Regierungszeit Ptolemaios' VIII., Wiesbaden 2017

Ann-Cathrin Harders, Hellenistische Königinnen in Rom, in: Anne Kolb (Hg.), „Augustae". Machtbewusste Frauen am römischen Kaiserhof?, Berlin 2010, 55–74

André Heller, Wie aus dem „Grossen" ein „Kleiner" wurde. Das Scheitern der Außenpolitik Antiochos' III. 188 v. Chr., in: Kai Brodersen (Hg.), „Vincere scis, victoria uti nescis": Aspekte der Rückschauverzerrung in der Alten Geschichte, Münster 2008, 61–82

Antonio Invernizzi, Réflexions sur les rencontres interculturelles dans l'orient hellénisé, in: Pierre Leriche (Hg.), Art et civilisations de l'Orient hellénisé. Rencontres et échanges culturels d'Alexandre aux Sassanides. Hommage à Daniel Schlumberger, Paris 2014, 257–267

Anthony Kaldellis, Hellenism in Byzantium. The transformations of Greek identity and the reception of the classical tradition. Greek Culture in the Roman World, Cambridge/New York 2007

Anna Kouremenos und John Boardman (Hgg.), From Pella to Gandhara. Hybridisation and identity in the art and architecture of the Hellenistic East, Oxford 2011

Carsten Hjort Lange, The battle of Actium. A reconsideration, Classical Quarterly, N. S. 61.2, 2011, 608–623

Dewid Laspe, Actium. Die Anatomie einer Schlacht, Gymnasium 114.6, 2007, 509–522

Bernard Legras, Expériences romaines dans le royaume lagide sous Ptolémée XII et Cléopatre VII, in: Julien Dubouloz, Sylvie Pittia und Gaetano Sabatini (Hgg.), L'„imperium Romanum" en perspective. Les savoirs d'empire dans la Républi-

que romaine et leur héritage dans l'Europe médiévale et moderne, Besançon 2014, 269–282
Georges Le Rider, Les ressources financières de Séleucos IV (187–175) et le paiement de l'indemnité aux Romains, in: Eleanor Scott (Hg.), Theoretical Roman archaeology, Aldershot 1993, 49–67
Carlo Lippolis, Parthian Nisa: Art and architecture in the homeland of the Arsacids, in: Pierre Leriche (Hg.), Art et civilisations de l'Orient hellénisé. Rencontres et échanges culturels d'Alexandre aux Sassanides. Hommage à Daniel Schlumberger, Paris 2014, 223–230
Christian Luczanits, The diffusion of Gandharan and Indian models in South Asia, in: Pierre Leriche (Hg.), Art et civilisations de l'Orient hellénisé. Rencontres et échanges culturels d'Alexandre aux Sassanides. Hommage à Daniel Schlumberger, Paris 2014, 245–250
Vito Messina, Parthian Mesopotamia, in: Pierre Leriche (Hg.), Art et civilisations de l'Orient hellénisé. Rencontres et échanges culturels d'Alexandre aux Sassanides. Hommage à Daniel Schlumberger, Paris 2014, 191–199
Pascal Montlahuc, Autour du cercle de Popilius (168 a. C.). Reconstitution et interprétations dun face-à-face, Latomus 76.1, 2017, 35–57
Cecilia M. Peek, The queen surveys her realm. The Nile cruise of Cleopatra VII, Classical Quarterly, N. S. 61.2, 2011, 595–607
Elizabeth Rosen Stone, Die Adaption westlicher Motive in der Kunst von Gandhara, in: Gandhara. Das buddhistische Erbe Pakistans. Legenden, Klöster und Paradiese, Bonn 2008, 80–113
Federico Russo, Il ricordo delle Guerre Persiane a Roma nello scontro con Filippo V e Antioco III, Latomus 73.2, 2014, 303–337
Mary Siani-Davies, Ptolemy XII Auletes and the Romans, Historia 46.3, 1997, 306–340
Baudouin Stasse, Le traité d'Apamée chez Polybe. Questions de forme, Cahiers du Centre Gustave Glotz 20, 2009, 249–263
Ladislav Stančo, Greek gods in the East. Hellenistic iconographic schemes in Central Asia, Prag 2012
Chrysanthe Tsitsiou-Chelidoni, Kleinasien zwischen Ost und West. Titus Livius' Bericht über den Kampf zwischen Antiochos dem Grossen und den Römern (192–188 v. Chr.), in: Gianpaolo Urso (Hg.), Tra Oriente e Occidente. Indigeni, Greci e Romani in Asia Minore, Pisa 2007, 23–44
Peter Van Nuffelen (Hg.), Faces of Hellenism. Studies in the history of the Eastern Mediterranean, 4th century B. C.-5th century A. D., Leuven 2009
Marijn S. Visscher, Poets and Politics. Antiochos the Great, Hegesianax and the War with Rome, in: Altay Coşkun und David Engels (Hgg.), Rome and the Seleukid East. Selected Papers from Seleukid Study Day V, Brüssel 2019, 61–85
Shane Wallace, Greek culture in Afghanistan and India. Old evidence and new discoveries, Greece and Rome Ser. 2, 63.2, 2016, 205–226
Richard Westall, Date of the testament of Ptolemy XII, Ricerche di egittologia e di antichità copte 11, 2009, 79–94
Richard Westall, The loan to Ptolemy XII, 59–48 BCE, Ricerche di egittologia e di antichità copte 12, 2010, 23–41
Hans-Ulrich Wiemer, Der Beginn des 3. Makedonischen Krieges. Überlegungen zur Chronologie, Historia 53.1, 2004, 22–37

Hans-Ulrich Wiemer, Römische Aristokraten oder griechische Honoratioren? Kontext und Adressaten der Verhaltenslehre des Stoikers Panaitios, Chiron 46, 2016, 1–45

4.2.1 Alexander

Angela Beike, Alexander der Große als politische Repräsentationsfigur im Zeitalter des Absolutismus, Diss. Leipzig 2006

John Boardman, Alexander the Great. From his death to the present day, Princeton (N. J.) 2019

Claudia Bohm, Imitatio Alexandri im Hellenismus. Untersuchungen zum politischen Nachwirken Alexanders des Großen in hoch- und späthellenistischen Monarchien, München 1989

Pierre Briant, Alexandre des Lumières. Fragments d'une histoire européenne, Paris 2012

Pierre Briant, Alexandre. Exégèse des lieux communs, Paris 2016

Johann Christoph Bürgel, Nizami. Das Alexanderbuch. Iskandarname, Zürich 1991

Paul Cartledge und Fiona Rose Grenland (Hgg.), Responses to Oliver Stone's Alexander. Film, History and Cultural Studies, Wisconsin 2010

Mario Casari, Alessandro in area islamica. Problemi e prospettive di ricerca, Rivista degli Studi Orientali 91.1–4, 2018, 73–99

Karsten Dahmen, The Legend of Alexander the Great on Greek and Roman Coins, London/New York 2007

Alexander Demandt, Alexander der Große. Leben und Legende, München 2009, 405–450

Jacco Dieleman, De Egyptische Alexanderroman, in: Diederik Burgersdijk, Wouter Henkelman und Willemijn Waal (Hgg.), Alexander en Darius. De Macedoniër in de spiegel van het Nabije Oosten, Hilversum 2013, 167–182

Christian Thrue Djurslev, Alexander the Great in the Early Christian Tradition. Classical Reception and Patristic Literature, London 2019

Christian Thrue Djurslev, Alexander the Great in the early Christian tradition. Classical reception and patristic literature, London u. a. 2020

Laurence Harf-Lancner (Hg.), Alexandre le Grand dans les littératures occidentales et proche-orientales, Paris 1999

Wouter Henkelman, Hemelblau es dies steens maniere. Over de onsterfelijkheid en de dood en de Griekse Alexanderroman, in: Diederik Burgersdijk, Wouter Henkelman und Willemijn Waal (Hgg.), Alexander en Darius. De Macedoniër in de spiegel van het Nabije Oosten, Hilversum 2013, 135–151

Maria Kampouri-Vamvoukou, Le parcours littéraire du roman d'Alexandre en orient. Son impact sur l'art de l'islam, in: Pierre Leriche (Hg.), Art et civilisations de l'Orient hellénisé. Rencontres et échanges culturels d'Alexandre aux Sassanides. Hommage à Daniel Schlumberger, Paris 2014, 285–298

Aleksandra Klęczar, Wise and the Wiser. The Narratives on Alexander's Wisdom Defeated in Two Versions of Hebrew Alexander Romance (MS Héb. 671.5 Paris, Bibliothèque Nationale), in: Krzysztof Nawotka und Agnieszka Wojciechowska (Hgg.), Alexander the Great and the East. History, Art, Tradition, Wiesbaden 2016, 345–353

Angela Kühnen, Die imitatio Alexandri in der römischen Politik (1. Jh. v. Chr. bis 3. Jh. n. Chr.), Münster 2008
Haila Manteghi, Alexander the Great in the Persian tradition. History, myth and legend in medieval Iran, London/New York 2018
Kenneth Royce Moore, Brill's companion to the reception of Alexander the Great, Leiden/Boston (Mass.) 2018
Ulrich Mölk (Hg.), Herrschaft, Ideologie & Geschichtskonzeption in Alexanderdichtungen im Mittelalter, Göttingen 2002
Sabine Müller, Alexander der Große, Stuttgart 2019, 213–220
Thomas Noll, Alexander der Große in der nachantiken bildenden Kunst, Mainz 2005
Daniel Ogden, Alexander in the underworld, in: Elizabeth Donnelly Carney and Daniel Ogden (Hgg.), Philip II and Alexander the Great: father and son, lives and afterlives, Oxford/New York 2010, 205–216
Jaakkojuhani Peltonen, Alexander the Great in the Roman Empire, 150 BC to AD 600, London/New York 2019
Christopher Schliephake, On Alexander's Tracks. Sikander's footsteps: literature of travel, exploration, and the (trans-)cultural memory of Alexander the Great along the north-west frontier of British India in the nineteenth century, Stuttgart 2019
Diana Spencer, The Roman Alexander. Reading a Cultural Myth, Exeter 2002
Diana Spencer, Roman Alexander. Epistemology and Identity, in: Waldemar Heckel und Lawrence A. Tritle (Hgg.), Alexander the Great. A New History, Chichester 2009, 257–274
Markus Stock (Hgg.), Alexander the Great in the Middle Ages, Toronto 2016
Richard Stoneman, Kyle Erickson und Ian Netton (Hgg.), The Alexander Romance in Persia and the East. Ancient Narrative supplementum 15, Groningen 2012
Anna Trofimova, Imitatio Alexandri in Hellenistic art. Portraits of Alexander the Great and mythological images, Rom 2012
Wout Van Bekkum, De joodse Alexander, in: Diederik Burgersdijk, Wouter Henkelman und Willemijn Waal (Hgg.), Alexander en Darius. De Macedoniër in de spiegel van het Nabije Oosten, Hilversum 2013, 153–165
Hans-Ulrich Wiemer, Held, Gott oder Tyrann? Alexander der Große im frühen Hellenismus, Hermes 139.2, 2011, 179–204
Hans-Ulrich Wiemer, Alexander der Große, München 2005, 2. Aufl. 2015, 189–203
Hans-Ulrich Wiemer, Her, God or Tyrant? Alexander the Great in the Early Hellenistic Period, in: Henning Börm (Hg.), Antimonarchic discourse in antiquity, Stuttgart 2015, 85–112
Yael Wilfand, Alexander the Great in the Jerusalem Talmud and Genesis Rabbah. A Critique of Roman Power, Greed and Cruelty, in: Katell Berthelot (Hg.), Reconsidering Roman Power. Roman, Greek, Jewish and Christian Perceptions and Reactions, Rom 2020
Zachary David Zuwiyya (Hg.), A companion to Alexander literature in the Middle Ages, Leiden u. a. 2011

4.2.2 Kleopatra VII.

Jaynie Anderson, Sally-Ann Ashton, Elisabeth Bronfen und Ulrich Eigler (Hgg.), Kleopatra. Die ewige Diva. Katalog zur Ausstellung Bonn. Kunst- und Ausstellungshal-

le der Bundesrepublik Deutschland vom 28. Juni bis 6. Oktober 2013, München 2013
Manfred Clauss, Kleopatra, München 4. Aufl. 2010, 110–116
Christoph Schäfer, Kleopatra. Wissenschaftliche Buchgesellschaft, Darmstadt 2006, 196–210
Diana Wenzel, Kleopatra im Film. Eine Königin Ägyptens als Sinnbild für orientalische Kultur, Remscheid 2005

4.2.3 Mithradates VI.

Lâtife Summerer, The Search for Mithridates. Reception of Mithridates VI between the 15th and the 20th Centuries, in: Jakob Munk Højte (Hg.), Mithridates VI and the Pontic Kingdom, Aarhus 2009, 15–34

Personenregister

https://doi.org/10.1515/9783110648737-006

Ortsregister

https://doi.org/10.1515/9783110648737-007

Sachregister

https://doi.org/10.1515/9783110648737-008

Autorenregister

https://doi.org/10.1515/9783110648737-009

Oldenbourg Grundriss der Geschichte

Herausgegeben von Hans Beck, Karl-Joachim Hölkeskamp, Achim Landwehr, Benedikt Stuchtey und Steffen Patzold

Band 1a
Wolfgang Schuller
Griechische Geschichte
6., akt. Aufl. 2008. 275 S., 4 Karten
ISBN 978-3-486-58715-9

Band 1b
Hans-Joachim Gehrke
Geschichte des Hellenismus
4. durchges. Aufl. 2008. 328 S.
ISBN 978-3-486-58785-2

Band 2
Jochen Bleicken
Geschichte der Römischen Republik
6. Aufl. 2004. 342 S.
ISBN 978-3-486-49666-6

Band 3
Werner Dahlheim
Geschichte der Römischen Kaiserzeit
3., überarb. und erw. Aufl. 2003. 452 S., 3 Karten
ISBN 978-3-486-49673-4

Band 4
Jochen Martin
Spätantike und Völkerwanderung
4. Aufl. 2001. 336 S.
ISBN 978-3-486-49684-0

Band 5
Reinhard Schneider
Das Frankenreich
4., überarb. und erw. Aufl. 2001. 224 S., 2 Karten
ISBN 978-3-486-49694-9

Band 6
Johannes Fried
Die Formierung Europas 840–1046
3., überarb. Aufl. 2008. 359 S.
ISBN 978-3-486-49703-8

Band 7
Hermann Jakobs
Kirchenreform und Hochmittelalter 1046–1215
4. Aufl. 1999. 380 S.
ISBN 978-3-486-49714-4

Band 8
Ulf Dirlmeier/Gerhard Fouquet/Bernd Fuhrmann
Europa im Spätmittelalter 1215–1378
2. Aufl. 2009. 390 S.
ISBN 978-3-486-58796-8

Band 9
Erich Meuthen
Das 15. Jahrhundert
4. Aufl., überarb. v. Claudia Märtl 2006. 343 S.
ISBN 978-3-486-49734-2

Band 10
Heinrich Lutz
Reformation und Gegenreformation
5. Aufl., durchges. und erg. v. Alfred Kohler 2002. 283 S.
ISBN 978-3-486-48585-2

https://doi.org/10.1515/9783110648737-010

Band 11
Heinz Duchhardt / Matthias Schnettger
Barock und Aufklärung
5., überarb. u. akt. Aufl. des Bandes „Das Zeitalter des Absolutismus“ 2015. 302 S.
ISBN 978-3-486-76730-8

Band 12
Elisabeth Fehrenbach
Vom Ancien Régime zum Wiener Kongreß
5. Aufl. 2008. 323 S., 1 Karte
ISBN 978-3-486-58587-2

Band 13
Dieter Langewiesche
Europa zwischen Restauration und Revolution 1815–1849
5. Aufl. 2007. 261 S., 4 Karten.
ISBN 978-3-486-49734-2

Band 14
Lothar Gall
Europa auf dem Weg in die Moderne 1850–1890
5. Aufl. 2009. 332 S., 4 Karten
ISBN 978-3-486-58718-0

Band 15
Gregor Schöllgen/Friedrich Kießling
Das Zeitalter des Imperialismus
5., überarb. u. erw. Aufl. 2009. 326 S.
ISBN 978-3-486-58868-2

Band 16
Eberhard Kolb/Dirk Schumann
Die Weimarer Republik
8., aktualis. u. erw. Aufl. 2012. 349 S., 1 Karte
ISBN 978-3-486-71267-4

Band 17
Klaus Hildebrand
Das Dritte Reich
7., durchges. Aufl. 2009. 474 S., 1 Karte
ISBN 978-3-486-59200-9

Band 18
Jost Dülffer
Europa im Ost-West-Konflikt 1945–1991
2004. 304 S., 2 Karten
ISBN 978-3-486-49105-0

Band 19
Rudolf Morsey
Die Bundesrepublik Deutschland
Entstehung und Entwicklung bis 1969
5., durchges. Aufl. 2007. 343 S.
ISBN 978-3-486-58319-9

Band 19a
Andreas Rödder
Die Bundesrepublik Deutschland 1969–1990
2003. 330 S., 2 Karten
ISBN 978-3-486-56697-0

Band 20
Hermann Weber
Die DDR 1945–1990
5., aktual. Aufl. 2011. 384 S.
ISBN 978-3-486-70440-2

Band 21
Horst Möller
Europa zwischen den Weltkriegen
1998. 278 S.
ISBN 978-3-486-52321-8

Band 22
Peter Schreiner
Byzanz
4., aktual. Aufl. 2011. 340 S., 2 Karten
ISBN 978-3-486-70271-2

Band 23
Hanns J. Prem
Geschichte Altamerikas
2., völlig überarb. Aufl. 2008. 386 S., 5 Karten
ISBN 978-3-486-53032-2

Band 24
Tilman Nagel
Die islamische Welt bis 1500
1998. 312 S.
ISBN 978-3-486-53011-7

Band 25
Hans J. Nissen
Geschichte Alt-Vorderasiens
2., überarb. u. erw. Aufl. 2012. 309 S., 4 Karten
ISBN 978-3-486-59223-8

Band 26
Helwig Schmidt-Glintzer
Geschichte Chinas bis zur mongolischen Eroberung 250 v. Chr.–1279 n. Chr.
1999. 235 S., 7 Karten
ISBN 978-3-486-56402-0

Band 27
Leonhard Harding
Geschichte Afrikas im 19. und 20. Jahrhundert
2., durchges. Aufl. 2006. 272 S., 4 Karten
ISBN 978-3-486-57746-4

Band 28
Willi Paul Adams
Die USA vor 1900
2. Aufl. 2009. 294 S.
ISBN 978-3-486-58940-5

Band 29
Willi Paul Adams
Die USA im 20. Jahrhundert
2. Aufl., aktual. u. erg. v. Manfred Berg
2008. 302 S.
ISBN 978-3-486-56466-0

Band 30
Klaus Kreiser
Der Osmanische Staat 1300–1922
2., aktual. Aufl. 2008. 262 S., 4 Karten
ISBN 978-3-486-58588-9

Band 31
Manfred Hildermeier
Die Sowjetunion 1917–1991
3. überarb. und akt. Aufl. 2016. XXX S.
ISBN 978-3-486-71848-5

Band 32
Peter Wende
Großbritannien 1500–2000
2001. 234 S., 1 Karte
ISBN 978-3-486-56180-7

Band 33
Christoph Schmidt
Russische Geschichte 1547–1917
2. Aufl. 2009. 261 S., 1 Karte
ISBN 978-3-486-58721-0

Band 34
Hermann Kulke
Indische Geschichte bis 1750
2005. 275 S., 12 Karten
ISBN 978-3-486-55741-1

Band 35
Sabine Dabringhaus
Geschichte Chinas 1279–1949
3. akt. und überarb. Aufl. 2015. 324 S.
ISBN 978-3-486-78112-0

Band 36
Gerhard Krebs
Das moderne Japan 1868–1952
2009. 249 S.
ISBN 978-3-486-55894-4

Band 37
Manfred Clauss
Geschichte des alten Israel
2009. 259 S., 6 Karten
ISBN 978-3-486-55927-9

Band 38
Joachim von Puttkamer
Ostmitteleuropa im 19. und 20. Jahrhundert
2010. 353 S., 4 Karten
ISBN 978-3-486-58169-0

Band 39
Alfred Kohler
Von der Reformation zum Westfälischen Frieden
2011. 253 S.
ISBN 978-3-486-59803-2

Band 40
Jürgen Lütt
Das moderne Indien 1498 bis 2004
2012. 272 S., 3 Karten
ISBN 978-3-486-58161-4

Band 41
Andreas Fahrmeir
Europa zwischen Restauration, Reform und Revolution 1815–1850
2012. 228 S.
ISBN 978-3-486-70939-1

Band 42
Manfred Berg
Geschichte der USA
2013. 233 S.
ISBN 978-3-486-70482-2

Band 43
Ian Wood
Europe in Late Antiquity
2020. 288 S.
ISBN 978-3-11-035264-1

Band 44
Klaus Mühlhahn
Die Volksrepublik China
2017. 324 S.
ISBN 978-3-11-035530-7

Band 45
Jörg Echternkamp
Das Dritte Reich. Diktatur, Volksgemeinschaft,
Krieg
2018. 344 S., 2 Karten
ISBN 978-3-486-75569-5

Band 46
Christoph Ulf/Erich Kistler
Die Entstehung Griechenlands
2019. 328 S., 26 Abb.
ISBN 978-3-486-52991-3

Band 47
Steven Vanderputten
Medieval Monasticisms
2020. 304 S.
ISBN 978-3-11-054377-3

Band 48
Christine Hatzky/Barbara Potthast
Lateinamerika 1800–1930
2021, 370 S., 2 Karten
ISBN 978-3-11-034999-3

Band 49
Christine Hatzky/Barbara Potthast
Lateinamerika seit 1930
2021, 416 S., 1 Karte
ISBN 978-3-11-073522-2